[MIRROR]
理想国译丛
034

想象另一种可能

理想国
imaginist

理想国译丛序

"如果没有翻译,"批评家乔治·斯坦纳(George Steiner)曾写道,"我们无异于住在彼此沉默、言语不通的省份。"而作家安东尼·伯吉斯(Anthony Burgess)回应说,"翻译不仅仅是言词之事,它让整个文化变得可以理解。"

这两句话或许比任何复杂的阐述都更清晰地定义了理想国译丛的初衷。

自从严复与林琴南缔造中国近代翻译传统以来,译介就被两种趋势支配。

它是开放的,中国必须向外部学习;它又有某种封闭性,被一种强烈的功利主义所影响。严复期望赫伯特·斯宾塞、孟德斯鸠的思想能帮助中国获得富强之道,林琴南则希望茶花女的故事能改变国人的情感世界。他人的思想与故事,必须以我们期待的视角来呈现。

在很大程度上,这套译丛仍延续着这个传统。此刻的中国与一个世纪前不同,但她仍面临诸多崭新的挑战。我们迫切需要他人的经验来帮助我们应对难题,保持思想的开放性是面对复杂与高速变化的时代的唯一方案。但更重要的是,我们希望保持一种非功利的兴趣:对世界的丰富性、复杂性本身充满兴趣,真诚地渴望理解他人的经验。

理想国译丛主编

梁文道　刘瑜　熊培云　许知远

[南非] 纳尔逊·曼德拉　曼迪拉·蓝加　著
　　　董志雄　译
　　　格拉萨·马谢尔　作序
　　　纳尔逊·曼德拉基金会　授权

不敢懈怠：
曼德拉的总统岁月

NELSON MANDELA　MANDLA LANGA
WITH A PROLOGUE BY GRAÇA MACHEL

DARE NOT LINGER:
THE PRESIDENTIAL YEARS

南京大学出版社

DARE NOT LINGER: THE PRESIDENTIAL YEARS
by NELSON MANDELA and MANDLA LANGA
Text copyright © 2017 by Nelson R. Mandela and the Nelson Mandela Foundation
Prologue copyright © 2017 by Graça Machel
Concept and design copyright © 2017 by Blackwell and Ruth Limited
Book design by Cameron Gibb
Simplified Chinese edition copyright © 2018
Beijing Imaginist Time Culture Co., Ltd.
All rights reserved.

江苏省版权局著作权合同登记 图字：10-2018-592号

地图审图号：GS（2018）5206号

图书在版编目(CIP)数据

不敢懈怠：曼德拉的总统岁月 /(南非) 纳尔逊·曼德拉 (Nelson Mandela)，(南非) 曼迪拉·蓝加 (Mandla Langa) 著；董志雄译. —— 南京：南京大学出版社，2018.12

书名原文: Dare Not Linger: The Presidential Years

ISBN 978-7-305-21403-5

Ⅰ.①不… Ⅱ.①纳… ②曼… ③董… Ⅲ.①曼德拉 (Mandela, Nelson Rolihlahla 1918—2013) – 自传 Ⅳ. K834.787=6

中国版本图书馆CIP数据核字(2018)第298772号

出版发行　南京大学出版社
社　　址　南京市汉口路22号　邮编：210093
发行热线　(025)83594756
网　　址　www.njupco.com

责任编辑　卢文婷
特邀编辑　刘广宇　梅心怡
装帧设计　陆智昌
内文制作　李丹华

全国新华书店经销
山东临沂新华印刷物流集团有限责任公司
　临沂高新技术产业开发区新华路　邮政编码：276017

开本：965mm×635mm　1/16
印张：32　彩插印张：1.5　字数：431千字
2018年12月第1版　2018年12月第1次印刷
定价：98.00元

如发现印装质量问题，影响阅读，请与印刷厂联系调换

目 录

前言 i
致读者 v

序 001
第一章　自由的挑战 011
第二章　以谈判实现民主 029
第三章　自由公平的选举 059
第四章　进入总统府 091
第五章　民族的团结 121
第六章　总统与宪法 165
第七章　议会 187
第八章　传统领袖与民主 205
第九章　国家转型 231
第十章　和解 271
第十一章　社会与经济转型 299
第十二章　与媒体交锋 331
第十三章　在非洲和世界舞台上 345
结语 365

附录一　组织机构缩略语 375
附录二　人物、地点与事件 379
附录三　大事年表（1990—1999）..................... 417
附录四　南非地图，1996 425
注释 429
致谢 457
索引 463

事实上，我们尚未获得自由，我们仅仅获得了争取自由的自由，不被压迫的权利。我们尚未完成征程的最后一步，而仅仅是在一条更漫长甚至更困难的道路上，迈出了第一步。因为取得自由不仅是挣脱自己身上的枷锁，更要以一种尊重和促进他人自由的方式生活。我们在多大程度上忠于自由，真正的考验才刚刚开始。

　　迄今我一直在通向自由的道路上行进。我一直努力克服蹒跚的步履，在这条路上我曾经多次误入歧途。但我已经发现了这个秘密，那就是，在登上一座大山之后，只会发现还有更多的山需要攀登。我在这里休息片刻，抽暇环顾周围的壮丽风景，回头看看我已经走过的路程。但我只能休息片刻，因为伴随自由而来的是责任，我不敢懈怠，因为我的漫漫自由路尚未结束。

——纳尔逊·曼德拉，《漫漫自由路》

前言

在马迪巴（Madiba）*和我结婚后3个月，他坐下来撰写本书的第一章，他打算将这本书作为他的自传《漫漫自由路》（*Long Walk to Freedom*）的续篇。

出于对他的政治组织以及南部非洲更大范围的解放斗争的责任感，他决定写作《漫漫自由路》；而对南非人民以及全球公民的责任感，激励他开始写作现在这本名为《不敢懈怠》（*Dare Not Linger*）的书。

他想讲述自己作为民主南非第一位总统的那些岁月，对一直萦绕在他心头、困扰他的政府班子的问题做出反思，并探讨他们在应对新生的民主制度面临的无数挑战时试图采用的原则和策略。最重要的是，他想书写如何在南非奠定民主制度的基础。

大约4年时间里，这项工作在他和他身边的人的生活中占据重

---

* 马迪巴是曼德拉的氏族名。——译注

要地位。他笔耕不辍，用钢笔或圆珠笔写下草稿，期待信任的同道给出评论，然后一遍遍重写，直到自己感觉可以开始下一个章节为止。每一步都是经过咨询商讨的。我要特别感谢杰克斯·格威尔教授（Prof. Jakes Gerwel）*和马迪巴的私人助理泽尔塔·拉·格兰治（Zelta la Grange），他们在此期间给予他一次次鼓励并以多种方式支持了这一工作。

这个世界对他的要求，各种分散他精力的事务，以及年龄的增长，都增加了这项工作的困难。他失去了最初的动力，最终将手稿暂时搁置。在生命的最后几年中，他经常谈到这件事——担心已经开始了的工作无法结束。

这本书体现了为马迪巴完成这项事业的集体努力，讲述了他想与全世界分享的故事。南非作家曼迪拉·蓝加（Mandla Langa）将马迪巴撰写的10章原稿与他就任总统期间的写作和思考完美地串联在一起，完成了整个故事的讲述，让马迪巴的声音清晰地在全世界传响。

曼迪拉是马迪巴的一位出色倾听者，他用作家杰出的文笔将马迪巴的声音记录下来。乔尔·内奇滕泽（Joel Netshitenzhe）和托尼·特鲁（Tony Trew）†是马迪巴任职总统期间信赖的顾问和幕僚，他们提供了全面而丰富的研究和分析，并初步撰写成文；纳尔逊·曼德拉基金会（Nelson Mandela Foundation）在制度上为我们的努力提供了支持。我感谢他们所有人，也感谢我们的出版合作伙伴，使我们能够实现马迪巴的梦想。

我希望每位读者都能从马迪巴的故事中感受到我们所面临的挑

---

* 杰克斯·格威尔，见"附录二"。——本书脚注如无特别说明皆为原注
† 乔尔·内奇滕泽、托尼·特鲁，见"附录二"。

战，并从中获得激励，为当今世界各种复杂棘手的问题寻求可持续的解决。本书的书名来自《漫漫自由路》的最后一段，马迪巴在那里写道，登上一座大山的顶峰，短暂休息后再继续漫漫征程。祝愿我们每一个人都能找到休息的地方，但在我们被召唤前行的路上绝不可停留太长时间。

——格拉萨·马谢尔（Graça Machel）

致读者

本书中的绝大部分文字来自纳尔逊·曼德拉自己的写作，包括他关于总统岁月未完成的回忆录和个人笔记，以及在议会、政治集会上的发言或作为著名人权拥护者在国际舞台上的演讲。

未完成的回忆录"总统岁月"包括10个章节的草稿——大部分都有数个版本，以及为撰写这些章节准备的笔记。从档案资料来看，章节不同版本之间的顺序并非总是清晰可辨。本书是从曼德拉已写章节的各版文字和未完成章节的全部笔记中提炼内容荟萃而成的。

为了保持曼德拉原作历史意义上的完整，对于他摘取的文本我们在编辑中尽可能不进行改动，仅有的改动限于：使引号的使用符合规范、书名和报纸名改为斜体、偶尔为了语意连贯加入一个逗号或者纠正一些罕见的姓名拼写错误。为了给读者提供更多信息，英文编辑添加的内容显示在方括号中。我们保留了曼德拉拼写职业头衔时首字母大写的写作风格，也保留了前后不一致的情况，例如他有时也把"Blacks"和"Whites"这类词首字母大写。来自曼德拉即席接受采访的引用材料均被修改统一为与正文的编辑风格一致。

  为了便于读者阅读，我们在书后对书中提及的重要人物、地点和事件附有详尽的术语表、各种组织的缩略语对照表、南非地图以及曼德拉从 1990 年获释到 1999 年他的继任者塔博·姆贝基（Thabo Mbeki）就任期间节略的大事年表。

序

南非的公共假日 12 月 16 日，既是 1838 年"移民先驱"（Voortrekkers）布尔人（Boer）击败祖鲁人（amaZulu）的胜利纪念日，也是 1961 年非洲人国民大会（African National Congress，简称非国大，ANC）的武装组织"民族之矛"（Umkhonto weSizwe）的成立纪念日。*几经更名后，这一天在 1994 年最终被重新命名为和解日（Day of Reconciliation）。但对于许多南非人来说，1997 年的这一天更多是作为纳尔逊·曼德拉漫漫征程中的重要里程碑被记住的，而不是其充满痛苦的起源。

在这个星期二的下午，西北省（Northwest）省会马菲肯市（Mafikeng）的温度已经达到摄氏 35 度以上，参加非国大第 50 届全国代表大会的 3000 多名代表聚精会神地静待曼德拉总统做政治报告。几分钟前，他就坐在即将卸任的全国执行委员会（National

---

* 非国大和民族之矛，见"附录二"。

Executive Committee，NEC）领导集体成员中间。当他走向讲台时，解放歌曲昂扬的歌声被热烈的掌声淹没，他的脸上浮现出一丝微笑。

与大多数高个子的人不同，曼德拉没有意识到自己的身高，而是腰杆笔直地站着宣读报告。演讲朴实无华，他相信自己话语的力量，因此很少使用他的一些同胞非常喜欢的修辞。从1994年第一次民主选举的欢庆中诞生的新南非，当时已在经历难产之后的创后痛。

对于非国大作为执政党所扮演的角色，曼德拉说："尽管我们的人民在稳固民主体制上取得了一定的成就，但我们仍然处于一个需要时时小心，以将这个新生儿抚养成人的过程中，这是过去三年我们工作中的基本信念。"

如果说未来是确定的，那么过去则正在被证明是难以预测的。暴力犯罪——过去不公正和不公平的遗产之一——正在成为每日的头条新闻；尽管政府寻求以促进增长的政策和平权行动来解决失业问题，但仍令大多数人感到不满。这些被反对党，特别是国民党（National Party）*所利用。国民党曾是种族隔离时期的执政党，后在1996年，以无法影响政府的政策为由，从民族团结政府（Government of National Unity，GNU）†中退出。

关于国民党的政客，曼德拉说："这个政党中比较正直的人是不支持退出民族团结政府的决定的。他们在行政管理的位子上，其执政的动力是既要保护阿非利卡人（Afrikaners）的利益，也要保护其他人的利益。"

正如曼德拉在1997年12月所说的，那时有一种期待感。上一

---

* 国民党，见"附录二"。
† 民族团结政府，见"附录二"。

年在南非出现了一些戏剧性的事件，如班图·霍罗米萨将军（General Bantu Holomisa）被开除出非国大，以及一个分裂出来的政党——联合民主运动（United Democratic Movement）——的成立。这些必定使人回想起1959年非国大分裂，另成立阿扎尼亚泛非主义者大会（Pan Africanist Congress of Azania，PAC）的伤痛。[*]霍罗米萨曾是受到拥戴的人民之子，以直抒己见而声誉卓著，但非国大内部出现民粹主义倾向也是他的"功劳"，同样推波助澜的还有温妮·马迪基泽拉－曼德拉（Winnie Madikizela-Mandela）以及非国大青年团（ANC Youth League，ANCYL）口无遮拦的主席彼得·莫卡巴（Peter Mokaba）。[†]

当时存在着继任者的问题。曼德拉已经表达了要在这次会议上从非国大主席的位置上退下来的愿望。在1996年7月7日星期日的电视广播中，曼德拉确认了他将不参加1999年大选的传言，兑现了他在1994年宣誓成为这个国家首位民选总统时许下的承诺。他认为，尽管根据宪法规定，他可以服务两个任期，但鉴于他已经为全体人民的更好未来奠定了基础，一个任期就足够了。[‡]

媒体评论员和分析家将这次会议视为一个信誉卓著的英雄交出权杖的殿堂。谁将接替他的问题已经解决了：塔博·姆贝基或是西里尔·拉马福萨（Cyril Ramaphosa）。[§]他们两人在解放斗争事业上都功绩斐然。拉马福萨在民主南非大会（Convention for a Democratic South Africa，CODESA）[¶]上表现出色。民主南非大会

---

[*] 班图·霍罗米萨和阿扎尼亚泛非主义者大会，见"附录二"。
[†] 温妮·马迪基泽拉－曼德拉和非国大青年团，见"附录二"。
[‡] 南非共和国宪法，见"附录二"。
[§] 塔博·姆贝基和西里尔·拉马福萨，见"附录二"。
[¶] 民主南非大会，见"附录二"。

于1991年10月开始，1993年结束，最终成果是在1996年5月8日通过了南非新宪法。姆贝基作为曼德拉的副手在管理国家事务上获得广泛赞誉。

因急于平息那些认为科萨语（isiXhosa）族群在主导非国大的批评，曼德拉在1994年向另外三位非国大的领导人——沃尔特·西苏鲁（Walter Sisulu）、托马斯·恩科比（Thomas Nkobi）和雅各布·祖马（Jacob Zuma）——提出继承人的问题时，推荐了拉马福萨。* 但他们建议曼德拉选择姆贝基。姆贝基最终在1997年被选为非国大主席，使他将先于拉马福萨成为国家总统。

5天的会议大戏中，一抹辛辣的调剂是非国大领导人的选举，6个职位中只有2个是需要竞争的。姆贝基毫无争议地当选非国大主席，雅各布·祖马成为副主席。温妮·马迪基泽拉－曼德拉曾考虑与祖马竞争副主席，但她没能得到足够多大会代表的支持，未获提名，从而被迫退出。许多人认为她与民粹主义运动有染，对政府缺点的批评尖酸刻薄，有时就像是在向她的前夫曼德拉进行挑衅。这与其非国大成员的身份格格不入，从而导致她在选举中蒙羞。卡莱玛·莫特兰蒂（Kgalema Motlanthe）被选为总书记，他曾经是工会成员，并同曼德拉和祖马一样，也曾在罗本岛（Robben Island）† 的监狱服刑。门迪·姆西芒（Mendi Msimang）接替阿尔诺德·斯托菲莱（Arnold Stofile）成为财务长。另外两个竞选的职务是全国主席和副总书记。莫修奥·"恐怖者"·莱科塔（Mosiuoa "Terror" Lekota）击败了从前罗本岛的狱友史蒂夫·奇韦特（Steve Tshwete）‡，成为全国主席；滕吉韦·姆廷措（Thenjiwe

---

* 沃尔特·西苏鲁、托马斯·恩科比、雅各布·祖马，见"附录二"。
† 罗本岛，见"附录二"。
‡ 史蒂夫·奇韦特，见"附录二"。

Mtintso）以微弱的优势击败了马维维·米亚卡亚卡－曼齐尼（Mavivi Myakayaka-Manzini），当选副总书记。

* * * * *

1997年12月20日下午大会结束时，曼德拉再次以严肃的形象出现，并做了告别演讲。他合起双手放在胸前，脱稿道出肺腑之言。他没有点名，但要求继任的领导人警惕那些围绕在他或她身边的只知唯唯诺诺的人。

"尤其是在如此重任下，一个未经反对即当选的领导人，他的首要任务就是消除领导层中同僚的顾虑，使他们在这个解放运动内部的组织架构中能够没有任何恐惧地畅所欲言。"

待掌声平息下来，他又详细阐述了领导人所面临的冲突：既要允许组织内部有不同意见并得到自由表达，同时又必须维系组织的团结。

"人们甚至应该能够公正地批评这个领导人，只有这样，你才能够把同仁们凝聚在一起。有很多这样的例子——要容许不同的意见，只要这些意见不会损害组织的声誉。"

曼德拉引述了中国革命期间一位政策批评者的故事作为例子。中国领导集体"对他是否在革命运动的组织之外说过损害组织声誉的话进行了审查"，审查结果表明他没有此类行为，于是这名批评者得以用中华全国总工会主席的身份进入中央委员会。

他们"赋予他必须承担的责任，"曼德拉在阵阵笑声中说，"而他则被迫少说话、多担责。"

他继续说："幸运的是，我知道我们的主席对这个问题深有体会。我知道的一点是，他在工作中始终以一种同志式的精神接受批评。

我坚信，他……不会排挤任何人，因为他知道，[重要的是] 让强大且有独立思想的人围绕在周围，他们能够在运动的组织内部对你提出批评、改进你的工作。因此当你制定新的政策时，那些决定将万无一失，没有任何人能够成功地否定它们。在这个组织中，没有人比我的主席姆贝基同志对这个原则理解得更深。"

曼德拉回到演讲稿上继续，重申领导者与"那些拥有的资源比我们所有人加起来都要多的名流权贵"的交往，会如何导致他们忘记"那些在我们孤立无援的困难时期和我们站在一起的人"。

在一轮热烈的掌声之后，曼德拉继续演讲，证明非国大继续与古巴、利比亚和伊朗这些国家维持关系的正确性。这针对的是那些曾经支持种族隔离政权的政府和国家领导人的离间。曼德拉对在座的外国客人表达了感谢，他们来自曾经拒绝种族隔离政权的国家和世界性的反种族隔离运动。"他们使我们的胜利成为可能。我们的胜利就是他们的胜利。"

在演讲快结束时，曼德拉花了一些时间承认这场斗争的脆弱性及其取得的成就。尽管斗争已经取得了显著的成功，但挫折和后退也一直存在。

"这并非由于我们不会失败，"他说，脱离了写好的讲稿，"和其他任何组织一样，过去我们遇到了许多困难。

"我们曾有一位也是毫无争议当选的领导人，后来我们和他一起被捕了。*按照当时的标准，他很有钱，而我们非常穷。秘密警察

---

* 曼德拉指的是詹姆斯·塞贝·莫罗卡医生（Dr. James Sebe Moroka），保守的非国大前主席，见"附录二"。他在 1952 年谴责了曼德拉和其他在蔑视不公正法令运动（Defiance Campaign Against Unjust Laws）中被捕的人。后来曼德拉原谅了他，并让他成为自己孙子的教父。

拿着一份《镇压共产主义条例》(Suppression of Communism Act)*对他说:'看看这里,你有好几个农场,但按照这里面的一项条款,如果被判有罪,你将失去这些财产。你在这里的同伙都是些穷人,他们没有什么可失去的。'于是这位领导人选择用自己的律师团队,而拒绝与其他被捕的人一起抗辩。引导他作证的律师告诉法庭,被告在许多文件中要求与白人平等的权利:他的代理人怎么认为?他自己的看法是什么?"

回忆起这些,曼德拉轻笑了一下继续道:"这位领导人说,'绝不会有那样的事'。他的律师说,'但是你和你的这些同事认可这种说法吗?'这位领导人正要指向沃尔特·西苏鲁,法官打断他,'不,不,不,你只说你自己。'但是被捕的经历对他来说太难以承受了。"曼德拉停了一下,像是在回味。"现在我们仍然感谢他在我们被捕前的那段时间里发挥的作用。他曾经做得很好。"

他没有停下来解释最后一句模棱两可的话,这引起哄堂大笑——"做得很好",是感谢这位领导人为组织的服务,还是对他的物质财富的讥讽?——曼德拉结束了他的脱稿评论。

"我说这些,"他的眼中闪过一丝狡黠的神色,"是因为如果有一天我自己屈服了,而且辩称'我是被这些年轻的家伙误导了',只要记得我曾经是你们并肩奋斗的伙伴。"

回到讲稿上,他说是时候交出指挥棒了。"我个人期待着这样的时刻,"他继续道,"我,以及你们在这里看到的那些我的老伙计们,能够近距离地观察,并站在一定距离之外做出判断。随着1999年一天天临近,作为国家总统,我将努力移交越来越多的责任,从而保证向新总统班子的平稳过渡。

---

* 《镇压共产主义条例》,见"附录二"。

"这样我将能够有机会在晚年含饴弄孙,并尝试以多种方式为所有南非儿童提供帮助,尤其要帮助在过去无视儿童疾苦的体制下深受其害的不幸的孩子。我也将有更多的时间继续与泰霍波(Tyopho)——即沃尔特·西苏鲁、戈万叔叔*和其他人进行辩论,岛上这场持续了20多年的关于教育目的的激烈政治论辩尚未得出定论。

"我向你们保证……我将以自己的绵薄之力继续为这个国家的转型、为非国大服务。非国大是唯一能带来转型的解放运动组织。作为非国大的普通一员,我想我也将拥有许多在过去岁月里被剥夺的特权:尽我所能地批判,对贝壳屋大厦(Shell House)†的任何专制迹象提出挑战,自下而上地为我喜欢的候选人游说。

"但我希望更严肃地重申,我将依然是非国大一名遵守纪律的成员。在执政的最后几个月里,我将始终遵循非国大规章的指引,并将建立机制,使你们能够对我的任何不当行为提出严厉的斥责……

"我们这代人经历的是一个以冲突、血腥、仇恨和不容异己为特征的世纪。在这个世纪,人们试图消除穷人和富人之间以及发展中国家和发达国家之间的差距,但未能彻底解决。

"我希望我们非国大的努力,在过去和将来都有助于寻求一个正义的世界秩序。

"今天标志着这场接力赛又一轮的结束,而这场比赛还将继续数十年。我们退出赛道,从而使新一代能干的律师、电脑专家、经济学家、金融专家、实业家、医生、工程师,还有最重要的普通工

---

* 即戈万·姆贝基(Govan Mbeki),见"附录二"。
† 贝壳屋大厦,1990—1997年非国大的总部。

人和农民，能够把非国大带入新的千年。

"我期盼这样的时光：可以沐浴着阳光醒来，平静安宁地漫步在我家乡库努（Qunu）*的丘陵与峡谷之中。我对这样的憧憬充满信心，因为当我这样做的时候，看着孩子们脸上发自内心的、阳光般灿烂的笑容，我就会知道，塔博同志，你和你的团队正走在正确的道路上，你们正在继续取得胜利。

"我知道，非国大充满活力，它将继续引领我们前进！"[1]

与会代表和受邀参会的来宾纷纷起立，开始欢唱、鼓掌、随着此起彼伏的歌声摇摆。他们最终接受了这样一个事实：这既是与一位卓越超群的南非之子告别，也是伤感地承认，不论发生什么，南非都不再是从前的南非了。

"纳尔逊·曼德拉，没有人能像他一样。"这首自由之歌的乐声仍在继续。

---

* 库努，见"附录二"。

第一章

自由的挑战

早在纳尔逊·曼德拉1990年自维克托韦斯特监狱（Victor Verster Prison）*释放之前，他就已经听到过这首自由之歌及其多个版本。国家安全机构和监狱当局联手将曼德拉与正在风起云涌的斗争——及其激励人心的歌曲——隔绝的企图完全是徒劳，他们根本无法阻止这位重要囚犯与许多对话者交流信息。1980年代末，大量新囚犯涌入各个监狱，其中包括罗本岛监狱，而这标志着斗争的升级。这些新囚犯主要是来自各个政治组织的年轻人，他们的前辈是1976年出现在索韦托（Soweto）和其他地方的反抗运动中的大批学生活动分子。† 他们带来了在街头传唱的新歌曲，每一首都讲述了

---
*　维克托韦斯特监狱，见"附录二"。
†　1976年6月16日，警察向一两万名索韦托的在校学生开枪，当时学生们正排队前往奥兰多体育场（Orlando Stadium）参加集会，抗议阿非利卡语媒体法（Afrikaans Medium Decree）。该法例要求所有黑人学校在课堂上使用阿非利卡语和英语的比例达到一半一半，而且一些科目的教学只能使用阿非利卡语。这标志着索韦托起义（Soweto Uprising）的开

前进或受挫，悲剧或喜剧。这些歌曲反复表达的就是，南非种族隔离政权是在逆历史潮流而动。

曼德拉或许熟知爱默生犀利的名言——"伟大即意味着被误解"。[1] 像大多数认为历史已为他们安排了特殊使命的人一样，曼德拉知道，自己能够流传后世的是他所领导的事业：政府与非国大的对话。对话早在他被释放前5年就已经开始了。当时他刚刚在沃尔克斯医院（Volks Hospital）做完一次身体检查，时任司法部部长的科比·库切（Kobie Coetzee）* 前去探望，曼德拉向他提出了非国大和政府进行对话的问题。在无法摆脱的黑暗中，库切的出现带来了一丝希望。1985年标志着斗争最血腥的时期，位于鸿沟两岸的交战双方彼此怒目而视，强硬的态度和不容回旋的坚定意志成为那个时代的特点。

此时，非国大主席、曼德拉的同胞奥利弗·坦博（Oliver Tambo）† 刚刚向南非人民发出让国家摆脱政府控制的号召。[2] 然而曼德拉认识到，面对能够动用大量国家权力的敌人，手无寸铁的群众的伤亡会更加惨重。但他是一名囚犯，一名政治犯，像战俘一样，他只有一个任务，那就是出逃。然而从直接关押他的监狱出逃不可避免地与另一种更广义的出逃交织在一起，即南非人民逃离非正义制度的桎梏，或者说是从少数白人统治下获得解放。经过对敌人长时间的研究，熟读他们的历史、法理、哲学、语言和文化著作，曼德拉开始认识到，白人必然会发现，他们受到的种族主义的伤害，并不比黑人少。谎言使他们有一种虚假的优越感，但事实终将证明，

（接上页）始。起义在该国许多地方持续了数月，直到政府撤销了这一法案。这一期间，估计有700名学生被杀害。

* 科比·库切，见"附录二"。

† 奥利弗·坦博，见"附录二"。

这个建立在谎言之上的体制会毒害他们自己和后世子孙，使他们无法适应更广大的世界。

从医院返回波尔斯穆尔监狱（Pollsmoor Prison）*后，曼德拉被与其他狱友隔离开单独关押，这段时间被他称为"美好的孤独"，使他彻底想清楚，必须要有所行动。他得出结论，"一场没有必要的冲突，即使不会牺牲双方上百万的生命，也会造成成千上万的死伤，这是没有意义的"。[3] 是时候进行对话了。

意识到他的行动对于解放斗争整体和非国大本身会产生不好的影响，他准备听天由命：如果失败，非国大还可以挽回颜面，把他的行动说成是一个被隔离的人所做出的荒唐之举，不能代表非国大。

"伟人创造历史，"颇具影响的非裔特立尼达历史学家C. L. R. 詹姆斯（C. L. R. James）写道，"但只能创造可以被他们创造的历史。他们成就的自由受到环境需要的限制。"[4]

在被囚禁的近30年时间里，曼德拉一直致力于分析这个他注定要领导的国家。在等待关押者的宣判或来自同胞的秘密信号时，他反复思考着社会的性质，思考其中的圣徒和恶魔。尽管身处监狱——他成就的自由受到环境需要的限制——他还是逐渐接触到了种族隔离政权的最高当局，最终会见了身患重病的总统P. W. 博塔（P. W. Botha），以及他后来的继任者，F. W. 德克勒克（F. W. de Klerk）。†

在监狱外面，死亡人数成倍增加，杀人小队活动猖獗。越来越多人丧命，导致更多的屠戮和暗杀，周而复始。被杀害的也包括学界人士。一种新的语言在街头形成，人们开始对自卫组织和更加恐

---

* 波尔斯穆尔监狱，见"附录二"。

† P. W. 博塔和F. W. 德克勒克，见"附录二"。

怖的处决方式习以为常，例如有一种名为"火项链"的残忍酷刑*，用于处决那些被视为与种族隔离政权相勾结的人。

在所有与政府代表的会见中，曼德拉认为最重要的就是要为南非的悲剧找到解决办法。从德克勒克到穿着防弹衣、试图驱散愤怒群众的19岁警察，他们都是有血有肉的男女，就像是拿着手榴弹把玩的孩子，并不知道自己正在滑向毁灭的深渊——还带着数百万无价的生命陪葬。

曼德拉希望这样的想法能让世人知道，否则将追悔莫及。将近70岁的年纪，他知道自己终有一死。很久之后，可能正是出于一种悲天悯人的情感，他写下了那篇箴言：

"几个世纪以来，全世界的男男女女，来了又去。一些人什么也没有留下，甚至名字亦湮没无闻，好像从来不曾存在过。另一些人确实留下了印记：他们对其他人所犯罪行所造成的挥之不去的记忆。占人口少数的白人针对占人口多数的非洲人、有色人种和印度裔滥用权力，否定多数人的基本人权，在生活的所有方面推行狂热的种族主义，未经审讯的拘留，监狱内外的酷刑和虐待，家庭破碎，迫使人们流亡、转入地下，把人投入监狱并长期关押。"[5]

和几乎所有南非黑人一样，对于他所列举的每一种暴力，曼德拉或是亲身经历，或是有亲近的人在种族隔离政权手下遭到令人发指的虐待。这一时期充满了骤然的死亡，所发生的事件让人想起美国恐怖电影的标题："古古莱图七人"（The Gugulethu Seven）、"克拉多克四人"（The Cradock Four）、"特洛伊木马屠杀"（The

---

* "火项链"是一种酷刑，将灌满汽油的轮胎套在受害者的脖子上，然后点燃。

Trojan Horse Massacre)。*在所有这些事件中，年轻的族群领袖和积极分子在1980年代国家镇压高峰时被残忍谋杀，而国家安全机构或是否认参与暴行，或是辩称他们一直受到攻击。

回想起种族隔离政权的安全机构在沙佩维尔（Sharpeville）†和其他地方的屠戮，对于警察行动造成的大规模死伤，曼德拉勾画出一个令人惊恐的图景，"嗜血好战的警察机构屠杀了成千上万手无寸铁的无辜平民"，还亵渎圣灵地"以上帝的名义……来证明对多数人的恶行是合理的。他们的政权犯下了无比残酷的暴行，但在日常生活中，这些人穿戴着昂贵的服饰并定期去教堂。事实上，他们体现了魔鬼所代表的一切。尽管他们始终宣称自己是一个由虔诚信徒组成的群体，但他们的政策几乎遭到整个文明世界的谴责，被视为一种反人类的罪行。他们在联合国和许多其他世界和区域组织中的成员资格被中止……成为全世界的过街老鼠"。[6]

1989年11月柏林墙倒塌这一国际事件几乎掩盖了一个月前发生在南非国内的一个重要进展。在1989年10月15日，沃尔特·西苏鲁和雷蒙德·姆拉巴（Ramond Mhlaba）、威尔顿·姆夸伊（Wilton Mkwayi）、奥斯卡·姆佩塔（Oscar Mpetha）、艾哈迈德·卡特拉达（Ahmed Kathrada）、安德鲁·姆兰格尼（Andrew Mlangeni）和伊莱亚斯·莫措阿莱迪（Elias Motsoaledi）‡一起被释放了，其中5人是曼德拉最亲密的同志，在1963—1964年里沃尼亚审判（Rivonia

---

* 古古莱图七人，1986年3月3日，七位反种族隔离积极分子在开普敦附近的古古莱图镇被警察枪杀；克拉多克四人，1985年6月27日，四位反种族隔离积极分子在从东开普省（Eastern Cape）的伊丽莎白港（Port Elizabeth）前往克拉多克镇途中被武装警察绑架，遭到酷刑并被杀害；特洛伊木马屠杀，1985年10月15日，开普敦阿斯隆（Athlone）镇的武装警察藏在南非铁路卡车的木柜后面，然后站起来向反种族隔离的示威者开枪，导致三名青年死亡，包括一名11岁的儿童。

† 沙佩维尔大屠杀，见"附录二"。

‡ 这几位的生平，见"附录二"。

Trial)*中和曼德拉一起位于被指控的10人之列。† 亚弗塔·卡拉比·梅思默拉(Jafta Kgalabi Masemola)是与罗伯特·索布奎(Robert Sobukwe)‡一起创立泛非主义者人会的创始人,也被释放了。6个月之后,梅思默拉死于一场车祸,迄今一些泛非主义者大会的成员仍然认为这场车祸有可疑之处。

曼德拉劝说当局释放关在波尔斯穆尔和罗本岛监狱中的囚犯以示善意。谈判由曼德拉和博塔开启,但后来一度陷入僵局。根据国家情报署(National Intelligence Service,NIS)前负责人尼尔·巴纳德(Niël Barnard)§的说法,由于"国家安全委员会(State Security Council,SSC)的强烈反对,这些计划(1989年3月释放西苏鲁)被推后"。[7]这次西苏鲁等人获得释放,让曼德拉心情复杂:既为同胞获得自由而欢欣鼓舞,也为自己的孤独而难过伤感。但是他知道,几个月内就会轮到他了。

卡特拉达回忆起1989年10月10日"囚犯卡特拉达"与"囚犯曼德拉"在维克托韦斯特监狱最后一次会面的场景。卡特拉达和其他斗争事业的战友到曼德拉所在的牢房看望他,他在那里度过了最后14个月的监禁时光。

曼德拉对他们说:"伙计们,是说再见的时候了。"卡特拉达等人回答:"只有真的被释放了,我们才相信那是真的。"曼德拉坚称,他刚刚还和两位内阁部长在一起,他们向他保证,他的同志们将会获得自由。那天晚上,卡特拉达等人没有被立即送回波尔斯穆尔监

---

* 里沃尼亚审判,见"附录二"。
† 威尔顿·姆夸伊和奥斯卡·姆佩塔在里沃尼亚审判中没有被指控。姆夸伊在1965年1月被判终身监禁,姆佩塔在1983年被判5年监禁。
‡ 亚弗塔·卡拉比·梅思默拉和罗伯特·索布奎,见"附录二"。
§ 尼尔·巴纳德,见"附录二"。

狱，而是在维克托韦斯特监狱的饭厅中吃了晚餐。然后，正在晚间新闻时分，一台电视被搬了进来。总统 F. W. 德克勒克发表声明，他已决定释放 8 名囚犯：卡特拉达、西苏鲁、姆拉巴、姆兰格尼、莫措阿莱迪、姆夸伊、姆佩塔和梅思默拉。

这些人回到波尔斯穆尔监狱，三天后，他们被转移了。卡特拉达、西苏鲁、姆兰格尼、莫措阿莱迪、姆夸伊和梅思默拉被飞机运到约翰内斯堡，关在约翰内斯堡监狱；姆拉巴回到家乡伊丽莎白港（Port Elizabeth）；来自开普敦（Cape Town）的姆佩塔则留在格鲁特斯库尔医院（Groote Schuur Hospital），在武装警卫的监视下接受治疗。10 月 14 日星期六晚上，约翰内斯堡监狱的监狱长来到这些囚徒跟前，对他们说："我们刚刚接到总部发来的传真，你们将在明天被释放。"

"什么是传真？"卡特拉达问。他已经在监狱中被关了 26 年。[8]

1990 年 2 月 2 日，德克勒克在议会宣布，解除对非国大、泛非大、南非共产党（South African Communist Party, SACP）*和其他约 30 个非法组织的禁令。他进一步宣布，释放因非暴力犯罪而被关押的政治犯，暂停死刑，并废除大量紧急状态†下的禁令。对于许多生活在种族隔离统治的残酷压迫下的人来说，这是他们再生的第一天。

政治犯往往肩负着为更大范围的人类服务的历史使命，例如圣雄甘地（Mahatma Gandhi）、安东尼奥·葛兰西（Antonio Gramsci）、瓦茨拉夫·哈维尔（Vaclav Havel）和米洛凡·吉拉斯（Milovan Djilas），与他们一样，曼德拉能够坚守他自己的信

---

* 南非共产党，见"附录二"。
† 紧急状态，见"附录二"，"1960 年紧急状态"。

念,并在某种程度上,也将这种信念赋予了他的关押者。他阅读了几乎所有能够读到的有关领袖人物具备惊人忍耐力的书,例如艾哈迈德·本·贝拉(Ahmed Ben Bella)、乔莫·肯雅塔(Jomo Kenyatta)和塞古·杜尔(Sekou Toure),他们在殖民当局强加的困苦中坚持不懈,奋力崛起,甚至可能比以前更加强大,因为他们已经证明,监狱也无法摧毁他们的精神。但是曼德拉也清楚知道监狱外现实生活造成的变化、官职的魅力以及权力不可抗拒的诱惑。他在有生之年目睹了这些变化的发生,有时还发生在一些他曾经亲密无间的同志身上。他曾描述他们:

"也有这样一些人,他们曾经指挥过战无不胜的解放军,经历了不为人知的艰难困苦,并最终取得了成功。他们不仅解放了他们的人民,也改善了他们的生活状况。他们赢得了广泛的尊敬和仰慕,激励了各大洲上百万民众起来反对剥削和压迫。"

对曼德拉来说,看到这些领袖、从前的自由斗士走上歧路,是令人难过的。在批评他们灾难性的骄傲自满时,曼德拉试图说明所导致的对解放斗争事业的背叛的严重性。在描述面临的情形时,他也可能是在表达自己内心对于可能发生的事情的恐惧,他写道:"自由和民主政府的建立将原来丛林中的自由斗士带到权力的走廊,现在与他们关系密切的都是有钱有势的大人物。"

他继续写道:"在这样的情境下,一些从前的自由斗士面临着忘记原则的危险,忘记了那些被贫穷、愚昧和疾病折磨的人,一些人开始渴求他们曾经厌恶并推翻了的压迫者的生活方式。"[9]

这些观点的根源可以在曼德拉自己的生活中找到。自律是他的口号。他遵循严格的锻炼方案,这使他保持着良好的体型。他习惯于生活自理,即使在获释之后也继续这样。一次,安排给他的厨师斯瓦特(Swart)准尉大为吃惊,因为曼德拉坚持要洗刷碗碟并自己做饭菜。

曼德拉写道："一天，在吃了斯瓦特先生做的一顿美味佳肴后，我走进厨房洗碗。'不，'他说，'这是我的任务。您必须回到客厅去。'我坚持我必须做些什么。如果是他做的饭，那我必须洗碗，这样才公平。斯瓦特先生表示抗议，但最终还是让步了。他也反对我早晨收拾床铺，说这类事情是他的职责。但是这么长时间我一直自己整理床铺，以至于这已经成为我下意识的行为了。"[10]

曼德拉在1962年被捕以前早已尽可能地遵循战士的行为准则。他期望他的同志们——由经过考验的忠诚斗士组成的团体——是无可指摘的。种族隔离政权的国家机器是精确且控制严格的，要想抵抗并最终推翻它，就需要有一支同样纪律严明的武装力量。

"除非他们的组织依然保持坚定、有原则，领导层和普通成员一样受到严格的纪律约束，并激励成员在政府的计划之外也能发起社会倡议增进社群福祉，否则就难以抵挡抛弃穷人、开始为自己聚敛巨额财富的诱惑。"[11]

从戒备森严的监狱内部，曼德拉一直在密切关注世界局势，他忧心地注意到，在非洲大陆上，陷入狂妄自大的领导人不在少数。从这片大陆的最北端直到南部海角，一些自封的领袖在制服上挂满勋章，却给人民制造了无尽的苦难，掠夺国家资源变得司空见惯。人民成为饥荒、暴力、瘟疫和赤贫的受害者。对此，曼德拉说："他们开始认为自己是不可替代的领袖。在宪法允许的地方，他们成为终身总统；在宪法对任期做出限制的国家，他们总是修改宪法使自己能够永远大权在握。"[12]

当获释的一刻到来时，将要如何领导的问题萦绕在曼德拉脑中。更大的世界必然带来的复杂问题，远比他与关押他的监狱当局就释放他的时间地点进行的谈判更令人望而生畏。德克勒克政府想要更早地将他释放回索韦托的家中，当然，不能大张旗鼓地进行；但是曼德拉拒绝了。他要求在开普敦被释放，从而能够在回家之前向这座城市的人民表示感谢：

"我说，我要求在维克托韦斯特监狱的大门前被释放。在那以后，我将自己照顾自己。你们没有权利说，我应当被带到约翰内斯堡。我要求就在这里被释放。最终，他们同意我在维克托韦斯特监狱的大门前获释。"此外，曼德拉还要求将他的获释推迟7天，好让人民"有所准备"。[13]

正是在监狱中，曼德拉完善了后来成为他最伟大特质的一种能力，即能够理解，他所面对的人，不论朋友还是敌人，都是一个复杂的人，其人格具有多重面向。1990年2月11日下午他获释时，在媒体相机的咔嚓声和群众欢庆的喧闹中，让他感到遗憾的一件事是没能向监狱的看管人员道别。对他来说，他们不仅仅是一个非正义政权末端身着制服的执行机器的一个组成部分，同时也是有家庭的人，他们和其他人一样，也有对于生活的焦虑。

当然，这并不意味着曼德拉要让魔鬼逃脱惩罚，也不意味着他有意遗忘种族隔离政权的肆虐行为。从监狱大门在他身后关上的那一刻起，曼德拉就开始全身心地为未来做准备，他知道，自己必须摆脱复杂的仇恨情绪，集中精力在前方的事业上。尽管曼德拉是作为个人开始服刑的，但他始终是在解放斗争危急关头召集起来的一个忠诚团体中的一员，他们为了更加伟大的事业而甘愿牺牲生命中最美好的岁月。

曼德拉是一个人走出来的，里沃尼亚审判的其他被告和相关囚犯已被提前释放。他知道，千百万双眼睛在注视着，看他已经变成了什么模样。几个月以来，曼德拉一直在与许多非国大和联合民主阵线（United Democratic Front, UDF）的人会面并通电话。联合民主阵线是一个联合组织，下设的附属机构范围甚广，包括数百个青年组织与许多公民和学生组织。在真正被释放前的几个小时中，曼德拉咨询了全国接待委员会（National Reception Committee）*的成员，他们是从身经百战的积极分子和群众民主运动的领袖中推选出来的，包括西里尔·拉马福萨、瓦利·穆萨（Valli Moosa）、杰伊·奈杜（Jay Naidoo）和特雷弗·曼纽尔（Trevor Manuel）†，他们都将在未来的政府中发挥重要作用。几乎所有被长期关押的囚犯对所处环境都具有一种超乎寻常的直觉，对环境的了解比其他人更快。道理很简单，因为只有这样他们才能在监狱中活下来。因此尽管因即将被释放而感到激动，曼德拉还是注意到这些代表们的焦虑不安，因为他们在不久之前刚刚收到通知，曼德拉的释放地点由索韦托改为开普敦。

"收到这个通知还不到24小时，"瓦利·穆萨说，"我们非常吃惊。尽管我们很想提出将他的关押时间再延长一段时间，但没有真的这样做。"[14]

曼德拉的释放导致政府和非国大双方都进退两难，他把这个局面看作前方道路艰难复杂的一个表现。在走出维克托韦斯特监狱的路上，曼德拉已经告诉自己，他一生的使命就是"同时解放被压迫者和压迫者"。[15]这意味着他必须试图跨越压迫者和被压迫者之间的鸿沟——前者以曾经关押他的政府为代表，后者是南非人民的大多数，不分类别。他已经接受了为实现这个目标所需要的付出。这是他的天赋使命。

"对一个人的真正考验，"瓦茨拉夫·哈维尔写道，"不是看

---

* 全国接待委员会由400位著名的反种族隔离人士组成，准备和安排纳尔逊·曼德拉的获释以及其后诸项活动。

† 瓦利·穆萨、杰伊·奈杜、特雷弗·曼纽尔，见"附录二"。

他如何扮演自己想要的角色，而是看他如何扮演命运给他安排的角色。"[16]

很久之后，著名作家和外交家、曼德拉总统办公室前负责人芭芭拉·马塞凯拉（Barbara Masekela）*表达了同样的看法。"曼德拉知道，"她说，"作为总统是在扮演一个角色，而他一心要将这个角色演好。"[17]

然而，演好这个角色绝非易事，曼德拉在很久以前就已经开始为此准备了。在1980年代中期，曼德拉就不顾困难，探索非国大与P.W.博塔总统领导的国民党政府启动对话的可能性。博塔总统是德克勒克的前任。他是漫画家笔下的常客，阴沉的面容，挥动手指发出警告的姿态，为国家报纸增色不少。他是一位鹰派领导人，也是最后的强人之一，视暴力为对冲突的回答，毫不妥协的强硬立场使他拥有一个绰号"大鳄鱼"（Die Groot Krokodil）。但即使博塔也已经从他的一些最强硬的将军们那里知道，南非的梦魇是无法仅靠武力消除的。

曼德拉知道，周而复始的暴力正在吞噬最贫穷和最被边缘化的那部分人口的生命。心怀不满的多数黑人有他们的期望，而种族隔离政权的支持者——他们中的很多人武装起来，拥有造成巨大破坏的可怕力量——也在屏息等待改变现状的巨大威胁的到来。

出于所有这些考虑，曼德拉必须指出德克勒克是一个正直的人，哪怕只是为了解除那些强硬路线者的武装。因为如果南非总统的权力由于一个前囚犯的反对而被进一步削弱，这些人就会幸灾乐祸。按照右翼分子的逻辑，德克勒克释放一个恐怖分子是一回事，但如果这个恐怖分子一脚踢开他的释放者而去发号施令，那就是另一回事了。

---

* 芭芭拉·马塞凯拉，见"附录二"。

对于曼德拉来说，与位于比勒陀利亚（Pretoria）的政府当局对话就如同要在一个状况多变的交通中通过谈判找到一条通路。他不得不在谈判各方之间起到一个缓冲器的作用，除了德克勒克以外，另外的谈判方则如同两辆来自不同方向的汽车，一辆被急不可耐的多数黑人的期望所驱动，另一辆则被陷于恐惧和错误的正义感的右翼强硬派驱动。对于曼德拉来说，如果谈判甚至在还没开始之前就已经脱轨，那将会酿成最大的悲剧。为此，他反对非国大代表们的意见，他们对曼德拉试图称德克勒克为一个正直的人感到不悦。每当同僚对曼德拉为德克勒克说好话表示愤怒的时候，他总是坚持，除非看到相反的事实证据，否则他会继续认为德克勒克是一个正直的人。那时，德克勒克正将成为他未来的谈判伙伴。

曼德拉能够把作为一个人的德克勒克和代表一个国家的德克勒克区别开来，认识到他也不过是一个压迫的、完全依靠暴力的国家机器的代理人或牺牲品。可能曼德拉的一个希望就是说服他的政治对手，使德克勒克摆脱其所在政党的影响。国民党拥护种族隔离政策，而曼德拉对这种执政观深恶痛绝。

对此，曼德拉后来评论道："即使在谈判期间，种族隔离政权……依然相信，他们可以在黑人同意的情况下保留白人的特权。虽然种族隔离政权的谈判者试图巧妙伪装，但是从谈判一开始就十分清楚，他们的首要原则就是阻止我们管理这个国家，即使我们在民主选举中获得了胜利。"

1989 年 12 月 13 日，曼德拉还是维克托韦斯特监狱的一个因犯，那天他第一次与德克勒克总统会见。当时他就嗅到了当局的这一立场。他写道：

"会见开始前不久，我读到当时国民党的官方喉舌《公民报》（*Die Burger*）的编辑以笔名'大卫'撰写的一篇文章，文中尖锐地批评了'群体权利'的概念。国民党鼓吹这一概念,将其宣传为解决国家问题的最佳方案。这意味着,在第一次民主选举之后,不论哪个政党获胜,每个族群群体将永久保留他们在选举之前所拥有的权利和特权。"

这一欺骗性的说法意味着"白人少数群体将继续垄断所有重要的公民权利。解放运动所诉求的革命性变化——几个世纪以来的先烈们为此付出了最高昂的代价——将被扼杀。新的政府将不能为人民提供保护,无法为他们的孩子提供高质量的教育。贫穷、饥饿、无知和疾病将到处肆虐。《公民报》批评这种伪政策为从后门引入种族隔离"。

曼德拉向德克勒克指出,"如果他们自己的喉舌都谴责这一想法,他应该能够想象我们对此是怎么想的。我们会不留情面地拒绝它"。[18]

"就在这个节点上,德克勒克总统给我留下了深刻印象,"曼德拉写道,"他不得不承认,如果我们的组织甚至根本不会考虑这个想法,他将抛弃这一政策。我立刻向在赞比亚的非国大领导发去消息,其中我把总统形容为一个正直的人,我们可以和他打交道。"[19]

曼德拉或许对德克勒克留下了深刻印象,但是要让非国大接受这个建议则完全是另外一回事。正如迄今一再提到的,非国大是另一个庞然大物,同时也是一个广义上的教派,一项解放运动和千百万南非人民的一种生活方式。在一些家族中它已经存在了几个世代,像传家宝一样一代代传下去。这样一个组织不可避免地变得传统守旧,对任何革新抱持怀疑态度。到曼德拉和德克勒克总统对话最关键的1989年,非国大已经存在了77年,而在此之前,谈判从没有落实为它的政策。但是在流亡状态下,非国大不得不对当前形势和各方势力的平衡做出现实的评量。由于为非国大提供庇护,

第一章　自由的挑战

前线国家（Frontline States）——1960年至1990年初期南部非洲国家为反对种族隔离而结成的联盟——遭到南非战争机器无情的打击，改变了这一地区地缘政治的特点。

更关键的是非国大被迫从多个战略地区撤离，其中最重要的是撤出莫桑比克（Mozambique）。1984年3月16日，莫桑比克总统萨莫拉·马谢尔（Samora Machel）与南非签署了互不侵犯协议，即《恩科马蒂条约》（Nkomati Accord）。这意味着非国大不得不在缺乏邻国基地优势的条件下继续它的武装斗争。非国大领导层被迫开始考虑撤退到赞比亚（Zambia）和坦桑尼亚（Tanzania）的数千干部的安置问题。就在同一年，安哥拉（Angola）民族之矛兵营爆发的兵变震动了领导层，尤其在于兵变的原因是民族之矛的战士们无法忍受他们不能返回家乡与敌人战斗，却陷入安哥拉人民解放运动（安人运，Movimento Popular de Libertação de Angola, MPLA）的军队和南非支持的争取安哥拉彻底独立全国联盟（安盟，União Nacional para a Independência Total de Angola，UNITA）匪帮之间错综复杂的内战。* 迫于同样的压力，非国大派遣民族之矛的卢图利分遣队（Luthuli Detachment of MK）加入了万基（Wankie）和锡波利洛（Sipolilo）战役，当地在1967年后属于罗德西亚（Rhodesia）。† 兵营中，在许多有大量流亡者居住的地区，人们唱歌祈求英雄和烈士们的庇佑，其中英雄就包括纳尔逊·曼德拉或奥利

---

* 安人运为非国大的民族之矛提供军事训练设施。在安人运于1975年掌权之后的内战期间，南非防卫军（South African Defence Force, SADF）在其颠覆安哥拉和阻止纳米比亚（Namibian）独立的军事行动中支持了安盟。
† 1967年的万基战役是民族之矛（通过卢图利分遣队）与津巴布韦人民革命军（Zimbabwe People's Revolutionary Army）的第一次联合军事行动，目的是从当时的罗德西亚派遣战士潜入南非。民族之矛的另一支分队称为锡波利洛分队，被派遣进入罗德西亚，从东面向锡波利洛进攻，以开辟第二条路线。

弗·坦博。人们用歌声表达自己献身于解放斗争的决心以及他们将如何向比勒陀利亚进军。有时这些革命歌曲斥责南非当局奸细的背信弃义，他们中的一些人曾经是同志，后来却投降了敌人一方。但在热情歌唱者的集体想象中，明显最需要谴责的对象是种族隔离政权的历届领导人，特别是博塔和德克勒克。

甚至在曼德拉与博塔和德克勒克真正接触之前，有关会谈和曼德拉即将获释的谣言就已经在满天飞。1989年7月初，一群流亡的非国大作家在前往维多利亚瀑布与南非白人作家和学术界人士会见的路上，在卢萨卡（Lusaka）帕默德兹饭店（Pamodzi Hotel）外偶遇在那里安营扎寨的一大群熬红眼睛的国际记者和电视台摄制组。明显受到完全错误信息的误导，许多媒体警觉地守在机场和市中心恰恰恰路（Chachacha Road）上的非国大总部门口。如果按照他们得到的情报，曼德拉将被释放，并由赞比亚的非国大监护，他们将有一线希望抢到头条新闻。然而更令人不安的是国内和流亡中的年轻激进分子的指责，他们声称"这个老家伙叛变了"，甚至还有威胁曼德拉生命的言论。

尽管如此，非国大一直保持着一种正确无误的政治直觉，多年来始终在寻求其问题的解决方案。即使那些在兵营中或是在国内地下活动的手持武器的人，也都受到政治原则的指引。非国大全国执行委员会是两次代表大会之间的最高决策机构，他们中的一些人对于有可能与比勒陀利亚和解高度不满。但是非国大有奥利弗·坦博主席，他的信条是通过协商一致进行决策，他坚持对一个困难问题的每个方面都要进行讨论和分析，不论这个过程要花费多少时间，直到达成共识。

不可避免地，任何解放运动都会来到这样一个十字路口，必须做出事关人民命运的关键决定。被亲切地称为OR的坦博做出了决定。他不知疲倦地、一丝不苟地征求自己党内领导人们的意见，并确保前线国家的领导人了解事态的发展。

最终，所有人都清楚地认识到，与敌人进行对话的时机已经成熟。为了坚定这一点，各个工会和政治及公民组织的代表涌入卢萨卡与非国大协商，并且开始制定策略以应对即将来临的局面。声誉卓著的老人们——沃尔特·西苏鲁、戈万·姆贝基（他于两年前被释放）、威尔顿·姆夸伊、雷蒙德·姆拉巴、伊莱亚斯·莫措阿莱迪和艾哈迈德·卡特拉达——的到来以及他们与组织成员的交流，使每一件事都落实了。这就像一个安全阀，使民族之矛成员们被压抑的情感得到释放。主要是那些从事地下工作的特别行动队的成员，他们对潜入国内的民族之矛成员伤亡惨重满怀悲愤。正是沃尔特·西苏鲁，他对聚集在卢萨卡的穆隆古希大厅（Mulungushi Hall）的非国大成员们宣布，他们应该准备回家了。[20]

第二章

以谈判实现民主

1990 年 2 月 11 日，是曼德拉终于能回家的日子。那天下午曼德拉步出维克托韦斯特监狱大门时，全世界许多人都在关注实况直播。

将近两年前，1988 年 6 月 11 日，来自 67 个国家的大约 6 亿人在电视机前观看了在伦敦温布利球场（Wembley Stadium）举行的一场专为曼德拉 70 岁生日献礼的流行音乐会。1989 年，英国广播公司（BBC）的主持人罗宾·登瑟洛（Robin Denselow）将其称为"有史以来最大、最壮观的大众政治事件"。这场音乐会由英国反种族隔离运动（Anti-Apartheid Movement，AAM）组织在其主席特雷弗·哈德尔斯顿大主教（Archbishop Trevor Huddleston）[1] 的领导下举办，它再次证明了，曼德拉即使缺席，也一直与人们同在。

而现在，这个真实体现了监禁和种族隔离政权失败的人，正步入西开普省（Western Cape）灿烂的阳光，并不时微笑着向人群致意。

成为新生南非的一分子，意味着曼德拉不得不分享这个他将领导的国家及其人民的熙攘喧嚣和困惑混乱。曼德拉从监狱的大门到开普敦的阅兵场（Grand Parade）——成千上万的支持者正在那里等待听他演讲——一路上充满迂回和惊恐，或许正预示了这个国家实现民主的道路注定要经历曲折。途中出现了一个小插曲，曼德拉的司机担心市政厅周边的街道人群稠密，于是先将车开到附近的龙德博斯（Rondebosch）郊区，护送车队停在那里一条安静的街道上等待。这时曼德拉看见一位妇女带着她的两个婴儿，于是提出抱抱他们。一个名叫萨利姆·莫泽尔（Saleem Mowzer）的积极分子过来，建议到他位于东龙德博斯的家中去。后来，不放心的德斯蒙德·图图大主教（Archbishop Desmond Tutu）* 追到这里，催促曼德拉一行人立即开往市政厅，否则那里会发生骚乱。

最终，在傍晚时分，曼德拉终于抵达阅兵场，对群众发表讲话。他以和平、民主和全人类自由的名义向满怀期待的群众致意：

"我站在你们面前，不是作为先知，而是作为你们——人民——谦恭的仆人，"他说，"是你们不知疲倦的付出和英勇的牺牲使我今天有可能站在这里，因此我将把我的余生交到你们手上。"[2]

佐薇·薇康姆（Zoe Wicomb）在《纽约客》（New Yorker）杂志的报道中，成功地捕捉了这一时刻："曼德拉看起来完全不像一直以来流行的艺术家塑造出的年迈拳击手的形象。那天，一个高个儿英俊的陌生人大步走进了这个世界。他的面孔已经被岁月磨砺得如同雕刻般棱角分明，呈现科萨—科伊（Xhosa-Khoi）两族的特征，过去生硬的分头发型也没了。简直就像是超模和哲人的复合体。"[3]

尽管曼德拉的地位超群，但现在他和其他所有人一样认识到危险，他也意识到暴力正在毁掉这个国家。每个省都有悲伤的故事，纳塔尔省（Natal）正承受着暴虐行为的冲击。正是在那里，因卡塔

---

* 德斯蒙德·图图大主教，见"附录二"。

自由党（Inkatha Freedom Party, IFP）*在南非警察部门内部秘密成员的支持下，向非国大和它的支持者们发起了战争。纳塔尔米德兰（Natal Midlands）地区及纳塔尔城区的许多地方对于执法人员和非国大来说成了禁行区。

曼德拉获释两个星期后，他遇到了一个让他难忘的挫折。在纳塔尔武斗的激烈时期，他在德班国王公园体育场（Durban's King Park Stadium）向超过10万听众发表了演讲。

"拿起你们的枪、你们的刀和你们的弯刀（panga）†，把它们扔到大海里去吧！"曼德拉发出这样的呼吁。人群中先是发出不满的低声抱怨，然后变成不断增强的嘘声和倒彩。曼德拉坚忍地继续，他必须向他们喊话。"关闭杀人工厂。立即结束这场战争！"[4]

战争并没有因为曼德拉的呼吁而结束，它植根于过去，并企图阻止未来的新生。缓慢地，但不可阻止地，曼德拉的民主南非之梦正在变成现实。最后几块绊脚石就像垃圾一样被踢到一边。一个显著的进展是1990年12月13日奥利弗·坦博的回归。1960年，非国大被取缔，坦博带着在国外重建非国大的秘密使命离开南非。作为解放运动的国外领导人，30年之后回到热烈欢迎他的群众中，这位73岁的非国大主席看起来有些虚弱，但是非常高兴地接受了非国大的领导集体、外国使节和各界名人的问候。与他曾经的律师合伙人纳尔逊·曼德拉并肩站在一起，坦博从约翰内斯堡附近扬·史末资国际机场（Jan Smuts International Airport）‡的阳台上向五千多名载歌载舞的支持者挥手致意。时任非国大副主席的纳尔逊·曼

---

* 因卡塔自由党，见"附录二"。
† panga，一种南非黑人使用的大砍刀。
‡ 1994年更名为约翰内斯堡国际机场，2006年改为现在的名字奥利弗·坦博国际机场。——编注

德拉对群众发表讲话："坦博是非洲最伟大的英雄之一,我们张开双臂欢迎他。"[5] 然后两人坐进一辆轿车,车队在警察的护卫下离开。

两天之后,非国大在索韦托附近的纳斯雷克(Nasrec)召开了第一届全国协商会议。* 当坦博在报告中说到正在把非国大成功地交回到南非人民的手中时,全场为之动情。来自流亡战士的歌声配合着以年轻人为主的小调、悲歌和咏唱,令人心情激动,而这些年轻人在第二天晚上之前要在东兰德(East Rand)那些不安定的乡镇中设置路障。代表们过节般欢快的心情也间或影响会议的庄重气氛。刚刚从监狱中出来的同志,一些人还背着监狱发的背包,在长期与世隔绝之后正在与他们的亲朋会面。对于非国大各级领导的这次集中露面:从曼德拉、坦博和来自罗本岛的老人——须发灰白的著名人士、老战士和执行委员会的成员——到穿着仿制作战服的菜鸟成员,一些代表俏皮地说,整个协商会议的主意仿佛是敌人酝酿的一个阴谋,可以只用一枚大炸弹就把非国大全部消灭。

当十几位从津巴布韦监狱回国的同志列队出现的时候,即便是许多在战争中已百炼成钢的代表也当众流下了眼泪。非国大联合津巴布韦非洲人民联盟(Zimbabwe African Peoples's Union)分别于1967年和1969年发动了英勇但不明智的万基和锡波利洛战役,在这两场战役中,他们与罗德西亚总理扬·史密斯(Ian Smith)领导的英属南非警察和南非安全部队发生冲突,结果被俘并一直被监禁。每位囚犯都曾列在等待执行死刑的名单上,直到罗伯特·穆加贝(Robert Mugabe)的津巴布韦非洲民族联盟—爱国阵线(Zimbabwe African Union-Patriotic Front)在1980年4月取得政权之后才得以缓刑。

---

* 会议举行日期为12月14日至16日。——编注

举行这次会议时，南非正处在一个暴力猖獗的时期，几乎可以算作低强度的战争。因此毫不奇怪，一些代表要求建立自卫队。

具有重要意义的是两天之后的12月18日，政府终于登报发布法令公告，宣布了一部期待已久的法律，允许流亡者返回南非。这一举措的目的是为谈判清除障碍。获释两三天后，曼德拉被媒体问及是否同意德克勒克解除紧急状态的条件，他回答："非国大的态度十分明确，在政府满足所有前提条件之前，不会进行任何谈判，因为我们的人民不可能授权我们这样做，这些条件是：紧急状态必须解除，政治犯必须释放，必须确保所有流亡者返回南非时获得赦免并免予起诉。"[6]

来自"国内外45个地区的1500名代表"的活力和多元使曼德拉得以一窥非国大这个大家庭的丰富构成。[7]大部分代表是国外返回的流亡者，他们中的许多人属于非国大驻外使团。正如曼德拉所表述的："这些人帮助我们确保几乎世界上所有国家都适时地回避南非，谴责种族隔离制度是对人类的犯罪，而这是他们所从事的具有历史意义的活动成功的标志。他们流亡的足迹遍布五大洲，向各个国家和政府的首脑通报我们所处的状况，参加世界性和区域性的聚会，让大量揭露种族隔离政权不人道的材料涌入世界。正是这种世界范围的活动，使非国大及其国内外的领导者成为这个世界上最广为人知的解放运动之一。"[8]

早些时候，在3月份，曼德拉已经在赞比亚的卢萨卡会见了非国大的广大成员，但这样的聚会发生在自己家乡的土地上，还是第一次。南非的现实处境，空气中弥漫的暴力威胁，都意味着这个国家必须警惕不测的发生，同时相应地也要警惕自己内部那些过度兴奋的狂热分子，他们可能对非国大在纳斯雷克举行的这次会议心怀不满。结果就是，会议地点周围布满了带有天线且貌似官方公务车的轿车，里面坐着表情严肃的安全人员。不时会有一辆装甲警车沿街缓缓驶过，铁丝栅网保护下的前灯扫视着下午阳光投下的阴影。非国大安保分队的人员三三两两地站在距离帐篷不远的地方守护安全。在屋内有如此多重要的人，失去他们这个国家将陷入动乱，他们是目前正在孵化中的新体制的关键角色。

正是在这里，在运动场搭起的帐篷下，在会议休息时的帐篷外，曼德拉看到代表与领导们的交流，尤其是民族之矛的成员和他们的指挥官的交流。作为民族之矛的创始人，他对这个组织成员们的崇高致意流露在字里行间。

"民族之矛的战士们显示出无与伦比的勇气，他们多次潜入这个国家，攻击政府设施，不时与种族隔离政权的军队发生激战，并在好几次交火中取得胜利。另一些自由战士在国内，或是以公开身份或是从事地下工作，号召群众起来抵抗所有形式的剥削和压迫。他们不顾自己的安危，勇敢地面对当局的残暴。为了解放，他们准备付出最昂贵的代价。还有一些人，他们被囚禁在种族隔离政权的监狱里，无畏地坚持在自己的祖国得到人道对待的权利。不夸张地说，他们是自投虎穴，再次证明了这条颠扑不破的原则：罪恶之人无法扑灭自由的火焰。这些无畏的战士中有一些人仍然活着，正在帮助解决国家的问题，如今他们终于享受到奋斗的成果。尽管他们中的许多人年老多病且没有工作，但当我们提起他们的历史成就时，他们又显得生机勃勃。另一些人已经逝去，再也不会回到我们中间。他们为我们的解放做了重要贡献，对此我们铭感不忘。"[9]

第二章　以谈判实现民主

* * * * *

这一年结束了，但暴力冲突仍在继续。然而这并没有阻止为取得民主结果而进行的第一阶段谈判，尽管右翼势力极力试图破坏这一进程。在一个暴力逐渐升级、日益脱离控制的国家促成持久的和平绝非易事。普通工人联合工会（General and Allied Workers Union）的前总书记、后来成为非国大执委会成员的悉尼·穆法马迪（Sydney Mufamadi）*在回忆为此所做的早期努力时说道：

> 在我们的高级政治领导被释放——以马迪巴的获释为高潮——之前，联合民主阵线和南非工会大会（Congress of South African Trade Unions，COSATU）就已经开始和因卡塔自由党接触……寻求结束暴力的途径，尤其是在彼得马里茨堡（Pietermaritzburg）地区……那里的暴力最为严重。我们前往卢萨卡去讨论这一提议，因为与我们接洽的因卡塔自由党代表——姆德拉洛塞（Mdlalose）医生、马迪德（Madide）博士和德洛莫（Dhlomo）博士——三人收到[因卡塔自由党主席]曼戈苏图·布特莱齐（Mangosuthu Buthelezi）酋长†的明确指示，对我们说，他们愿意继续和我们谈判，如果……我们和他们的谈判得到卢萨卡的支持……而卢萨卡不会反对任何意在带来和平的进展。[10]

但是因为对"正在发生的暴行怒不可遏，当地的活动分子对谈判并不热衷"。如果卢萨卡真正介入，"那他们必然武装起来进行反

---

*　悉尼·穆法马迪，见"附录二"。
†　曼戈苏图·布特莱齐，见"附录二"。

击。因此我们面临种种困难，必须说服我们自己的人认识到谈判的益处"。[11]

非国大领导从监狱中获释更加深了局面的混乱，特别是绰号为"米德兰雄狮"的传奇人物、暴脾气不妥协的哈里·瓜拉（Harry Gwala）*，"他不相信谈判有用"。[12] 瓜拉对非国大和布特莱齐及祖鲁王室首领古德威尔·兹韦利蒂尼国王（King Goodwill Zwelithini）†之间的任何会谈深恶痛绝。（有这种情绪的不只瓜拉一个人。曼德拉后来告诉他撰写《漫漫自由路》的合作者理查德·斯滕格尔[Richard Stengel]，1990年访问彼得马里茨堡，当他提到布特莱齐的名字时，那里的人是如何想"掐死"他。）[13]

"这对我们毫无帮助，"穆法马迪说，"因为在说服年轻同志方面我们已经取得了一些进展，"但瓜拉这位"比我们所有人都年长的同志"却危害到这个成果。马迪巴站出来，"呼吁夸祖鲁—纳塔尔（KwaZulu-Natal）人民放下武器……一开始遇到了一些阻力，我们不得不努力克服"。[14]

随着越来越多国家暗中参与暴力行动的事实被揭露出来，政府被迫采取行动，类似袭击火车乘客等恐怖暴力活动的数量明显下降。这些袭击曾经很大程度上阻挠和恫吓了非国大的支持者。1992年德克勒克就支持"继续谈判"发起白人选民公投，结果大多数选民投了赞成票，几乎达到69%，这削弱了发展中的右翼党派的力量，它们企图以政治手段阻滞谈判进程。从失败中吸取教训，右翼党派以抵抗取代恐怖主义，动员武装起义。白人右翼的不同派系耀武扬威，叫嚣着要成立一个独立国家。

---

* 哈里·瓜拉，见"附录二"。
† 古德威尔·兹韦利蒂尼国王，见"附录二"。

第二章　以谈判实现民主

1992年，在接受爱尔兰调解人帕德里克·奥马利（Padraig O'Malley）的专访时，南非保守党（Conservative Party，CP）领袖费迪南德·哈岑伯格（Ferdinand Hartzenberg）*说，保守党将通过不参与来帮助其他党派，"因为[曼德拉]要求我们参与并确认我们将接受谈判的结果，而这是我们不准备接受的。如果非国大成了这个国家的政府，我们一定会像20世纪初英国试图统治这个国家时做的那样，我们将反抗"。[15]

公投之后三个月，1992年6月17日星期四，在约翰内斯堡南部的博伊帕通（Boipatong），来自附近居住区的一群说祖鲁语的男人进行了一场懦弱的大屠杀。他们使用AK47步枪和投矛杀死了45人，重伤了27人，其中包括妇女和儿童。这场谋杀尤其令人震惊的是，受害者有24名妇女，其中包括一名孕妇，另一名9个月大的婴儿也被杀害了。事后，警察只逮捕了寥寥几人。和许多类似的案件一样，只要受害者是非国大的支持者，调查就草草了事，没有结果，也没有明显的逮捕行动。在回答作家约翰·卡林（John Carlin）关于这次屠杀的问题时，曼德拉的前私人助理、当时在非国大担任职务的杰茜·杜阿尔特（Jessie Duarte）†在回忆曼德拉听到消息后的反应时说："我绝不会忘记他的表情……人们会如此彼此相残，这样的事实使他深受震惊……我认为，即使在27年的囚禁生涯中，他也从未真正面对如此冷酷的暴力。"[16]

看到德克勒克总统对采取措施遏制暴力并将行凶者绳之以法的要求置之不理，曼德拉随即宣布了非国大中止谈判的决定。暴力导致群众对非国大的谈判立场越来越不抱希望。在博伊帕通举行的一

---

* 费迪南德·哈岑伯格，见"附录二"。

† 杰茜·杜阿尔特，见"附录二"。

次悼念遇难者的集会上，愤怒的群众唱道："曼德拉，你正在领导我们像待宰的羔羊走向屠宰场。"

虽然原先的立场是谈判不要有国际介入，但在曼德拉的坚持下，非国大把这个问题提交到了联合国。

尽管如此，几个月后谈判还是恢复了。为了避免西里尔·拉马福萨和他的国民党谈判对手罗尔夫·迈耶（Roelf Meyer）之间的危机，双方经由秘密沟通渠道达成了一份《谅解备忘录》（Record of Understanding）。恢复谈判也得到了坦桑尼亚总统朱利叶斯·尼雷尔（Julius Nyerere）*的鼓励。当曼德拉解释说，撤出谈判是因为种族隔离政权操纵下的暴力冲突时，尼雷尔提醒他，南非的自由战士一直谴责种族隔离的国家本质上就是暴力的，那么在种族隔离的国家被推翻前，有什么理由认为暴力会被彻底消除呢？

谈判各方的诡辩、争吵、精明算计和妥协，因克里斯·哈尼（Chris Hani）†的遇刺而突然中止。哈尼无疑是南非最受欢迎的领袖之一。1993年4月10日，右翼波兰移民雅努什·瓦卢斯（Janusz Walus）受议会保守党议员克莱夫·德比-刘易斯（Clive Derby-Lewis）的指使暗杀了他。‡

曼德拉写道，哈尼"本可以轻松地成为政府的最高领导"，他的被杀几乎酿成一场灾难性的危机。[17]哈尼的追随者们异常愤怒。全国各地成千上万的人自发地涌上街头，其他南非人也被震惊得目瞪口呆。

---

* 朱利叶斯·尼雷尔，1964—1985年间任坦桑尼亚总统。
† 克里斯·哈尼，见"附录二"。
‡ 直到今天，仍然有人对于只有瓦卢斯和德比-刘易斯被判有罪这样的结果表示不满，因为据说暗杀使用的枪来自政府的军械库，指向牵连其他许多人的一长串事件，最终导致了哈尼的被杀。

第二章　以谈判实现民主

"由于国家处于动荡中，[我]被给予时间在南非电视台向全国广播，呼吁群众遵守纪律，避免挑衅激化矛盾。许多谈判转型的评论员后来认为，从国民党的德克勒克向非国大的真正权力转移不是发生在1994年4月的选举，而是在一年前这个关键的星期。"[18]

南非不乏从崩溃的边缘被拉回来的先例。例如1960年3月21日的沙佩维尔事件，1976年6月之后的索韦托、尼扬加（Nyanga）、兰加（Langa）和古古莱图（Gugulethu）事件，当然还有以一个接一个的紧急状态为借口所行的无数丧心病狂之举。然而此前没有任何一次群众的愤怒——和绝望——的程度达到哈尼遇刺后那个国运攸关的复活节周末，只需一个小火星，就能瞬间点爆火药桶。

曼德拉在1993年4月13日发表电视讲话，这一及时的干预抑制了群众的怒火。他的语气体现了愤怒和道德力量的完美结合，他向南非人民演说：

"今晚，我从内心深处向每一个南非人，不论他是黑人还是白人，伸出我的双手。

"一个充满仇恨和偏见的白人男子，来到我们的国家并犯下如此邪恶的罪行，让我们整个民族陷入灾难的边缘，岌岌可危。

"一位阿非利卡白人妇女冒着生命危险，因此我们才能知道这个杀人犯并将其绳之以法。*

"这个谋害克里斯·哈尼的冷血杀手让整个国家和世界震惊。悲痛和愤怒正在撕扯着我们。

"所发生的这起事件是一桩民族的悲剧，触及了上百万人的心灵，不分肤色和政治立场。

"我们共同的痛苦和义愤将在与葬礼同时进行的全国悼念活动

---

* 曼德拉这里指的是哈尼的邻居，她记下了瓦卢斯的车牌号并打电话向警察报案。

中得到表达。

"明天,许多城镇和乡村将举行纪念活动,向这个国家有史以来最伟大的革命者之一致敬。每一项纪念活动都将翻开一本自由纪念册(Memorial Book for Freedom),所有要求和平与民主的人都将在纪念册上写下他们的承诺。

"现在到了这样一个时刻,所有南非人都将站在一起,反对那些想要破坏克里斯·哈尼为之献身的使命——我们所有人的自由的人,不论他们来自哪个派别。

"现在到了这样一个时刻,白人同胞——来自他们的悼唁消息不断传来——怀着对我们国家这一沉痛损失的理解,伸出援手,加入到纪念活动和葬礼祭奠中。

"现在到了这样一个时刻,警察体贴和克制地行动,成为服务于全体人民的真正的人民警察。在这个悲伤的时刻,不能再有更多的伤亡。

"对于我们所有人来说,这都是一个重要关头。我们的决心和行动将决定我们能否用痛苦、悲哀和愤怒推动国家走向唯一持久的出路——一个由选举产生的属于人民、为了人民和人民当家做主的政府。

"我们绝不能允许那些崇拜战争、嗜血如命的人倒行逆施地行动,那将使我们的国家堕落成为另一个安哥拉。

"克里斯·哈尼是一位战士。他信仰铁的纪律。他执行命令一丝不苟。他说到做到。

"任何缺乏纪律都是对克里斯·哈尼所坚持价值的践踏。这样做的人只能是服务了杀人犯们的利益,亵渎了对哈尼的纪念。

"当我们万众一心、意志坚定地共同行动,守纪律,有决心,就没有任何东西可以阻挡我们。

"让我们以一种合宜的方式向这位和平战士致敬。让我们再次投入到实现民主的事业中——哈尼为之奋斗毕生的民主,将给工人、穷人、无业者和无地者的生活带来真正的、实质性变化的民主。

"克里斯·哈尼在我们国家和人民的心中是不可替代的。在流亡30年后第一次回到南非时,他说:'在生命的大多数时间里,我都在与死神相伴。我想要生活在一个自由的南非,即使我不得不为此失去生命。'克里斯·哈尼的遗体将庄严停放在索韦托第一国民银行体育场(FNB Stadium),从4月18日星期日中午到晚上6点祈祷式之前,供公众凭吊瞻仰。葬礼将在4月19日星期一上午9点开始。殡葬队伍将前往博克斯堡墓地(Boksburg Cemetery),下葬仪式计划在下午1点进行。

"葬礼和集会必须庄严地进行。在抗议、祈祷和集会时,不论是在家中、教堂还是学校,我们都将克制地表达情绪。我们不会被煽动采取任何草率的行动。

"我们现在是一个举国哀悼的国家。对于南非的青年,我们有特别的话要说:你们已经失去了一位伟大的英雄。你们已经一再表示,你们爱自由远胜于爱你们最宝贵的礼物,即生命本身。但是你们是明天的领袖。你们的国家、你们的人民、你们的组织需要你们明智地行动。你们肩负着特殊的责任。

"我们要对全体人民在面对这样极端的挑衅时所表现出来的勇敢和克制致以敬意。我们确信,同样不屈不挠的精神将带领我们克服前路上的困难。

"克里斯·哈尼做出了崇高的牺牲。我们对他毕生事业所能致以的最高敬意就是确保我们为全体人民赢得自由。"[19]

哈尼15岁的女儿,诺玛科威兹(Nomakhwezi)目睹了这一事件。哈尼遇刺所造成的巨大恐惧,原本很可能轻易改变南非的历史,却因他的阿非利卡邻居雷塔·哈姆斯（Retha Harmse）的迅速行动而得到抵消。哈姆斯打电话向警察报告了瓦卢斯的车牌号，协助警察抓获了还带着武器的瓦卢斯。

曼德拉对克里斯·哈尼有一种特殊的敬意。一些人认为，这是因为哈尼具有超群的领导能力，使他赢得了同志们，特别是民族之矛成员的爱戴，他们试图尽可能地仿效他。他勇敢、充满魅力、一直站在前线。他勇敢地率领民族之矛的干部潜入南非境内，在向非国大领导递交他主笔的著名备忘录时也对非国大当局无所畏惧。

在坦桑尼亚的非国大兵营中不耐烦地等待时，哈尼曾严厉地批评流亡中的非国大领导，指责他们放弃了解放斗争的使命并在腐化中堕落，削弱了民族之矛回国并在南非内部进行战斗的前景。他与其他联名签署备忘录的人被指控叛国罪并被判处死刑，多亏奥利弗·坦博的干预，他们才得以缓刑。哈尼的行动也促成了非国大的卢图利分遣队在万基和锡波利洛的战役。

类似地，在20多年前的1944年，曼德拉是非国大青年团——原来的青年雄狮——的创始人，他们对传统观点发起挑战，以图重振非国大。万基战役的一位老战士，威尔逊·恩科塞少将（Major General Wilson Ngqose，已退役）记得，1960年代后期，哈尼在坦桑尼亚一个叫作孔瓜（Kongwa）的兵营里。这个兵营由非国大与安哥拉人民解放运动、莫桑比克解放阵线（Frente de Libertação de Moçambique，FRELIMO）和西南非洲人民组织（South West Africa People's Organization，SWAPO）共享。安哥拉人民解放运动在葡萄牙占领的安哥拉已有解放区。恩科塞少将说，就是在孔瓜，安哥拉人民解放运动的领导人阿戈什蒂纽·内图（Agostinho Neto）医生看到当时非国大在坦桑尼亚正面临问题，于是邀请奥利弗·坦博把新兵送到安哥拉的兵营去。[20]当时已是著名诗人的内图所发表的一首名为《紧急》('Haste')的诗，号召人们拿起武器，传达出哈尼对当时懈怠的领导人忍无可忍的情绪。这也体现了曼德拉和他的青年团同志们挑战当时的非国大领导——他们相信请愿和呼吁可以使无情的政权觉悟——时充满的战斗精神。

> 在历史这段对停滞和迟缓无动于衷的冷漠中
> 当正义被匆忙地扼杀
> 当监狱中挤满了青年
> 在暴力之墙前撞得粉身碎骨
> 我忍无可忍
>
> 让我们结束这言词和姿态的平庸
> 以及隐藏在书本封面后面的微笑
> 还有逆来顺受的
> 圣徒般的姿态
>
> 开始像男人一样精神抖擞地行动
> 以牙还牙，以眼还眼
> 以命抵命
> 解放人民的军队
> 精神抖擞地行动起来
> 卷起旋风击碎消极平庸[21]

很久之后，曼德拉承认民主南非应当感激安哥拉人民。1998年在罗安达（Luanda）向安哥拉国民议会（Angolan National

Assembly）致辞时，他说，安哥拉人民与南非人民"团结一致，争取解放斗争，是英雄壮举"。

"你们自身的自由尚未得到确保，"他说，"而且处于我们无情敌人的打击范围之内，你们勇敢地坚持南部非洲的自由不可分割的原则。在自由安哥拉的缔造者、伟大的非洲爱国者和国际主义者阿戈什蒂纽·内图的领导下，你们坚持，所有非洲的子民都必须从束缚中获得自由。"[22]

关于年轻的英雄克里斯·哈尼，曼德拉继续说道："1959年，哈尼进入福特海尔大学（Fort Hare University，也是曼德拉的母校），引起了塔博·姆贝基的父亲戈万·姆贝基的注意。戈万在哈尼的成长中起了指导性的作用。正是在这里，哈尼接触到马克思主义的思想，并加入了当时已被列为非法组织的南非共产党。他一直强调，他转信马克思主义深化了他对反种族歧视的认识。

"哈尼是一位勇敢且有远见的年轻人。即使是自己所在的组织，当他认为没有正确行使领导职能时，也会毫不犹豫地批评。他曾回忆：'1960年代时，我们这些兵营中的人对问题缺乏深刻的理解。我们大多数都很年轻，20岁左右。我们急不可耐地想投入行动。"别告诉我们没有路"，我们曾说，我们必须探索发现可走的路。那就是我们接受训练的目的。'[23]

"民族之矛的战士们认为非国大的领导过于自满，哈尼成为他们的首席发言人。在提交了正式的请愿书之后，他发现自己和兵营领导的关系遇到了麻烦，还被他自己的组织拘禁了一段时间。然而，由于他的处境引起了非国大更高层领导的关注，特别是奥利弗·坦博和乔·斯洛沃（Joe Slovo）*的关注，他被释放了。

---

* 乔·斯洛沃，见"附录二"。

第二章　以谈判实现民主　　　　　　　　　　　　　　　　045

"1990年8月，哈尼回到南非，他是绝大多数南非人民心中的英雄。当时的数个民意调查表明，他无疑是这个国家第二受欢迎的政治家。[24]1991年12月，他成为南非共产党的总书记。

"在生命的最后岁月里，哈尼不知疲倦地在南非各地的各种会议上讲演，包括乡村的集会、商店员工的聚会以及地方议会和街道委员会的会议。他不遗余力地利用他的权威和武装斗争中建立起来的威望捍卫谈判，经常要耐心地说服那些因遭受第三势力暴力攻击而持怀疑态度的年轻人和社群。*

"在向真相与和解委员会（Truth and Reconciliation Committee，TRC）†申请赦免时，谋杀哈尼的两名罪犯——雅努什·瓦卢斯和克莱夫·德比−刘易斯——承认，他们希望通过掀起一波种族仇恨和内战来破坏谈判。哈尼的死是场悲剧，但事实上，他的死最终把众人的注意力和当务之急带回到我们通过谈判达成的解决方案上，这是对持有各种信念的南非人民走向成熟的致敬，尤其是对哈尼纪念的致敬。"[25]

* * * * *

如果说就选举日期达成一致意见的过程艰巨困难、布满荆棘的话，那么达成协商一致的解决方案将证明是更为艰苦的。1993年，随着选举日期的迫近，已显露出发生一场危险的右翼武装暴动的可能。尽管巨大的障碍已被移除，但是暴力再起和选举中断的阴影是无法回避的现实。选出一个合法的民族团结政府的条件刚刚具备，

---

* 曼德拉和其他非国大领导人相信存在一种"第三势力"，即对于暴力肆虐负有责任的秘密武装。

† 真相与和解委员会，见"附录二"。

还很脆弱而亟须巩固。

曼德拉对此情况十分关注，他写道："乌云笼罩在南非上空，它威胁要阻挡甚至逆转南非人民在国家和平转型方面所取得的全部成果。"[26]

就在克里斯·哈尼被刺后将近一个月，他在墓中尸骨未寒，4位前南非防卫军的将军，包括广受尊敬的前总参谋长康斯坦德·维尔容（Constand Viljoen），就成立起一个将军委员会——阿非利卡人民阵线（Afrikaner Volksfront，AVF）。* 这可能是对哈尼之死导致的大量伤亡做出的反应，根据媒体报道，在哈尼葬礼当天遇害的超过15人中，有一些白人受害者。将军们声称的意图是，将对德克勒克的国民党不抱希望的阿非利卡成员团结起来，并鼓动成立一个阿非利卡人家园（volkstaat）。大多数媒体，尤以《每周邮报》（Weekly Mail）为甚，视这次发起的行动为走向割据之路的一步。[27]

曼德拉当时接到情报部门的有关报告称，"右翼阿非利卡人已经决定通过暴力来阻止即将来临的选举。出于安全考量，一个组织的主席必须仔细检查这种报告的准确性。我这样做了。当我发现报告的信息准确时，我决定行动"。[28]

根据历史学者赫尔曼·吉利奥米（Hermann Giliomee）的说法，曼德拉已经知道，"维尔容计划阻滞选举，把德克勒克从领导位置上赶下来，再重新开始谈判"。[29] 一些人相信，他能从积极公民部队（Active Citizen Force）或预备役军人和一些防卫军部队聚集5万人。在他所著的《阿非利卡人》（The Afrikaners）一书中，吉利奥米描述了两位重要的将军就武装抵抗的后果进行辩论：

---

* 阿非利卡人民阵线和康斯坦德·维尔容，见"附录二"。

在一次通报会上，防卫军司令格奥尔格·迈林（Georg Meiring）*将军就维尔容反对选举的可怕后果警告了政府和非国大。迈林对维尔容"抱以崇高敬意"，为了说服维尔容，迈林与他进行了多次会谈。其中一次，维尔容说："你、我还有我们的人，只要一个下午就可以接管这个国家。"对此迈林回答道："是的，确实是这样，但是政变后的第二天早晨我们怎么办？"黑白人口的不平衡、国内外的压力以及所有难办的问题仍然在那里没有解决。[30]

曼德拉知道，绝不能低估一个铁了心的、不惜造成严重破坏的对手，特别是这个对手还自视为恢复昔日荣光的正义的十字军。在寻求解决出路时，曼德拉或许想到了一些忠诚的盟友，例如荣膺诺贝尔和平奖的阿尔贝特·卢图利酋长（Albert Luthuli）†，在他的卓越领导下，非国大经历了1960年代最困难的时期。如果是他面对目前的状况，他会如何做？或者他的朋友和同志奥利弗·坦博——他在克里斯·哈尼葬礼仅仅两个星期后的4月24日去世了——又会赞成采取什么样的行动？然而在做出决定时，曼德拉的耳边一定回响起了马丁·路德·金（Martin Luther King）在1964年获得诺贝尔和平奖时发表的演讲。

"将暴力作为取得种族平等的途径，既是走不通的，也是不道德的，"金博士说，"我并非没有注意到这样的事实，即暴力经常可以带来短暂的成效。国家经常是在战争中赢得独立。但是尽管取得了暂时的胜利，暴力绝不会带来永久的和平。它解决不了任何社会

---

* 格奥尔格·迈林，见"附录二"。
† 阿尔贝特·卢图利，见"附录二"。

问题,而只会造成新的、更复杂的社会问题。暴力之路是走不通的,只能是恶性循环,最终各方同归于尽。"[31]

为了提前阻止这种破坏,曼德拉知道,他不得不寻求一些右翼分子十分尊敬的人的帮助。在城镇中,惯常的做法是与恶霸的"大哥"谈判,以获得片刻喘息。

"我乘飞机到维德尼斯(Wilderness),"他写道,"那里是前总统 F.W. 博塔退休后的住处。我提醒他 1989 年 7 月我还在监狱中时我们发表的联合声明。在那份声明中,我们保证为了在我们的国家实现和平而共同努力。"[32]

从乔治机场(George Airport)到维德尼斯的 25 分钟路程风景秀丽。有海滩、山坳、未受污染的河流以及横跨开曼斯河(Kaaimans)的著名铁路大桥,河水在维德尼斯流入大海。优美的风光被突然出现的住宅区打断,那些不拘形式的房屋沿着 2 号高速公路铺展开来。那是个星期六的下午,曼德拉一定看见了闲逛的游人和公路上穿梭不断的车辆。

F.W. 博塔养老的房子叫"锚"(Die Anker),坐落在农田中,与珍贵的保护湿地相邻,并且可以远眺从维德尼斯一路延伸到塞奇菲尔德(Sedgefield)的众多湖泊。曼德拉一定想到,这就是右翼分子们希望继续保有的那种特权,并且为了成为独占特权者而不惜一切地战斗。但是他有工作要完成。他要与 F.W. 博塔会见。

曼德拉写道:"我告诉他,现在和平受到右翼的威胁,并且请他出面干预。他的态度是合作的,并且证实阿非利卡人已下定决心要阻挠选举。但是他补充说,他不想单独和我讨论这件事,建议我叫上德克勒克总统、费迪南德·哈岑伯格和维尔容将军。

"我提出,我们也应该邀请极端的阿非利卡右翼领袖尤金·特雷布兰奇（Eugene Terre'Blanche）*，因为他是一个不计后果的煽动家，在当时比德克勒克总统更有吸引力。对此，前总统博塔坚决否定，因此我放弃了这一建议。"[33]

曼德拉与P. W. 博塔在后者后院里的会面在具体问题上不可能没有分歧，但是在媒体报道中，两小时友好诚信的会见，其文化意义与现实政治的意义同样重要。两位年过古稀的老人年龄相近，对南非历史的理解尽管存在差异，却有共通之处。曼德拉知道，P. W. 博塔本人在就职总统初期就肩负起了改革者的责任，当时他对那些顽固地拒绝改革的属下发出著名的呼吁，他们要么顺应形势，要么走向灭亡。[34]然而随着他不明智的三院议会激起抵抗并导致了联合民主阵线的诞生，他的立场变得日趋强硬，把自己塑造成了一个暴躁顽固的老人。

对于这次他与曼德拉的会面，评论员们承认："尽管博塔先生可能对极右翼仍有些残留的影响，但他更大的影响力在南非防卫军。在他主政的多年中，这支军队奢华放纵，这使得曾经和现在的一些将军据说都与他保持着密切往来。"[35]

"我回到约翰内斯堡，"曼德拉写道，"立刻打电话给德克勒克总统，告诉他博塔的邀请。他对于我们与前总统会面的整个想法抱有敌意，正如博塔的态度之于特雷布兰奇。接着我找到进步的阿非利卡神学家约翰·海恩斯（John Heyns）教授，试图把维尔容将军、哈岑伯格、特雷布兰奇和我本人约到一起。特雷布兰奇态度强硬，拒绝以任何方式同我——用他的话说，一个共产党分子——会面。"

对于曼德拉来说，这是一个生动的讽刺：一个前囚犯不仅在协调躁动不安的黑人多数与政府之间的关系，而且也在协调德克勒

---

* 尤金·特雷布兰奇，见"附录二"。

克和好战的右翼之间的关系,后者似乎已准备好要在整个国家点燃烈火。数十年来国民党的落后政策一直像是刺耳的狗哨,现在这只充满仇恨的狗在特雷布兰奇的老家芬特斯多普(Ventersdorp)做出了反应。曼德拉听到了特雷布兰奇和他的阿非利卡人抵抗运动(Afrikaner Weerstandsbeweging,AWB)右翼武装力量滔滔不绝的责骂。在1993年年中,他目睹了他们为阻止谈判,如何对豪滕省(Gauteng)肯普顿公园(Kempton Park)的世界贸易中心发起冲击,将一辆装甲车撞进了玻璃大门。

虽然曼德拉接受德克勒克作为谈判伙伴,但对他应对右翼威胁的态度则有些不以为然。1990年2月,从监狱获释5天后,曼德拉在接受《时代》(TIME)杂志一次有先见之明的采访时被问及,德克勒克总统对右翼威胁的恐惧是否合理。曼德拉强调指出,恐惧被夸大了。尽管威胁是事实存在的,他争辩道,但德克勒克是从南非白人尤其是阿非利卡人的视角来看这个问题的。而只要他支持一个没有种族主义的南非,并且从黑人的视角来看所面对的挑战,那么他的恐惧就会烟消云散。[37]

在南非黑人的政治动员中,有一个很受欢迎的表达,几乎所有语族——恩古尼语(Nguni)、塞索托语(Sesotho)和聪加语(Xitsonga)——都会使用。在恩古尼语中,人们说"Sihamba nabahambayo",就是祖鲁语中的"我们带着那些做好准备的一起上路"。"Ha e duma eyatsamaya"(当引擎开始轰鸣,这辆汽车将要离开)是一首茨瓦纳语(Setswana)传统歌曲中的副歌——劝告犹豫者立即登车一起出行。对于曼德拉来说,行动的时刻已经到了。

他已经明确了要和他一起前行的人。他看好康斯坦德·维尔容将军。这也是基于实际考虑,因为曼德拉知道维尔容的过往和他在颠覆周边国家中所起的作用,特别是针对西南非洲人民组织——纳米比亚的民族解放运动，也是非国大的兄弟组织——的行动。曼德拉知道1978年5月4日南非防卫军在安哥拉的卡欣加（Kassinga）对纳米比亚难民的大屠杀。*

但是与他对德克勒克的态度一样，曼德拉认为维尔容将军曾经是一位战士，也在寻求解决问题的出路。

曼德拉写道："在维尔容将军的双胞胎兄弟布拉姆（Braam）和股票经纪人于尔根·克格尔（Jürgen Kögl）的安排下，非国大和将军委员会举行了一次会议。与会一方是维尔容将军和他的同事，另一方是代表非国大的乔·恩兰拉（Joe Nhlanhla）、佩纽尔·马杜纳（Penuell Maduna）、雅各布·祖马和塔博·姆贝基。在这方面，这些非国大领导人的眼界远远超过了他们的同志，充分注意到了迫在眉睫的灾难会造成的悲惨后果。"[38]

非国大和维尔容代表团之间举行了多次这样的双边会谈，代表团由退休将军和其他人组成，包括聚集在阿非利卡人民阵线大旗下的费迪南德·哈岑伯格、蒂尼·格伦内瓦尔德（Tienie Groenewald）和科布斯·菲瑟（Kobus Visser）等人。一些会议是由曼德拉亲自组织的，其他的则是由姆贝基和非国大的领导，包括乔·莫迪塞（Joe Modise）†等组织的。一次在位于树木繁茂的霍顿（Houghton）郊区的曼德拉住处内举行的会议中，他作为一位友善的主人，给大家倒茶。为了使维尔容将军感到亲切，曼德拉还用将军的母语阿非利卡语与他谈话。

---

* 也称为卡欣加战役（Battle of Cassinga）。1978年的卡欣加大屠杀是南非军队针对在安哥拉的纳米比亚难民和自由战士所犯下的罪行。南非空军首先轰炸了西南非洲人民组织的兵营及其武装力量纳米比亚人民解放军（People's Liberation Army of Namibia, PLAN）。空袭之后，数百名伞兵空降完成了攻击。超过600名纳米比亚人被杀。

† 乔·莫迪塞，见"附录二"。

曼德拉问维尔容将军和哈岑伯格,"他们是否真的正在准备用暴力手段来阻止谈判。[维尔容]将军坦率地承认,这是真的,并且阿非利卡人正在武装起来,这个国家正面临着一场血腥的内战。我感到震惊,但是表现出我对解放运动的胜利拥有绝对信心的样子"。

"我告诉他们,"曼德拉继续道,"他们会让我们经历一段艰苦的时期,因为他们的军事训练好于我们,掌握着更具杀伤性的武器,并且凭借其拥有的资源,他们比我们更了解这个国家。但是我警告他们,这场不计后果的赌博的结果是他们将被粉碎。在我们对白人至上主义给予致命一击后,我们将接近历史性的胜利。我指出,这不需要他们的同意,也无视他们的反对。"[39]

曼德拉告诉将军们,南非的人民"拥有一个正义的目标,在人数上占优,得到国际社会广泛的支持,而这些他们都没有。我呼吁他们停止计划,加入在世界贸易中心举行的谈判。我花了许多时间说服他们,但他们固执己见,我无法使他们松动一毫。最终,在我打算放弃的时候,维尔容将军态度有些许软化,他说,他的人已经准备到如此深入的阶段,他不能两手空空地回去面对他们"。[40]

曼德拉在监狱里花了大量时间思考南非所陷入的进退两难的局面,但他更多地把监禁看作一个认识自己的机会。1975年2月1日,他在给妻子温妮——当时她被关在克龙斯塔德(Kroonstad)监狱——的一封信中告诉她,监狱是一个理想的认识自己的地方。"牢房,"他写道,"给了你机会每天审视自己的全部行为,改正身上坏的东西,并发展无论什么样的好的方面。"[41] 也是在这里,他潜心研究阿非利卡人历史和文化的重要面向。他用阿非利卡语和监狱当局交流,虽然多年以后,他在讲话时仍然不能完全抹去母语科萨语的口音,使得种族隔离机构的官员和非国大成员都觉得好笑。众所周知，人们都喜欢别人用自己的母语和自己讲话，曼德拉早在有必要这样做之前就已深知这个道理。

对于这个从他们的监禁中幸存，现在又在和他们谈判的黑人，将军们知道些什么？他们当然知道他所代表的力量和他背后的人民，但是他们对他这个人知道多少呢？他和蔼可亲、慈祥、经常面带笑容，这个形象和他们记忆中他的出身和领导武装斗争的形象放在一起，可能使他们感到困惑。这也是众所周知的，到头来，黑人对白人的了解要比白人对黑人的了解多得多。曼德拉认识到，将军们所代表的主要是一类沉浸在传统中的人，他们的特点是尊重权威、法律和秩序——一种加尔文主义的教义——其大多数是中产阶级成员，那些只想不受外界干扰的忠于家庭的人。他们中的相当数量已经接受了某种形式的改革，眼光超越当前，为适宜生活的未来寻求解决出路（他们支持德克勒克进行公投的选择就是证明）。遵守社会习俗、尊重法律和秩序的观念在年轻的阿非利卡人中间根深蒂固，这种观点得到尼尔·巴纳德的支持，他写道：

"在学校和宿舍中，与在家庭环境中一样，是有标准的，有秩序和纪律：铃声响起，该起床了……有祈祷的集会……以及传统的民间游戏和舞蹈。我们排队上学，如果有任何看上去微不足道的违纪，鞭子马上就会落下……所有处于权威地位的人都受到尊重，他们的话就是法律。"[42]

德克勒克的话——以及在很大程度上，曼德拉的话——就是法律，这已经被相当一部分阿非利卡人接受了，尽管是不情愿的。出格的表现，例如尤金·特雷布兰奇等人的行为，超出了由阿非利卡权威定义的已被广泛接受的行为准则，在很多情况下只能引起尴尬而不是为之骄傲。这些人真的准备放弃他们的工厂、生意、家庭、农场和学校带来的舒适生活而拿起武器去保卫……什么？

尽管有以上种种考虑，但曼德拉已经从对冲突史的大量阅读中知道，语言、文化和国家地位一直是这个地球上各种毁灭性冲突的根源。柏林墙的倒塌和苏联的解体已经打开了东欧民族势力崛起的潘多拉盒子。当维尔容将军说到在阿非利卡人家园问题上，他不能两手空空地回到自己人那里时，他和解的语气触动了曼德拉的心弦。他知道，不论他多么正确，增加自己或未来民主共和国的反对者的数量都是极为不明智的。

"在那一刻之前，"曼德拉写道，"我一直坚持，只要我是非国大的主席，这个国家中就绝不可能有一个阿非利卡人家园，因为这就意味着出现了一个属于阿非利卡人的分裂自治区。但是现在，面对如此艰难的挑战，我决定后退一步，但采取的方式要让他们不能轻而易举地实现他们的要求。"[43]

早在 30 多年前，当他在地下工作和逃亡时，曼德拉曾经住在南非共产党活动家沃尔菲·科迪什（Wolfie Kodesh）的公寓里。科迪什介绍他看卡尔·冯·克劳塞维茨（Carl von Clausewitz）的经典著作《战争论》（On War）。[44] 在与右翼打交道的过程中，曼德拉把这位普鲁士将军关于战争和冲突的理论运用到实践中。

乔纳森·希斯洛普（Jonathan Hyslop）在他的《曼德拉论战争》（'Mandela on War'）一文中总结说："意识到南非可能无法避免暴力冲突，但进行一场没有限制的冲突对建设一个可运转的未来社会的任何可能性都是破坏，曼德拉制定了一条明智、有原则的路线。这也可以被理解为是明显的克劳塞维茨式思维方式，曼德拉抓住其精髓，即负责任的领导需要认识到真实战争的条件，它所能实现目的的限制，以及由此产生的问题，而不是追求绝对战争的妄想。"[45]

曼德拉通知维尔容和哈岑伯格将军，他将与非国大联系并要求它在三个条件下重新审视他们对阿非利卡人家园的态度。维尔容与哈岑伯格两个人，加上特雷布兰奇，声称他们代表了要求成立一个阿非利卡人家园的多数阿非利卡人。但另一方面，德克勒克总统坚持，只有他才能代表阿非利卡人的大多数，而他们全部反对这个要求。

"因此，第一个条件就是，阿非利卡人应该举行一次公投来决定他们是否想要一个阿非利卡人家园。第二个条件是，尽管这一公投的结果并不一定对非国大有约束力，但在考虑他们的要求时会把这作为一个重要的因素。最后，他们应该回答这样一个问题：谁是阿非利卡人？说阿非利卡语的白人？还是任何人——[包括]黑人，即非洲人、有色人或印度人——只要他说阿非利卡语？如果同意这三个条件，我将向我的组织报告，并由组织成员重新审视这个问题，做出他们认为适宜的决定。"

"维尔容将军，"曼德拉写道，"表示满意，因为我给了一些可以展示给他的部队的东西，但是哈岑伯格尖锐地反对，并坚持我应该当场做出一个明确的承诺，即我将同意建立阿非利卡人家园。我告诉他，我仅仅是非国大的一个仆人，要根据组织的授权行事并遵守他们的纪律；如果我在如此重大的原则性问题上独断专行，这个组织将立即把我开除，使我对右翼毫无用处。他坚决地反驳说，如果我不接受他的要求，破坏谈判的计划将继续实行。我说：'那就干吧。'我们的讨论到此为止。

"就在同一天，我打电话给前总统博塔并向他通报维尔容将军的决定。我要求博塔说服维尔容将军加入在世界贸易中心举行的谈判。"

"几天之后，"曼德拉继续写道，"将军[维尔容]撤出了右翼的阴谋组织并加入了谈判。他的同僚对于他将南非从那样一个灾难中解救出来进行了恶毒的中伤。哈岑伯格完全没有任何军事能力，而特雷布兰奇只能依赖一些没受过训练的非专业人员，他们对于战争涉及什么毫无概念。"[46]

维尔容将军非常清楚地知道战争会带来什么。在3月4日注册了自己新成立的政党自由阵线（Freedom Front）之后，维尔容将军于4月12日与非国大的谈判代表达成了协议。但是要确保自由阵线党能够参加即将到来的选举，仍然需要曼德拉的签字。随着时间流逝，心情焦躁的维尔容决定采取行动。他知道，战争并不真的是一个可行的选项，但他相信他可以动员足够的人严重扰乱选举，而且下决心要这样做。然而在他做出最终决定之前，他把计划吐露给了美国大使普林斯顿·莱曼（Princeton Lyman）。从1993年年底以来，大使一直与维尔容和曼德拉保持着联系。[47]1994年2月，曼德拉曾打电话给比尔·克林顿（Bill Clinton）总统，请他说服维尔容和其他人参加选举。[48]莱曼大使把这个情况通报给非国大，这样在选举开始前3天的1994年4月23日，自由阵线、非国大和国民党联合签署了《阿非利卡人自决协议》（Accord on Afrikaner Self Determination）。协议规定签字的各党"通过一个谈判过程来解决阿非利卡自决的问题，包括成立一个阿非利卡人家园的想法"。[49]

对右翼要求的拒绝引发了骚乱。曼德拉写道："在选举前夜，发生了几起爆炸事件，特别是在约翰内斯堡，造成大约20名无辜公民死亡。警察采取了行动，罪犯被逮捕并判刑。如果维尔容仍然参与这个阴谋，那么这种状况将会对选举构成巨大的困难。"[50]

一直怀着巨大兴趣在关注这场大戏进展的国内外媒体，报道了右翼分子如何兑现了他们破坏选举的威胁。根据《纽约时报》（New York Times）记者比尔·凯勒（Bill Keller）的报道：

爆炸大多规模很小，但这种消息却带来了一种不祥之感，造成一些惊恐的居民囤积家用物资。不过看来这只是更加坚定了黑人选民的决心,来行使他们第一次获得的投票权。

被政客们的联合谴责激励,也被他们有生以来一直不被承认的愤慨情绪支撑,即使是那些经历了爆炸的黑人都表示,他们的投票绝不会被威胁吓退。

"一些人想恐吓我们不参加选举,"佐尔·姆森蒂(Zole Msenti)说。当杰米斯顿(Germiston)镇的爆炸发生时,他正坐在自己浅蓝色的小面包车中与朋友聊天,爆炸的冲击波使他的车飞到半空,所有车窗都炸得粉碎。每天早上都有大量的车停在郊区的出租车停车场上,搭载通勤乘客进城务工。

受伤缠着绷带也没有让他屈服。姆森蒂从医院出来,找回自己的出租车,并接受许多白人停下车来表达的同情和慰问。

"他们在浪费自己的时间,"他说那些破坏者,"我们将继续(We are going)。"[51]

姆森蒂先生说出的三个词——"we are going"——几乎确定无疑地意味着,他、他的同事和他们的家庭将继续去投票,即使前面是刀山火海。几十年前,这种决心甚至可能还没有人敢想,但是现在,反抗已在这个国家的每一个角落扎根立足,已经开始成为现实。作为一名出租车司机,姆森蒂可能搭载过成千上万的乘客,听他们讲述心酸的故事,映照出他和与他一样的黑人艰难承受的现实。然后有一天,变化开始变得似乎有可能。1976年,学校中的青年爆发起义,反对把阿非利卡语强行规定为授课语言,白人政权的反应是收紧了人民脖子上的绞索并宣布进入紧急状态。对许多人来说,这是种族隔离政府失去控制的一个信号。正如美国作家詹姆斯·鲍德温(James Baldwin)在描述一个王国的衰落时写的:"武力并不像它的拥护者所想象的那样有用。例如,它并没有向受害者显示出敌人的强大；相反，它暴露出敌人的软弱，甚至是惊恐，而且这一被揭露的真相赋予了受害者忍耐的力量。不仅如此，制造出太多的受害者，这最终对于他们的敌人来说是致命的。"[52]

＊＊＊＊＊

当1989年10月15日，8位黑人领袖被从监狱中释放时，就预示了那个带来如此多痛苦的制度的终结，并且标志着那些牢墙即将倒塌。受害者的时代已经到来。将近120天之后，在1990年2月11日，曼德拉走了出来，所有梦想都成真。这终于发生了。在教堂、公墓和数千英里之外的兵营，人们所有的歌声汇聚成一个坚定的声音："我们将要去投票。"（We are going to cast our vote.）这简单的7个字意味着数十年中搭建起来的种族隔离大厦已经动摇了。

阿非利卡人右翼已经失败了。

第三章
自由公平的选举

随着最直接的障碍被移除,选举之路敞开,这是建立一个民主选举的政府的最后一步。为民主秩序做准备并推进向民主秩序的过渡的过渡时期执行委员会(Transitional Executive Council, TEC)*已经成立,并准备好为选战中不受束缚的政治活动营造条件。在1994年4月15日到5月15日期间,为了确保自由选举,这个国家目睹了安保力量在和平时期最广泛的动员。[1]主要政党,甚至是在最后一刻才同意参加的因卡塔自由党,都开动了强大的选战机器。在从前被剥夺选举权的南非人民中间广泛开展的选举教育活动,两年前就已经开始了,当时非国大已开始为一个选举产生的制宪代表大会做准备。1993年12月,独立选举委员会(Independent Electoral Commission, IEC)也成立了。在独立选举委员会成立时,

---

* 过渡时期执行委员会,见"附录二"。

曼德拉致电它的领导人约翰·克里格勒（Johann Kriegler）法官*，一位强硬且精力充沛的法学家。曼德拉说，他和非国大都认识到当时存在着困难，但是克里格勒应该知道，他拥有非国大的支持和信任。[2]

打动克里格勒法官的是曼德拉具有与来自完全不同选区的选民交流、建立联结的能力。他注意到，当曼德拉要问一个问题时，"他会亲自给你打电话，而不像通常高级领导的做法——领导的私人助手会给你打电话说，这位领导要和你说话，然后你再等着这位领导"。[3]4月中，在曼德拉出席的一次过渡时期执行委员会会议上，克里格勒就与因卡塔自由党会见的情况进行了汇报：

> 锡安教会（Zion Christian Church，ZCC）曾一度提出抵制选举。当时有几个抵制选举的威胁：因卡塔自由党、西北省、西斯凯（Ciskei）和右翼。在复活节前，我去会见莱坎尼亚内主教（Bishop Lekganyane）†，劝他支持选举进程。他说他已经邀请了所有党派的领导人参加复活节庆祝会，为选举定下正确的基调，这似乎暗示他将鼓励参选。在这次复活节聚会上，我在大厅中曼德拉的旁边坐了两个小时。这是我第一次以个人的身份与他交谈。他就像一个老爷爷。当人们走进来的时候，他认出他们，解释这个人娶了那个人的妹妹，他能够通过各种家庭关系认出来自全国各地的人——他真的了解他的选民。[4]

肯尼亚教授约翰·S.姆比蒂（John S.Mbiti）在其重要著作《非洲的宗教和哲学》（African Religions and Philosophy）中指出，非

---

* 约翰·克里格勒，见"附录二"。
† 莱坎尼亚内主教是锡安教会的创始人及负责人，他的全名是思格纳斯·巴纳巴斯·莱坎尼亚内（Engenas Barnabas Lekganyane）。

洲人是以笃信宗教出名的。这在很大程度上可以由锡安教会的庞大信徒数量得到证实，锡安教会融合了基督教和非洲传统宗教信仰。[5] 所以，就此而言，曼德拉或任何政治领袖争取锡安教会主教的支持是有意义的。主教的影响超出了南非的疆界，数十万虔诚的信徒从南部非洲的各个地方汇聚到当时德兰士瓦（Transvaal）北部的摩瑞亚（Moria）。他们可能是来这里朝圣的，但对于曼德拉来说，他们构成了一个选民群体。首要的是，曼德拉要确保这场奠定民主南非基础的选举的诚实性，这是和平过渡到民主的重要条件。

曼德拉写道："在南非第一个通过民主选举的政府建立之前，非国大进行了一场全国范围的选战运动。在此期间，各级领导系统性地走遍了整个国家，访问乡村和城市，对各界人民讲话。

"正是这个由男男女女组成的队伍使1994年4月27日成为南非这个国家集体记忆中难以忘记的一天：在这一天，我们的人民走到了一起，具有象征意义地团结起来。

"这一天为去年11月谈判达成后几个月以来的激动、期望和恐惧画上了句号。

"选举的日期是在谈判中定下的，因此在过去5个月当中，整个国家屏息等待这个在南非生命中具有历史意义的日子的到来。

"对于黑人多数而言，这意味着激励了数代人的梦想的实现，即终有一天将由人民管理国家。

"在殖民者掠夺战争结束后的几十年间，他们不得不坐在政治生活的旁观席上，坐视他们的白人同胞投票来统治他们。现在这一天来临了，他们将与白人同胞一起决定国家的政治。

"对许多白人来说，这一天明显因为忧虑、恐惧和不安全而前景堪忧。对他们来说，这将标志着少数统治和特权的终结，开启令他们感到害怕的未来：他们不得不与被他们压迫了如此长时间——

而且在很多方面是残酷的压迫——的那些人分享一切。

"因此在选举日到来之前的几个月里,空气中自然弥漫着所有这些不同且对立的情绪与期望。当我们到全国各地动员和游说人民出来为解放运动投票时,我们感受到这些不同的情感。

"显然,几十年间解放运动的艰苦工作已为即将到来的选举格局留下了不可磨灭的印记。在全国各地的所有社区,我们都获得了热情的欢迎和压倒性的支持。

"[我以]非国大主席[的身份],几乎走遍了国家的每一个角落。在选举前的最后6个月里,[我]在南非各地的集会和会议上向至少250万人发表了演讲。看到我们解放运动的名字甚至在遥远的农村地区都家喻户晓,令人深受感动。

"根据我们组织和议会政治长期以来形成的传统,我们把可能的最广泛的群体拉入我们选战支持者的行列中。正如我们在谈判期间努力把原先被认为支持种族隔离政权的不同党派争取到我们这一边,现在我们再次采取这种方法,即使在选战中也要团结人民。我们使用了包括民意调查在内的现代研究技术和方法。我们民意调查的顾问是斯坦·格林伯格(Stan Greenberg),他是1992年克林顿[总统]竞选时的顾问。

"在竞选期间,我们举办了人民论坛(People's Forum),进行焦点群体采访并插播媒体广告,以寻求听到来自人民的声音。这产生了巨大的反响。我们实现了和人民面对面的交流。"[6]

曼德拉和非国大很久以来就认识到,与占有执政地位优势的国民党强大的选举机器相比,他们没有能够与之匹敌的选战资源。不过,要归功于格林伯格,非国大通过凯措·戈尔丹(Ketso Gordhan)那样的活动分子,改良了尼加拉瓜(Nicaragua)的人民论坛战略,以适应本土的情况。

第三章　自由公平的选举

在由记者和政治学家R. W. 约翰逊（R. W. Johnson）与南非著名社会学家和政治学家劳伦斯·施莱默（Lawrence Schlemmer）共同编纂的一本学术著作《在南非启动民主》（*Launching Democracy in South Africa*）中，有一章讲述西开普省的选举，由罗伯特·马特斯（Robert Mattes）、赫尔曼·吉利奥米和威尔莫特·詹姆斯（Wilmot James）撰写。其中写道，人民论坛提供的这种与听众接触的机会非常重要，因为这传递了非国大负责任、代表人民和平易可亲等真正有象征意义的信息，并重建了非国大作为一个"人民的议会"的形象。[7] 在这里，领导人没有高谈阔论，相反，他们在一个促进民主交流的环境中对听众代表提出的问题做出回答。

约翰尼斯·兰泰特（Johannes Rantete）观察了非国大谈判并达成协议的过程，他写道，选战过程是非常个人化的，大多聚焦在党派领导人身上。德克勒克是雄辩和尖锐的，但无法与曼德拉的英雄特质相比，后者参加的大多数集会都有成千上万的群众蜂拥而至。不分长幼，所有人都想亲眼看到这位伟人，他的声誉在当代世界历史上可能无人能及。[8]

认识到大多数黑人选民的识字能力是个问题——又一个种族隔离的后遗症，曼德拉想办法寻求解决，否则这可能导致非国大选举的失败。

"我们也对群众开展了积极的选民教育运动。"曼德拉写道，"[我] 组织了一些优秀的专业人员对此提供帮助，其中之一是莱皮勒·陶亚内（Leepile Taunyane），时任南非全国职业教师组织（National Professional Teachers' Organisation，NAPTOSA）的主席。他回答说 [我] 已经晚了，他和组织中的同事们此前已经开始了选民教育行动。我们受到极大的鼓励，因为他领导了一个强大的、训练有素的运动，拥有充足的资源来展开有力的行动。我们也向南非民主教师联盟（South African Democratic Teachers Union）发出了同样的呼吁，而在我们发出号召之前，他们早已开始行动。非国大寻求的不是向人民发话，而是与人民对话。

"我是作为非国大的一名成员和主席来开展这项运动的。在1991年非国大解禁之后于德班举行的第一次全国代表大会上，我被选为主席。我们进行了模拟选举，作为选民教育的一部分。有1000万人参加。这是非常重要的，因为在实际选举中，仅有不到1%的废票。这个废票比例可以与高教育水平、经济发达的民主国家在选举中的表现相媲美。

"非国大进行的是一场积极性质的选战，不忘过去，但聚焦于国家重建、制度重塑和全体人民更好的生活上。我们避免消极性质的选战，避免攻击反对党派。在我的记忆中，我们从没有在媒体发布过哪怕一次负面宣传。* 而在另一方面，我们对手的竞选主要是消极性质的，一直攻击非国大和与其联盟的党派。"

"一如既往，"曼德拉写道，"在重大转型的时刻，我们在思考有关未来的问题时，总是挂怀少数族群。我们一直以来都是一个关心我们国家所有人民的组织，并且在选战中向全国传递这一信息。人民对此给予热情的回应。

"例如，我们记得，一位来自有色族裔的年轻女士埃米·克莱因汉斯（Amy Kleynhans）是那一年的南非小姐。我们在开普敦竞选宣传时，她登上舞台加入了我们。早先她曾惹恼过时任国家总统的德克勒克，因为在一次国际选美大赛期间，她拒绝手举种族隔离政权的国旗，由此明确表示她站在即将诞生的新南非一边。

---

* 没有超出选举团队所说的"对比广告"（contrast adverts；编按：即contrast ads，指以对手的负面形象对比己方的正面优点）范围的负面宣传。

"还有其他此类热情支持的表现。一位社区的年轻教师辞职演唱他为这次选战谱写的歌曲。这位名叫约翰·比勒陀利乌斯（John Pretorius）的年轻人后来录制了那首选战期间他在开普敦无数集会上演唱的《塞昆贾洛》（'Sekunjalo'）。"

这首歌活力和动感十足，曲调融合了城市节奏与福音歌曲的传统。副歌"终获自由"和与之相伴的歌词描绘的是一场欢乐的庆祝，歌唱暴政的终结，迎接自由的黎明。多年以后，在庆祝曼德拉80岁寿辰时，在埃利斯公园体育场（Ellis Park Stadium）举办的一场音乐会上，约翰·比勒陀利乌斯与杰曼·杰克逊（Jermaine Jackson）以二重唱的形式演唱这首歌曲，引起万众狂欢。

"正如我们之前提到的，"曼德拉写道，"并非所有的事情都是积极的、快乐的。在夸祖鲁—纳塔尔，我们不得不应对持续的政治暴力，本来令人激动的民主前景，现在笼罩在忧虑和怀疑的乌云下。我们花了大量时间关注夸祖鲁—纳塔尔的政治状况。一方面，我们必须为我们的组织竞选获胜进行宣传；与此同时，我们也有责任以一种超越党派的方式关注省内全体人民的命运。政治暴力——不论犯下罪行的是谁——都是对所有南非人民的巨大伤害。一如在所有类似情况中，首当其冲的永远是无辜者，因此我们特别关注当时的纳塔尔省。

"我们的选战并非总是一帆风顺。正像前面所说的，德克勒克的国民党是极端负面的，他们在选战中经常是明显不道德的。

"1990年代初访问洛杉矶时，我曾拍了一张照片，站在两位著名艺术家——伊丽莎白·泰勒（Elizabeth Taylor）和迈克尔·杰克逊（Michael Jackson）——中间与他们合影。在1994年4月选举前夕，国民党出版了一本名为《变化的风》（Winds of Change）的下流小册子，其中刊有我的这张照片，但他们剪去了迈克尔·杰克逊，这样相片中出现的就只有伊丽莎白·泰勒和我单独在一起。比这种欺骗更恶毒的是，他们还附上了损害我们两人声誉的评论。独立选举委员会迫使他们召回了这本小册子。

"国民党的选战不仅是不道德的，而且是种族主义的。他们利用少数族群，特别是有色人和印度人族群的恐惧，辩说非国大的胜利将导致他们被非洲黑人压迫。他们批评阿兰·布萨克（Allan Boesak）博士，一位来自有色人族群的著名教士，指责他为南非人口中的所有族群助选，而没有把自己局限于有色人族群。

"这种种族主义的另一个例子又是针对我个人的。海迪·丹尼斯（Heidi Dennis）是一位来自米切尔平原（Mitchells Plain）有色人社区'灯塔山高中'（Beacon Hill Senior Secondary School）*的年轻有色人教师，他请我帮助他们筹集资金来粉刷学校。于是我要求沃尔沃斯（Woolworths）公司的西德·马勒（Syd Muller）不仅提供资金，还要修建更多教室和实验室提升这所学校的教学条件。"

"沃尔沃斯公司完成这个项目后，"曼德拉继续说，"我们前去启动。一大群有色人妇女站出来向我示威。其中一人用阿非利卡语尖声喊叫，'Kaffer, gaan huis toe'（黑鬼，滚回去），一种侮辱的嘲讽。所有这些种族主义的行为和欺骗性的花招都是德克勒克那个党干的，我曾在国内外多次赞扬这位领导人，称他是一个我们能与之打交道的正直的人。

"非国大极力避免堕落到国民党的水平。我们保持专注和建设性。我们强烈呼吁所有南非人，不论肤色和信仰，都加入到为实现一个民主、团结、没有种族歧视和性别歧视的南非而进行的斗争中

43

---

* 作者误写为灯塔谷高中（Beacon Valley Senior Secondary School）。灯塔山高中的所在地为灯塔谷。——编注

去。在选战中，我们也经历了一些困难，是因为非国大的成员发表违反我们基本方针的鲁莽言论造成的。我们立即公开谴责了那样的言行。"[9]

鉴于事关重大，应该可以预见到，选战是对主要竞争者勇气和决心的考验。可能遭受重大损失的国民党只能夸大地强调他们作为一个带来变化的推动者的成绩，而尚未经过执政检验的非国大则必须承诺它将给全体人民带来新的福祉。根据一份西开普省报纸的报道，在你来我往的争论中，"选战不可避免地变成了非国大和国民党之间激烈的言语战争。每一方都指责另一方'肮脏的手段'和'暗中拉票'。每一方都就另一方的选战行为、标语和小册子向独立选举委员会提出指控"。[10]

在相互指摘的揭幕战中，非国大曾经出版过一个小册子，里面画着国民党的省长候选人赫尔纳斯·克里尔（Hernus Kriel），后面跟着（非国大）三名候选人，两个黑人，一个有色人，像是用皮带拴着的三条狗，同时许多50兰特面值的钞票从克里尔先生的口袋中掉出来。国民党也不甘示弱，直击要害。"今天晚些时候，"这家报纸继续写道，"独立选举委员会要对一本国民党的漫画书做出最终判决，非国大称其为种族主义的，并且靠宣称'黑人危险论'（swart gevaar）的策略来讨好有色人选民。文章的标题是：'变革之风吹遍南非——你能撑过这场暴风雨吗？'"[11]

国民党使用"黑人危险论"——一旦黑人政府出现就意味着毁灭——来诋毁曼德拉珍视的和解事业的本质。尽管如此，曼德拉认识到，白人，特别是阿非利卡人，必须是发展中的新南非的一分子。2014年，塔博·姆贝基在约翰内斯堡接受乔尔·内奇滕泽和托尼·特鲁的一次采访时重申了这一重要观点：

关于和解工作［曼德拉想说的］是："让我们保卫民主的成果，免受潜在的威胁。"因此和解成为当务之急，并非因为曼德拉崇尚和解本身，而是和解有利于保卫我们已经取得的成果……他必须关注阿非利卡人的问题，并显示出他不是一个恶魔，不是一个威胁，等等，从而解决一个问题。因为……在关于和解的问题上，不存在一个与非国大其他领导人意见不同的曼德拉——和解问题，解决白人恐惧的问题，关系到他对可能出现反革命的担心。[12]

44

"白人右翼，"曼德拉写道，"是另一个潜在的不稳定因素，影响着选举前那段时期的普遍情绪……有许多关于白人的故事，称他们持一种四面受困的心态，在家中囤积食物和其他应急物品。"[13]

国内和国际的媒体代表与独立记者和摄影师去往全国各地，大多数都准备好要发回战地报道。他们一直被预告将有战争发生。非国大大量外交使团的媒体发言人提供了来自第一线的报告，告诉来访者他们在南非可以期待什么，以遏制出现骚乱的谣言。人们只携带着他们的绿色身份证件，等待投票站的开启。

选举的准备情况让曼德拉感到极大鼓舞。"组织和后勤方面创造了同样的公共利益。独立选举委员会着手准备选举，在国家的不同地方建起办公室。他们的任务之一就是监视可能影响选举之自由和公正的总体气氛。"

他继续写道："看到如此之多的南非人对民主选举机制燃放的激情，这让人感到自豪。一些评论员认为，对于那些被认为落后老土的选民来说，那一天的投票系统太过复杂和难以操作了。我们决定采用一种比例代表制：全体选民必须在同一天为国家立法和省级立法两个机构投票。所有这些都被认为过于复杂，可能会让选民困惑。

第三章　自由公平的选举　　　　　　　　　　　　　　　069

"结果证明，南非选民对于选举过程几乎具有一种天然的亲近。

"有许多外国观察员也去往全国各地，包括我后来的妻子格拉萨·马谢尔。他们或是协助选民教育工作，或是在此期间监督选战状况，以确保存在自由公平的选举条件。后来他们几乎无一例外地肯定了这个国家中存在的积极精神。

"还有其他机制，帮助南非人民在选战前夕以一种开放的民主精神活动。其中之一是独立媒体委员会（Independent Media Commission），目的是要确保所有政党在媒体的报告和报导中都得到公平的对待。"[14]

选举期间有多少心智健全的人，投票的那几天就在人们心中形成了多少种印记，那几天本身就是人们思考民主现实的聚焦点。对于南非人而言，这是长期铭刻在他们脑海中的一个时刻，就像美国人对约翰·肯尼迪遇刺的记忆一样深刻，或者就像更年迈、正在退出历史舞台的那几代人对结束两次世界大战的记忆一样。借用一句老话，对于大多数南非人来说，这是一个他们余生都不会忘记的经历。鉴于其重要性，这次选举会持续整整两天。

1994年4月26日，是对第二天选举的试运行，专门留给老人、残疾人和海外的南非人。对于许多这类人来说，特别是在海外居住的流亡者，投票使他们在头脑中清晰了自己的根源，以及对国家的忠诚。对于宗教人士来说，如果曼德拉的获释体现了从枷锁中获得解放，那么第一次民主选举则象征着应许之地确实存在的现实。对于身体虚弱的特雷弗·哈德尔斯顿大主教来说，这是一个百感交集的时刻。他是英国反种族隔离运动的主席，一生都在为曼德拉的获释奔走呼吁。他走进坐落在伦敦特拉法加广场（Trafalgar Square）上的南非会馆（South African House），为南非的首次民主选举投下一票。颤巍巍地拄着拐杖，他对聚集在会馆的支持者说："在这充满厚重殖民历史的阅读室中*,[感谢]上帝使我能够加入这'无法形容的伟大事件'"。[15]

各行各业的人们,如百川汇海般从各地聚集到投票中心,排成蜿蜒数英里的长队,准备投下他们的一票。即使有对右翼攻击的紧张,人们也丝毫没有表现出来。到处可见的坚定意志,向四面八方传播开去。

根据《华盛顿邮报》(Washington Post)保罗·泰勒(Paul Taylor)的报道:"一些黑人区的投票站,清晨4点就排起了长队。在其他一些投票站,残障人士被独轮手推车或担架抬到投票箱处。在全国各地,普遍的情绪与其说是激昂兴奋,不如说是平静坚定。'我太累了,背都酸了。我一整天没有吃饭,'67岁的苏珊·恩德洛武(Susan Ndhlovu)在布隆方丹(Bloemfontein)的烈日下站在长队中等待投票,她坚定地告诉一位南非记者,'但是我一定要等在这里直到投完票。'"[16]

4月27日星期三早上,曼德拉在"德班北部一个叫作伊南达(Inanda)的绿色丘陵小镇上的奥兰治高中(Ohlange High School)投票,因为这里埋葬着非国大第一任主席约翰·[兰加利巴莱·]杜贝(John [Langalibalele] Dube)。† 这位非洲的爱国者在1912年协助建立起这个组织,在他的墓旁投下我的一票,标志着一个历史循环的完成,他在82年前开启的使命即将完成"。[17]

曼德拉看到,在这个象征着一个新的开始的黎明:"千百万排在队伍中的南非人投下了他们第一张民主选票,在过去的数月当中,

---

* 南非会馆建于1930年代,在南非联邦期间作为其驻英高级专员公署。南非高级专员(High Commissioner)管辖英国殖民地,如巴苏陀兰(Basutoland)、贝专纳兰(Bechuanaland)、斯威士兰等,因此与殖民历史紧密相连。——编注

† 约翰·兰加利巴莱·杜贝,见"附录二"。

基础已经奠定了。尽管有眼泪和恐惧，但那个值得纪念的日子充满希望和期盼的积极精神压倒了一切。

"平稳有序的选举，以及其后的无暴力转型，完全粉碎了悲观的预言家们那些令人沮丧的预测，其中包括一些著名的、受人尊敬的政治分析家。他们的预测一直认为，南非的历史，特别是过去 40 年种族隔离政权期间的历史，已清楚地表明，白人少数注定在未来几个世纪抓住权力不放。各类评论家都低估了我们的决心和能力，我们最终成功说服黑人和白人两方的舆论制造者，使他们认识到，这个国家是他们钟爱的祖国，让 1994 年 4 月成为我们动荡历史中一个值得纪念的里程碑是他们的首要责任。

"自 1652 年一位外国人扬·范里贝克（Jan van Riebeeck）*登上我们的海岸以来，一长串著名的传奇人物为了这一天而奋斗，他们为了我们国家的解放而不知疲倦地艰苦工作。他们是：科伊领导人奥特舒默（Autshumao），阿卜杜拉·阿卜杜拉赫曼（Abdullah Abdurahman），茜茜·古尔（Cissie Gool）和赫蒂·赛唐布尔（Hettie September），优素福·达杜（Yusuf Dadoo）和蒙蒂·奈克尔（Monty Naicker），布拉姆·费希尔（Bram Fischer）和迈克尔·哈梅尔（Michael Harmel），科西·齐弗哈兹（Khosi Tshivhase），阿尔菲厄斯·马迪巴（Alpheus Madiba），曼塔蒂西太后（Queen Manthatisi），塞洛佩·泰马（Selope Thema），摩西·考塔尼（Moses Kotane），阿尔贝特·卢图利，奥利弗·坦博，克里斯·哈尼，罗伯特·索布奎，泽法尼亚·莫托彭（Zephania Mothopeng）和斯蒂芬·比科（Stephen Biko）以及其他许多人。"†[18]

---

* 扬·范里贝克是荷兰东印度公司雇员，在桌山湾建立了一个荷兰船只的补给站，后来发展建立起开普殖民地和南非白人移民的定居处。

† 奥特舒默、优素福·达杜、布拉姆·费希尔、摩西·考塔尼、泽法尼亚·莫托彭、斯

后来，在回顾这场为合法化民主政权而进行的历史性全国投票的结果时，曼德拉谈起那些摇头族和准备好迎接一场灾难的胆小鬼时，不禁略带揶揄：

"选举结束后，当一切都过去，结果与悲观预言家所说的如此不同，以致那些储备物资的人不得不为他们的轻率之举苦笑。但是在当时，他们是当作一件非常严肃的事情在做，并且确实影响了所有人的情绪。"[19]

非国大赢得了压倒性的胜利，获得了62.6%的选票，曼德拉将此归功于非国大的艰苦工作和坚持原则。尽管有晚加入的因卡塔自由党与纳塔尔乡村地区威胁自由政治活动的暴力所导致的困难，以及被独立选举委员会挫败的黑客入侵计票系统以支持国民党、自由阵线党和因卡塔自由党的企图，但没有人质疑选举的合法性，也没有人能否定选举"总体上是自由和公正的"。[20]

但是就像所有的选举或任何有输赢的比赛一样，不可避免地有

（接上页）蒂芬·比科，见"附录二"。阿卜杜拉·阿卜杜拉赫曼，1904年入选开普敦市议会、1914年入选开普省议会，是第一位当选的有色人，也是反对对有色人口进行种族压迫的非洲政治组织（African Political Organization）的主席。茜茜·古尔，阿卜杜拉赫曼的女儿，全国解放组织（National Liberation League）的创始人和第一任主席，1940年代非欧洲人联合阵线（Non-European United Front）主席，是南非第一位从法学院毕业、在开普法院出庭的有色裔女性。赫蒂·赛唐布尔，工会活动家，南非有色人组织（South African Coloured People's Organizations）的成员，1946年创建开普敦妇女食品委员会（Cape Town Women's Food Committee）的创始成员之一。蒙蒂·奈克尔，医生，反隔离委员会（Anti-Segregation Council）的联合创始人和第一任主席，1945—1963年间任纳塔尔印度人大会（Natal Indian Congress）主席。迈克尔·哈梅尔，南非共产党领导成员，《非洲共产党人》（The African Communist）杂志的编辑和民族之矛的成员，也是民主派代表大会（Congress of Democrats）的联合创始人。科西·齐弗哈兹，文达（Venda）国王。阿尔菲厄斯·马迪巴，于1967年在拘留一天后死亡，被裁定为上吊自缢。曼塔蒂西太后，1815—1840年迪菲卡内/姆费卡内战争（Difiqane/Mfecane wars）期间领导特罗夸人（Tlokwa），直到她年幼的儿子塞科尼亚拉（Sekonyela）能够继位。塞洛佩·泰马，南非土著人国民大会（South African Native National Congress, SANNC）的领导成员，1919年以代表团秘书身份，代表南非黑人前往凡尔赛和平会议和会见英国政府。

一些人，包括非国大内部的成员，会抱怨不守规矩的行为。例如，当来自纳塔尔的非国大省领导人代表提供证据，证明有偏向因卡塔自由党的不规范行为时，曼德拉坚持接受非国大在该省以微弱差距落败，而不是发起挑战，因为那可能损害选举的合法性，从而对稳定与和平造成严重影响。德克勒克的身份同样使他不能免于内部的抱怨，一些国民党的领导人提出要对选举的结果发起法律质疑。他在回忆录中表达了他的观点："尽管存在不规范之处，但为了南非和南非人民的利益，我们没有选择，只能接受选举结果。"[21]

虽然处于胜利的兴奋之中，但曼德拉仍然对一些结果感到担忧。非国大在西开普省和夸祖鲁—纳塔尔省输掉了选举，在北开普省则是以低于50%的得票获胜。非国大必须解决不同选民关注的问题，特别是纳塔尔省的白人工人阶级和传统主义者，以及印度人和有色人社区。这些问题将成为曼德拉的领导集团在接下来几年过渡期关注的焦点。

5月2日晚，在德克勒克发表电视讲话承认败选后，非国大在毗邻卡尔顿中心（Carlton Centre）的卡尔顿酒店（Carlton Hotel）的宴会厅举行庆祝。50层高的卡尔顿中心是非洲最高的摩天大楼，俯视着约翰内斯堡的中央商业区。尽管医生建议感冒的曼德拉休息，但他不能放弃和他的同胞一起享受欢乐的机会。在这里，面对狂喜的群众，曼德拉清楚阐明了自己作为这个国家第一位民选政府的总统的使命和任务。

曼德拉说："我必须道歉，我患了感冒，我希望我的声音能够承受住今天晚上的压力。我的医生今天早晨给我做了检查，要求我今天和明天休息，并且尽可能少讲话。他说，如果我这样做，感冒两天就能痊愈。我希望你们不要向我的医生透露我没有听从他的指示。

"南非同胞们，南非的人民，这真是一个欢乐的夜晚。尽管还不是最终的，但我们已经收到了这次选举暂时的结果。我的朋友们，我可以告诉你们，我们非常高兴，非洲人国民大会获得了压倒性的支持。

"在过去的几个小时当中，我接到了国家总统德克勒克、康斯坦德·维尔容将军、扎克·德比尔（Zach de Beer）博士＊和泛非大第一副主席约翰逊·姆兰博（Johnson Mlambo）先生的电话，他们保证未来将与我们全力合作并向我们致以衷心的祝贺。我感谢他们所有人的支持，并期待着与他们携手为我们亲爱的国家服务。

"我也要为国民党在选举中的出色表现祝贺德克勒克总统。我也要祝贺他，多年来我们一起工作、争吵……而且在激烈辩论的最后，我们能够握手言和，一起喝咖啡。

"我也要向扎克·德比尔博士和康斯坦德·维尔容将军表示祝贺，我和他们有过大量讨论，我视他们为值得尊敬的南非人，他们将在民族团结政府中做出贡献。

"我期望与那些没有能够达到法定比例当选的解放运动领导人进行讨论。我将向我的组织反映，因为我已经有了一些想法。他们一直和我们一起接受磨难。我曾和他们中的很多人一起坐牢。我们在战场上一起遭受伤亡，他们没能像其他党派那样达到当选比例使我深感受伤。

"对于过去几天和过去几十年中一直在非国大和民主运动中努力工作的那些人，我感谢你们并向你们致敬。

"对于南非人民和正在关注着我们的整个世界来说，这确实是一个属于人道精神的欢乐之夜。这也是你们的胜利。你们帮助我们

＊　扎克·德比尔曾任进步联邦党（Progressive Federal Party）最后一任领导人，也是民主党（Democratic Party）的第一任领导人。

结束了种族隔离制度,在整个过渡时期你们一直和我们站在一起。

"我和你们所有人一起看到,成千上万的人民耐心地站在长长的队伍中几个小时。一些人整晚睡在露天,等待着投下这激动人心的一票……这是我们国家生活中最重要的时刻之一。我充满自豪和喜悦地站在你们面前,为这个国家谦逊的普通人感到自豪。你们表现出如此镇静、有耐心的坚定,使这个国家回到你们自己的手中,并发出声震寰宇的欢呼——终于自由了!

"我是你们的仆人,而不是作为领导人来到你们当中……我们是一个伟大的团队。领导人会更替,但是关系到这个组织成败的组织本身和集体领导将永远都在。我表达的这个思想并不是我自己头脑中发明的。它们来自……《自由宪章》(Freedom Charter)[*],来自组织的决定,来自[非国大]全国代表大会的决议和全国执行委员会的决定……重要的不是个人,而是集体领导如此娴熟地指引我们的组织向前。

"现在我站在你们面前,为你们的勇敢所折服,心中充满对你们所有人的爱。对我来说,在历史的这个时刻领导非国大是最高的荣幸,我们被选中领导这个国家进入新世纪。

"我保证用我全部的力量和才能,不辜负你们对我和非国大的期望。

"我个人感恩并致敬那些南非最伟大的领袖,包括约翰·[兰加利巴莱·]杜贝、乔赛亚·古梅德(Josiah Gumede)、G. M. 奈克尔、阿卜杜拉赫曼医生、卢图利酋长、莉莲·恩戈伊(Lilian Ngoyi)、布拉姆·费希尔、海伦·约瑟夫(Helen Joseph)、优素福·达杜、

---

[*] 《自由宪章》,见"附录二"。

莫塞斯·考塔尼、克里斯·哈尼和奥利弗·坦博。*他们应当在这里和我们一起庆祝，因为这也是他们的成就。

"明天，全体非国大的领导和我都将回到小公桌前。我们将卷起袖子开始解决我们国家所面临的问题。我们请求你们的加入——明天一早返回你们的工作岗位。让我们使南非运转起来。

"因为我们必须一起毫不迟疑地开始为全体南非人民过上更好的生活而努力。这意味着创造就业、建造房屋、提供教育和为全体人民带来和平与安全。

"这将是对民族团结政府严峻的考验。我们已经在'重建与发展计划'（Reconstruction and Development Programme, RDP）†所绘蓝图的基础上成为多数党。在这个蓝图中，我们已经勾画出为保证全体南非人民过上更好生活所要采取的步骤。

"几乎所有将要加入民族团结政府的组织都已经肩负起责任……为我们的人民过上更好的生活做出贡献。这将成为奠基石……民族团结政府将以此为基础。我呼吁所有将服务于这个政府的领导人尊重这一计划，并为立即执行这一计划做出贡献。

"如果任何一方企图破坏这一计划，则将造成民族团结政府内部关系的严重紧张。

"我们在这里做出庄严承诺。如果我们没有执行这一计划，那将是对南非人民给予我们的信任的背叛。这是一个由人民自己在人民论坛上制定的计划，已经被国有企业、政府部门、工商业界、学术界、宗教领袖、青年运动、妇女组织所接受。没有人有权既参加民族团结政府又反对这个计划。

---

* 关于这些个人生平的注解，见"附录二"。

† 重建与发展计划，见"附录二"。

"但是我必须补充说，我们不是要把民族团结政府变成一个空壳。我们希望参加政府的每个政治组织都能感到它们是这部政府机器不可或缺的一部分，政府能够在重建与发展计划的框架内融入他们的观点。我们不希望把他们削弱为仅仅是橡皮图章，在那些只会说'计划必须毫无保留地执行'的组织决定上盖戳。

"选举期间弥漫的平静和宽容的气氛描绘了我们可以建造的南非的样貌。它为未来定下了基调。我们可能会有分歧，但我们是一个国家的人民，在这丰富多样的文化和传统中具有共同的命运。

"我们也要赞扬出色完成工作的安保力量。这为一支真正专业的、致力于服务人民且忠诚于新宪法的安保力量奠定了坚实的基础。

"人民已经为他们选择的政党投下了选票，我们尊重他们的选择。这就是民主。

"我向所有党派的领导人和它们的成员伸出友谊之手，邀请他们所有人加入我们，共同解决我们作为一个国家所面临的问题。非国大的政府将为所有南非人民服务，而不是仅仅为非国大的成员服务。

"我们期待着在民族团结政府中一起工作。这是一条要求行动的明确指令。执行计划以创造就业、促进和平与和解、保障所有南非人民的自由。

"现在是欢庆的时刻，为了全体南非人联合起来庆祝民主的诞生。

"让我们的庆祝继续在选举中建立起来的和平、相互尊重和克制自律的气氛中进行，显示出我们是一个准备承担政府责任的国家的人民。

"我承诺，我将尽全力不辜负你们对我和我的组织非国大的信任和信心。让我们共同建设未来，为全体南非人更加美好的生活祝福。

"最后我只是想说，在一些地方，我们可能还没有做到我们所希望的那样好。但这正是民主运作的方式。在任何我们还没有成为多数党的地区，都不应该有紧张关系。让我们伸出双手，对那些击败我们的人说，我们都是南非人，我们有过激烈的战斗，但是现在到了治愈旧的创伤并开始建设一个新南非的时候了。

"我还想说，有一些运动队本来计划来南非，但因为紧急状态未能成行。我邀请他们所有人来南非，不要受紧急状态的影响。我们南非人民将张开双手欢迎他们。

"谢谢你们。"[22]

这天晚上稍晚一些时候，曼德拉收到全国矿工工会（National Union of Mineworkers）主席詹姆斯·莫特拉齐（James Motlatsi）赠送的一件礼品。他回到麦克风前说："好吧，我相信你们能再忍受我多说两句。我忍不住要对詹姆斯同志说谢谢你。你们肯定知道，我与矿工工会的关系只能用亲密无间来形容，因为我的第一份工作，我人生的第一份工作，就是在矿上做一名矿山警察。因此我感谢这件礼物，因为矿业工人和我之间的联系一直延续至今，并在漫长岁月中给我以力量和希望。我谢谢你们。"[23]

* * * * *

正像他曾经是一名拳击手那样，曼德拉将他的全部精力集中在一记重击上，以打垮过去的不公正和不平等并塑造起一个真正民主的南非。在他办公室工作人员的眼中，他是一个奇迹，一个为了接触所有选区而不知疲倦的人。时任非国大主席办公室主任的杰茜·杜阿尔特仍然记得他如何打电话给支持非国大选举的每一位国家元首。[24]

在就任之前的日子里，曼德拉传递了这样的信息：选举是一个新的开始，是为了变革向全国合作伙伴发出的召唤。在他被议会选为总统之前的那个周末，按照一个即使只有他一半年龄的人也会疲惫不堪的计划，他向在开普敦市波卡普地区（Bo-Kaap）一座清真寺中举行的集会演讲，向海角区（Sea Point）一座犹太教堂中的教徒致辞，还分别向英国国教和东正教会教堂的教众发表讲话。[25]

在一场由南非教会理事会（South African Council of Churches）组织的感恩和平选举的活动中，曼德拉在索韦托第一国民银行体育场向不同宗教团体做了祈祷，他向基督教、伊斯兰教、印度教和犹太教的领袖们致以谢意，感谢他们在解放斗争中所起的作用。

"什么语言都无法充分表达我们的人民在压迫下所遭受的苦难，"曼德拉说，"而我们一直为之奋斗和等待的这一天已经来到了。在这一时刻，男人和女人，非洲裔、有色裔、印度裔和白人，说阿非利卡语的人和说英语的人可以说，我们是一个国家，我们是同一个国家的人民。"[26]

杜阿尔特回忆道：

> 曼德拉也会见了情报部门和军队的所有负责人。他会见了警察部门的迈林将军和布朗（Brown）将军，还会见了马格努斯·马兰（Magnus Malan）。*这是选举之后的事。他说，他们必须体面地交接。他想知道军队的力量，情报部门都有什么，是什么人在那里工作。显然，他知道事情已经变了，并且他也是这样说的。他对这些部门——警察、军队、司法部门——抱有很大兴趣。我认为这不仅仅是因为他个人的职业背景，也是因为他作为一名囚犯的经历，那些［曾经］错误地加诸他身上的事情，有关司法的

---

* 马格努斯·马兰，见"附录二"。

实际情况。他给班图斯坦*的领袖们打电话,现在到了共同前进的时刻。[27]

早先,当他还在监狱中时,曼德拉对班图斯坦体制一直抱有矛盾的态度。虽然他"厌恶它",但他"认为非国大应该利用这个体制以及体制内部的那些东西作为我们政策的一个平台,特别是在我们许多领导人处于监禁、限制活动或流亡状态而无法发声的情况下"。[28]

但是在选战中,曼德拉想要避免沃尔特·西苏鲁讽刺性的预言成真。1977年,西苏鲁曾在监狱中就所谓的班图斯坦独立问题写道:"随着各个班图斯坦的'独立',国民党将在按照种族划分我们人民的路上迈进一大步。而且,即使在他们和白人少数统治被废除很长时间之后,国民党已经播下的种子仍将成为我们中间的一颗定时炸弹。"[29]

因此,在与班图斯坦领袖们的谈话中,曼德拉想要确保他们全部站在建立一个团结、独立的国家一边,并避免部落主义的幽灵再现。非国大的创始人之一、曾担任主席的皮克斯利·卡·伊萨卡·塞米(Pixley ka Isaka Seme)†曾在1911年10月提出警告:"种族主义的魔鬼,科萨和芬戈(Fingo)长期不和的错误,祖鲁人和聪加人之间、巴苏陀人(Basutos)和所有其他土著之间的仇怨,必须被埋葬和忘却,它们已使我们洒下了足够多的鲜血!我们是同一国家的人民。这些分裂和妒忌是我们所有不幸、今天我们所有落后和无知的根源。"[30]

对于曼德拉而言,不论是稳定的过渡还是社会经济变革所需要

---

* 种族隔离政权在南非选择了11个地区,指定给不同的非洲族群所有。这些居住地被称为"班图斯坦"或"黑人家园"。
† 皮克斯利·卡·伊萨卡·塞米,见"附录二"。

的增长和发展，安全都是关键。

他写道："1994年大选之前的几个星期，在后来分别成为外交部部长和情报部部长的阿尔弗雷德·恩佐（Alfred Nzo）和乔·恩兰拉的陪同下，我与南非防卫军司令格奥尔格·迈林进行了一次讨论，之后又和南非警察部（South African Police）——即后来的南非警察总署（South African Police Service，SAPS）——的总监约翰·范德梅韦（Johan van der Merwe）将军进行了讨论。*

"我问他们两人，如果我们赢得了选举，他们是否愿意为非国大政府服务。迈林将军毫不犹豫地保证，他将忠诚地为新政府服务，并充分保证它的安全，他曾尽其所能地完成这一任务。但由于迈林将军后来没能抵挡住来自军事情报部门的压力，诋毁了他明确的继任者西菲韦·尼安达（Siphiwe Nyanda）将军[†]和其他黑人高级军官，使他的清明形象受到损害。

"与范德梅韦将军的谈话则不那么容易。在第二资深的巴锡·斯米特（Basie Smit）将军和前索韦托警察局局长约翰·斯瓦特（Johan Swart）将军的陪同下，范德梅韦将军告诉我们，他很快就要退休了，并打算将权力转移给巴锡·斯米特。我指出，我只对他感兴趣；如果他不能接受，我将根据自己的选择任命一位继任者。"[31]

悉尼·穆法马迪回忆将军们和曼德拉之间的讨论：

> 迈林将军一直被要求留任。但后来他拿出一份情报报告给曼德拉，这份报告做出了非常严重的指控，称一些原先非法武装力量的高级成员，特别指民族之矛……计划发动一场反政府的政

---

* 南非警察部（SAP）在种族隔离结束后，与种族隔离政府的其他警察部队一起重新整合为南非警察总署（SAPS）。阿尔弗莱德·恩佐、约翰·范德梅韦，见"附录二"。

† 西菲韦·尼安达，见"附录二"。

变。曼德拉总统非常严肃地看待这一指控，并任命首席大法官伊斯梅尔·穆罕默德（Ismail Mohamed）进行调查，结果发现这些指控完全没有根据。在此之后，格奥尔格·迈林没过多久就卸任了……曼德拉总统认识到，为了建设一个新南非，一种包容各派的安排是战略上必要的。但是他要求对话者要有同样的想法，这一点必须得到满足。[32]

曼德拉不愿意范德梅韦将军继续留任，是基于一个更根本方面的考虑：正在破坏这个国家的暴力及其策划者。曼德拉提出任命范德梅韦为新警察总署的总监是为了向他和他的同僚保证，他们不会因为过去的罪行被起诉，但是他们必须对此做出回报。

"范德梅韦没有被任命为新的南非警察总署的负责人，"穆法马迪说，"因为即使到了临近 1994 年选举时……我们仍发生了许多非常严重的事件……出于政治动机的暴力——在里夫（Reef）的一些地方，特别是东兰德以及夸祖鲁—纳塔尔——这意味着，以实行暴力为目的而建立的组织……尚未被铲除。"其中一个事件就是 1995 年"在谢普斯敦港（Port Shepstone）地区的大屠杀"。"曼德拉总统不满意我们寄希望于范德梅韦将军的领导，他对于参加真相 [与和解] 委员会的工作非常不积极。"[33]

根据 1995 年第 34 号法案《促进国家团结与和解法》（Promotion of National Unity and Reconciliation Act），民族团结政府建立真相与和解委员会，协助处理在种族隔离期间发生的问题。在此期间发生的冲突导致了暴力和对人权的侵犯。穆法马迪以及曼德拉认为，真相与和解委员会"不仅仅是谈论谁在过去做了什么，而是要使想要继续制造暴力事件的人，无论是谁，事实上都不可能继续，因为谁曾经参与实施暴力的真相已被大众所知……"[34]

第三章　自由公平的选举

鉴于范德梅韦将军对曼德拉的提议没有做出回应，曼德拉终止了他的任命。很快，穆法马迪继续说："我们建立起一个机构来调查那个明显仍然存在，并正在夸祖鲁—纳塔尔煽起暴力的组织结构……由当时的警长弗兰克·达顿（Frank Dutton）领导。好的情况是，我们得到了相当多过去暴力组织成员的帮助——他们自告奋勇地提供情报。"[35]

通过演讲和与南非社会的每一个层面进行互动，曼德拉在非国大和整个国家中建立起他的领袖权威。"许多人没有认识到，"芭芭拉·马塞凯拉说，"他不仅仅是非国大的主席，他即将成为南非全体人民的总统。我认为我的责任就是使他接触到更广泛的人民，从而他可以形成对社会尽可能准确的洞见。他对此深为赞赏。"[36]

5月9日，在被国会历史性地毫无争议地推选为总统之后——考虑到这一姿态的象征意义——曼德拉与图图大主教、德克勒克和姆贝基一起从开普敦市政厅的阳台上向人民发表讲话，而这正是1990年2月他获释那天向南非人民致辞的同一地方。

"南非人民已经在这些选举中表达了他们的意见，"他说，"他们要求改变，而改变正是他们将会得到的。

"我们的计划是创造就业、促进和平与和解，并保证所有南非人民的自由。我们将应对我们广大人民普遍面临的贫穷。通过鼓励投资者和民主国家支持创造就业的项目——其中制造业将起到关键作用——我们将尝试把我们的国家从一个原材料净出口国转变成制成品的出口国……

"为了把我们的国家和人民从种族主义和种族隔离的泥沼中解救出来，我们需要决心和努力。作为政府，非国大将建立起一个法律框架，支持而不是阻碍重建和发展我们这个千疮百孔的社会的宏伟任务。

"在我们继续致力于维护一个民族团结政府的精神的同时，我们坚定地发起并带来人民要求的变化。

"我们把为南非新宪法秩序制定的蓝图摆在桌面上，而不是像一个征服者向被征服者那样发号施令。我们像公民一样对话，去医治过去造成的创伤，目的是建设一个对所有人公平公正的新秩序。"

"这，"他总结道，"就是今天全体南非人民所面临的挑战。我相信，我们所有人都会奋起迎接这个挑战。"[37]

* * * * *

曼德拉一个重要的伟大之处是他不会将任何事或任何人视为理所当然的。或许超过四分之一个世纪的牢狱经历已经教会了他，他是一张白纸，一块基底，这个国家的新现实将在上面留下印记。就细节而言，在他入狱之前塑造他的那个世界与他出狱时已经变化了的世界之间有巨大的鸿沟。作为他的私人助理，杜阿尔特认为曼德拉是一个听得多而说得少的人，她和马塞凯拉就与曼德拉有很多交流。他在任命总统办公室工作人员的问题上曾咨询非国大成员、政治家弗里恩·金瓦拉（Frene Ginwala）*的意见。

关于在新的民族团结政府中为国民党和因卡塔自由党安排职位的问题，曼德拉征询了负责非国大日常活动的全国执行委员会下的全国工作委员会（National Working Committee, NWC）的意见。他同时也在考虑他的就职典礼。

杜阿尔特回忆道，在南非和其他国家谁将出席的问题上，曼德拉提出了自己的意见：

---

* 弗里恩·金瓦拉，见"附录二"。

第三章　自由公平的选举

在计票结果出来之后的第一个星期，我们正在准备就职仪式。令我感动的是，马迪巴和塔博·姆贝基与阿齐兹·帕哈德（Aziz Pahad）*一起查看外宾名单。

有些人他坚持必须邀请，必须——"我不允许在这个名单上没有［菲德尔·］卡斯特罗（Fidel Castro）"。他总是想起那些曾经的朋友。他要求亚西尔·阿拉法特（Yasser Arafat）必须出席他的就职仪式。他说："我不关心我们怎么做，但我的兄弟亚西尔·阿拉法特必须出现在我的就职仪式上。"这是一个巨大的挑战，因为当时这个可怜的人无法离开突尼斯，否则就会被逮捕。曼德拉认为，每一位非洲的领导人，只要有可能来，都应该被邀请。他说："我们需要成为未来非洲的一部分，并且塑造它、建设它。"他要求知道，"那么，谁说他们不能来？"然后拿起电话——"啊，我的兄弟，我相信你无法成行，但你知道，我真的希望你能来到这里。"——人们无法拒绝，并且确实来了。[38]

曼德拉的就职仪式充满了象征意义和激情。全球大约有10亿观众坐在电视前观看，将近180个国家的元首和外国政要，以及4万名来自各个族群的本地宾客聚集在比勒陀利亚总统府（Pretoria's Union Buildings）的圆形阶梯广场和花园。身着色彩鲜艳制服的军人和警察——他们过去的使命正是阻挠这一时刻——现在则在捍卫一个和平转型的安全环境。

在米歇尔·科比特（Michael Corbett）大法官†的引领下，曼德拉宣誓就职，在国歌声中，他立正站好，将手放在胸前致意。军人

---

* 阿齐兹·帕哈德，见"附录二"。

† 米歇尔·科比特，见"附录二"。

们——一些将军胸前佩戴着在侵略战争中获得的勋章——向总统敬礼并宣誓效忠。在使南非名声扫地的旧国歌"Die Stem van Suid-Afrika"（阿非利卡语的《南非的呼唤》）和解放颂歌"Nkosi Sikelel' iAfrika"（科萨语的《天佑非洲》）的歌声之间，新南非的国旗迎风招展。

曼德拉的就职演讲由姆贝基——他本身也是起草演讲稿的高手——率领的一个团队精心筹备，面向南非和全世界，足以配得上就职仪式及其规格所提供的象征意义。站上讲台的那一短暂时刻，如果说他以前一直是高大的，那么现在站在自己的土地上，向所有南非人和全世界不同国家——从最富有到最贫穷——的领导人致辞，则显得更加高大，更加自信。

他说："今天，我们所有的人，在这里出席的，以及在我们国家和世界其他地方进行庆祝的，正在将光荣和希望授予这个新生的自由国家。这个经历了漫长的罕见人道灾难而诞生的社会，全体人类必将为之感到自豪。

"作为普通的南非人，我们每天的行为必须建立起一个名副其实的南非，加强人类对正义的信仰，增强人类对灵魂高尚的信心，并保有所有人都能过上一种荣耀生活的希望。

"所有这些，既是我们自己的呼唤，也是派遣代表到这里来的世界人民的心声。对于我的同胞们，我毫不犹豫地说，我们每一个人都与这个美丽国家的土地紧密相连，就像比勒陀利亚著名的蓝花楹和亚热带灌木林区的含羞草一样。

"每当接触到这片土地时，我们都会有一种再生的感觉。随着四季更替，整个国家的情绪也在变化。当小草变绿、鲜花盛开之时，我们也会被一种欣喜和欢乐的感觉所打动。

"我们在精神和肉体上都和这片共同的家园融为一体。看到我们的国家在可怕的冲突中将自己撕裂，看到它因为成了邪恶的意识形态与种族主义和种族压迫行为的大本营而被世界人民唾弃、孤立、视为非法，这让我们所有人心中深感痛苦。

"人类已经将我们拥回她的怀抱，我们不久之前还被视为非法者，今天已经被给予在我们自己的土地上接待世界各国的优待，我们，南非的人民，感到满足和欣慰。

"我们感谢所有尊贵的外宾来到这里，与我们国家的人民一起享有这一胜利，这是我们为了正义、和平和人类尊严而取得的共同胜利。

"我们相信，在应对建设和平、繁荣、民主、没有性别歧视、没有种族歧视的社会进程中的挑战时，你们将继续与我们站在一起。我们深深感激人民大众及政治团体——民主党派、宗教团体、妇女组织和青年组织、工商业界和传统部落——以及其他组织的领导人为取得今天的成就所发挥的作用。在他们当中，我的第二副总统，尊敬的F. W. 德克勒克阁下，也起到了不可或缺的作用。

"我们也要向安保力量的所有成员致敬，因为他们所起到的出色作用，保卫我们第一次民主选举和向民主的转型免受残忍嗜血力量的侵扰，那些人至今仍拒绝迎接光明。

"医治创伤的时刻到来了。弥合分离我们的裂痕的时刻到来了。建设的时刻迫在眉睫。

"我们终于取得了政治上的解放。我们向自己保证，我们要将所有人民从贫困、剥夺、痛苦、性别和其他歧视的继续束缚中解放出来。

"我们在一个相对和平的条件下成功走完了通向自由的最后几步。我们承诺要建设一个完全的、正义的和持久的和平。

"我们将希望植入千百万人民心中的努力已经取得了成功。我们达成了一个契约，我们将建设这样一个社会，其中，所有南非人，不论黑人白人，都能心中无畏地昂首向前，他们人格尊严不可剥夺的权利都将得到保证——一个与自己、与世界都和平相处的彩虹之国。

"作为承诺我们国家新生的一个象征，新的民族团结过渡政府（Interim Government of National Unity）将把解决目前正在监狱中服刑的各界人士的赦免问题列为一个紧迫事项。

"我们将这一天献给这个国家和世界其他地方以各种方式做出牺牲、奉献了他们生命以换取我们自由的英雄。他们的梦想已经成为现实。自由就是对他们的嘉奖。

"你们，南非人民，授予我们的荣誉和优待使我们既感到谦卑也感到荣耀。作为一个团结、民主、没有种族歧视和性别歧视的南非的第一任总统，你们授权我领导我们的国家走出黑暗的峡谷。

"我们知道，通往自由没有平坦的道路。我们清楚地知道，没人能独自行动取得成功。因此我们必须联合起来共同行动，为了国家的和解，为了国家的建设，为了一个新世界的诞生。

"让所有人的正义实现。让所有人的和平实现。让所有人都有工作、面包、水和盐。让每一个人都知道，他们的身体、思想和灵魂都已经获得了自由，可以实现自我。这片美丽的土地再也不能、再也不能、再也不能经历一些人被另一些人压迫，忍受被世界唾弃的屈辱。

"照耀在如此辉煌的人类成就上的太阳永不落！自由万岁！上帝保佑南非！谢谢你们。"[39]

对于曼德拉的同龄人来说，这次就职仪式的象征意义必定更为深刻——不仅因为仪式的地点选在一座象征难以言喻的权力的大厦广场上，更因为这是在比勒陀利亚，不远处就是中央监狱，在那里，许多人仅仅因为想象这一刻终将来临就被处决。这座城市的中央车站前不久刚刚取消了黑白隔离；人行道仍然记得当白人走过来的时候，黑人的双脚如何飞快地跳回到马路上为白人让道。现在，曼德拉大步离开圆形广场上举行的仪式，穿过总统府的博塔草坪（Botha Lawns）那大片修剪整齐的绿地，下到成千上万人聚集的地方。

"在开始他的就职演讲之前，曼德拉随着非洲爵士先锋队（African Jazz Pioneers）的音乐短暂起舞，群众也兴高采烈地随之跳了起来。在节日的欢庆气氛中，一群年轻人跑上了总统府前面的草坪，高高举着一个实物大小的棺材，侧面写着'amba Kehle apartheid'（再见了，种族隔离）。"[40]

在讲台上，曼德拉介绍了作为副总统的姆贝基和德克勒克，高高举起他们两人的手，就像裁判在宣布他们是职业联赛的并列冠军。

"我永远不会忘记他握着我的手，还有塔博·姆贝基的手，展示给所有人看，"多年后德克勒克回忆道，"这象征着我们将并肩走向未来。"[41]在这里，曼德拉将姆贝基描述为一个为解放事业牺牲了自己青春的自由战士，而德克勒克是最伟大的改革者之一，是这片土地的儿子。

"让我们忘记过去，"曼德拉说，"过去的就过去了。"[42]

其后，在特邀嘉宾的就职午餐上，他的讲话风格与此不同，发自内心，正如他在即席讲话常做的那样。

"今天，"他说，"是我们国家武力以外力量作用的结果，这就是说服的力量，讨论的力量，对话的力量，热爱和忠于我们共同的祖国的力量。

"在未来的日子里，这就是我们将要依赖的力量。我们仍将遇到许多问题，因此，"他继续说，"民族团结政府不得不面对所有这些问题。但是我毫不怀疑，在这个国家我们有来自各行各业的人们，他们将奋起迎接挑战。"[43]

第四章

进入总统府

就职仪式的当晚,曼德拉住在比勒陀利亚的国宾馆,在此后的三个月中,这里将成为他的临时住所。德克勒克正在从名为"自主神"(Liberatas)的总统官邸中搬出——后来曼德拉将那里重新命名为"新的黎明"(Mahlamba Ndlopfu,聪加语,字面上的原意为"正在洗澡的象群",因为大象在清晨洗澡)。

在就职仪式的第二天,5月11日上午10点左右,曼德拉在一支护卫队的陪护下到达总统府西翼后门的入口,这支护卫队由尚未整合的南非警察部和民族之矛成员组成。两位令人敬畏的女士——芭芭拉·马塞凯拉和杰茜·杜阿尔特,她们位于曼德拉作为非国大总统的行政班子的中心——带着设立办公室所需的装备,尽可能敏捷地跟上总统的步伐。

由于常年处于背阴的原因,走廊的温度要比室外低一到两度,使在那里工作的职员和官员着装略显保守。早先曼德拉与德克勒克会见时,走廊中经常可以闻到煮咖啡的味道。如今没有了这种味道,除了在建筑入口处曼德拉遇见了几个人之外，这里看起来像是一处被弃置的场所，感受不到任何人类的温暖。执行副总统德克勒克带走了他个人班子的所有成员，仅留下职能部门和行政部门的人员。

但是，对于曼德拉班子的成员们来说，气氛是否欢快和服饰是否优雅完全不是他们关注的重点。5月11日，他们的主要工作就是要完成民族团结政府的组阁以及各部部长的宣誓就任。这是一个很小的团队，由精心挑选的专业人员组成，他们必须提交一份紧急的委任状。杰茜·杜阿尔特注意到，在选择工作班子的成员方面，曼德拉并非是被动的。当他考虑将杰克斯·格威尔教授列为总统办公室主任和内阁秘书长的可能人选时，她回忆道，曼德拉"要求了解有关杰克斯的所有情况"。他事先征求了特雷弗［·曼纽尔］的意见……然后才面对面地和杰克斯坐下来说："如果我们赢得了选举，你会加入我的办公室吗？"他还问了许多解放运动的积极分子，［关于］"格威尔是个什么样的人，谁……愿意和他一起进入政府共事？"[1] 总统办公室需要一位能干的主任来弥补60位德克勒克班子成员离开后的空缺。此外，不能指望一个过渡时期执行委员会的外交事务分会为新总统办公室规划架构，在做出永久性安排之前只能任命一个临时小组来协助新总统渡过难关。在塔博·姆贝基的推动下，一个由外交部官员克里斯·斯特里特（Chris Streeter）博士为首的班子承担了这项工作，因此，在任命办公室主任之前，斯特里特成为曼德拉的"幕僚长"。

曼德拉迅速打消了人们认为他将赶走原有雇员的臆测。虽然时间紧张，但曼德拉还是一个不漏地与每一位工作人员握手。时任总统办公室主任的法尼·比勒陀利乌斯（Fanie Pretorius）回忆了当时的情景：

他从左侧起开始挨个与每一个办公室成员握手,大约到了队伍四分之一的位置,他走到一位总是板着面孔的女士面前——尽管她是一个友善的人——握着她的手用阿非利卡语说:"Is jy kwaad vir my?"(你在生我的气吗?)每个人都笑了起来,僵局被打破了。他继续将这样的信息传递给每一个人。再也无需做任何事,每一个人的疑虑都打消了。那一刻,他就是纳尔逊·曼德拉,温暖包容。每一个人都心甘情愿地服从他——在那以后,至少在我看来,办公室的成员对他再也没有负面的感觉。[2]

曼德拉对各个阶层人士——从园丁、清洁工、职员和打字员到身居最高职位的那些人——显示出的个人热诚无疑是令人感动的。在工作中与他有过交往的这些人将他描述为一个慷慨、低调、容易相处的人;他知道"如何做一个普通人",通过"不论是否面对镜头都一样向每个人打招呼"展示他的真诚;"没有那种他在上你在下的感觉"。[3]

曼德拉尊重但并不畏惧他所置身的世界。像所有将自己的能力视为理所当然的充满信心的人一样,曼德拉毫不犹豫地踏上了他需要选择的促进南非民主的道路。在他的整个政治生涯中,他从没有逃避过责任,不论多么危险,他曾在1952年蔑视不公正法令运动(Defiance Campaign Against Unjust Law)*中担任志愿者负责人就是证明。在他喜爱的短诗《永不屈服》('Invictus')所包含的精神的激励下,"数十年的迫害"已经使他变得"无所畏惧"。[4]超过四分之一个世纪的监禁,曼德拉已经成为全世界反对各种形式的非正义最知名的象征。他最初并不想成为总统,可能是感到从被释放到

---

* 蔑视不公正法令运动,见"附录二"。

选举这段激动人心的时光里，他已经完成他所被赋予的任务了。

"我被放在南非共和国首位民选总统的位置上，"他写道，"这是违背我的意见而强加给我的。

"随着大选日期的迫近，三位非国大的高层领导人通知我，他们已在组织内部广泛征求了意见，一致的决定是，如果我们赢得选举，我将出任总统。他们说，他们将在议会党团（parliamentary caucus）的第一次会议上提出这个建议。我对此表示反对，理由是，那一年我就76岁了，明智的做法应该是找一个从监狱中获释的年轻得多的人，不论男女，去会见国家和政府的首脑，参加世界和区域组织的会议，能跟得上国内和国际的发展，并能预见发展的未来方向。

"我指出，我一直崇敬这样的人：他（她）们用自己的才能服务社会。他（她）的努力和牺牲，赢得了高度的尊敬和热爱，尽管他（她）们在政府或社会中不担任任何职位。

"结合了才能与谦逊，能够自在地同他人打交道，不论对方是穷人还是富人，强大还是弱小，庶民还是贵族，青年还是老人——这种不论种族或家族背景而一视同仁的人，会受到全世界人民的崇敬。

"非国大一直汇聚着具有远见卓识的男性和女性，他们心甘情愿地留在幕后，而将那些充满希望的年轻人推向台前，站在聚光灯下承担重要角色，使他们在政治生涯中更早地面对领导的基本原则和问题，以及如何处理这些问题。这样的领导在我们很多人的心中留下永远不可磨灭的印象。西苏鲁同志就是这样一个人。这也是为什么，无论我们在解放运动或政府中占有何种位置，都始终对他心悦诚服的原因。

"我向三位高层领导请求，我更希望不在组织或政府中担任任何职务地服务。然而他们中的一个人彻底驳倒了我。

"他提醒我，我一直倡议集体领导的至关重要，只要我们严格地遵守这一原则，就绝不会犯错误。他尖锐地质问我，现在是否要反对这个我过去一直宣扬的原则。尽管集体领导的原则从未试图排除一个人为他坚定信仰的东西进行有力辩护的权利，我还是决定接受他们的提议。

"然而我明确表示，我将只干一届。尽管我的这一表示似乎让他们出乎意料——他们的回答是，我应将这个问题交给组织考虑——但在这个问题上，我不想有任何不确定。在成为总统后不久，我公开声明，我将只干一届，并且不会寻求连任。"

"在非国大的许多会议中，"曼德拉继续道，"我经常强调，我不需要唯唯诺诺的同志或傀儡，仅仅因为我是这个组织的主席就生吞活剥我说的任何话。我呼吁建立一个健康的组织，我们可以以平等的姿态解决问题，而不是像主人与仆从。每个同志都能自由坦率地表达他或她的观点，不用害怕成为牺牲品或被边缘化。

"例如，我的一个引起众多回响和激烈争议的建议是，应当将投票年龄降低到14岁，世界上许多国家已经采用了这种做法。

"这是因为，事实上在那些国家中，14岁左右的年轻人站在革命斗争的第一线。正是由于他们所做出的贡献，赢得胜利的政府将给予投票权作为对他们的奖励。全国执委会的成员们压倒性地激烈反对我的建议，使我步步败退。《索韦托人报》（*The Sowetan*）在其漫画栏目中将这个问题夸张地表示为一个包着尿布的婴儿在投票。这是以一种最形象的方式来嘲笑我的想法。我再也没有勇气坚持这一意见了。

"然而也有许多我认为自己没有被集体领导原则束缚的情况。一个例子是，对于一次政策会议上关于内阁应由议会来任命的决定，我立即表示反对。我也反驳了非国大参加与种族隔离政权谈判的第一份人员名单,那是卢萨卡的领导班子发给我们的。在这个11人名单中,有8人来自同一个黑人民族,而且一名女性都没有。

"总而言之,集体领导的原则,团队协作的原则,不是一成不变的教条,不能不论具体情况地机械照搬。它必须永远在当时的具体情况中进行考虑。但是如果要在我们的同志中加强团结和相互信任,这是一个核心的指导原则。我们只在特殊情况下才偏离这一原则。

"作为非国大的主席和国家总统,我鼓励非国大的成员、政府内阁和议会的成员,在非国大和政府的会议上畅所欲言。但我始终提醒大家,畅所欲言绝不意味着说出具有破坏性和负面影响的话。

"我们绝不应当忘记,不论是在组织内还是在组织外,也不论是在政治集会上还是在议会和其他政府机构中,争论的主要目的是,我们应当通过争论——不论我们之间的分歧有多么尖锐——变得比之前更加紧密、更加团结和信任。在一个组织内部消除分歧和相互猜疑……应当永远是我们的指导原则。

"当我们尽最大能力去尝试做到,对于与我们观点不同的其他同志或其他政治组织的成员,绝不质疑其品质的正直,就会比较容易实现争论的目的。

"在我的政治生涯中,我发现在所有社群中,非裔、有色裔、印度裔和白人,以及在所有政治组织中,毫无例外地都有善良的男女,他们热切地希望继续他们的生活,渴望和平与稳定,要求有尊严的收入,好的住房,送子女到最好的学校上学,他们尊重并想要维系这个社会的组织架构。

"好的领导者充分认识到消除社会紧张——无论是什么性质的——可以营造一个让怀有愿景的人影响社会的理想环境,从而让有创造性的思想家来到舞台的中心。相反,极端主义者则在紧张和相互猜疑的土壤中旺盛生长。清醒的思考和精心的计划从来不是他们的武器。"[5]

非国大——或者更准确地说，曼德拉总统——需要清醒地思考和精心地计划。没有这种能力，将很难使从孤立保守的种族隔离政权中承继下来的旧的、以安全为导向的、官僚化的行政机构，与新的、没有什么经验的官员整合在一起。一些新人刚刚从海外学成归来，但只学了一些管理的速成课程和现代经济运营的入门知识。德克勒克的行政管理办公室中的职员都与他共事多年，而曼德拉和他的副总统姆贝基则必须从头开始。在公共服务方面唯一对非国大有利的是，在外交和安全——主要是国防和情报——领域，有一批数量不多但很重要的人，他们参与了大量为整合而进行的联合计划。因此对于曼德拉来说，建立办公室首先需要请来解放运动的高级干部担任一些部门的领导或顾问，其次要防止鲁莽地改变旧的组织架构或裁撤其中的职员。

杰克斯·格威尔是第一位被任命的高级官员，这赋予了总统幕僚严肃认真的象征意义。格威尔也带来了他广泛的政治背景，他曾担任联合民主阵线的领导并与流亡时期的非国大交往。作为西开普大学（University of Western Cape）的副校长——他马上要从这个位置上退休——格威尔领导了转型，使一所种族隔离大学成为左派知识分子的家园。曼德拉对格威尔教授的任命表明了他对这位教授的高度尊敬。更为值得注意的是，格威尔具有黑人觉醒运动（Black Consciousness Movement）*传统的背景，并且不是非国大的正式成员。多年后，曼德拉这样写他：

"杰克斯·格威尔教授除了是我总统办公室的主任之外，也是内阁的秘书长，他在这些职位上做出了出色的成绩。他现在是

---

* 黑人觉醒运动，见"附录二"。

纳尔逊·曼德拉基金会、人类科学研究理事会（Human Sciences Research Council，HSRC）、非洲建设性解决争端中心（African Centre for Constructive Resolution of Disputes，ACCORD）、南非民主选择研究所（Institute for Democratic Alternatives in South Africa，IDASA）以及正义与和解研究所（Institute for Justice and Reconciliation）的负责人。

"他在私营部门也非常活跃，是布里姆斯通投资公司（Brimstone Investment Corporation）、非洲国际工程公司（African Engineering International）、埃杜科—纳斯帕斯公司（Educor-Naspers）的董事会主席，纳斯帕斯公司（Naspers）、耆卫保险公司（Old Mutual）、大卫·菲利普出版社（David Philip Publisher）、西开普省板球有限公司（Western Province Cricket Pty Ltd）的董事，南非科学院（South African Academy of Science）和另外6家私营组织的成员。他是前大学校长委员会（Committee of University Principals）的主席。在学术方面，他的表现出类拔萃。他取得了文学学士学位、荣誉文学学士学位、文学与哲学博士学位，全部以优等成绩毕业。他被国内外的大学授予了不少于6个荣誉学位。

"他曾被南非总统授予南非南十字金勋章（South African Order of the Southern Cross, Gold, 1999年），被沙特阿拉伯王储阿卜杜拉（Abdullah）授予阿卜杜勒阿齐兹国王部长级腰带（King Abdulaziz Sash, Minister Rank, 1999年），以及被利比亚卡扎菲上校授予卓越行为勋章（Order of Good Deeds, 1999年）。

"他在文学、教育和社会政治方面发表了大量的专著、评论、散文和论文。他是一位令人印象深刻、无所畏惧的独立思想家，曾经担任西开普大学的副校长一职，现在是罗德斯大学（University of Rhodes）的校长。

"在人际关系方面，他显然是一位真正的领导者。他没有任何偏执的倾向，鼓励有原则的讨论。他经常引导同志们把注意力放到那些有利于加强而不是削弱人际关系的方面。

"作为我们基金会的主席，他是使我们所有人和谐共事的关键，把任何形式的同志之间的内斗消解于萌芽阶段。

"很少有人知道，他也是一位优秀的国际谈判者。正是他和沙特阿拉伯驻华盛顿大使班达尔（Bandar）亲王殿下，实现了洛克比（Lockerbie）空难案件的突破。*

"只要有具有如此能力和视野的人在，这个世界的和平和稳定就将继续是国内和国际关系的基石。"[6]

在任命格威尔的那一刻，曼德拉对他所想要的办公室就已经形成了自己的想法。像所有注重秩序的人一样——曼德拉一度想要在旅馆里整理自己的床铺——他无法在没有坚实基础的情况下有效地工作。任命格威尔就是为了实现这个目的。他尊重格威尔并愿意听取他的建议。马塞凯拉后来对曼德拉这方面的性格如此评价：

"我认为这需要相当的谦逊和个人兴趣才会想要听取并接受最好的建议。我想说，他有点儿过分崇敬受过教育的人。他实在是看重学历那些东西，如果你对有学问的人表现出一些质疑，想说服他是很困难的。"[7]

没有人对格威尔教授的任命提出过质疑，就此而言，也没有人对艾哈迈德·卡特拉达的安排有过质疑，他从一开始就是总统顾问。很久之后，卡特拉达被任命为议会顾问。他是曼德拉长期的朋友和狱友，他回绝了要求他成为内阁部长的提议。

---

* 曼德拉和他的办公室主任杰克斯·格威尔教授致力于与班达尔亲王达成一项协议，使洛克比空难的两名嫌疑人在中立领土荷兰宰斯特营（Camp Zeist）接受苏格兰警方的审判。详见本书第十三章。

"事情是这样的,"卡特拉达说,"组阁之前发布的文告中有我的名字。于是我写信给曼德拉说,尽管我的名字在上面,但我没有兴趣进入内阁……幸运的是,当时正在与因卡塔自由党进行讨价还价,他们想要一个安全事务方面的部长位置,而我们不能给他们,因此最容易做的就是把我那个狱政部门的职位给他们。"[8]

曼德拉的一生都奉献给了转型事业,使一个种族隔离国家转型为一个没有种族主义、没有性别歧视的法治国家。在这个国家中,所有人都享有在法律面前人人平等的权利。但是这些抽象的理想只有通过具有才能和奉献精神的人们的努力才能实现,或变成现实。他的办公室必须成为为所有成员提供动力的引擎。因此,选择尼古拉斯·"芬克"·海索姆(Nicolas 'Fink' Haysom)作为法律顾问就不足为奇了。与曼德拉办公室的其他成员一样,海索姆具有无可挑剔的履历。作为一位法学教授,10年前海索姆就是与自卫组织和政府支持的暴力行为进行斗争的活跃分子,并在谈判中起了核心作用。鉴于南非处于向一个宪政国家演进的过程中,需要建立法律框架从而完成国家转型并重新进入国际社会(在这种情况下,曼德拉每年要签署大约800份执行法令,平均每天两份),他的经验是无比宝贵的。[9]

乔尔·内奇滕泽是非国大全国执行委员会和全国工作委员会的成员,具有强大的宣传和战略分析背景。内奇滕泽讨厌正装,外表看似随便,与来自青年团的媒体联络官帕克斯·曼卡赫拉纳(Parks Mankahlana)一起为曼德拉起草讲演稿。他也是各个非国大和政府部门的非正式联系人。他受到媒体信任,主要是因为他显示出来的自信和正直,而且众所周知总统乐意听取他的意见。另外,他在各种研讨会上努力把较为复杂的政策立场简单化。

"在杰克斯·格威尔教授成为总统办公室主任并起草我的讲话

稿之前——这项工作他直到今天还在做，"曼德拉写道，"我的演讲稿是由乔尔·内奇滕泽同志起草的，后来又得到了托尼·特鲁同志的帮助。

"和世界其他许多地方一样，南非诞生了许多耀眼的明星，甚至天才，他们帮助我们的国家从悲痛的过去中转型，使南非受到全世界的瞩目。正是这些跨越肤色界线的人们，在1990年代震惊了世界，让世界称赞南非为一个创造了奇迹的国家。国际社会的这种反应再次确认了我们此前已多次重申的，我们的财富不仅取决于我们的矿产资源，也来源于我们人民的才能。乔尔·内奇滕泽，政府通讯和信息系统（Government's Communication and Information System, GCIS）的负责人，就是这种财富中不可或缺的一部分。"[10]

除此之外，内奇滕泽的通讯部门也监控和分析总统任上各个政府部门在政策协调、评估和执行中的表现，弥补开始阶段由于资源不足导致的职能缺失。

"面对难以忍耐的挑衅，他能够做到有礼有节，"曼德拉继续写道，"在我作为总统和非国大主席与他一起参加的大量会议中，我从未见到他发过一次脾气。在这方面，他与有时自愿协助起草讲话稿的塔博［·姆贝基］合作得非常愉快。

"当拉斯蒂·埃文斯（Rusty Evans）从外交部秘书长的位置上退休以后，我要求乔尔接替拉斯蒂。乔尔像往常一样礼貌。他说，如果我坚持，他会考虑这一提名，但补充强调说，他更愿意留在通讯部门。我非常努力地施压，但是他满脸笑容地坚持婉言拒绝。于是我请求副总统塔博·姆贝基说服他接受这一提名，但是副总统建议我收回这一提名，因为乔尔在流亡期间就始终坚定地守在通讯领域。我接受了他的建议。"[11]

2010年7月在一次与阿齐兹·帕哈德的面谈中，杰克斯·格威尔说，他有意使曼德拉办公室的官员"在保证效率的情况下尽可能精简"，并有一项重点任务。[12] 但在向财政部写报告时，格威尔承认，1994年5月入驻政府时，他们"继承的是种族隔离时期的总统办公室"。而他们必须应对"空前扩大的民主，快速繁荣的国际关系以及曼德拉总统的历史地位和声望"的紧急状况。所有这些"对于总统办公室的运行都具有深刻的影响"，而"在那个阶段尚不可能加以考虑"。[13] 正如俗话所说，父母只为一个新生婴儿做准备，结果老天送来了五胞胎。

* * * * *

大多数政治领袖在做决定时都着眼于尽量减小对自己政治生存的威胁。尽管他积极参加会议并咨询顾问，但曼德拉在各种问题上对自己的见解都充满信心；一旦他采取了一个立场，有时可能会造成某些困难。然而，当他认识到自己无法改变别人的思想时，又并非僵化地固执己见。

杰克斯·格威尔回忆他的老板能够"把问题简单化并解决。马迪巴是一个非常直截了当的人"。由于格威尔的过去都是在大学中度过的，"对于我来说，把问题理论化是很自然的事，"他说，"我对于简单的回答是持怀疑态度的，但是我不得不多次听到：'杰克斯，这一定比那要简单。'……马迪巴能够看到事物的本质并把事情简单化。因此，如果必要的话，他可以在5分钟之内做出一个关键性的决定"。[14]

曼德拉需要的不仅是顾问冷静、明确的专业分析，他也从非国大其他人那里听取意见。他在日记中已将周一标记为"非国大日"，那一天他会在非国大总部与高级成员和其他一些人待上一整天，他也参加非国大全国工作委员会的会议。然而在需要咨询与他关系密切的其他非国大领导人比如西苏鲁时,他并没有固定的时间表。

西苏鲁在1994年一次采访中毫无怨言地说:"他喜欢打电话,尤其是给我。他半夜一两点钟给我打电话,这没关系,他把我叫起来。在他把我叫起来以后,我认识到,这个事情不重要——好吧,那我们就讨论这件事,但实在是没有必要在那个时间把我叫起来。"[15]

曼德拉对于内阁事务的介入是随时间而改变的。在上任初期,曼德拉事必躬亲,使自己获得政策几乎所有方面的信息,从而使非国大保持在民族团结政府中的凝聚力,这是复杂的转型过程所必需的一项措施。曼纽尔回忆,在内阁会议前夕,曼德拉在他的开普敦赫纳登达尔(Genadendal)官邸*召集非国大的正副部长开非国大内阁核心小组会议(ANC cabinet caucus)。这样做,曼纽尔说:"我们就可以内部讨论需要采取的立场并相互支持。这就给同志们提供了[一个环境]能非常自由地进行讨论。"[16]

在执政的第一个100天里,曼德拉召开了许多会议指引部长们或取得他们对自己所持立场的支持。他对于与和平、暴力和稳定有关的问题保持着持续的关注。正如恩科萨扎娜·德拉米尼-祖马(Nkosazana Dlamini-Zuma)†所说:"我认为他对于我在开始阶段的工作给予了更多的关注,但这可能是由于我在开始阶段更需要他的关注,因为我本人缺乏经验。"然而,尽管缺乏经验,德拉米尼-祖马雄心勃勃,希望颁布法律,将在公共场所和公共设施中吸烟列为违法,从而引起对烟草产业的关注。在德班建一所医学院——恩科

---

* 原名韦斯特布鲁克(Westbrook),曼德拉将这座建筑改名为赫纳登达尔,在阿非利卡语中为"慈悲谷"(Valley of Mercy)。这个名字源自距开普敦两小时路程的传教士小镇赫纳登达尔,它曾经在1838年开普敦废除奴隶制时为奴隶们提供过庇护。

† 恩科萨扎娜·德拉米尼-祖马,见"附录二"。

西·艾伯特·卢图利（Nkosi Albert Luthuli）医院，措施也相当超前。这两项倡议使副总统德克勒克难以忍受。

德拉米尼−祖马回忆道：

> 德克勒克把我叫到他的办公室说："你必须停止关于烟草的这些胡闹，因为这将使烟农们失去工作，而且完全没有必要。"然后他告诉我必须要建立比勒陀利亚医院。因此我对他说："我首先必须建的是这里[德班]的医学院，因为爱德华八世医院（King Edward VIII Hospital）一团糟，它所培养的医科学生简直就是耻辱。"有一份国王自己的政府所做的调查报告，[其中说]爱德华八世医院并不适合培养医科学生，但他对此并没有做任何改进。因此这是我一定要建的第一所医院。德克勒克对我说，比勒陀利亚是阿非利卡人的遗产，他将在内阁中为此抗争。我说，好吧，你可以为此抗争。我没有告诉塔塔（曼德拉）*，因为我不认为有那个必要。关于烟草的问题，我告诉他，我是卫生部部长，因此对国民的健康负有责任，烟农可以种植其他作物，在南非没有只能种植烟草的土地。我们将与农业部共同制订计划，帮助农场主从种植烟草转换为种植其他农作物。
>
> 我没有告诉塔塔。我不知道是谁告诉了他。我告诉了一些同事，但我没有告诉他，因为我认为没有必要。但是有一天，他把我叫到他的办公室说："我听说德克勒克叫你去并且说了那些话？"我说是的。他说："为什么你没有告诉我？"我说："我不认为这是需要你介入的事。我不需要你做决定。"然后他说："不，如果他再叫你去，你必须告诉我。但我已经告诉他了，他绝不能

---

* 塔塔（tata）是科萨语中"父亲"的意思，被广泛用于指称曼德拉以表示敬爱。

那样做,他绝不能给我的部长们打电话,让他们做事,不管是做什么。"因此他对于德克勒克是相当生气的,并且进行了干预。

> 对我来说,他是真正的力量支柱,使我能够去做那些有时可能引起争议的事情。[17]

曼德拉倾向于向常规的幕僚圈子之外广泛地征求意见,这可能会引起争议。当他认为谁适合对某个问题提出启发性的见解时,会毫不犹豫地把他请来见面。这个人可能是部长、社会部门的代表或领导人,甚或是国家元首。克里格勒大法官注意到曼德拉经常亲自打电话,而不是依赖他的助手,有时根本就不告诉他身边的人。这种对人民的吸引力是相互的,来自社会各个角落的人都希望与他互动,反之亦然。这使他对公众情绪有一种深刻的理解。

曼德拉的私人秘书玛丽·姆克斯达纳(Mary Mxadana)评价他与公众的关系——任何人,不论是国内还是国外的:"他不仅是一个国家的普通总统,还是一位著名的领袖,因此每个人都希望有机会和他对话。"在他本应该休息的时候,除非是在一个没有电话的地方,而且他的手机不在身边,否则"他就会开始和全世界的人通电话"。[18]

全世界的领导人都见证了他胜利的最伟大时刻,见证了他的就职典礼,他有足够的信心请求他们给予支持或让他们随时知晓进展。他处于国家的领袖地位,成为人人谈论的焦点人物。在一整年的时间里,曼德拉的崛起掌权以及"新南非"——一个迅速流传开来的说法——的命运占据了所有媒体的中心地位,甚至盖过了卢旺达大屠杀的报道。

全世界都在关注并提出问题,想知道曼德拉将制定出什么战略来治理国家?他和非国大将提出的政策的基础是什么?例如,在

1994年的一次电视采访中，美国新闻主播夏莱恩·亨特－高尔特（Charlayne Hunter-Gault）问曼德拉："您想成为一位什么样的总统？"

"我们的诉求，"曼德拉回答，"已经在解放斗争的过程中得到展示。我们不相信由上层做决定然后自上而下地传达给人民群众的方式，我们已经发展出人民论坛的战略，即由人民群众告诉我们，他们想要什么，他们关心的是什么，他们要求的是什么。从这些来自人民群众的要求中，我们现在已经制定出我们所说的'重建与发展计划'，这个计划将创造就业，建筑住房，提供教育设施、电力等等。"

曼德拉进一步被问及他将如何落实这些计划，是通过立法，授权给内阁部长，并"让他们来推动"，还是他"亲力亲为"？

曼德拉说："我不得不对几乎每一个细节都感兴趣，当然要达到那样的结果是很困难的，因为那样你就不得不了解每一个部门具体活动的细节。只要制定出一个框架就够了，所有部门、所有内阁部长都应该在这个框架内工作，你的任务就是监督，有时也会介入一个部门的实际运作，这取决于那项国家事务的重要性。我已经向荷兰归正教会（Dutch Reformed Church）和大量农业组织的领袖发表致辞，他们几乎全是阿非利卡人，并已经向我们表明他们的绝对支持——这个国家的每一个人都想要和平，想要他们的家人和子女安全，他们想要开始建设一个新南非的工作。"[19]

* * * * *

但是在1994年，曼德拉是如何组成后种族隔离时期民主代议制政府的第一个内阁的呢？是什么给予了他力量？是什么使他认识到非国大作为政府中多数党的时机已经成熟？回答存在于曼德拉对非国大政策文件的信念中。

"为执政进行准备,"曼德拉写道,"不仅限于动员国际社会,也有其国内的方面,和其他内容一起包含在文件《准备执政:为了一个民主南非非国大执政指南》(Ready to Govern: ANC Policy Guidelines for a Democratic South Africa)中,这份文件在1992年5月28日至31日召开的全国代表大会上通过。

"这一政策文件指出,必须着眼于在新的民主宪法规定下选举出来的第一届政府所面临的问题。这将有助于让大家理解,转型为一个人人能和平安全地享有基本生活水平的国家所要承担的任务的艰巨性。问题不会在一夜之间就得到解决,没有快速或轻松的方案。问题是深层次的,而资源是有限的。

"首要议程是制定南非民主宪法的基本原则。人民的愿望应当由民选代表在定期举行的自由、公正的选举中得到表达。而这些民选代表将遵照宪法行事,宪法应当是这块土地上的最高法律,确保人民的基本权利。

"这一文件声明,南非是一个统一的国家,在基层、地区和国家层面各有一级政府。《人权法案》(Bill of Rights)与没有种族歧视、没有性别歧视和民主监督的原则将适用于各级政府。

"政府架构包括国民议会(National Assembly),按照比例代表的原则从普通选民中经过普选产生。各个地区也有一名参议院代表,通过直接选举产生,拥有审查、提交和推迟立法的权力。

"执行委员包括一名国家首脑,即总统,他将在正式场合代表国家并拥有执行权力。总统由国民议会选举产生。他或她有固定的任期并仅能连任一次。总统将任命和监督内阁的运作,通过总理执行(后来改为副总统),总理直接向总统汇报,并对国民议会负责。

"《人权法案》对国家和所有各级政府机关具有约束力,并在合适的情况下，适用于社会机构和个人。《人权法案》由法院执行，法院受一个独立的、新成立的宪法法院（Constitutional Court）领导，宪法法院的任务是捍卫所有公民的基本权利和自由，免受国家及任何企图否定这些权利的机构或个人的侵扰。

"法官是独立的，由社会各个部门的人员组成，选拔依据是他们的品格、专业、生活阅历与智慧。《人权法案》将保障语言和文化的权利，承认我们社会中宗教的重要性，尊重信仰的多元并保障宗教信仰自由。《人权法案》保护儿童、残疾人和妇女的权利，工人建立独立工会的权利、参加集体谈判的权利和罢工的权利。

"非国大宣布自己反对死刑，并努力将此纳入《人权法案》。《人权法案》保障所有人拥有一个家、家庭及财产的权利。它确认所有人都有接受基本教育、医疗和福利服务的权利。

"这个国家强烈支持平权行动的理念，这意味着采取措施，使那些由于肤色、性别和残疾等原因受到歧视的人能够冲破障碍，进入他们过去因为歧视而被排除在外的领域。

"所有的公民服务都将向全民开放，使其真正成为南非人民的公民服务，而不再是只为少数种族服务的行政机构。它将对议会和它所服务的地方社区负责。

"这个国家将拥有一支没有种族歧视、没有性别歧视的国防军和警察力量，监狱的管理人员必须经过良好训练、遵守纪律、具有人道主义精神且忠于宪法。

"这是一个法治国家，所有南非人都能不受种族、肤色、信仰或宗教的歧视，直接或者通过立法机构的代表参与立法。

"至于个人安全和犯罪问题，优先要做的是消除在我们社会中盛行的滋生犯罪的条件。非国大声明，除非人民尊重法律，否则就没有对执行法律和维护秩序的机构的尊重。而只有当法律是公正的

第四章　进入总统府

且人民参与了立法和执法时，他们才能尊重法律。一个公正的刑法体制将加强人民对法院的尊重和对法律的服从。"

曼德拉指出："这就是由从前的'恐怖分子们'——他们过去在执政方面没有任何经验和历练——提出的一个全面的、深思熟虑的对于执政基本原则的概括。"[20]

其中一位从前的"恐怖分子"是蒂托·姆博韦尼（Tito Mboweni）*，这个国家未来的劳工部部长，他与萨基·马科佐马（Saki Macozoma）是陪同曼德拉出席 1992 年世界经济论坛（World Economic Forum，又称达沃斯论坛）的团队成员。他们把为曼德拉准备的长篇发言浓缩为几个谈话要点，指出这不是用于大会，而是用在曼德拉与德克勒克和布特莱齐一起出席的专题讨论会上。据姆博韦尼，代表团回到南非后呈交了他们的报告并进行了"长时间的对话"，这导致了纳斯雷克会议，在这次会议上形成了《执政指南》这份文件。[21]

* * * * *

5 年期民族团结政府的框架——保证在选举中得票超过 10% 的任何政党参加政府——被写入 1993 年临时宪法的原则当中。1994 年 4 月的选举结果决定了第一届内阁的构成，包括一名非国大的总统和两名副总统——一名来自非国大，一名来自国民党。按照得票排名，内阁中有 18 名非国大成员，6 名国民党和 3 名因卡塔自由党。

但是在曼德拉决定内阁成员名单之前，他和非国大必须对另一个领导职位做出决定。他认为执政团队的结构必须反映出这个国家

---

*　蒂托·姆博韦尼，见"附录二"。

的多元化，因为他认识到，必须要纠正那种认为非国大仅仅是一个狭隘的民族主义组织的观点。在过去 82 年的历史中，非国大经历了多次转型。从一个呼吁非暴力并具有基督教倾向的组织，到火热的 1940 年代，其下的青年团给予它巨大的力量，再到 1960 年代支持武装斗争，非国大从自身反种族主义和反性别歧视的品质中汲取了力量。它在很大程度上承受了种族隔离政权凭借紧急状态、暴力，甚至流亡时期的跨国袭击对它造成的沉重打击，它的幸存建筑在许多人牺牲的基础之上。这些人中最重要的就是沃尔特·西苏鲁和奥利弗·坦博，他们是曼德拉可以性命相托的人。他记得这些。

"奥利弗·雷金纳德·坦博，"他写道，"被他的同志们亲切地称呼为 OR，他是一位谦虚而出色的律师，一位虔诚的基督徒。当卢图利酋长去世之后，他成为非国大的领导人，他也是一位有能力且受人尊敬的领袖，将非国大的力量和影响提升到前所未有的高度。

"只有非凡的领导人才能够在流亡中维系这样一个多种族组织的团结：其成员具有不同的意识形态，分布在距离遥远的多片大陆，一些青年对压迫他们的敌人怒火难抑，一些青年相信即使没有资源和充分的计划，仅靠愤怒就可以推翻一个种族主义政权。

"OR 实现了这一切。对于在国内拘禁的政治犯和普通囚犯，对于国外的自由战士、外交官和国家首脑来说，OR 被誉为一位智慧且公正的领导人的杰出典范，他必将恢复被压迫人民的尊严，并让他们牢牢地抓住自己的命运。

"他不辞辛苦地勤勉工作，从不懈怠。毫不夸张地说，他一天 24 小时都在岗位上，全年无休。他的夫人阿德莱德（Adelaide）讲过 OR 彻夜工作的故事。清晨，当 OR 看到她穿好衣服准备离家时，竟问她深更半夜要去哪里。

"或许是繁重的工作日程摧毁了他的健康。他患了中风，半身瘫痪。官员*们讨论了他的情况，都强烈认为应当正式地让他丰富的智慧和经验为组织所用。我们因此任命他为非国大全国主席，他在这个位置上直到1993年去世。

"OR的去世如同一棵巨大的橡树倒下了，这棵橡树站立在那里已经许多年，荫庇周遭，美化了整片风景，并吸引了周围的一切，不论是人还是动物。他是一位具有强大信念和虔诚信仰的出类拔萃的领袖，一位成绩卓著的数学家和音乐家，他在解放人民的事业中的投入无与伦比，他的离去标志着一个时代的结束。

"然后官员们同意，由博学的卡迪尔·阿斯马勒（Kader Asmal）教授[†]接替OR，他是一位坚定而清醒的思想家，后来成为水利和森林部部长，再后来成为教育部部长。他对内阁中讨论的几乎所有问题的深刻理解，使他赢得全能部长（Minister of All Portfolios）的美誉。我们所有人都感到，他的任命会纠正一般认为非国大是一个种族组织的错误印象。

"然后我向非国大全国工作委员会的成员逐个通报了官员的推荐。除了一人之外，他们所有人都接受了这个推荐。

"在那之后不久，一位官员回来秘密地悄声告诉我，虽然全国工作委员会的成员们曾明确同意这一推荐，但他们已经反悔，倾向于塔博，而不是卡迪尔。

"这一情况让我担心，因为这可能导致同志内部负面的猜疑。当人们同意了一个重要的提议，而后在没有重新向你提起的情况下改变了［他们的想法］，那么就很难说不是他们有反对意见却没有勇气向我提出，他们知道这种出尔反尔是违反组织方针的。

---

* 本书中多次使用官员（officials）这个概念，指非国大的六位核心领导：主席、副主席、总书记、副总书记、财务长和全国主席。——译注

[†] 卡迪尔·阿斯马勒，印裔南非人。

"但他们所有人都是非常合格并可靠的领导人，在决心解放国家的斗争中经受了长期的艰辛磨难。这一插曲从未影响我对他们的信任。不管怎样，拒绝支持卡迪尔是一种民主的做法，我们没有任何保留地接受了。"[22]

在组阁最终完成之前，曼德拉广泛地咨询意见。他查阅了在全国接待委员会等机构以及最终进入过渡时期执行委员会的人过去所做贡献的记录，后来又征询了塔博·姆贝基的意见，因为"塔博流亡了许多年，并且与国内的同志有许多交流；他比我更了解哪些人更有资格在内阁中任职"。[23]

于是就有了下面这段塔博·姆贝基生动回忆的对话：

> 马迪巴说……"请你从我们自己的人中准备一份名单——包括名字和职责。"这一定意味着，我们已经知道在内阁中我们自己［非国大］所占的百分比，那是一个具体的数字，因为要记得，内阁里还有国民党和因卡塔自由党……因此我们在马路对面［悉尼·穆法马迪］的公寓里准备了一份包括名字和职位的名单。他对我说，"准备一份提案……把副总统的位置留出来，我将从我们这边的人选中挑选"。于是我们准备了一份名单，包括名字和职责，部长和副部长。我不记得这与人们在过渡时期执行委员会或其他组织做过什么有任何关系。而只是说，例如史蒂夫·奇韦特成为体育和娱乐部部长，是因为我知道他在监狱中对体育的热情，知道他在入狱前是橄榄球运动员和其他所有运动经历，因此有这样的考虑，这个人将会出于他特定的兴趣真正关心这一职责。

曼德拉对姆贝基的这份名单只做了两处改动。他说，德雷克·哈内科姆（Derek Hanekom）应当担任部长职位，因为他相信哈内科

第四章　进入总统府

姆具有一些农业生产方面的知识，而且是阿非利卡人，这对政府解决与阿非利卡农民有关的问题会有帮助。曼德拉还说，乔·斯洛沃应当包括在名单内。没有写入斯洛沃的名字是基于谈判期间得出的看法，认为需要他在共产党内担任全职领导。这样，哈内科姆成为农业和土地事务部部长而斯洛沃成为住房部部长。姆贝基继续道：

> 后来他再次就副总统的问题来找我说，"不，我一直在咨询有关副总统这件事，我曾经考虑应由西里尔·拉马福萨担任副总统，理由是，你知道，对一些事情我们必须得敏感……你知道，问题是人们会怎么说。你们曾让奥利弗·坦博担任非国大的主席，然后我接替他担任这个主席，现在你……"——我当时的职务是什么？非国大的全国主席——"然后你成为副总统。人们将会说：'看看科萨人，科萨人正在垄断权力。'这就是我需要西里尔的原因……但是每一个人都拒绝——我找过沃尔特·西苏鲁，甚至找过肯尼思·卡翁达（Kenneth Kaunda）*和尼雷尔，但是他们所有人，所有人都说，'不——我们确实理解这类部落问题的敏感性，但是不能看得太重，这是你的副总统。'"于是他说："因此你必须成为副总统。这不是你的问题，也不是因为你；而是因为我不得不处理这类问题。"我说："那就这样吧，马迪巴。"……据我回忆，这就是他对于那个内阁仅有的干预——三次干预——德雷克·哈内科姆，乔·斯洛沃和我自己。[24]

曼德拉强调明智地选择内阁的问题，他写道，在他的指示下，姆贝基"确保我们所有民族团体以及大会联盟（Congress

---

* 肯尼思·卡翁达，1964—1991年间任赞比亚总统。

Alliance）*的成员都得到了恰当的代表。基于充分的理由,他把副总统的位置空出来了。我批准了他的建议,并且首先向南非共产党,然后向南非工会大会,最后向非国大做了汇报。我向他们所有人明确表示,尽管我欢迎他们的评议,但最后的决定权在我这里。

"雷蒙德·苏特纳（Raymond Suttner）是一位出色而忠诚的同志,现在是我们驻瑞典的大使。他提醒我,以前的一次政策会议上曾决定,内阁应当由一次全国会议选举产生。我断然拒绝了这个决定,理由很简单,因为在那样的情况下,内阁成员的选择将不是任人唯贤,而是基于他们的受欢迎程度,或他们是否有强大派系的支持。

"联盟的每一个成员都对推荐人选中的一些人提出强烈反对,包括已故的阿尔弗雷德·恩佐的入选,他是一位有才能、受过良好训练且经验丰富的外交事务专家。也有人反对德雷克·哈内科姆,理由是,把管理土地的职责交给一个白人是不明智的。这些反对意见也影响了其他人。我拒绝了所有这些意见,因为它们不是基于某项原则,而纯粹是出于个人考虑。我将姆贝基推荐的这份名单提交给有关'官员'。†

"这些'官员'无一例外地批准了这份名单上的所有人选。下一个问题就是谁将被任命为副总统。考虑两个人选,塔博·姆贝基和西里尔·拉马福萨。西里尔·拉马福萨曾带领我们的谈判团队在［约翰内斯堡北部肯普顿公园的］世贸中心谈判。他让人印象深刻,机敏且口才好,影响了在世贸中心谈判的敌我双方。他为自己赢得了尊敬和仰慕,是杰出的思想家群体中涌现出来的最强有力的人物之一。[25]

德克勒克在他的自传《最后的跋涉：一个新的开始》（*The Last*

---

* 大会联盟,见"附录二"。
† 这里的"官员"指:曼德拉、西苏鲁、拉马福萨、姆贝基、雅各布·祖马和托马斯·恩科比。但姆贝基和拉马福萨没有参加这次讨论。

Trek: A New Beginning）中这样描述西里尔：

> 非国大代表团由其首席谈判代表西里尔·拉马福萨领导。拉马福萨原先是全国矿工工会的总书记，在与代表南非大型采矿公司的矿业商会的艰苦谈判中积累了广泛的经验。拉马福萨硕大的圆头被胡须和正在退后的发际线包围着。他冷静和算计的眼神——似乎一直在寻找谈判对手辩护的软肋——与他轻松的举止和生动的语言形成鲜明的对照。他的甜言蜜语使对手安静下来，而他的雄辩则不停歇地收紧了对他们的包围。[26]

"作为谈判的关键角色和新南非的主要设计师之一，西里尔受到我们组织内外的赞扬。在1997年非国大的全国代表大会上，他以最高票被选为全国执委会的成员，实至名归。他过去是，现在仍然是非国大真正的财富。

"在整个政治生涯中，我一直被一种挥之不去的想法所缠扰，即非国大过去是，现在也是一个科萨人的组织，尽管大量事实证明并非如此。我对'官员们'指出，奥利弗·坦博、塔博·姆贝基和我本人都来自这同一个部落。我问他们，如果塔博成了副总统，难道不会加强这一错误的认知吗？难道我们不应当考虑让来自我国北方、同样有才能且受到同样尊敬的西里尔来担任这个职务吗？

"我承认，塔博完全有资格担任这个职位，并且他关于非洲大陆和外交事务的知识远比西里尔丰富。但是我坚信西里尔有很大的国际影响力，特别是对工会和大多数意见领袖——尤其是那些参加过谈判的人。"

"尽管我持不同意见，"曼德拉叹道，"但没能说服那些'官员'。

他们坚持认为，广大公众会接受选择姆贝基。非国大的指导方针是选贤任能，而不是出于部落出身的考虑。相反，我的考虑不全是基于才能，而是基于我认为我们有责任纠正的一个误解。"[27]

尽管曼德拉认为应在就职仪式之后才宣布内阁的任命，但他受制于媒体的力量，当时媒体已经听到了有关副总统位置之争的风声，因此1994年5月6日就宣布了内阁的任命。这是一个不完整的名单，名单上的一些名字和他们相应的职责范围以后将做出调整。当时，经过激烈的争辩之后也做出了一个决定，要设立一个不管部部长（Minister without Portfolio）职位，负责重建与发展计划的工作。

内阁成员的确定并非没有争议，德克勒克曾对某些内阁部长职务的安排没有经过充分协商而感到不满。然而，曼德拉在安排内阁成员组成时的亲力亲为是不会错的。一些过程看似是随意的播种，但最终结出了硕果。在推进曼德拉梦想的机器上，几个轮齿小零件并不知道他们的重要性和他们的生活将会如何改变。特雷弗·曼纽尔回忆道，1992年，当他还是西开普省的领导核心成员时，时任非国大总书记的西里尔·拉马福萨找到他。

拉马福萨告诉曼纽尔，曼德拉想要他领导非国大的一个重要政策部门，亦即经济计划部。曼纽尔知道自己缺乏经济学方面的训练，于是拒绝了，指出他一直被安排从事健康事务方面的工作。拉马福萨直截了当地告诉他，非国大里有许多医生。"特雷弗，"他继续说，"你只需要清楚一件事，这不是你我之间的谈判；我只是转达一个信息。"[28]

事实如此。在那之后不久，曼纽尔就陪同曼德拉出访，例如1993年到美国。那次在联合国大会上的发言中，曼德拉说，为解除对南非的制裁而进行的工作已取得了充分进展。

"当时他所做的部分工作，"曼纽尔说，"依然是建立关系，但

第四章　进入总统府

同时也是一个强烈的姿态。他要率领代表团出访……包括帕洛·乔丹（Pallo Jordan）*、托马斯·恩科比，当然还有乔·莫迪塞，以获得培训和资金……但也要让［我们］见识到不同的政治制度并了解我们正在从事的工作。他相信要把工作移交给年轻人，并使他们为承担更复杂的责任做好准备。"[29]

在一些投资会议上，大公司的领袖、行业专家和机构投资者聚集在世界各主要首都的圣殿中，曼德拉会说："我们这里有一些年轻人，如特雷弗·曼纽尔。我想要他向你们讲演；在我讲话之后，我将让他来回答问题。"[30]

同样的事情也发生在瓦利·穆萨身上，考虑到他在谈判中的表现，他最终成为曼德拉内阁中第一位宪法推进和省级事务部长罗尔夫·迈耶的副部长。曾经领导和平进程的穆法马迪最终成为警察署长，从民族之矛和非国大军事指挥总部脱颖而出的乔·莫迪塞成为国防部长。

这些发展反映了曼德拉的战略思考，回想这些，曼纽尔说："我认为，在曼德拉思想中，这些活动很大程度上是要早点在过程中建立起一个——比较好的说法是——影子内阁，让其中的成员承担一定的责任。我认为，这个过程对他看待一些事情的方式有深远的影响。"[31]

在非国大内部以及与德克勒克关于职位的讨论中，曼德拉重点考虑的是财政部长的人选，最终达成协议，现任财政部长德雷克·基斯（Derek Keys）继续留任。尽管这是国民党担任的6个部长职务之一，但各方同意，这个关键性的职位与任何政党无关。[32] 基斯的留任有两方面的考虑，一是经验，二是对非洲本地和国际经济决策者们将会如何反应的担心。南非是一个体制尚未得到检验的新经济

---

* 　帕洛·乔丹，见"附录二"。

体。任何变化——特别是一位受到信任的财政部长的辞职——都可能对市场产生负面影响。

"某些位置我们不会现在就去争取,因为这个国家还没做好准备。"他的同事们记得曼德拉这样说。他是指许多职位,包括南非储备银行(South Africa Reserve Bank)和公共服务委员会(Public Service Commission)的相关负责人。[33]

曼德拉与德克勒克会见过两次,讨论内阁的组成。第一次在比勒陀利亚;第二次在开普敦,在非国大公布了第一份部长名单的那天晚上,当时德克勒克非常生气。根据德克勒克的回忆录,他震惊于非国大的公告"在事前完全没有与我协商"——这是临时宪法第82条所规定的,并且背弃了早先关于国民党执掌安全部门的协议。[34]当被问及为什么全部三个安全部门的职务都给了非国大时,曼德拉回答说这是他的意见被非国大否决的结果。[35]

关于其他剩余职位部长和副部长的安排,他们达成的协议需要在原来安排给非国大的职位范围内做出调整。这包括将阿斯马勒从宪法推进部调换到水利和森林部,他是在宣誓就任部长的当天才知道这件事的。[36]

在与主要谈判党派——尤其是国民党和因卡塔自由党——进行了全面的讨价还价之后,曼德拉相信,内阁是强大的并代表了南非的人民。他甚至提出让小党派参加政府的问题,并与阿扎尼亚泛非主义者大会、民主党、保守党和自由阵线共同进行了讨论。曼德拉获释时,德克勒克曾建议,应该由国民党、非国大和因卡塔自由党组成的三方联盟来谈判决定南非的未来;为了采用一种更为包容的方式,曼德拉和非国大拒绝了这一建议。现在内阁已经成立了,因此曼德拉对于那些认为内阁没有全面代表全体南非人民的说法十分生气。

"自从民族团结政府成立,"他写道,"在副总统德克勒克自愿退出民族团结政府之前很久，非国大就一直被指责为种族主义，只关心提高非洲族裔的利益，而忽视少数族裔的利益。我们国家中有一些公众人物，顽固不化，仍然为这种卑鄙的宣传摇旗呐喊。

"我有意列出了民族团结政府全部内阁成员的名字。*凡是尊重真理尊重自己的人，不论出身背景如何，都不应赞成那种明显毫无道理的宣传，以免玷污自身的形象。卑鄙宣传的人提不出比非国大政策更可靠的替代方案。

"如果你发现，除了德雷克·基斯和阿比·威廉姆斯（Abe Williams）——后者是有色族裔组织的成员，其余5名德克勒克国民党的内阁成员全部是白人和阿非利卡人，没有一个非裔人和印裔人；而非国大的内阁成员中包括了所有这些族群，19名成员中有7名来自少数族群，这种谎言就更加明显了。

"白人的主导地位在1994年的国民议会中同样明显。国民议会中非国大的256名成员中，有82名代表是有色族裔、印度族裔和白人。

"而在国民党的80名成员中，有11名非洲裔、9名有色裔、4名印度裔，就是总数24对56——白人超过其他族裔的一倍。"[37]

如果是更年轻、更冲动的曼德拉，他可能会逐条列出那些"仍然在为这种卑鄙的宣传摇旗呐喊"的"顽固分子"所了解的显然不实的例证。他可能会赞扬非国大在接受国民党方面的宽宏大量，尽管国民党的政策是造成黑人多数无穷苦难的根源。虽然这可能会使他的同胞们满意，并且向他们证明他的事业的正义性，但曼德拉知道，这样做可能会发出错误的信号。他控制着局面，并且显然不想

---

* 在最早的手稿中，为了显示出多元的族裔背景，曼德拉列出了他第一个内阁中人员的名字和职务。这些手稿中的一页可见彩图16。

扮演一个烈士的角色。

他是一位75岁的老人，需要用他全部的毅力和机敏将个人魅力转化成为可持久的政治信誉。尽管在野党勉强同意加入民族团结政府，但在他们内部仍有一些反对意见，把这样的权力分享视为向非国大的投降。同样，另一方面，非国大内部也有不赞同的声音，例如哈里·瓜拉和他持强硬路线的追随者，他们认为，在与比勒陀利亚当局角逐权力过程中做出的牺牲，在新秩序的架构中没能得到善待。

然而对于曼德拉来说，最紧迫的任务就是要确保建设新民主的基石就位。他必须使自己熟悉作为一个总统、一个复杂国家——它拥有一个甚至更为复杂的政体——的元首的知识。从监禁到自由，然后到这个国家的顶峰，一切都混乱地飞速发生。就像一个在族长去世后被骤然推到大家族最高位置上的人，曼德拉不得不经过一些仪式程序，在此就是议会，使他的就职正式得到确认。

第五章
民族的团结

纳尔逊·曼德拉以及1994年5月9日聚集在议会准备宣誓就任的议员们,多样但全面地展现了新的民主南非的变化。议会选区的气氛曾经是古板、令人生畏的,由身着深色套装的白人主导,现在则展现出一种无声的欢庆,感觉有大事呼之欲出。[1]阿尔贝蒂娜·西苏鲁(Albertina Sisulu)*——一位资深的战士和领导人——起身提名纳尔逊·曼德拉为南非第一位民主选举的总统。

议会席和旁听席上的人全体起立,迸发出欢呼和泪水,向坐在褐色皮椅上微笑挥手的曼德拉欢呼。这张椅子的主人曾是德克勒克总统,4年多前,正是在这同一会场,他宣布将释放这位在监狱中已经服刑超过27年的人。议员们带头有节奏地鼓掌,一位因邦吉(imbongi,颂歌歌手)用新总统的母语科萨语为他唱起颂歌,就这样,议会被永远地改变了。

---

* 阿尔贝蒂娜·西苏鲁,见"附录二"。

*****

在结束种族隔离后第一届政府的初期，几乎每一个与曼德拉共事过的人，从花园园丁到内阁部长，都认为他有一些特殊的品质，并且反过来也期望其他人能与他相适应。人们都知道他不接受否定的回答，因此他努力工作来排除任何别人不接受他的提议的可能性。

时任贸易和工业部部长的特雷弗·曼纽尔讲述了1994年建立曼德拉领导下的第一届民主内阁时出现的令人头疼的严重危机，是如何被戏剧性化解的故事。

1994年7月4日晚上，曼德拉在开普敦的纳尔逊山饭店（Mount Nelson Hotel）为法国总统弗朗索瓦·密特朗（François Mitterrand）举行了一场国宴。就在两天之前，在比勒陀利亚，曼德拉叫曼纽尔参加一个会议，与会的包括副总统塔博·姆贝基、劳工部长蒂托·姆博韦尼和重建与发展计划的亚历克·欧文（Alec Erwin）*。他透露了一个爆炸性的消息，德雷克·基斯将辞去财政部长的职务。

曼纽尔回忆，曼德拉以他特有的坦率方式说："看，我一直在和人们交流，我不认为南非和世界，特别是白人，已经准备好接受一个非国大的财政部长。我希望你们同意我的看法。我以为，我必须告诉你们并征询你们对于财政部长人选有何建议。"见没有人提出意见，曼德拉继续说："我一直在考虑克里斯·利本伯格（Chris Liebenberg）†这个人。他现在从……莱利银行（Nedbank）退休了。他一直负责我的财务，负责非国大的银行，他是一个非常好的人。

---

* 亚历克·欧文，见"附录二"。
† 克里斯·利本伯格，见"附录二"。

白人企业会真正地支持他。你们接受他有困难吗？"没有人有困难。曼德拉说："非常感谢你们，那么让我们喝些茶吧。"[2]

7月4日周一的下午，当时在国外的利本伯格惊讶地接到一通来自曼德拉的电话，要他从约翰内斯堡到赫纳登达尔总统官邸见面。曼德拉早早离开了国宴，在赫纳登达尔会见了利本伯格。

"利本伯格到开普敦后，"曼纽尔回忆道，"曼德拉问他：'你现在在做什么？'克里斯·利本伯格告诉曼德拉，他现在退休了。'你多大岁数？'利本伯格说他60岁。曼德拉说：'是啊……克里斯，你这么年轻不应该退休。我为你安排了一项工作。我要你做我的财政部长。德雷克［·基斯］要离开，我要你接替他。'克里斯·利本伯格完全震惊了。对此他没有任何心理准备。他说：'我刚刚退休，我必须和我的妻子商量此事。'"[3]

任命利本伯格为财政部长的方式看似随意且偶然，实际上隐含了非国大领导集团在组建内阁上的严肃性。非国大部长的任命不是突发奇想。不论在国内还是流亡期间，这些人在组织机构中担任各种领导职务时，都为自己赢得了尊敬。他们所有人都在困难的环境中经受了考验并成长起来。尽管如此，任何一个名字在得到通过之前仍要经过大量审查。

其中一个例证就是上述的财政部长职位。曼德拉广泛咨询了他的一些部长的意见，包括曼纽尔、姆博韦尼和欧文，还有其他一些人，例如吉尔·马库斯（Gill Marcus）*，她是一名议员和财政委员会的成员，将与利本伯格共事，一起处理财政政策的细节。曼德拉将精力集中在确保国家的安全上，因此他坚持所有负责安全事务的职位均由非国大控制。他信任他的两位副总统，将大多数工作交由他们

---

* 吉尔·马库斯，见"附录二"。

负责——特别是姆贝基——这意味着，如前文提到的，他将更加亲力亲为地巩固和解的工作。因此在大多数情况下是姆贝基扮演内阁总理的角色主持内阁会议，甚至在曼德拉出席的情况下也是如此。

姆博韦尼回忆道："提案准备以及规划备忘录这些事情都提交给他。"尽管曼德拉不亲自处理，但他仍然饶有兴趣地密切关注进展，并将精力集中在武装部队和警察，以及司法和宪法第九章机构（Chapter Nine Institutions）*等的结构性安排上。姆贝基也随时向他报告工作进度。只有当他认为某个部长的工作遭到故意妨碍时，曼德拉才会进行干预。

这方面的一个例子是，姆博韦尼曾威胁说，如果一些部长继续阻挠他想要提交的立法议案的话，他将辞去职务。即使非国大的部长们也会在一些问题上有不同观点，因此这并不罕见，虽然这对于那些赞成议案的人来说无疑令人沮丧。

提交议案那天，姆博韦尼回忆道，

> 曼德拉要求休会，从而可以和那些部长以及我本人进行讨论。好吧，事实上根本就没有讨论，因为我们刚到他的办公室，那是一个相当狭小的办公室，他就说："姆博韦尼已经简要地向我汇报了他在使内阁通过这个议案时遇到的困难，如果今天这个议案不能通过，他就要辞职。我不想要这位年轻人辞职，因此现在我们就回到内阁会议，你们这些人必须支持这个议案。"特雷弗·

---

* 宪法第九章规定了"支持宪法民主的国家机构"，称作第九章机构。它们包括南非保民官（Public Protector）、审计长（Auditor General）、独立选举委员会、独立通信局（Independent Authority to Regulate Broadcasting）、南非人权委员会（South African Human Rights Commission）、性别平等委员会（Commission for Gender Equality）以及促进和保护文化、宗教和语言族群权利委员会（Commission for Promotion and Protection of the Rights of Cultural, Religious and Linguistic Communities）。

第五章　民族的团结

曼纽尔试图解释，[但是]曼德拉说："不，不用讨论，只要回去支持这个议案。"

他们全都回到内阁会议，姆博韦尼继续他的陈述，结果得到支持，包括早前的反对者也投了赞成票。姆博韦尼有些调侃地说，这个胜利属于"在政治中幸存的本能"。[4]

然而，幸存所需的政治有机体是内阁本身，它是民族团结政府的引擎。它的长处在于能够根据一个指导原则做出一致的决策，做不到这一点，它就会失败。议员罗尔夫·迈耶以一种务实的观点看待这个由多个组织组成的实体，他在1994年接受采访时承认："要想从早到晚都融洽一致是不可能的。我们并非真正意义上的联盟，而是一种合作的协议关系。"[5]

在一年多以前，曼德拉曾回答过英国广播公司提出的许多问题，有关未来决策这一棘手事务。他说："我们将通过非国大主导的民族团结政府应对这些问题。将采取少数服从多数的原则。我们不允许任何小党派破坏多数决定的原则……[但是非国大的]观点将在不破坏协商一致的原则下胜出。我们将借由民族团结政府来做我们现在通过多党协商机制正在做的事情……我们不强迫，我们说服。"[6]

这是在谈判的最后阶段，当时双方团队分别要求形成一个决议，曼德拉和德克勒克建议，内阁应努力形成一致意见，如果无法达成共识，将以大多数人的观点为准。[7]

这个建议被采纳了，并在后来被包括在临时宪法中。在讨论全国执行委员会权力的第六章，第89条第2款规定，"内阁运作的方式应考虑民族团结政府概念中包含的寻求共识的精神，以及对有效政府的需求"。[8]

事实上，杰克斯·格威尔从其担任内阁秘书长的有利视角指出，民族团结政府确实是通过协商一致制定决策的："如果你是坐在内阁会议上听部长们争论，你不会觉察到这是一个多党政府。你不会意识到这些人来自不同的党派。"[9]

卡迪尔·阿斯马勒一定非常享受这些争论。他无疑是曼德拉内阁中最有趣的部长之一，有标志性的沙哑笑声，神采仪态颇像奥斯卡金像奖演员格劳乔·马克斯（Groucho Marx）。他在回忆录中写道："当每个人在争论和反驳的过程中都感到舒适自在时，协商一致就可以自然地达成。"他可能已经意识到这些讨论中非国大和国民党之间文化上的冲突。例如，没有国民党的部长会在内阁中挑战德克勒克，而非国大的部长们在某些问题的争论上则各不相让，有时甚至令国民党的部长们目瞪口呆。[10]

尽管曼德拉拥有一种引人向善的才能，但期望内阁成员观点完全一致只是一厢情愿的想法。总有些人对曼德拉和德克勒克之间已达成一致的提案吹毛求疵，尽管这与在谈判期间采用充分协商一致的原则打破僵局是同样的做法。愤愤不平的布特莱齐大酋长回忆，内阁决议基于"多数主义，因为……在一些与立法提议不一致的情况中，我已经准备了备忘录，但是对此的全部说法就是，'好吧，内政部长说的必须记录在案，就这样，但是我们还得继续向前'"。[11]

曼德拉力图弥合非国大和国民党由于存在分歧和潜在的对立观点而造成的鸿沟。为了达到这个目的，他建立了三个内阁委员会，作为实现协商一致的平台。这三个委员会都是种族隔离政府遗产的重构——经过一定改造的重新利用。姆贝基主持经济事务委员会，德克勒克负责事关安全与情报以及社会和行政事务的委员会。

为了培养合作，曼德拉把来自不同党派的正副部长混合搭配。"从德克勒克和国民党的观点来看，"他在一次采访中说，"3个部长来自因卡塔自由党，6个来自德克勒克，而非国大有18个，是因卡塔自由党和国民党加起来的两倍。因此如果我们希望,我们就可以直接运转政府,但我们不那样做。我们承诺要建立一个有实质内容的民族团结政府,而不仅仅是一个支持非国大观点的空壳。出于这一原因,我们确保在职责分配上应该有副部长。如果一位部长来自非国大,那么副部长就应该来自国民党或因卡塔自由党。我们要让这个部运转良好。"[12]

在头几年间,这种安排确实运转良好,只除了曼德拉坚持在安全事务上亲自掌舵而使德克勒克怨恨不已。"马迪巴对政府事务关注的重点是安全,"姆贝基回忆道,

> 因此……在涉及安全事务时,他会参加内阁委员会的会议……因为他非常担心反革命活动的可能,而且就像当时我们所有人一样,他认为反革命活动可能来自军队、警察和安全部门中的右翼阿非利卡人,他们可能凭借武力制造动乱,然后甚至可能推翻政府。那是他特别关注的。但是对于内阁和政府工作的其他方面,他会说:"不,你去参加那个会"。[13]

然而当曼德拉感到有必要的时候,他也会在其他事务上直接干预部长的做法,例如恩克萨扎娜·德拉米尼-祖马和德克勒克之间的龃龉。全部三个党派的部长都要到他的办公室汇报或听取建议,并且在需要的时候提供书面报告。

但由于每个党都有其自身的组织结构来维持政策的一致性,例如非国大有内阁核心小组会议,国民党有战略方针小组,因此不可避免地产生一种结构上的断裂,造成内阁工作和外部现实之间的紧张。

在内阁决定是否采取集体负责制方面,也存在着不一致的看法。

国民党和因卡塔自由党坚持他们有权不遵从集体的决定并公开批评他们在内阁中反对的决定。尽管很少出现这样的情况，但分歧是尖锐并且反复发生的，且由于党派领导人之间的关系进一步复杂化。真实情况是民族团结政府的运作只在内阁层面，而不是在议会范围或省级层面。

1995年底到来的地方选举加剧了紧张的形势，各个党派都在宣传自己取得的政绩，而拒绝对出现的问题承担责任。在竞争激烈的比勒陀利亚小镇伊尔斯特勒斯特（Eersterust）的一次初期选战集会上，曼德拉直率地指出这个问题。

他说："德克勒克先生一直试图造成一种印象，即国民党在民族团结政府中起领导作用，工商界的信心和外国投资都取决于他参加了这个政府。"尽管他感谢德克勒克在内阁中发挥的作用，但是曼德拉说："试图过度夸大国民党的作用是错误的。非国大在内阁中有18位部长，相比之下，国民党只有6位。"他在强调重建与发展计划就是非国大的首创后结束了讲话。[14]

即使最不擅长解读身体语言的人也能看出曼德拉和德克勒克之间明显缺乏热情。国民党正在经历一场身份危机，它的议会党团发现自己不赞同针对反对党的限制条款。关于是否继续留在民族团结政府中的持续不断的争论就像是一种不祥的自我预言。为了夺回失去的地盘，用德克勒克自己的话说，他一度批评内阁做出的决定并与之对抗，以执行国民党的方针。他之所以这样是因为他的部长和副部长没有这样做。"就他们自己的职位而言，他们做得足够好，"他写道，"但是就面对非国大采取坚定的立场，反对那些与国民党方针不符的决定而言，则做得并不好。"[15]

这些所谓的与国民党方针不符的决定，以及没能把其倒退立场写进最终宪法的挫败，都增加了德克勒克的痛苦。此外，他还要面对以马蒂纳斯·范沙尔克维克（Marthinus van Schalkwyk）为首的国民党少壮派的挑战。然而更为切中要害的是，德克勒克承认，他的不快在于他发现自己处于一个尴尬的位置，就像"前董事长［继续］在他继任者的董事会里工作一样"。[16]

曼德拉在与民主党领导人托尼·里昂（Tony Leon）的一次讨论中对此做了总结："德克勒克没有从自己失去权力的心结中走出来。"[17]曼德拉已经赋予了德克勒克责任，但后者感到作为一位前部长和总统，那个职务贬低了他。对于一位曾经揣由非国大、国民党和因卡塔自由党三方联盟轮流执政想法的人，这看起来的降级使他难以说服国民党参加民族联合政府的正确性。

在1995年1月举行的一次内阁讨论会上，问题到了非解决不可的地步。德克勒克提出一项议程，主张少数党作为反对党公开行动的权利。德克勒克公开批评非国大，加上他就在1994年选举前夕，特赦了3500名警察和两名内阁部长，这两件事为最后的摊牌做了铺垫。在非国大的部长们发表了关于内阁决定集体负责制的讲话之后，曼德拉对德克勒克发起了攻击，指责特赦是"背后进行的阴谋"，并称国民党对重建与发展计划的态度是对政府不忠。德克勒克愤怒地离开会场，称他和他的同事们将考虑是否要继续留在政府中。然而第二天，两位当事人出现在记者会上发表了一份联合声明，称误会已经澄清，而且"我们已经同意重新开始，这有助于避免本周初发生的情况重演"。[18]

就像在一场命中注定的婚姻中那样，这两个人的冲突是世界观的巨大分歧所导致的，而通过公开的和解行为，冲突消除了。冲突一方面源自白人少数重建昔日美好生活的冲动，另一方面源自南非黑人多数一心一意想要开拓适宜生活的未来的信念。

"不论发生什么样的争吵，"曼德拉在粉碎另一个有关他们不和的谣言时说，"德克勒克先生和我都明白，我们相互需要。这不是个人好恶的问题，这是我们应该在一起的绝对必要性的问题。我认为他和我一样明白这一点。"[19]

夸祖鲁—纳塔尔，一个永远被暴力纠缠的省，产生了另一个一触即发的危机。1995年9月，德克勒克致函曼德拉，提出解决那里的暴力问题的最好办法，就是曼德拉、德克勒克、姆贝基和布特莱齐四方开会，讨论以国际调解和选民公决的方式来消除紧张和暴力。[20] 曼德拉决定不再拐弯抹角。

"夸祖鲁—纳塔尔的问题，"曼德拉在给德克勒克的信中写道，"以及因应这些问题的解决之道，深植于当前状况的历史之中。德克勒克先生，您必然知道，今天这个省的冲突，与其说是任何其他因素造成的，不如说是由您曾经参与并执掌的政府和贵党的方针与策略造成的。我们不需要在这里引述那段历史的细节，那些我们早先已经讨论过了。您在信中提出，缺乏国际调解是夸祖鲁—纳塔尔省问题的根本和深层的原因之一，这个观点对于找到真正的解决办法将是一种严重的误导并且毫无帮助。*

"我之前已经全面地向您报告过我就这个问题与布特莱齐部长所进行的讨论，以及为讨论而做出的努力。您知道所有这些都是我主动做的。正如我以前告诉过您的，对于在您提议举行的那种会议上，您究竟想讨论什么，我们需要具体的建议。仅仅为开会而开会，或仅仅是做出政治姿态，这种徒劳的做法只会加剧而不会有助于改善现状。

"您作为我的政府中的执行副总统之一，可以自由地，事实上

---

* 就未解决的宪法问题进行国际调解是1994年让因卡塔自由党同意参加选举时所达成的协议之一。但因为各种原因，国际调解未能实现。曼德拉在这里提到，德克勒克在他的信中认为，缺乏国际调解是暴力产生的一个原因。

也有义务，与我讨论您在政府政策和方向上的任何建议。这件事也同样如此。您现在提出作为一个第三党的领袖来出面调解非国大和因卡塔自由党之间的冲突，这是一种相当不准确的说法，这不但缺乏建设性也于事无补。国民党以及由它组成的政府在历史上所扮演的角色，使您在这场冲突中完全没有资格扮演那样一个角色。"[21]

这是一通严厉的斥责，明显表明曼德拉——即使对于他的政敌来说也是温文尔雅的典范——已经到了忍耐的极限。暴力的问题、因卡塔自由党和国民党在计划和实施暴力时的勾结，以及夸祖鲁—纳塔尔省和其他地区人民惨遭的血腥杀戮一直困扰着他。1990年刚从监狱获释后，曼德拉曾呼吁夸祖鲁—纳塔尔省的群众扔掉他们的武器，结果遭到轻蔑的嘘声。这份羞辱，他不会忘记，也不要期待他会忘记。如果说曼德拉对待德克勒克和布特莱齐是文明礼貌的，那是因为这符合他自己的信条，即绝不能粗鲁地对待其他领导人。[22]在曼德拉看来，这些领导人是一个选区群众的代表，对他们的任何粗鲁不敬都会转化成对他们的追随者的冒犯。

德克勒克在回信中说，他一直建议的不是协调，而是作为同意国际协调的一个党派要求举行一次会议，曼德拉对此不予理会。"与其建议这种没有意义的会议，"他写道，"如果您能就如何处理种族隔离这个不人道的制度的遗产——您曾经是这个制度的设计者之一——提出您的建议，我将感激不尽。"[23]

关系的破裂不是突然发生的，也不是由单一原因触发的。民族团结政府铠甲上最脆弱的裂缝是由于对历史的不同认知而导致的鸿沟，分裂了这个由不同组织组成的集合体。德克勒克和曼德拉之间"不来电"就是这种不和谐声音最明显的表现。但是从一开始，国民党全程留在民族团结政府中的可能性就不被看好。德克勒克内阁对于民族团结政府的决策曾有过不愉快的分歧；选举后内阁中国民党人数减少，削弱了他们在政府中的影响，更加剧了分歧，而这进一步增强了国民党内部要求不与非国大主导的政府合作那派的力量。

曼德拉和德克勒克1995年1月在赦免问题上发生的冲突，对于那些反对加入政府的人而言，是确认了最坏的情况。在2月份召开的国民党联邦代表大会上，继续留下还是退出民族团结政府成了争议的主题，认为国民党在决策中毫无影响的看法也得到加强。1995年11月，几乎在每一处举行的市政选举中（除夸祖鲁—纳塔尔和西开普省的某些偏远地区以及开普敦之外），国民党的选票数都在下降，确认了其支持者正在流失的现实。

然而直到1996年5月，最终宪法草案的出炉才为德克勒克提供了使国民党退出民族团结政府假托的理由。尽管知道民族团结政府是一个为期5年的过渡安排，但德克勒克仍然一直在推动将一些正式的、永久性的多党执政机制写入宪法。争取非国大让步的失败，给了德克勒克在允诺的5年期限到期之前3年就退出民族团结政府的理由。民族团结政府本身没有为国民党提供发挥影响力的机会。

"民族团结政府的工作有一个好的开始，"他写道，"但是很快就清楚了，只要涉及真正的权力分享，它就只是一个幌子。非国大拒绝和我们达成一个联盟协议，而宁愿把我们装在一个镀金的笼子中，使国民党的部长们只有权力的表象，而没有任何实质内容。"[24]

当制宪议会（Constitutional Assembly）就宪法举行投票时，国民党同意通过宪法。但当天晚上，德克勒克提前离开了庆祝新宪法的晚宴。姆贝基此前已听到德克勒克想要召开会议宣布国民党从民族团结政府中退出的风声，于是和他一起离开并试图说服他不要退出，但没有成功。"他们选择了退出，"姆贝基说，"以维系政党支持。"[25]

1996年7月，德克勒克退出民族团结政府的决定造成了他的内

第五章　民族的团结　　　　　　　　　　　　　　　　　　　133

阁同事们的分裂。在国民党退出后旋即发表的公开评论和几周后的一次议会辩论中，曼德拉感谢了国民党一些领导人做出的贡献。他们不仅在过渡时期发挥了建设性的作用，而且也与他们的过去做出决裂，对此他们的党——以及他们党的领导人——迄今都没能做到。

"使我个人感到担心的，"曼德拉说，"是一些杰出的个人退出了公共生活，如鲁洛夫·'皮克'·博塔（Roelof 'Pik' Botha）、列昂·韦塞尔斯（Leon Wessels）和克里斯·菲斯默（Chris Fismer）*。这些领导人努力工作，在建设民族团结以及避免种族主义在党派内部和他们服务的社区复活方面发挥了关键作用。

"我们对他们从内阁和议会中离开表示遗憾，并希望他们将继续为这个国家提供帮助。"[26]

最终，除了国民党退出后不久开普敦市选举的昙花一现之外，国民党的选情一路下滑，其领导人物转而加入其他各党派，而大多数基层的支持者则投入到民主联盟（Democratic Alliance, DA）的阵营。[27]

当德克勒克试图拉拢因卡塔自由党与他一起退出民族团结政府时，布特莱齐却决定留下不走。"许多我们的人已经死去，"他说，"对于作为黑人的我们来说，重要的是寻求和解，而不是去冒暴力升级的风险。"[28]

在组成民族团结政府时，曼德拉安排布特莱齐担任内政部长，

---

* 罗夫·"皮克"·博塔，在种族隔离政府中长期担任外交部长，精力充沛，处理过多次重要的过渡事件，如安哥拉内战的结束和纳米比亚的独立。1986年2月，他告诉一名德国记者，未来他会很高兴地为一位黑人总统服务（J. Books Spector, "Roelof 'Pik' Botha, the Ultimate Survivor", *Daily Maverick*, 2 September 2011）；列昂·韦塞尔斯，在种族隔离时期曾任地方政府、国家住房和人力资源部部长，曾经声称他厌恶德克勒克执行的种族隔离政策，后来成为真相与和解委员会委员；克里斯·菲斯默曾以德克勒克的议会与政治顾问的身份担任德克勒克在民主南非大会的代表，后来成为民族团结政府的一般事务部部长。

这给了他一个高阶地位。此外了解到布特莱齐对于职位高低的敏感，曼德拉又任命他在两位副总统也在国外时担任代理总统。尽管在非国大和因卡塔自由党之间，以及在曼德拉和布特莱齐之间存在历史性的分歧，但这位因卡塔自由党的领导人设法成功地融合了公开的反对角色与内阁中的合作立场，而这是德克勒克没能做到的。事实上，布特莱齐具有一种政治上的两面性。杰克斯·格威尔曾回忆起"星期三的布特莱齐和星期六的布特莱齐：在星期三的内阁会议上，他是温和的，而在星期六因卡塔自由党的公开会议上则是咄咄逼人的"。[29] 同样地，布特莱齐与曼德拉的冲突会在议会和公开场合表现出来，而不是在内阁中。

一个令人印象深刻的事件是，盛怒的布特莱齐冲到南非广播公司（South African Broadcasting Corporation）的播音室，在直播中与一位受访者西菲索·祖鲁（Sifiso Zulu）发生了冲突，那个人指责他想把自己任命为祖鲁国王的总理大臣。后来，曼德拉受到外部压力要求将布特莱齐撤职，但他担心那样做对困难重重的夸祖鲁—纳塔尔形势将产生的后果。在咨询了他的同事之后，曼德拉听取建议，要求布特莱齐公开道歉，对此布特莱齐接受了。

布特莱齐把参加民族团结政府视为帮助他实现因卡塔自由党宪法目标的手段。就个人而言，他一直不支持参加。

"作为一个民主人士，"他说，"我做我的人民要求我做的事，即使我本人不喜欢。起初我不愿意参加民族团结政府，但经过几个小时的讨论，大多数人说我们应当加入。"[30]

曼德拉和布特莱齐之间的关系有一段漫长而曲折的历史，既有个人原因也有政治因素，这要追溯到他们两人还在非国大青年团的时期。后来布特莱齐将因卡塔自由党描述为"给非国大当枪使"，从而脱离了非国大，这种关系便冷却下来。1994年之后，受到夸祖鲁—纳塔尔局势的影响，这种关系变成以冲突和愤怒为特征。[31]

但即使在困难时期，他们仍然保持着联系。在曼德拉入狱期间，两人仍就家庭和政治问题保持通信，有直接联系的，也有通过布特莱齐的妻子伊雷妮（Irene）转达的。[32] 尽管与非国大存在分歧，但布特莱齐一直呼吁释放曼德拉，并在曼德拉和其他政治犯被释放之前拒绝与政府进行谈判。在1994年选举前夕，曼德拉频繁与他对话，承认他是一支重要的力量。当在采访中被问及他与布特莱齐的关系时，曼德拉称他们的关系"从我年轻时与他相识以来，就一直有可靠的基础"。[33] 最后，他们的告别致词，即使有勉强和含糊，但仍然是相互尊重的。曼德拉曾不止一次提到，他对于布特莱齐抱有"高度的尊敬"，因为"他是一位令人敬畏的幸存者，曾在两次自由公正的大选中击败我们［非国大］"。[34] 布特莱齐一直认为，他与曼德拉之间的龃龉是源于非国大使他们隔阂。[35]

* * * * *

对于曼德拉来说，国民党从民族团结政府的退出意味着要采取具体行动来填补国民党部长们离职后的空缺。帕洛·乔丹被任命为环境事务和旅游部部长，非国大的副部长们则接替了离开的国民党部长们的职务。但国民党的离开可能已经造成了这个国家的紧张，曼德拉责无旁贷地要使南非——特别是南非的投资者们——放心，这个短暂的插曲既不会威胁到过渡，也不会偏离过渡的正轨。

"德克勒克副总统，"曼德拉说，"今天早些时候通知我，国民党已经决定从民族团结政府中退出。如你们所知，国民党的领导曾强调，他们的退出并非表示对我们的多党民主缺乏信心，多党民主的原则已经包含在我们昨天共同通过的宪法中。

"恰恰相反，它反映出的事实是，国民党认识到我们年轻的民主已经发展到一个阶段，需要一个不受参与执政制约、有活力的反对党。我们尊重他们在这件事上的判断，以及促成他们决定的政党政治的考量。

"正如昨天我在新宪法通过之后所强调的，我们社会的团结与和解依靠的并非只是各个党派强制的结盟，它们早已不可磨灭地铭刻在绝大多数南非人民的心中。这是政府和非国大为了实现我们国家的利益所选择的道路，这也是在未来的年月中我们将以更充沛的精力追寻的道路。

"民族团结政府迄今执行的政策建筑在国家人民的需要和期望的基础之上。这一原则适用于我们在各个领域的努力。在重建与发展计划的支持下，通过财政清廉和其他手段实行合理经济政策，促进增长和发展，改善人民生活质量。

"这些政策不会改变。与此相反，它们将被给予更多的关注来加以推进。

"虽然民族团结政府必须履行的责任已经写入临时宪法，但重担落在那些在1994年4月的选举中得票超过10%的党派身上，它们自愿决定是否在内阁中担任职务。

"作为多数党，非国大乐见国民党和因卡塔自由党决定参与执政这一事实，特别是在我们如履薄冰的过渡开始阶段。

"我想要对德克勒克副总统和他的同事们所起到的建设性作用表示感谢。我相信，我们将继续为国家的利益而共同努力，他们的退出将加强而不是削弱他们在国家政治、安全和经济利益方面的投入。

"事实上，我们坚定地认为，国民党在根除他们所创造的种族隔离制度的遗产过程中仍应继续负起责任。因此我们希望，他们决定作为一个反对党发挥更积极作用，并不是指他们将破坏转型进程

第五章　民族的团结

或捍卫种族隔离制度的特权。

"对此,我想请所有南非人放心,我们作为一个国家所采取的路线高于任何政党或个人。"[36]

尽管这番话是在强调他人生使命的重要性并向德克勒克及其心怀不满的退出者们致以临别赠言,但曼德拉也试图再次重申他对于非国大以及任何可能怀有背叛想法的人的权威。

1995年,即德克勒克退出民族团结政府前一年,曼德拉已经对他分居的妻子温妮·曼德拉明目张胆的不忠和公然反对的行径忍无可忍。自从曼德拉在1990年获释以来,她的生活就像一本灾难的目录。她被判犯下绑架罪,被指责为淫妇并被证实有通奸行为,这导致曼德拉在1992年提出离婚。后来她又被指控欺诈和执掌分裂组织非国大妇女联盟(ANC Women's League, ANCWL)*。尽管如此,因为她显然把自己装扮成一个悲惨世界的斗士,她仍然获得了弱势群体的大量声援,以及特定政治势力的支持,例如班图·霍罗米萨和非国大青年团的彼得·莫卡巴。

在一场罢工的黑人警官与他们的白人同事的冲突中,贾布拉尼·扎巴(Jabulani Xaba)准尉被他的白人警察同事枪杀。据报道,在1995年2月扎巴的葬礼上,温妮·曼德拉指责政府没能保护像扎巴这样的人,因为政府还没有在工作领域消除种族主义。她说现在是关注人民的期望的时候了,种族隔离造成的不安定应该得到解决。[37]温妮·曼德拉的指责不会被置之不理。一个星期之后,经过咨询一系列有关人员,包括部长、副部长和非国大的高级官员,曼德拉办公室发表了一份声明,指出:"在一周前举行的贾布拉尼·扎巴准尉的葬礼上,艺术、文化和科技部副部长温妮·曼德拉女士掀

---

* 非国大妇女联盟,见"附录二"。

起了对民族团结政府的严厉批评。

"在总统看来,这一批评与温妮·曼德拉女士在政府中担任的职务不相符。为了履行他作为政府首脑的宪法责任,曼德拉总统呼吁副部长公开收回她的言论并向政府道歉。

"与此相应,昨晚,1995年2月13日,总统收到了副部长写的一封信,信中副部长答应了总统的要求。

"总统已经接受了道歉。

"部长和副部长是当前政府政策的监管者。他们接受了在政府中的职位,就有义务不仅要在相关的会议上帮助制定政策,而且要不折不扣地执行政府的决定。

"曼德拉总统严肃看待政府官员任何有意或无意表现出来的无视或不尊重民族团结政府政策和决定的行为。根据内阁集体负责的基本原则,如果这种情况发生,总统应毫不迟疑地对任何僭越行为采取坚决的行动。"[38]

一个月之后——经过非国大组织内部的新一轮协商,加上温妮·曼德拉未经批准到西非访问——总统办公室发表了另一份声明,宣布免除温妮·曼德拉的职务。这一次,声明直指要害:

"作为共和国的总统、民族团结政府的首脑和非国大的领导人,我已经解除了温妮·曼德拉艺术、文化和科技部副部长的职务。

"做出这个决定既是考虑到政府的利益,也是要确保民族团结政府领导官员的最高纪律准则。

"鉴于温妮·曼德拉同志过去不论是以私人身份还是作为非国大和其他民主运动的领导成员,在反对种族隔离政权中发挥的重要作用,我在反复思考后做出这个决定。

"我希望这一举措将帮助这位前副部长反思并寻求改善她自身在领导职位上的行为,从而使她能够发挥才能为社会做出积极贡献。

"为了保证政府的平稳运行和国家服务的不中断,我已经任命布里吉特·马班德拉(Brigitte Mabandla)为艺术、文化和科技部副部长,并立即生效。"[39]

这次撤职成了一场政治抢椅子游戏,温妮·曼德拉就程序问题提出质疑。在家庭成员的陪伴下,她在一间墙上挂满纳尔逊·曼德拉照片和画像的会议室中举行了一次媒体见面会。在相机快门声中,她直截了当地说:

> 虽然总统这封信的签署日期是耶稣受难日,1995年4月14日星期五,但在1995年4月13日星期四晚上11:30就用一个未封口的信封交给我了。信中称将于1995年4月18日终止我副部长的任命。尽管这是总统办公室屡次做出的笨拙、不专业的无能行为,但有一件事是清楚的,即1995年4月18日之前我仍然是副部长。我身为这个国家的公民和在职中的副部长,总统这样对我有欠公平。鉴于这种情况,在仍然担任艺术、文化和科技部的副部长时,我公开辞去这个职务,从而去关注那些我之前提及的更迫切的问题。

温妮·曼德拉站起来,在随行人员的陪同下离去,她转过身向媒体挥手并微笑着说:"再见,女士们,先生们。"[40]

产生争议的原因在于,根据宪法,总统事前应该咨询两位副总统和内阁中所有党派领袖的意见。为了防止消息泄露,总统尽可能推迟了这一咨询。在最后一分钟,当他想咨询布特莱齐的时候,却无法找到他,于是曼德拉将此事告诉了一位因卡塔自由党的高级成员。虽然有人劝告曼德拉应该经过法律程序,他还是做出决定,"撤销曼德拉女士的职务应被视为在技术上和程序上无效的"。曼德拉之所以这样做是出于"在宪法精神的范围内行动的承诺,以及进一步希望不会由于在这个问题上旷日持久的法律诉讼,给政府和国家带来不确定"。[41]

当曼德拉从一场外事访问回来时,温妮·曼德拉副部长再次也是最后一次被撤职,这次完全按照正确的法律程序。当他进入会场时,身着宽松的天蓝色衬衫和卡其色长裤,一副休闲的装扮。然而他铁板般的面孔和严肃的举止表明他多么严肃对待这个不愉快的任务。聚集的媒体代表对此有一种似曾相识的感觉,他们在不久之前曾来过这个房间。与他平常的习惯不同,今天曼德拉没有开玩笑,没有在认出熟悉的面孔时做出亲切的表示来活跃会场的气氛;只有一个枯燥的讲话,他完全不带感情的声调表达出更加强烈的情感。曼德拉宣读了一份事前准备好的声明:

"在充分考虑之后,根据宪法赋予我的权力,我已决定终止温妮·曼德拉女士的任命,并任命布里吉特·马班德拉女士为艺术、文化和科技部的副部长。本决定将于1995年4月18日星期二生效。"[42]

此决定在四面八方激起不同的反应,一些人支持撤职温妮·曼德拉,但也有另一些人对此表示谴责。这一事件可能重新激起关于总统和他任性的妻子分道扬镳的议论,特别是在温妮·曼德拉享有大量支持的草根阶层中。如所预想的,《洛杉矶时报》(*Los Angeles Times*)发表了一篇聚焦于总统夫妇婚姻破裂的报道:

> 温妮·曼德拉在她索韦托的家中举行了一场简短的新闻发布会,宣布她立即辞去政府中的职位——这是在她已分居的丈夫纳尔逊·曼德拉总统第二次宣布她被撤职生效的前一天。
>
> 曼德拉女士,这位色彩鲜明的政治家,以肆无忌惮和充满魅力而闻名,不会默默地接受失业。她向记者们抱怨,她的撤职"在

法律上是无效的，是违反宪法的"。她的继任者、人权律师布里吉特·马班德拉的任命同样是"不符合规定且违反宪法的"。

她尖刻地批评总统拒绝提供撤销她艺术、文化和科技部副部长的详细理由，并称他早先的声明是"轻率之举"。[43]

*****

在这样的情况下，特别是国民党提前退出了民族团结政府，曼德拉必然已经知道他与非国大身上承担的巨大压力，注定毁灭的预言诅咒又再次出现。对于那些对非国大的领导持怀疑态度的人来说，白人占绝对优势——这让他们感到安心——的国民党从内阁中退出是利好之举。尽管经历了和平的选举和光彩夺目的就职典礼，这个世界仍然充满了种族主义保守殿堂的崇拜者，例如英国记者佩雷格林·沃索恩（Peregrine Worsthorne）。"黑人多数统治，"在1994年非国大选举胜利之后他引人注目地宣称，"将让整个世界恐惧地颤抖。"[44]

很久之后，曼德拉被另一次公开冒犯激怒，为了反击对非国大执政成绩进行指责的文章，他提笔著文。他的文章在回击的同时，也提醒人们记住，他担任总统得到了来自国际社会的大力支持。具有显赫声望的人们组成令人难以置信的庞大阵容，向这个国家、曼德拉总统和非国大献上了集体祝福。

"反对党无耻渲染并歪曲的另一个事实是，"他写道，"非国大导致了失业、无家可归、暴力和其他大量社会经济问题。就这一特定问题，1994年5月15日的《城市新闻报》（City Press）说得直截了当。他们说，按照传统，在大多数西方民主体制中，一个新的政府被给予100天来证明其是否合格。在我们这种情况中，使用这样的时间范围是不公平的。

"非国大政府与西方世界掌权的政党毫无共同之处。直到不久之前,非国大一直是一个解放运动组织。它缺乏治理一个如南非这样复杂的国家的经验,尽管这不是它自身的过错。但是我们自身与西方民主国家最大的差别在于,与一些人可能希望的相反,南非是一个第三世界国家,具有典型的第三世界问题。

"非国大所接手的是一个具有深重社会和经济问题的国家。有钱人(主要是白人)和没钱人(主要是黑人)之间的差距是巨大的;存在大量失业,经济形势糟糕,穷人中住房短缺的状况在恶化,临时居住点在我们的所有主要城市中不断扩散;政治或其他原因导致的暴力是这个国家面对的另一个问题;教育危机也看不到任何可见的解决方案。

"这就是《城市新闻报》在新政府上任仅仅5天时报道的情况。《城市新闻报》指出,种族隔离政权和那些反对党欢迎白人至上主义,并吞噬了那个声名狼藉、贪婪成性的政权的全部果实。

"国民党和进步党*,后者是托尼·里昂领导的民主党的前身,对被压迫者解放这个国家的主要武器——武装斗争和制裁进行谴责。这些党如今把自己描述成好政府的典型,描述为在1994年解放之前从未听说过失业、无家可归、暴力和其他社会经济问题的人。[45]

"1994年5月15日的《城市新闻报》写道,星期二,当首个民主选举的总统在比勒陀利亚上任时,'无论用多少篇幅也不足以描述和捕捉当时的心境'。"[46]

然后曼德拉概括了他就职典礼那一天的历史意义,不是为了让读者回顾那一天的仪式和盛况,而是将其置于一个更大的背景下,

---

* 指进步联邦党(Progressive Federal Party)。——编注

即南非是如何来到了这样一个转型的时代，并且一举成功地将世界带入了这个转型的时代。

"'全世界数百万人，'"他写道，继续引用《城市新闻报》的报道，"'见证了这个历史性的时刻。我们这些有幸亲眼见证的人将终生难以忘记这样一个激动人心的日子。

"'与所有那些著名人物——国家首脑、国王和王后、教会领袖和著名的社会主义者——近在咫尺并亲切握手，是一次难忘的经历。可以毫无争议地说，在世界上没有任何一个地方可以做到，一个国家一次接待如此之多的名流和显赫人物。朋友和敌人毗邻而坐。古巴元首菲德尔·卡斯特罗和美国副总统戈尔（Al Gore）相互微笑。以色列总统［哈伊姆·赫尔佐克（Chaim Herzog）］和［巴勒斯坦解放组织（Palestine Liberation Organization, PLO）］领袖亚西尔·阿拉法特彼此握手，赞比亚总统弗雷德里克·奇卢巴（Frederick Chiluba）和肯尼思·卡翁达互相拥抱。

"'来自军队和警察部门的将军们，他们不久之前还向这些政治领导人和相邻国家宣战，现在则立正向他们从前的敌人、现在的总统、他们的新上司敬礼致意。

"'当战斗机飞越人群上空时，我们中的许多人都感到战栗。当我们唱起国歌时，哽咽在喉，当然，终于宣布南非的首位黑人总统时，我们中的许多人流下了热泪。'《城市新闻报》写道。"[47]

曼德拉激动地知道，他——以及非国大和新的民主体制——得到了广泛的支持。如美国共和党议员小艾默里·霍顿（Amory R. Houghton, Jr）描述了他的感受：

> 他曾经历了大量历史事件，但都无法与星期二他所看到的相比，当时他和5万人站在一起，见证民主终于来到南非。

"我曾在尼加拉瓜出席维奥莱塔·查莫罗（Violeta Chamorro）的就职仪式，在克里姆林宫见证了苏联国旗的降落和俄罗斯国旗的升起，但是我从未看过任何像今天这样的景象。"他在接受来自比勒陀利亚的电话采访时这样说，当时他在现场见证了曼德拉总统的就职典礼。"我简直无法相信……真的感到非凡的事情正在发生，"他说，"……那种原谅与和解的情感现在主宰了这个（国家），而纳尔逊·曼德拉正在把这个国家团结在一起。他是南非的乔治·华盛顿。"[48]

世界上的大多数领导人都与媒体有一种矛盾关系，所有人都谨慎地听从由来已久的真理：成也媒体，败也媒体。曼德拉尽管对第四权力恭敬有加，但表明了一种不那么防范的态度，认为媒体对于民主体制的良好运转是必需的。与大多数登上高位的人不同，他得益于被囚禁的那些年，在那里他离开了公众的视野，并成为少数其影像或影像的复制品都可以给人带来牢狱之灾的历史人物之一。他在世界的集体想象中成长为史诗英雄般高大的形象，在1990年2月那个决定命运的下午，响彻云霄的"释放曼德拉"口号成为媒体的头版头条，与他缺席的现实相反，他无处不在。正是媒体，通过所有可用的语言，包括阿非利卡语，使他和世界以及在他的国家内发生的事件——灾难、胜利与失败、欢呼和哭泣——保持着联系。

现在到了他能够对南非媒体的作用进行评论的时候：

"在对就职仪式的报道中，南非媒体表现了高水平的爱国主义。他们视这一时刻为历史性的，他们的报道极为客观，充满了赞扬。

"根据《阿格斯报》（*The Argus*）的报道，就职典礼等于为南非的反种族主义和民主体制盖上最终完成的印记。全世界的领袖们在那里见证了这一承诺。这份报纸说，南非拥有一个代表全体公民的代议制政府。

"《映像报》(Beeld)赞扬了这样的事实，白人和黑人已经作为一个家庭的成员而彼此接受。暴力的一个主要原因，是并非每一个家庭成员都加入了这一政治进程。当每一个人都可以参加时，就会产生巨大的变化，从而减少政治暴力。[50]

"《开普时报》(Cape Times)把过去4年中德克勒克先生发起的引人瞩目的转型，称作具有勇气和远见的历史性行动。

"这并不意味着没有紧张和暴力。但自从南非广大群众被给予了在一次大选中投票的机会，有87%的具有选举权的人前往投票站和平有序地投了票，确实存在着为了一个更好的未来而产生巨变的奇迹。

"《公民报》(The Citizen)*把这天称为一个伟大的日子，黑人解放斗争终于结束了。非国大最终赢得胜利就像太阳会升起一样不可避免。由此带来的变化对许多人来说是痛苦难忘的——旧秩序过时了，新秩序才刚刚开始；白人统治结束了，黑人多数的统治开始了，站在权力走廊上的是那些过去被禁或流亡海外或站在追求平等的斗争前线的那些人。

"《城市新闻报》报道：'来参加总统就职早餐的贵宾们，使人想起纽约联合国峰会的情景。南非此前从没能够在一个场合把如此多的世界领袖聚集在一起。星期二总统就职之后，我们真正地认识到，南非将绝不会和以前一样了。'[51] 南非正在经历一个令人激动的时期，已经成为全世界的焦点。

---

* 此《公民报》为1976年成立的英文报纸，和第一章提到的《公民报》(Die Burger)不同，后者是1915年创办的阿非利卡语报纸，为避免混淆，下文会加上报纸的语种以做区别。——编注

"《每日新闻》(Daily News)称：我们全体人民即将迎接的挑战表明，对上百万被剥夺了与生俱来的权利的南非人民而言，宣誓就职不仅是具有高度象征意义和令人激动人心的时刻，更标志着这个国家摆脱了与时代不符的种族隔离制度，有意愿且有机会在非洲和世界事务中扮演应有的角色，进入了崭新的未来。我们将在民族团结政府的领导下进入这个未来。这个国家前所未有地团结。而这是真正全新的，提供了在未来年代中成功的机会。

"《索韦托人报》5月10日报道，权力从德克勒克总统手中移交了。'那些从未共处一室的人，如古巴的菲德尔·卡斯特罗和美国的戈尔，以及来自全球的领导人和代表，全都汇聚一堂。'[52]

"我们可能要加上我们自身的观察，那就是每一个人耳中听到的话是：'我们必须像一个团结一致的国家那样，为了民族和解，为了国家建设，为了一个新世界的诞生，而一起行动。'

"在对两位副总统塔博·姆贝基和德克勒克的祝贺中，《索韦托人报》补充道：'德克勒克拥有智慧和远见，当站在十字路口时，他选择了正确的道路。'[53]

"《星报》(The Star)选择了同样的主题。全文采取一种忧郁的基调，但有一个乐观的结尾。它警告说，南非的领导人正在经受考验。整个非洲都在注视着南非，一个拥有广大的人才储备、丰富的自然资源和优良的基础设施的国家，是否可以在这块大多数国家一直失败的大陆上取得成功。这块土地具有多元的民族、宗教和文化，同时共存着第一世界和第三世界的经济，在很多方面就像当今世界的一个缩影。从多年的压迫和冲突中取得的成功是南非人自豪的源泉，也是对非洲甚至非洲以外国家的一种激励。

"《和谐日报》(Rapport)：本周出席南非总统就职仪式的国家和政府首脑的数量表明，南非已经重新得到了国际社会的接受。数位非洲国家领导人指出,他们不仅希望南非在非洲发挥领导作用,也希望得到来自南非的援助。事实上,全世界都希望南非能在非洲发挥领导作用并且不会徒劳无功。他们已经被这块失去活力的大陆上的问题拖累得精疲力竭。南非是非洲最后的希望,一位非洲专家说。

"《星期日独立报》(Sunday Independent)在1995年才开始发行,因此没有来自他们的评论。

"《星期日泰晤士报》(Sunday Times):大多数出席总统就职典礼的人都会选择战斗机——我们的战斗机,不是他们的战斗机——飞过天空的时刻作为南非重生激起的情感高潮……我们终于回家了,我们已经收回了我们的空军、我们的陆军、我们的警察和我们的国家。距离上次我们能够怀着主人的自豪、不带负罪或羞耻或愤怒地看待我们的国家象征,时间已经过得太久了,一生的时间。[54]

"还有其他一些国家和地区媒体的报道,用热情洋溢的语言欢迎新南非的诞生,更增进了我们的自豪。

"我们已经和媒体建立起强有力的互动。一些报道使用了谨慎选择的措辞,仅仅传达两党都承认的那些信息。另一些则过于激烈,使争论者受到打击且有失公允。在一个民主体制中,这种激烈的交锋不能避免或压制。

"对于媒体和整个国家来说,知道我们的媒体人能够达到期望,并像他们在就职典礼当天和其他大量场合那样有卓越的表现,都是一件好事。"[55]

* * * * *

曼德拉一生的梦想就是要将非洲多数人从暴政中解放出来，并在南非引进民主体制，对此说多少次都不为过。在他的一生中，他也致力于逆转过去时代的不公正，并且作为总统，他一直通过语言或训诫避免他的政府向世界发出恐惧的战栗。因此他迅速向那些退出政党政治的原德克勒克内阁成员表示感谢。其中一些人就像他们的非国大同僚一样，被德克勒克采取的贸然行动所震惊，让一些人，例如皮克·博塔，突然失去了重新开始所必需的资源。在他们后来对这一决定的解释中，一个共同的理由就是，他们认识到，国民党缺乏相应的能力，使其无法做出改变，在一个民主时代扮演重要角色。

在1996年5月召开的全国执行委员会会议上，曼德拉指出了国民党退出的潜在意义。他既看到了挑战，例如即将到来的开普敦市政选举激烈的选战；也看到了机会，例如国民党的分裂让非国大有机会扩展到有色裔和印度裔族群中。[56] 在当年8月召开的全国执委会会议上，曼德拉阐述了过渡期管理和民族团结的问题，同时他对此事被视为民族团结政府即将垮台的先兆不置可否。

"随着国民党从政府中退出，"他说，"对多党内阁未来的质疑被尖锐地提出来。

"首先，需要考量我们与因卡塔自由党的关系，既考虑到他们参加民族团结政府这一背景，也要考虑到夸祖鲁—纳塔尔省的政治发展。与这一组织打交道的最好策略是什么？

"其次，我个人已提出要在具体问题上加强与泛非大的团结并确保他们积极参与转型进程，包括在执行层面。"[57]

这要追溯到1950年代后期，当时泛非大从非国大分裂出去，曼德拉等领导人对这个分裂的派系一直保持一种谨慎到几乎冷淡的距离。而乔·斯洛沃这样的人，对泛非大攻击他们受到共产党的影响从而损坏了非国大的合法性感到愤怒，于是斥责泛非大为美国中央情报局（CIA）的马前卒。但这未能阻止泛非大于1959年4月5—6日在美国新闻署（United States Information Service, USIS）约翰内斯堡的办事处成立，其风头十足的领导人波特拉科·勒巴洛（Potlako Leballo）当时受雇于这个办事处，后来证明，他热衷于阴谋诡计。然而曼德拉对泛非大主席罗伯特·索布奎（Robert Sobukwe）抱有高度尊敬。后者是一位有献身精神、受人尊敬的知识分子，他曾作为非国大青年团领导人获得了声望，并且与曼德拉一样，也毕业于福特海尔大学。

在历史上，不论在国内还是国外，将非国大和泛非大团结起来的尝试都以失败告终。最引人注目的失败是南非联合阵线（South African United Front, SAUF）。这个组织在1960年3月21日沙佩维尔大屠杀之后成立，汇聚了各方斗争的杰出领袖，如非国大的奥利弗·坦博、泛非大的纳纳·马豪莫（Nana Mahomo）、西南非洲民族联盟（South West African National Union, SWANU）的法努埃尔·科宗吉齐（Fanuel Kozonguizi）和南非印度人大会（South African Indian Congress, SAIC）的优素福·达杜医生。尽管有这些重量人物，但在执行纪律的方式上的分歧，特别是非国大和泛非大之间的分歧，使长期维系这个南非联合阵线组织的希望落空。优素福·达杜对这一分裂表示惋惜：

"非国大和南非印度人大会的代表努力维系联合阵线的完整……他们有意识地避免在国外详细阐释自己的策略，希望诚心诚意地保持联合阵线的团结。尽管多次遭到挑衅，但他们拒绝参与对主要对手泛非大的攻击。他们总是向合作伙伴提出要共同面对的问题，甚至在他们自己政策的一些方面做出妥协，所有都是着眼于保持联合阵线的团结和凝聚力。"[58]

南非联合阵线维持了不过数月，1962年3月13日在伦敦的解散导致了相互指责，非国大和泛非大之间的裂痕并未消除，反而是加宽了。

在监狱中，曼德拉见证了政治上的激烈纷争，有时甚至导致肢体冲突，但是他决定继续扮演和解者的角色，甚至到了这样的程度，在一次争论中，他拒绝站在非国大一方作证。他写道：

"我认为我在监狱中的角色不仅是非国大的领导者，还是一个团结的推动者，一个诚实的和解人，一个和平的缔造者。在这些争论中，我不愿意选边站队，即使是站在我自己的组织一边。如果我为非国大作证，就会损害我在不同群体中实现和解的机会。如果我宣扬团结，我就必须像一个团结者那样行动，即使要冒可能得罪我自己同事的风险。"[59]

正是扮演着这样的角色，即使在谈判之前，曼德拉就已经在反复思考由非国大、泛非大和阿扎尼亚人民组织（Azanian People's Organisation, AZAPO）*组成一个统一阵线或爱国联盟的可能性，从而在谈判期间拥有更强的代表性。[60] 由于过去的历史、缺乏远见、根深蒂固的立场，以及对未经检验的想法产生的困惑，都使人望而却步，以至于这样的倡议在当时无法赢得认可。

但是现在，1996年7月，随着民族团结政府的瓦解，无论曼德拉是否依然怀有与泛非大合作的理想，泛非大主席克拉伦斯·马奎图（Clarence Makwetu）已经拒绝了他。曼德拉在他推迟了的78岁生日庆祝仪式上承认了这一点。他将生日宴会变成了一场老战士

---

* 阿扎尼亚人民组织，1978年黑人觉醒运动被镇压后成立的组织，试图填补非国大和泛非大被取缔之后留下的政治真空。

的节日晚宴，受邀人员中包括已故的泛非大勇士泽法尼亚·莫托彭的遗孀乌尔巴尼亚·莫托彭（Urbania Mothopeng）。[61]

这并非曼德拉主持的第一场为老战士们举行的晚宴。上一次是在大约两年前的1994年7月23日，当时曼德拉仍然处在对非国大选举胜利的欢庆中，他的喜悦溢于言表。必须始终铭记的是，曼德拉把非国大视为南非大多数人民的代表，包括白人和黑人。因此，非国大的胜利不是抽象的，或是赢了一场足球比赛之后的自我陶醉。这意味着朝着他所珍视的目标——建设一个民主社会又向前迈进了一步。

在那次晚宴上，曼德拉说："这是一场庆祝，是回到我们所有人的归属地：我们国家的政府所在地。我们终于回到了这里。这里孕育了把我们团结在一起的法律，这里也诞生了把我们的国家撕裂的社会机制。

"今天我们的任务，就是用老战士们的祝福这种传统方式，使整个体制熠熠生辉。因为，在你们的隆重登场使这里焕然一新之前，这里根本无法成为新的民主秩序的象征。

"因此我感谢你们，亲爱的老战士们，你们克服长途跋涉的艰难，来到这里和我们一起。如果你们不能来，本可以有许多借口：上了年纪，身体不适，组织工作，公务繁忙，等等。但是你们敢于挑战这一切，因此我们才得以在这个特殊的聚会中与捍卫人权的老战士精英们相遇。我要再次感谢你们。

"我在这里也要感谢筹办者和赞助者们尽全力确保这次聚会的举行并取得了所允诺的成功，他们是：里卡·霍奇森（Rica Hodgson）、理查德·马蓬亚（Richard Maponya）、莱高·马塔巴蒂（Legau Mathabathe）、阿米娜·卡查利亚（Amina Cachalia）、莫斯·恩杜马洛（Moss Nxumalo）、奥马尔·莫塔尼（Omar Motani）等。*然而我们认为，政府必需利用分配给总统办公室的有限资源为宴会提供餐饮和其他服务。这是你们应得的，因为你们在实现一个民主和没有种族歧视的南非中发挥了重要作用。

"我衷心地欢迎你们，包括那些从国外回来和我们相聚的人。

"40年前——对于我们老战士来说，弹指一挥间！——谁能想象得到我们会在这样一种性质的聚会上相遇？是的，我们曾经梦想和歌唱实现自由和民主的那一天，但我们知道，实现并非易事。我们确实对最终实现民主理想充满信心，但我们已做好为反对种族隔离的斗争奉献一切的准备，很多人有时感到，新时代的黎明只有在我们离开这个世界之后才会到来。

"就此而言，我们应该感到荣幸之至，成为这样一代人中的一员，在有生之年就收获了斗争的成果。有成百上千的人——不，成千上万的人——今天本应在这里，但种族隔离制度下悲惨的重担缩短了他们的生命。另外一些人则倒在种族隔离制度捍卫者的酷刑和子弹之下。我们向他们所有人致敬。我们今天能来到这里也是他们的光荣。当我们在这里感谢你们奉献生命为自由、正义和民主而奋斗时，我们也是在向他们致以深深的悼念。

---

* 里卡·霍奇森，资深政治活动家，流亡返回南非后与沃尔特·西苏鲁一起工作。她著有《自由的马前卒：在南非解放运动中的一生》（*A Foot Soldier for Freedom: A Life in South African Liberation Movement*），是一本关于斗争年代的重要著作。理查德·马蓬亚，黑人商人的先驱，以他在索韦托成功的冒险在南非黑人间激发了企业家精神。莱高·马塔巴蒂是索韦托1976年6月起义的震中、莫里斯·艾萨克森高中（Morris Isaacson High School）的传奇校长。他由于为黑人觉醒运动的发展所做出的贡献而受到赞誉。阿米娜·卡查利亚，曼德拉的老朋友和知己，妇女权利运动活动家，著有回忆录《当希望与历史同步》（*When Hope and History Rhyme*）。莫斯·恩杜马洛，商人，前全国非洲工商会联盟（National African Federated Chamber of Commerce and Industry）的副主席，迪比投资公司（Thebe Investment Corporation）的创始人。奥马尔·莫塔尼，成功的商人和政治活动家，他主要在幕后支持斗争。

第五章　民族的团结

"我们向所有老战士致敬，在消极抵抗运动（Passive Resistance Campaign）中、在矿工大罢工（Great Miners' Strike）中、在蔑视不公正法令运动中、在人民代表大会（Congress of the People）和其他运动中，你们敢于奋起反抗那些因为你们发挥的作用而迫害逮捕你们的人；你们蔑视那些在议会中因为你们讲出真相而称你们为叛国者的人；你们敢于挑战那些由于你们反对通行证法和揭露我们国家恐怖的种族关系，而将各种污名标签强加在你们头上的人。*

"我在这里指的是你们所有人，来自非国大、泛非大、南非共产党、工会运动、进步联邦党、自由党（Liberal Party）、黑绶带运动（Black Sash）、种族关系研究院（Institute of Race Relations）、妇女组织、纳塔尔与德兰士瓦印度人代表大会（Natal and Transvaal Indian Congresses）以及其他许多组织的老战士们。今天，我们可以在一起说：当我们那时说真理必胜时，是因为我们知道，真理确实终将占上风。并且我们知道，南非和她的全部人民都将从中获益。"[62]

曼德拉讲这些话的时候，正是民族团结政府的全盛期，洋溢着热情的气氛，一切看来都是可能的。两年之后，新政府不得不面对一些不愉快的任务。现实情况要求重新做出安排，主要是因为重建与发展计划办公室的解体，而此计划是非国大宣言中的主要政纲之一。

虽然重建与发展计划在非国大的选举政纲中占据了一个重要的位置，但非国大提出质疑，它应当作为一个独立的机构继续运行，

---

* 人民代表大会，见"附录二"。消极抵抗运动为1946年举行的一场非暴力运动，目的是反对扬·史末资（Jan Smuts）总理的政府提出的法案，该法案要求严格限制印度裔南非人拥有土地的权利。1948年这场运动结束时，有超过2000人被逮捕。矿工大罢工是1946年南非全体非洲裔矿山工人的总罢工，他们要求每天最低工资10先令并改善工作条件。延续了一个星期的罢工遭到警察的攻击，导致至少9人死亡，1248人受伤。

还是将其功能分散到不同的政府部门和机构中去。经过激烈的争论和南非工会大会的游说，非国大采取了第二条路。

据资深的工会活动家杰伊·奈杜回忆，曼德拉在1994年要求他在总统办公室内以不管部部长的身份来领导重建与发展计划办公室。"我们未来将面临一个巨大的任务，"奈杜回忆曼德拉当时说道，"你一直从我的非国大办公室推动制定重建与发展计划，现在我要求它成为我们全部计划的中心。"[63]

不管部部长的职位在任何政府中都相当微妙，它使在位者与职能部委们竞争，后者可能感到自己的领地受到入侵威胁。据包括穆法马迪在内的一些部长说，重建与发展计划办公室并没有被包括在曼德拉最初的内阁部门列表当中。[64] 其机构设置和作用的不明确，以及处于总统办公室中的地位，加之它是最后一刻才被添加到行政部门的，这些都影响了它的运行并埋下仅仅两年就被撤销的种子。复杂的拨款安排是为了帮助政府部门重新调整它们的优先事项，但丝毫不能减轻政府部门之间的紧张关系。[65] 作为一个全新的机构，重建与发展计划办公室也受到人手不足的影响。

当曼德拉宣布撤销这个机构时，他不得不考虑所有寄希望于这个计划取得成功的人。他们是大量隶属于公民社群组织的寻常百姓，"他们的生命，"用曼德拉的话来说，"在种族隔离制度悲惨的重担下被严重缩短了。"[66] 如同许多他不得不说服人民接受不合意的措施的情形一样，他通过坦诚地通报内阁的工作情况在公众中凝聚起广大的支持。

他说："在重建与发展计划的基础上，我们一起制定出国家的优先事项，而不是过分受限于只投身我们恰巧领导的部门，从而加强了内阁内部的团结。

"随着影响所有部门的政策的演变，以及一些机构变革赋予我们执行这些政策所必需的能力，每个部门在其职权范围内执行重建与发展计划的可能性已经极大地增加了……

"重建与发展计划办公室将被撤销。我已经指示姆贝基副总统处理当前由重建与发展计划办公室管辖的重要项目、计划和机构的转交工作。

"重建与发展计划基金将由财政部重新安排……重建与发展计划不是某些专业部门的责任，而是指南针、北极星，指导政府的所有活动。"[67]

尽管曼德拉对奈杜和"他在重建与发展计划办公室的同事们所做的开拓性工作"[68]进行了充分的表扬，但他一定感觉到了奈杜的不快，因为在撤销这个办公室前奈杜几乎没有得到任何消息，之后又被重新安排到另一个部门。他一定已经知晓在三方联盟——1990年非国大、南非共产党和南非工会大会为推进民族民主革命目标而建立起来的政治合作伙伴关系——的各成员中间激起的涟漪，他们把这次变化视为国家宏观经济政策转变的开始。

这些复杂的交接成为新民主制度不断增长的痛苦。如果曼德拉想带上那些准备好和他一起开始征程的人，他就必须先应对那些想要下车的人，包括利本伯格。根据他于1994年接受职务时与曼德拉达成的协议，利本伯格将只干到下一次编制预算之前。[69]他"优雅地离开，回到了私营部门，为顺利过渡到第一位非国大的财政部长提供了帮助，"阿兰·赫希（Alan Hirsch）写道。[70]

1995年8月，距离利本伯格离职大约7个月前，曼德拉安排曼纽尔参加了一个会议，并告诉曼纽尔，在利本伯格离开后，自己希望他出任财政部长。曼德拉告诉曼纽尔，作为第一位黑人财政部长，他应当做好面临艰难挑战的准备。不过，曼德拉建议他利用利本伯格离开之前的时间为自己做好准备。除了他作为贸易和工业部部长的工作之外，还应当熟悉财政部长的工作。他必须向利本伯格学习并准备接手他的工作，但不能让其他人知道；曼纽尔列席其中，为制定预算而成立的部长联席会帮了大忙。曼德拉还告诉曼纽尔不要出席1995年世界银行和国际货币基金组织的会议——这是1991年以来曼纽尔每年都参加的会议——避免他的参加引起猜测。曼纽尔回忆道：

> 马迪巴会经常给我打电话说："怎么样了？你在跟克里斯学吗？你准备好了吗——这项工作引起你的兴趣了吗？"然后他说，"好，现在万事俱备，我要在克里斯的预算结束之后，即3月底，宣布这件事，但还有几个变动我需要告诉你。我想把财政部的亚历克［·欧文］调换到贸易和工业部你现在的位置上，但还不要告诉他。你需要一个副手，吉尔［·马库斯］现在在证券委员会干得不错，我想把她安排在那个位置上——也先别告诉她。"[71]

1996年4月，在利本伯格提交了他的第二份预算之后，曼纽尔成为财政部长，马库斯是副部长，欧文成为贸易和工业部部长。

在所有这些事务当中，曼德拉面对的是需要他保持铁腕的情况。他通常会咨询同事和顾问的意见，但是对于其他一些更棘手的问题，他会和沃尔特·西苏鲁商量，因为他的知心朋友坦博已经去世了。有时阿尔贝蒂娜·西苏鲁（沃尔特·西苏鲁的妻子）会到曼德拉在霍顿的家中去见他，他们会立刻互相拥抱。作为联合民主阵线曾经的主席，她在这个国家最动荡的时期引领着群众民主运动的航船，是值得信赖的经验宝库。[72]

在议会地点的问题上，曼德拉自然需要动用他所有的才智资源。起初这看起来是一个琐碎的小问题，议会地点带有尴尬的历史印记，

第五章　民族的团结

其起源要追溯到1910年南非联邦（Union of South Africa）作为白人少数单一制国家的成立。德兰士瓦省的比勒陀利亚被确定为行政首都，司法首都在奥兰治自由邦省（Orange Free State）的布隆方丹，立法首都则在开普省（Cape Province）的开普敦。首府在彼得马里茨堡的纳塔尔省则得到了由于联邦成立所导致收入损失的补偿。

争论围绕改变1910年所达成的协议会带来的费用和经济影响展开。问题涉及让官员们在两个首都之间定期往返会产生多少费用，改变首都安排的花费，以及对这些首都的经济影响。争论还包括更大的民主议会和更长的会期带来的经济影响，以及将议会地点移到内地可以更好地向公众开放，并更容易对公众情绪做出反应。

当这个问题被列入民族团结政府内阁第一次正式会议的议程时，曼德拉知道这已经引起了公关公司的竞争和疯狂游说。在向全国省级事务委员会（National Council of Provinces）——一个由省级和地方政府代表组成的集体——致辞时，曼德拉感到需要使这件事降温。

"关于议会地点的问题，"他说，"我们一直在讨论，我希望全体代表都能理解，这是一个需要非常小心地处理的问题。这是一个非常敏感的问题。我唯一一次见到西开普省的非国大成员完全同意国民党成员的看法，就是关于议会地点的问题。德兰士瓦的人们也众口一词，称议会必须移到德兰士瓦，甚至使用了我的名义。当我听说比勒陀利亚市政府说，总统也倾向于把议会移到德兰士瓦时，我指示我的秘书长写信告诉他们，我从未对此问题发表过评论。"[73]

内阁任命了一个由多党派组成的分委员会，起初由交通部部长马克·马哈拉杰（Mac Maharaj）*领导，后由公共事业部部长杰夫·拉

---

* 马克·马哈拉杰，见"附录二"。

德贝（Jeff Radebe）接手，负责研究费用和影响并提出推荐意见。非国大的全国执行委员会也任命了自己的工作小组。

就在非国大和内阁的工作小组处理这一问题时，激烈的市政选战已经如火如荼地展开，部长们和非国大的成员们也被卷入交锋之中；尽管按照程序，他们应在公共场合保持中立态度。虽然曼德拉一直不动声色，但在1994年9月英国爱德华王子（Prince Edward）访问南非期间，他还是不经意地泄露了自己的想法。当两个人在"新的黎明"总统官邸会谈时，没有意识到他们的谈话会被媒体听到。曼德拉自豪地指着总统官邸所在山脊的后面对王子说，新的议会应该坐落在那里。这次媒体报道使得总统办公室不得不手忙脚乱地在非国大内部和整个社会到处灭火。

一年之前，曼德拉在非国大内部的高层会议中曾坚定但温和地指出这个问题的敏感性。他郑重地指出，这里面有强烈的情感因素在起作用，因此这个问题应当谨慎地处理。然后他坦率地说出个人的倾向，应该只有一个首都，"并且应该在库努！"[74]

然而曼德拉对于不听话的部长们态度更为严厉，正如他在准备1996年2月19日举行的非国大执行委员会会议时在笔记中写的：

"9位部长和2位副部长违反程序在一份提交给曼德拉总统的公开信上签名，支持保留开普敦继续作为议会的所在地。他们这一信函被包括在今天《阿格斯报》的一篇宣传文章内，被视为要求把议会留在开普敦而进行的一场政变。这篇宣传文章是对南非航空杂志《飞翔的跳羚》（Flying Springbok）中一篇特写的强烈回击，那篇文章称，多重人格的曼德拉总统正在推动比勒陀利亚成为一个旅游胜地……非国大的内阁部长们必须尽早对他们的行为做出解释。政府对此已开始着手处理。"[75]

如果以上读起来像是一位沮丧的总统写给自己的注记，那么

第五章　民族的团结

两年后曼德拉在全国省级事务委员会上回忆这个故事时则颇具幽默感。曼德拉说："这些内阁部长们已经决定，在我们收到严格遵守程序得出的报告之前，绝不能做出任何选择。但是我现在看到，正是这些部长的名字出现在西开普省流传的一份名单上，称'让议会留在原地不动'。我把他们召集来要求一个解释。我们已经在这里做出决定，在此问题上绝不发表我们的意见。他们说：'不，我们在一份名单上看到了国民党内阁成员的名字，我们想，考虑到地方政府的选举，如果我们不加入……［笑声］'。然后我找到德克勒克副总统说：'你知道这个决定。你的部长们现在已对外公开并且签署了请愿书，呼吁议会应该留在开普敦。'

"他把那些内阁部长们召集在一起，他们说：'不是的，我们在一份名单中看到了非国大内阁部长们的名字，因此我们决定也加入［笑声］。'因此我警告两党成员，如果他们再次对此问题公开发表意见，将受到最严厉的纪律制裁。这就是政府在这个问题上的立场。"[76]

曼纽尔是参与上述行动的 6 位非国大部长之一——他们中有些人可能是无辜的，他回忆在泰因海斯（Tuynhuys）*与总统发生激烈摩擦的一次会面，曼德拉对他说：

> 所以，特雷弗，你属于一个小团体。你们这个小团体正在通过媒体游说，使议会留在开普敦。你知道我们在这个问题上的态度。你知道我认为把议会移到比勒陀利亚的最好时机是我担任总统的这一个任期。你知道的。你知道我已经让马克［·马哈拉杰］

---

* 泰因海斯全名为 De Tuynhuys，为一栋花园洋房，是位于开普敦的南非总统办公室。——编注

和杰夫［·拉德贝］去进行研究。这些你全知道，然而你还是无视它们，并加入这个小团体进行游说，反对这些出于国家利益的决定。[77]

曼纽尔试图解释，他并没有加入小团体，他们从未就这个问题见面，但是曼德拉根本不听。"我对你的看法不感兴趣，"他说，"你就是一个小团体的成员。我要你听我说，你和你那些生活在开普敦的家伙们就是一个小团体……你知道，你是一位很好的部长并且会干得更好，但如果你不想成为这个领导集体的一部分，你就必须离开。你想要怎么做？"[78]

尽管这个问题到曼德拉任期结束时已经退出了内阁的议事日程，但这整个经历使人们，当然包括曼纽尔，窥到曼德拉受挫时的真性情。"这就是马迪巴，"曼纽尔说，"他有自己的观点。你可以和他的观点不一致，但他是国家元首，如果你不想成为这个班子的一部分，就不得不决定要如何行动。"[79]

对于曼纽尔来说，"这次交锋的重要收获之一，是打消了曼德拉是一个不持个人观点作壁上观的圣人的想法。他不在乎在一些问题上与其他人对抗，即使那会让人感到不舒服"。[80]

* * * * *

有许多次曼德拉不得不挥起鞭子发出警告，而且越来越多地是针对他自己的人。他对塞内卡（Seneca）的名言心领神会："一个过于害怕敌意的人不适合统治。"尽管他知道建设新南非是一项渐进的工作，但他仍要确保人们能够像成年人那样承担起责任。一些人不得不从内阁中或领导职位上被撤下，或要求他们主动辞职。对同志采取这样的行动令他感到痛苦；当他对其他人品格的信任落空时，他不可避免地感到失望。但即使对其他人利用他的信任而感到愤怒，他也准备重建这种信任。

那些在工作中与他密切合作的人回想起曼德拉决定采取行动或克制住不采取行动时强烈且经常矛盾的情感。艾哈迈德·卡特拉达认为曼德拉待人忠诚"既是他的优点，也是他的弱点。当他信任某个人时，他听不进相反的意见。他忠诚得过分了。但当你惹恼他时，则是另一番样子"。[81]

对于悉尼·穆法马迪来说，"他［外表］背后的实质是，如果他信任一个人的品格，他不希望对方认为这种信任是理所当然的或是可被利用的"。[82]

杰克斯·格威尔曾描述曼德拉对人性本质的看法如何影响了他的行为：

> 他有这种真正的信仰——并且经常就其可验证性与我争论——人类基本是"做好事的动物，做好事的物种"。我们在政府中曾发生过一件事，一位位居高位的人做了一些非常糊涂和愚蠢的事，因而不得不从他的位置上退下来。但同时，他在确保过渡时期的稳定上曾经发挥了关键的作用。最后，我们不得不与他分道扬镳，他下台了。马迪巴对他说，"如果有任何我可以为你做的事，请不要犹豫地告诉我。"
>
> 这个人真这样做了。一两天之后，他回来要求被任命到另一个国际部门的位置上。每个人都劝曼德拉不要再给他机会。曼德拉很不高兴地反驳说："如果你能观察人一整天，从早上起床一直到他们晚上休息，你就会发现，在大多数时间里，大多数人都在做恰当的事情，犯错误只是脱离常轨的表现。"并且他真是这

样做的。他不是天真,而是真的信仰人类的善良,不论他们在政治上或其他方面与他多么不一致,而且他总是按照这个信念行事。当然,这一态度也有助于奠定基础,在这个国家中进一步促进社会凝聚和民族团结。[83]

曼德拉感到需要亲眼看看新制度对人民的影响,在这种想法的驱动下,他寻求通过走到人民当中来实现这一目标。这个国家崭新的生活对他也有一种巨大的诱惑力,毕竟他已经与此分离了几十年,而如今这里每天都在发生着变化。这片土地上的年轻人正是这种变化的代表。姆兹万迪莱·维纳(Mzwandile Vena)长期担任他的保镖,回忆起曼德拉的这种热情如何使他的行为难以预测,成为他的安保人员的噩梦。他会命令他的司机在计划行程之外的地方停下来,下车穿过街道去和一群孩子打招呼。

"我们必须时刻保持警惕。"维纳说,"集会上一支合唱队正在唱歌,曼德拉会在事前没有任何警告的情况下,直接从椅子上站起来加入合唱。我们被迫要随时做出应急反应。"[84]

当曼德拉要透露颠覆传统的重要信息时,这种自发行为是他政治时机敏锐度的一部分。非国大伦敦办事处的前牧师、荷兰人托因·埃根赫伊曾(Toine Eggenhuizen)回忆起1995年橄榄球世界杯前夕,曼德拉如何先发制人地平息了关于南非橄榄球队队徽的争论。

当时对于南非橄榄球队以跳羚为队徽存在争议,许多人认为那是一种退步,回到了在体育运动中排斥黑人的种族隔离制度。*

---

* 跳羚队均为白人运动员,因此被很多黑人看作种族歧视的代名词。——编注

第五章　民族的团结

然而，有人送了一顶带有跳羚队（Springboks）队徽的橄榄球帽给曼德拉，他的私人助理贝丽尔·贝克（Beryl Baker）收下了，但很快就忘记了这件事。其后不久，曼德拉作为非国大主席在东开普省的一次集会上致辞。因为天气很热，贝丽尔担心站在太阳下的曼德拉，于是拿出了那顶帽子并抱歉地表示她没有其他可以遮阳的东西了。曼德拉十分高兴地戴上了，结果是晚间新闻报道了他戴着那顶帽子的照片。[85]

曼德拉就是通过这个从未预演过的姿态，向最终平息针对这个队徽的批评迈进了一大步。在埃利斯公园体育场举行的值得纪念的橄榄球世界杯上，他为这个以跳羚为形象的队徽恢复了名誉，同时把所有种族的南非人团结在一起。

第六章
总统与宪法

作为总统，曼德拉与司法体制的关系会受到严重的考验。南非宪法是世界上最受到钦羡的宪法之一，然而最终主持制定出这部宪法的曼德拉与南非法院的关系却并非总是和睦良好的。当他还是一名年轻的律师时，就与那些看不惯他"傲慢"态度的地方法官摩擦不断。尽管他身高1.88米，在出庭期间永远穿着整洁无可挑剔，树立起一个与传统非洲人完全不同的形象，仍无助于改善他和法官之间的关系。他还有一种令人生畏的能力，无论什么样的诉讼主题，都能确保找到办法带到他真正想要阐述的问题上。

在里沃尼亚审判的最后几个月，他于1964年4月20日站在被告席上所发表的讲演就是一个典型的例子。面对可能的死刑判决，曼德拉告诉法庭——以及全世界——他珍视民主和自由社会的理想，在那样的社会中，所有人和谐地生活在一起，享有平等的机会。这是我希望实现并为之而活的理想，但如果需要，我也准备为这一理想献身。[1]

也正是在监狱中，曼德拉完成了他从1949年开始的兼读制法律学位。在多年学习中，他一直无法完成金山大学（University of the Witwatersrand）的学位。但在罗本岛监禁期间，他以函授的方式攻读南非大学（University of South Africa）的法律本科学位，并最终于1989年在缺席的情况下获得毕业证书。

他获释后第一次与司法系统的接触是对他的尊严的一次严重冒犯。1991年5月，他孤独地，甚至可以说是坚忍地坐在兰德最高法院（Land Supreme Court）的公众席上，见证了他当时的妻子温妮以袭击和绑架罪被审判的耻辱。

后来，在对他的总统身份造成影响的情况下，曼德拉与司法体制的关系经受过两次考验。当事关他个人时，他仍能铭记和信守他作为总统、国家元首和全国执行委员会领导人所立下的庄严誓言吗？他能深刻地认识到，坐上这片土地上的最高职位，从而成为这个国家的第一公民，意味着他对于民主南非的有效治理负有不可推卸的责任吗？他会拥护、捍卫和尊崇宪法为这个民主共和国的最高法律吗？他认同"在新南非，没有任何人，即使是总统，可以凌驾于法律之上，法治，特别是司法的独立性，应该受到普遍尊敬"吗？[2]

第一次考验在新宪法出台前就已经到来了。由于地方政府选举的准备工作到了冲刺阶段，议会在条文完全定稿前就通过了《地方政府过渡法案》（Local Government Transition Act）。为了对此做出补救，其中包括了一个条款，给予总统修改这部法案的权力。有了这样一条临时条款护身，曼德拉将对地方政府划界委员会成员的支配权从省政府转移到了中央政府。但这样就使西开普省省长赫尔纳斯·克里尔的决策变成了一纸空文，于是后者将此事告到宪法法院。法院做出对西开普省政府有利的判决，并给议会一个月的限期修正该法案。

法院做出不利判决后不到一小时，曼德拉公开接受了这一裁定并对此表示欢迎，认为这体现了法律面前人人平等。[3] 后来他写道："在我的总统任内，议会曾授权我就西开普省的选举发布两项声明。该省把我告上了宪法法院，法院全体一致通过判决推翻了我的决定。在收到判决之后，我召开了新闻发布会，并呼吁公众尊重我们国家在宪法问题上最高级别法院的决定。"[4]

曼德拉就法院的判决与他的顾问和议会议长弗里恩·金瓦拉进行了讨论。她记得那一天："他召集我们到他家开会并告诉我们，他已得知法院判决政府败诉。他问：'需要多少时间做出修正？'我说：'如果需要的话，我们可以重新召开议会……'但不等我说完，他就说：'但是有一件事必须记住，我们必须尊重宪法法院的决定。绝不能否认或以任何方式拒绝法院的判决。'"[5]

在一份公开声明中，他更进一步宣告议会将重新召开会议来解决此事，并强调，除了开普敦以外，其他地区选举均进展顺利："地方政府选举的准备工作必须继续进行，由此选举才能按计划举行。法院的判决没有造成丝毫危机。我要强调，宪法法院的判决确认了我们的新民主正在站稳脚跟，没有人可以凌驾于法律之上。"[6]

在另一次让他本人对簿公堂的案例中，曼德拉则没有那么乐观。曼德拉殚精竭虑，利用 1995 年橄榄球世界杯中南非标志性的夺冠，在人民心中巩固国家建设与民族和解的精神。但是团结一心和面向未来的欢腾气氛，与垃圾和比赛纪念品一样，都被留在埃利斯公园体育场内。对于一些观众、运动员和橄榄球管理者来说，一切都与比赛前完全一样。两年中，在不断接到运动管理机构管理不善、拒绝改革和种族歧视的报告的刺激下，曼德拉先咨询了体育和娱乐部部长史蒂夫·奇韦特，之后任命了一个由法官朱莱斯·布劳德（Jules Browde）领导的调查委员会，就南非橄榄球联盟（South African

Rugby Football Union, SARFU）的有关问题展开调查。

该联盟的主席是路易斯·卢伊特（Louis Luyt），一位名声扫地的投机政客，他曾在1976年利用当时情报部（Information Department）的贿赂基金办了英文报纸《公民报》——在当时被称为"情报门丑闻"——目的是提供宣传，美化种族隔离政府在国际上的形象。非常令人厌恶地，在南非队取得胜利之后，路易斯·卢伊特不仅没有对对手表示大度的尊重，反而在赛后晚宴上发表了不合适的讲话，导致新西兰国家橄榄球队全黑队（New Zealand All Black）集体退场表示抗议。*

总统办公室发表了一份声明，称："笼罩在南非橄榄球界上空的乌云需要驱散，总统相信，调查提供了这样一个机会，并且将消除……任何南非正在倒退到种族沙文主义阵营的印象。总统相信，橄榄球将迎接挑战，成为我们最著名的运动之一，成为南非全国人民从事并支持的一项运动。"[7]

曼德拉的本意是帮助将南非橄榄球联盟从种族沙文主义的阵地中拉出来，结果却造成联盟主席路易斯·卢伊特向比勒陀利亚高级法院（Pretoria High Court）上告，要求撤销橄榄球管理问题调查委员会的任命。法官威廉·德维利尔斯（William de Villiers）发出传票要求曼德拉亲自出庭作证。为了维护司法体制，曼德拉不仅拒绝了法律顾问的意见，还控制住自己的情绪——他告诉记者，不得不上法庭作证"使他血脉贲张"——遵从出庭作证的传唤。就这段故事他写道：

---

* 路易斯·卢伊特在其致辞中说，跳羚队是第一个"真正的"世界冠军。而在1987年和1991年橄榄球世界杯赛中的获胜者不是真正的世界冠军，因为南非没有参加。在他讲话之后，被击败的全黑队在队长西恩·菲茨帕特里克（Sean Fitzpatrick）的带领下集体离开了晚宴。

第六章　总统与宪法

"豪滕省高级法院的威廉·德维利尔斯法官传唤我到法庭，在他面前就我任命一个委员会调查南非橄榄球联盟的决定辩护。内阁中的一些同事建议我不要听从这一传唤，他们指出这位法官不夸张地说是极端保守的，他的真实目的就是要羞辱一位黑人总统。我的法律顾问芬克·海索姆教授也同样反对我出庭。他充满技巧和说服力地与我争辩道，我们有充分的法律根据来拒绝这一传唤。

"尽管我没有必要挑战任何这些看法，但我认为在我们国家转型的这个阶段，总统必须履行某些义务。我争辩道，这一初审法官并非做出终审判决的上诉法庭，他的决定可以被宪法法院驳回。*一言以蔽之，我希望所有争议完全按照司法程序来解决。我认为，这是促进对法律和秩序的尊重的另一种方式，同时也再一次表达了对南非法院的尊重。

"正如我们所预期的，这位法官对我的证词持严重保留态度，并做出对原告路易斯·卢伊特有利的判决。尽管宪法法院维持初审认定我作证时态度专横的裁定，但仍决定驳回初级法院的判决。宪法法院没有错。鉴于那种情况，我不得不表现专横，以表明我服从传唤是出于强大而非懦弱。"[9]

面对法院做出的有利于南非橄榄球联盟的判决，曼德拉的反应是他对"服从我们法院的决定"的承诺。他说："所有南非人都应当同样地接受对他们的判决。司法独立是我们民主体制的一个重要支柱。"[10]

后来在4月份的议会演讲中，曼德拉告诉到场的议员们，他们必须问自己"一些非常基本的问题"，因为要想搅动起在任何社会中都存在的邪恶情感实在太容易了，而这种情感在一个有我们这

---

* 宪法规定，高级法院关于总统行为是否符合宪法的任何判决都要得到宪法法院的确认。

样历史的社会中更易得到强化。更糟糕的是，很容易以一种破坏我们在建设国家团结和加强民主机制合法性方面所取得的成就的方式制造混乱。我们需要提出这些问题，因为破坏要比建设容易得多。[11]

他要求议员们努力应对那些宪法问题，诸如把现任总统拖到法院去"为行政决策辩护"的潜在意义，直指分权原则的核心及其在一个新生民主体制中的应用。他希望，"我们最好的法律精英们，既包括法官也包括其他从业者"，可以用心思考这些问题。[12]

作为一位受过专业训练的律师，曼德拉很可能知道他提出的这些问题的答案，但是他面对的是他视为建设民主之基础的宪法问题，而这一民主的核心内容是民族团结与和解。他希望每个人都接受这一观点，即便他个人的解释可能是正确合理的，但那无关紧要。因此他对议员们发出的呼吁，是为了让他们在各自不同的党派中，帮助建设而不是破坏。

宪法法院撤销比勒陀利亚高级法院认为总统违宪的判决时，公众和橄榄球界内部对路易斯·卢伊特行为的反应迫使他辞职，并导致南非橄榄球联盟主管人员做出决定，派代表向曼德拉道歉。[13]

虽然直到1990年代谈判时才明文写入法典，但是宪政和法治的原则早已嵌入曼德拉和整个非国大共同承认的未来愿景中。尊崇宪法的种子可以在《自由宪章》中找到。《自由宪章》汇集了全国各地社会群体的要求，在此基础上起草成文，并于1955年在人民代表大会和非国大分别通过。

与其他许多国家争取自由的斗争不同，南非的解放运动把法律作为一个斗争的领域——在法庭上为领导人、解放运动成员和活动分子辩护——并在此过程中坚定了建立公正法律体制的理想。在1995年的一次演说中，曼德拉讲述了如何利用法律扭转局势并反告

第六章　总统与宪法

国家，正如他和其他被告在里沃尼亚审判中所做的那样："控方希望我们试图逃避对行动承担责任，然而我们却成了指控的一方。从一开始被要求认罪起，我们就说，应对国内事态负责的正是这个政府，正是这个政府应该坐在被告席上。整个审判过程中，我们在出庭作证和证人交叉询问时一直坚持这一立场。"[14]

1985年，奥利弗·坦博就已经成立了一个宪法委员会（Constitutional Committee），该委员会在1989年发布了《民主南非制宪准则》（Constitutional Guidelines for a Democratic South Africa）。准则体现了《自由宪章》中建立一个自由、民主、没有种族歧视的南非的政治和宪政愿景，但准则只是一个原则声明，而不是宪法草案。尽管协商过渡的条件已经开始成形，但对于即将到来的过渡仍有太多的不确定性，并且任何宪法的合法性都取决于其起草过程中大众的参与度。[15]

非国大的制宪准则与1983年版的南非宪法针锋相对，那部宪法拥护一种"权力分享"（power sharing）体制，仍然要确保白人少数的控制，而将被排除在外的非洲裔多数的权力限制在黑人家园和市政委员会一级。非国大反对这种对"族群权利"的宪法保护，因为这只会维持现状。[16]非国大制宪准则提出的是一个单一制国家和普选制度；《人权法案》保证所有公民的基本人权；国家和所有社会机构都负有宪法责任，彻底消除种族歧视及所有与其相伴的不平等。

协商期间起草宪法和《人权法案》时，非国大宪法委员会参考了非国大的制宪准则，同时兼顾了普遍接受的民主原则。[17]

尽管曼德拉没有参与宪法谈判的具体细节，但他一直对谈判过程保持关注，以防止任何对非国大路线的偏离。曼德拉依据两个原则，随时准备好打破僵局，一个是关于过程的——谈判应该兼容并蓄，要确保公众的参与；另一个关于实质的——谈判应该产出一部完全民主的宪法。

1992 年 11 月 26 日非国大和国民党签署的《谅解备忘录》开启了两阶段过程。第一阶段是多党协商会议（Multiparty Negotiating Forum），讨论出 34 条原则，由国民党政府作为临时宪法的一部分颁布。这为在普选基础上按照各党派比例代表制进行议会选举做了准备。然后由议会作为制宪议会起草最终宪法。在新的宪法草案最终成为法律生效前，根据临时宪法成立的宪法法院将遵照那 34 条原则对其进行审核。

尽管多党会议就临时宪法进行了协商，但最终宪法是由各党在制宪议会的公民代表起草的，代表人数由各党在 1994 年选举中得到的选票比例决定。与第一阶段不同的是，第二阶段有民众的直接参与，公民通过书面以及在农村、城镇和社群召开的"聆听"论坛中口头发言的方式提交意见。

瓦利·穆萨回忆，曼德拉非常关注某些问题。"其中之一，"他说，"就是多数决定原则。"

> 我们将实行比例代表制，9 个省，2 个议院：参议院和国民议会……[和]一个省级事务委员会。他总是提出这个问题："这如何满足多数决定原则的需要？标准的多数决定原则如何实现？"他敏锐地关注着这个问题。他不允许任何会损害多数人意志，以及导致权力机关的选举结果与选民意志不一致的事情发生……因此对于那些关于保护少数族群、少数族群权利、特许权利等的想法……他不会同意任何这样的想法……另外他非常清楚，我们试图建立的是一个现代民主体制，所谓现代意味着没有种族歧视、没有性别歧视、不受宗教影响，并且[将]体现所有现代

概念和人权。[19]

他的前副总统塔博·姆贝基回忆，曼德拉总是在关键时刻出现，不论是在协商临时宪法还是在起草最终宪法时期。"当谈判人员向我提出诸如财产权、罢工权、停工权等问题时，他们会对我说，'看，我们在这件事上遇到问题了'，然后曼德拉就会加入讨论。"[20]

曼德拉在起草最终宪法期间只进行了很少——尽管很重要——的干预，是因为很大程度上，问题已经在临时宪法协商阶段和制宪议会周密紧张的工作过程中解决了。制宪议会由非国大的西里尔·拉马福萨主持，他的副手是国民党的列昂·韦塞尔斯，成员包括整个议会——国民议会的400名成员以及全国省级事务委员会的90名成员。会议并非总是一帆风顺，拉马福萨回忆起当时的一些困难：

> 在协商最终宪法时有一些时刻，尤其是德克勒克对于完全同意最终条款明显有些畏缩不前的时候，曼德拉会出面和他磋商，他对这类情况非常擅长。我们知道，在任何陷入僵局的时刻，我们都可以依赖马迪巴来打破困境。我们把所有困难问题都提交给他去尽力解释清楚，使我们的立场胜出并得到确认。曼德拉是一位经验丰富的领导人，他知识渊博，并且要求不间断地听取报告，使自己与进展保持同步。[21]

然而当时在建立新宪法的过程中笼罩着一层阴影。早在1980年代中期，因卡塔自由党就曾以暴力方式反对或干脆直接破坏建立新的宪政制度。最近它则"与右翼勾结，希望能在夸祖鲁—纳塔尔弄到特殊的权力和特权"。[22]因卡塔自由党没有像其他党派一样参加制宪议会，而是要求国际调解，并在1995年曼德拉发表国情咨文演讲时上演了一幕集体退场的闹剧，采用了各种策略来坚持他们的立场。

明显被激怒的曼德拉把因卡塔自由党的这种行为定性为试图在"制宪进程中取得一种远远超出了他们在制宪议会选举中得票比例的地位"。[23]曼德拉立即发表了一场慷慨激昂的劝诫演说，要求因卡塔自由党回归议会。他说：

"我们强烈反对这一行动。因为制定政策的鼓风炉正是安装在这些议会大厅之中。正是在这里，各种思想相互交锋并得以消除分歧……

"我们无法赞同这种行为，也是出于对国家整体利益的考虑。这无助于增强我们的人民和国际社会对领导人有能力利用民主机制解决分歧的信心。但我们特别关心的是那些投票支持因卡塔自由党进入这些机构的人。

"为此，我希望直接对他们说：

"你们选出这些因卡塔自由党的代表来表达你们的利益诉求，并为实现你们心中最珍视的东西而努力。你们选择他们也是因为你们相信，他们不是那种遇到问题的些许苗头就从这神圣的殿堂退出的懦夫。你们抱有信心，他们会在国民议会和参议院中坚持立场，并在法律的框架内捍卫你们的观点。

"他们所提出的问题没有一件能用退场的方式解决。呼吁他们遵守规则是你们的责任。依照沙卡（Shaka）、马坎达（Makhanda）、塞奇瓦约（Cetshwayo）、莫舒舒（Moshoeshoe）、拉马布拉纳（Ramabulana）、塞库库尼（Sekhukhune）和恩衮衮亚纳（Nghunghunyana）*的传统，把他们送回这里，在议会中相互争锋而不是逃之夭夭。

---

* 指分别讲祖鲁语（isiZulu）、科萨语（isiXhosa）、塞索托语、文达语（Tshivenda）、佩迪语（sePedi）和聪加语的非裔部落的国王和政治领袖，19世纪，在他们的领导下，这些部落升格为准国家。塞库库尼，见"附录二"。

"让我再次重申非国大针对国际调解的指导方针,这个问题作为这次荒谬行为表面的理由被提出来。

"首先,非国大曾反复申明,信守1994年4月19日达成的协议。正是为了这个原因,非国大专门成立了一个分委员会来处理这件事。

"其次,严格逻辑上的考虑告诉我们,邀请重要人士来承担这项任务需要有清晰的参照条款。这就是三党的分委员会正在讨论的事情。

"第三,我们正在检视应对此事所需的任何可能步骤。非国大方面,我们已经安排姆贝基副总统从国外访问回来后立即着手处理此事。同时,我今天下午将在赫纳登达尔官邸会见布特莱齐大酋长,寻求解决此问题的可能办法。

"第四,非国大——我相信其他明智的政党也一样——不会采用这样的做法,即在处理与夸祖鲁—纳塔尔王国及其国王有关的问题上试图无视国王的存在;同样,我们也不会接受任何政党企图僭越地代表国王或王国发表意见。

"然而请让我澄清一个问题。尽管我们确实承认人民拥有在法律限度之内采取任何行动的权利,尽管我们致力于对这一问题的政治解决,但作为一个国家,作为一个政府,我们不能,绝对不能,对暴力威胁和实际的犯罪放任不管。

"我们有信心,所有政治派别的南非人,包括媒体,都将支持政府履行其宪法赋予的国家责任;他们绝不应该鼓励那种不负责任、无视法律、政治讹诈的方式。"[24]

曼德拉措辞严厉的讲话,更多针对的是因卡塔自由党的普通成员而不是其领导人——这一定会极大地激怒布特莱齐和他的高级幕僚们——同时也是针对非国大本身。对于曼德拉的竭力奋斗,非国大不会视而不见,因此非国大对于布特莱齐和因卡塔自由党在他们距离解决一个历史问题如此之近时跳出来阻碍的举动感到气愤不已。

但是，如果说他所在阵营中的其他人感到气馁的话，曼德拉却顽强地想要继续。他与布特莱齐会见了两次，试图说服因卡塔自由党返回制宪议会，但两次都失败了。最终也没有进行国际调解。这就像一场双方都没有进球的混乱的足球比赛，终场哨声在裁判退场很久之后才响起。此外，祖鲁国王——因卡塔自由党就是以他的名义拒绝了制宪议会——已经失去了兴趣，与他曾经的赞助人布特莱齐闹翻了。

与因卡塔自由党不同，国民党通过双方协商一致的程序争取实现其目标。在许多问题上，它坚持反对到底，这就需要曼德拉利用他的说服技巧去打破僵局，同时又要维护非国大的立场。正如1994年选举前那场谈判最后几天的重演，当时曼德拉和德克勒克会面以疏通谈判的阻滞之处，如今他们要在新宪法草案的最后完成期限之前会面以打破僵局。他们经常努力工作直到深夜，往返于德克勒克办公室所在的总统府和曼德拉在比勒陀利亚的官邸之间。一些在要求的期限内无法完成的问题，则留待宪法法院的审核过程处理。[25]

尽管曼德拉的领导是坚定的，但他始终保持一种开放的心态，在有说服力的论证面前愿意做出妥协。例如，他一直倾向于保留现有的 4 个省，而不愿接受南部非洲发展银行（Development Bank of Southern Africa）按照其定义的经济区域划分成 9 个省的意见。*

---

* 1910—1994 年，原有的划分是纳塔尔省、德兰士瓦省、奥兰治自由邦省和好望角省（Cape of Good Hope）以及散布在全国各地的 10 个黑人家园。新的省份是夸祖鲁—纳塔尔省、东开普省、西开普省、林波波省（Limpopo）、姆普马兰加省（Mpumalanga）、北开普省（Northern Cape）、自由邦省、西北省和豪滕省。见书后地图。南部非洲发展银行成立的最初目的是在当时通行的黑人家园宪法制度内行使广泛的经济发展功能，后在 1994 年重组为一个发展金融机构。它通过动员国内和国际私营和公共部门的金融和其他资源，投入南非和更大范围的非洲大陆上的可持续发展项目和计划，从而促进经济发展和增长、人力资源开发和制度能力建设。

尽管如此，非国大最终还是同意了这个划分，虽然做了一些微小的调整。

*****

在起草新宪法预定的两年时间到期时，所有的谈判、僵局和干预终于结束了。1996年5月8日，所有人都松了一口气，制宪议会采纳了宪法委员会在黎明时分完成的宪法草案。曼德拉在一场既论及实质又论及过程的演讲中欢迎新宪法的诞生。

"尊敬的议员中的多数安静地通过了这片土地上新的基本法，那短暂的几秒钟体现了南非人民为寻求一个更好的未来所艰难经历的数个世纪的历史。

"你们，南非绝大多数人民的代表，众口一声，说出了千百万人民的渴望。

"因此，在洗净了可怕的过去之后，实现了南非今日的重生，从一个试验性的开始变得成熟，并充满信心地走向未来。

"在过去几天中，这个国家如同摇摆地行走在刀锋之上，许多媒体报道国家陷入不可逾越的僵局，即将跌入万丈深渊。鉴于我们当时处理的困难问题以及紧迫的谈判期限，这是意料之中的。但南非人不是很了不起吗？对他们而言，'僵局'与'奇迹'并存，而且这两者的交替更迭也被全国人民充分地理解接受。

"尽管如此，即便沉浸在最后一刻解决问题的激动中，我们也不敢忘记我们今天为之庆祝的成就的重大意义。因为，在这些问题之外，展现的是这一历史时刻所象征的南非政体沧海桑田般的变化。

"早在最后那段折磨人的时期之前很久，各方已经达成一致，南非将一劳永逸地基于民主多数统治的普遍原则制定一部民主宪法。今天，我们将这一共识法律化。如此，我们的国家超越过渡时期的安排——要求国家的代表们依据法律，超越种族界线和政治分歧一起工作——而迈出了历史性的一步。

"如今人们普遍承认，团结与和解已铭刻在千百万南非人的心上。它们是我们建国誓言中不可磨灭的原则，是我们新爱国主义光辉的火焰。它们应成为重建和发展的条件，因为重建和发展将同样取决于团结与和解。"

一如既往，曼德拉对大街上普通老百姓的现实始终敏感。当权者陶醉于自吹自擂的颂词之中时，经常忽略了普通百姓的努力和奉献。因此他提倡"新宪法起草过程中人民的积极参与……[这]为立法过程中的社会参与开创了新道路……[并]以一种近来从未有过的方式重新振兴了公民社会"。

他指出，跨部门的"民间团体"在旁听席上的出现，"使他们的意见得以进入议事过程中，这些团体包括：法律互助组织、妇女、本地族群、传统组织，以及工商界、劳工、土地问题、媒体、艺术和文化、青年、残疾人、儿童权利保护和其他更多部门的领导人。

"除了出席议会的人员之外，还有千百万人通过写信和参加公开论坛的方式表达意见：从北方省（Northern Province）*最偏远角落的执勤警官，到聚在一起讨论宪法条款的囚犯，再到东开普省佩迪镇的居民，他们在倾盆大雨中继续开会，就传统领袖的作用展开争论。"

曼德拉十分礼貌地向他们所有人表示感谢——从议会主席和副主席，到所有党派都有代表参加的管理委员会及其工作人员——"感谢他们的奉献和努力，确保我们实现了这一历史时刻。"同样地，

---

* 即今林波波省。——编注

他也表达了对国际社会的代表们的感谢，他们见证了整个过程，而且"你们的贡献和榜样的力量为我们提供了生命的甘泉"。

曼德拉脱离讲演稿说，在谈判中影响非国大所采取策略的一个原则就是，最终"应该既没有赢家也没有输家"，但"南非作为一个整体，必须是赢家"。这是非国大的一个承诺，以避免其滥用多数原则，造成民族团结政府中其他党派的作用被削弱至"仅仅是橡皮图章"。说完这些之后，曼德拉提醒听众："每个人都要认识到，我们许下了承诺并肩负着南非绝大多数人民赋予的一项任务，要将南非从一个种族隔离的国家转型为一个没有种族歧视的国家，要解决失业和无房居住的问题，要为所有人建设那些几个世纪以来仅供极少数人享用的设施。我们做出了那样的承诺，并且我们决心确保所有南非人民过上一种有尊严的生活，没有贫穷，没有文盲，没有无知，也没有疾病。那就是我们的承诺。我们决心信守这一承诺，任何企图阻止我们履行诺言实现目标的人都将像旷野的呼声般无人理睬。"

他以谨慎的提醒结束了演讲："我们正在应对的是这样一种局面，当和白人讲话时，他们认为这个国家只有白人存在，并且他们以白人的观点看问题。他们忘记了黑人，换句话说，忘记了有色人、非洲裔和印度裔。这是问题的一个方面。然而我们还面临另一个问题。当和非洲裔、有色裔和印度裔讲话时，他们犯了完全相同的错误。他们认为在这个国家中不存在白人。他们认为我们通过打败白人少数才带来了今天的转型，我们面对的这个族群现在拜倒在地，请求我们发发慈悲，我们可以对他们发号施令。这两种倾向都是错误的。我们需要男人和女人们投身于我们的使命，但是他们必须超越族群的立场，把南非作为一个整体考虑。

"我们如今已经通过了这一宪法……每天睡觉前我都感到强大

和充满希望,因为我可以看到新的思想领袖正在出现,他们是未来的希望。"[26]

根据宪法法院的指导意见,议会修正了新起草的宪法中几处不一致的条文。1996年12月10日,曼德拉在沙佩维尔举行签字仪式,宣布宪法生效。仪式的地点是精心选择的,就在沙佩维尔大屠杀的发生地,以此作为权利和尊严恢复的象征。1960年3月21日,警察在这里枪杀了69名反通行证法的示威群众,176人受伤和致残。牺牲者背上的子弹入口表明中枪时他们在逃跑。

* * * * *

在南非历史上,法律的制定就是为了维护白人利益,黑人多数的权益不过是后来添加的。在这样一个国家,从过去的灰烬中诞生出一个新的司法体制是十分重要的。这个司法体制在履行职责时也必须表现卓越且充满活力,从而重新赢得持怀疑态度的选民的支持。如人权律师乔治·毕佐斯(George Bizos)*所言,司法咨询委员会(Judicial Service Commission, JSC)的成立就是对种族隔离政策的强烈反击。[27] 黑人中普遍存在的对法律的谨慎和敌意可以从哈莱姆文艺复兴(Harlem Renaissance)的杰出人物之一、著名诗人兰斯顿·休斯(Langston Hughes)的一首名为《正义》('Justice')的诗中反映出来:

> 正义是瞎了眼的女神
> 我们黑人知道那是一个什么东西:

---

* 乔治·毕佐斯,见"附录二"。

第六章　总统与宪法

缠着的绷带盖住了两个脓疮
那里可能曾经是她的眼睛。[28]

因此，司法体制必须使自己摆脱过去背负的包袱，从而确保正义女神真正不偏不倚。尽管面临做出不公正判决的压力，但法院的一些法官们——经过部级机构任命的高级白人庭审执业律师——"具有强烈的正义感"。[29] 司法咨询委员会与候选法官面谈，然后提供给曼德拉总统一份名单，他从中挑选出宪法法院的法官。这种选择方式由宪法规定，"司法部门需要反映出南非整体的种族和性别构成"。[30]

或许不可避免地，在约翰内斯堡市民剧院（Civic Theatre）举行的每一场与未来法官的面谈，都笼罩着种族问题的幽灵。但是司法咨询委员会的成立为建立一个宪政国家奠定了基础，它将借由设置法定组织来保护民主，并确保开放的讨论与包容。效果立竿见影。乔治·毕佐斯在他的回忆录中回忆了一场在听证期间发生的抗议："附近金山大学的学生聚集在剧院的入口处，举着标语牌抗议两位法律教授成为法庭候选法官，因为他们卷入了一场校园内的争议。科比特大法官接见了学生并收下了他们的备忘录，然后邀请他们参加听证会。尽管不允许学生带着他们的标语海报，但他用这种非对抗性的方式赢得了信任。学生们答应了，以一种有尊严的方式进入了会场，并安静地遵守程序。"[31]

1995年2月宪法法院的成立仪式标志着曼德拉宪政梦想的实现。在演讲中，他强调了这个梦想在现实中的意义：

"宪政意味着，没有任何政府和机构的地位可以凌驾于法律之上。这片土地上的所有人，无论最高贵的还是最谦卑的，没有例外，都效忠于这同一文件，同一原则。不论你是黑人还是白人，是男性还是女性,是青年还是老年,讲茨瓦纳语还是阿非利卡语,是穷人还是富人,是坐在新型轿车里还是赤脚行走,是身穿制服还是身陷囹圄,我们所有人都有基本权利,而这些基本权利就写明在宪法中。

"政府的权威通过宪法来自人民。你们的任务和责任,以及你们的权力,由人民通过宪法赋予你们。人民通过宪法发声。宪法使来自人民的不同声音以一种有组织的、清晰的、有意义的和有原则的方式被听取。我相信,你们会通过自己的判断找到办法直接与人民对话。

"你们在各个方面都是一个新的法院。你们被挑选出来的过程是全新的。当我们看到你们时,我们第一次看到我们这个富饶而多样的国家的多元特色。我们看到了不同的政治背景和生活经历。你们的任务是全新的。你们的权力是全新的。我们希望,在秉持法律传统的崇高标准的同时,你们一定能够找到一种新的方式来表达法律职业的伟大真理。你们将要应对的是千百万普通人的权利。你们将为之服务的宪法是他们牺牲和信仰的产物。当我说,你们应当用所有人都能理解的语言阐述你们所做决定的基本理由时,我相信说出了他们所有人的想法。"[32]

曼德拉总统任上的首席法官在民主降临之前,就已经以正义的捍卫者的身份赢得了人们的尊敬。米歇尔·科比特是民主南非的第一位首席大法官,1994年5月主持总统就职宣誓并非他与曼德拉的第一次见面。两年之后,在一次标志着科比特退休的国宴上,曼德拉利用这个机会回忆了他们当年会面的情景:

"大约25年前,我是在一个不抱希望的情况下第一次见到米歇尔·科比特的,"他说,"我是一个被判终身监禁的囚犯,他是一位到访罗本岛监狱的初级法官。

"当时因为一次残暴的殴打,监狱看守与囚犯之间发生了一场非常不愉快的冲突,而我是囚犯方面的发言人。

"对于被相信甚至被倾听,我并不抱特别的希望。监狱当局企图吓退我。但是这位年轻的法官和他的同事们不仅没有那样做,反而认真听取了我所必须要说的。当着我的面,科比特法官转向监狱看守和狱长,并就监狱看守的行为向狱长提出了尖锐的抗议。那种勇气和独立性是罕见的。"

曼德拉在狱中攻读法律学位期间,"经常会读到米歇尔·科比特做出的裁决案例。那些敏锐深刻的见解使我想起了早年与他的碰面。同样还有他在1979年丹尼斯·戈德堡(Denis Goldberg)指控狱政部部长的案件中力排众议——戈德堡在里沃尼亚审判中与我一起被列为共同被告——是5名上诉法官中唯一的一位,坚持监狱当局没有资格利用政策完全剥夺囚犯获取新闻的权利"。

对于这一判决,曼德拉称其"具有学者风范、小心谨慎且绝不妥协,把重要的权利放在首位……

"我们向民主体制的成功过渡,要归功于在我们社会的每个部分、在每个政治派别,都有像米歇尔·科比特那样正直的男女,采取这样的行动。我们正在建设的这个新国家的一个强大之处就在于,通过消除引发紧张和冲突的诱因,它创造了空间,使这样的人能够涌现,并发挥他们应有的作用。正是在这样的条件下,我们所有人身上最优秀的品质得以发扬。正是这样的环境,在和平中为一个繁荣、正义的社会造就新一代领导人。"[33]

* * * * *

1994年,曼德拉任命亚瑟·查思卡尔森(Arthur Chaskalson)为宪法法院首任院长,他曾是里沃尼亚审判中辩护团的成员和非国大宪法委员会的成员。1996年,法官伊斯梅尔·穆罕默德接替米歇尔·科比特成为首席大法官。这位新的大法官被曼德拉称为全能之才,种族隔离政权曾用一套错综复杂的手段来阻止他在这个国家的多个地方执业。

"在伊斯梅尔·穆罕默德作为辩护律师的大约35年职业生涯中,"曼德拉说,"他在大量审判中代表解放斗争中的一些重要人物出庭。与约翰内斯堡律师界的其他成员一样……他在法庭上领导了向种族隔离政权的非正义发起的挑战。由于他公平、坚定的名声,他被接受为多党制宪谈判的联席主席。他警告我们这些汇聚在谈判桌前的政客说,作为法官,他们将毫无畏惧地维护宪法。"

他说到做到,曼德拉。在曼德拉根据《地方政府过渡法案》做出的声明违宪的诉讼中,曼德拉被列为第一被告。穆罕默德法官和宪法法院法官中的多数否决了这一声明。据曼德拉讲述,法官们表示:"在我们新宪法的机制下,议会没有最高权威,而是处于我们基本的、高于一切的法律——宪法的管辖之下。他们提醒我们,我们的议会即使真有那样的想法,也不能放弃其作为立法者的责任。"[34]

曼德拉写道:"所有这些考虑,尽管可能是重要的,但绝不应允许它们破坏我们的民主宪法,宪法无条件地保护所有南非人民的公民权利,不论他们属于哪个族群。如果公民的任何权利受到威胁或侵犯,他们可以依靠《人权法案》。我们所有人,毫无例外,都被要求尊重宪法。

"有这样一些法定团体,它们是由完全独立于政府的坚强且有资质的公众人物管理的。它们确保宪法及其条款得到全体公民的尊重,不论他们在政府和社会上的地位如何。

"他们是保民官、总检察长(National Director of Public Prosecution)、

审计长（Auditor General）、人权委员会（Human Right Committee）、真相与和解委员会和宪法法院。*

"种族隔离政权使得法律和秩序声名狼藉。人权被肆意践踏。有未经审判的拘留，有对政治活动分子的酷刑和谋杀，有对独立的、敢于对种族隔离政权说不的上诉法庭法官的公然诽谤，还利用一些保守和软弱的律师来为司法机构涂脂抹粉。警察，特别是安全部门，独断专行。由于这些野蛮的做法，也出于我个人的信念，我利用一切机会来推进对法律和秩序以及司法机构的尊重。"[35]

尽管曼德拉对宪法怀有最崇高的敬意，而且他个人身上体现了有道德、有勇气的领导方式所需要的品质，但他也意识到过去时代的遗产，特别是在司法体制方面。早年当他与坦博合伙在约翰内斯堡市中心经营一家律师事务所时，正是在法院里，他目睹了悲惨的人性践踏和侮辱。

2000年，在南非大律师公会（General Council of the Bar of South Africa）举行的一次宴会上，曼德拉说："南非的法律职业和司法机构没有一个完美的过去。有的是失败和失去的机会，既有机构的也有个人的。但同样存在的事实是，南非律师界一直有许多男性和女性，包括法官和律师，他们信仰法治和争取宪政民主。一些人已经为此付出高昂的代价。

"我相信，这样的人应当受到尊敬，而且我很高兴今天晚上能加入你们来向他们致敬。律师和法官逃脱不了批评，但如果批评的目的纯粹是破坏性的，并且不承认迄今已经做出的杰出贡献，那么批评就是无济于事的。即使在我们历史上最黑暗的时期，也有人做出杰出的贡献。

---

* 法定机构也包括性别平等委员会、独立选举委员会和独立通信局。

"我高兴听到律师界自身要尝试改变其成员构成，特别是要发展法律教育。我今晚格外高兴地听到派厄斯·兰加（Pius Langa）奖学金的设立，这个奖学金是以我们杰出的宪法法院副院长和纳塔尔大学（University of Natal）校长的名字命名的。"[36]

　　建立一个合法的民主国家的道路在很久以前就开始了，始于已被遗忘的早期斗争岁月，并经历了数百万人牺牲的浩劫。对曼德拉来说，这是完成了他早在 1961 年 5 月就为自己确立的一项任务。资深法理学家，也是宪法法院首批 12 名法官之一的奥比·萨克斯（Albie Sachs）追忆了那段时期："纳尔逊·曼德拉转入地下斗争并号召举行总罢工。声明南非脱离英联邦成立共和国没有经过与人民多数的协商，并同时发出离岗（stay-away）*号召，要求召开一次全国大会来起草一部新宪法。"[37]

　　35 年之后，曾经作为种族排斥和压迫工具的法律，终于转型为全体人民服务。

---

* 一种非暴力抗议形式，呼吁人们离开工作岗位，使种族隔离政权运转停滞，类似于总罢工。——编注

第七章
议会

如果在1994年对南非3900万公民做一次全面调查，询问他们对议会的印象，那么很可能有多少回答问题的人，就有多少种观点。种族隔离政权玩弄的一个最大把戏就是造成一种一切公开透明的错觉，而事实上，它对普通百姓隐瞒了国家机器运作的细节，从而使每一个人，无论是黑人还是白人都不同程度地承受这些后果，而且似乎这些影响与造成这一切的源头毫无关联。大多数白人每天回到家都对政府表示满意，而黑人多数则集体咬牙切齿地咒骂uhulumeni（祖鲁语的"政府"）。这个面目模糊没有特点的政体，就像一具僵尸，不断制造出法律来吓唬它的子民。尽管议会区那幢威严、不容接近的白色建筑中发生的事情时而会占据媒体的头版头条，但总体说来，没有人会特别注意它。

然而当纳尔逊·曼德拉于1994年5月24日站起来发表他的首次国情咨文演讲时，情况完全不同了。

那天一早，聚集的人群真正称得上色彩缤纷，从骑警和护卫队穿的不同制服，到从奴隶屋博物馆（Slave Lodge）一直铺至国民议会会堂的红地毯。表演者包括附近学校的青年女子鼓乐队和一位身着传统勇士服装的因邦吉，他歌唱曼德拉颂诗的洪亮嗓音最终被淹没在军乐队的演奏声中，后者又被头顶飞过的南非空军战机发出的隆隆声所盖过，而一切都终结在21响礼炮的轰鸣声中。

议员们华丽的着装，使各军兵种的肩章服饰与形状各异的军旗飘带显得黯然失色，他们穿戴的正装或保守或夸张，或西方或传统，令坐在公众席上的观众目瞪口呆。曼德拉已经颁布命令，随着民主的黎明到来，议会的大门现在对所有人开放，因此他的第一次国情咨文演讲成为全体南非人民的一次盛典。现在他们就在这里。在会议大堂内，从公众席可以看到下面会议进程的全景，普通男女可以从这里看到所有那些在新南非建立过程中站在第一线的人。一些来宾曾因他们在斗争中担任的不同角色而分离——一位穿着不合身正装的解放运动的积极分子，一群游击战中幸存并活到如今可以讲述他们传奇经历的同胞，或者是一位带着异国伴侣刚刚回国的流亡者——他们相互拥抱，眼中闪烁着泪光。

曼德拉首先向议会主席弗里恩·金瓦拉和其他著名与会者致谢。然后他戴上眼镜继续：

"那样的时刻必将到来，届时我们国家将缅怀所有那些儿女、父母、青年和孩子，他们用思想和行动，赋予我们权利自豪地宣称：我们是南非人，我们是非洲人，我们是这个世界的公民。

"时代变化的必然性告诉我，在上述那些人中我们将会发现一位阿非利卡女性，她超越了个人独特的经历而成为一位南非人、一位非洲人和一位世界公民。她的名字是英格丽德·琼克（Ingrid Jonker）。她既是一位诗人，也是一位南非人；她既是一位阿非利卡人，也是一位非洲人；她既是一位艺术家，也是一个人。在绝望中，

第七章　议会

她赞美希望。面对死亡，她肯定了生命的美丽。在我们国家的一切看起来都暗无希望的日子里，当许多人都拒绝她发出的响亮呼唤的时候，她结束了自己的生命。

"对于她和像她一样的其他人，我们亏欠于生命本身。对于她和像她一样的其他人，我们欠贫穷、受压迫、受摧残和受歧视的那些人一个承诺。在沙佩维尔反通行证法示威的大屠杀之后，她写道：

> 那个孩子没有死去
> 他举起双拳倚靠着他的母亲
> 他那呼唤着非洲的母亲……
>
> 那个孩子没有死去
> 不在兰加也不在尼扬加
> 不在奥兰多也不在沙佩维尔
> 也不在腓立比（Philippi）的警察局里
> 他的身躯躺在那里，被一颗子弹穿透大脑……
>
> 那个孩子出现在所有集会和立法场所
> 他的目光透过房间的窗子看穿母亲们的心
> 那个只想在尼扬加阳光下玩耍的孩子无处不在
> 那个孩子长大成人走遍非洲
> 那个孩子成为巨人走遍世界
>
> 不用一张通行证[1]

"在这光辉的愿景中，她指出我们的奋斗必须带来女人的解放、男人的解放和孩童的自由。"[2]

这些词句一如既往地有力和震撼，然而南非的第一个民选议会仍然与种族隔离议会位于同一座建筑中，曾经造成无数痛苦的法律就在那里颁布。出于这些考虑，一些传统术士要求允许通过宗教仪式清除会堂的罪业，议会举行了多种宗教信仰的祷告仪式，满足了这种精神上的需要。

然而，曼德拉通过艰苦的工作，将议会转变成一个以人民希望——这是宪法的核心——为导向的机构。在他的愿景中，议会能够促使社会深刻转型，并成为一个可供公众辩论的理想场所。这将是一个为所有南非人服务的地方，甚至包括那些开始并不愿意支持这个民选议会的人。金瓦拉回忆，曼德拉曾经告诉她，最大的挑战就是："我们的人民不习惯出现在议会中。公众不习惯议会，因此我们必须确保，每一个人、每一个政党、每一个南非人都认为这是他们的议会。"[3]

但是如果议会颁布法律，它一定是在宪法管辖权限之内，而宪法法院是最终的裁决者——这与种族隔离政权时代完全不同，那时的议会任意制定压迫性的法律。即使议会要起草最终宪法，它的工作也要经过宪法法院的核准。在立法机关中，政党之间的合作仅仅尴尬地取决于"民族团结的精神"，而不是宪法的规定。虽然制度已经发生改变，但是非国大仍然面临诸多障碍，因为它没有任何在议会体制、政府或经济运行方面的技术性经验，而反对党和原先的行政人员在这方面经验丰富。

然而，400多位新议员所共同拥有的是合法性。他们中的每一个人都是通过比例代表制选出的，与过去分别代表白人、有色裔和印度裔族群的分割机构不同，现在只有一个代表所有南非人民的国民议会。更重要的是，这一比例代表制度意味着，相比于其他任何

第七章　议会

选举制度，议会成为这个多元国家更真实的缩影。这也反映了非国大对于赢者通吃或简单多数制的考虑，曼德拉曾倾向于这种制度，但后来在与埃索普·帕哈德（Essop Pahad）和佩纽尔·马杜纳讨论后，他被说服改变了想法。这两人曾是起草临时宪法中代表制度有关内容的非国大团队成员，当时正在起草最终宪法。帕哈德回忆道：

> 我们说："我们想和你讨论这个问题。"他说："我知道，说吧。"于是我们告诉他为什么我们认为比例制是世界上最公平的。他听取我们的陈述并就问责等事宜提出许多问题。我们说："如果你选择另一种体制，我们可能会变成两党制，或最好情况下，三党制，而且我们将把泛非大那样的党派排除在外，而比例代表制将允许更多党派在议会中拥有席位。"他边听边提问题，最后说："好，我同意，但这并不意味着必须永远如此。"我们说："是的，宪法允许我们改变这一体制，只要改变仍符合比例原则。"[4]

在组成的选举团（electoral college）选择曼德拉出任国家总统之后，新的国民议会的下一步骤就是选出主席和副主席。鉴于这两个职务的重要性，非国大的领导，特别是曼德拉，以及议会党团成员都必须参与。

曼德拉写道："一个同样引起争议的问题就是国民议会主席的选举。虽然非国大长期以来一直接受不带任何条件的性别平等原则，但实践还是远落后于此。

"在我作为非国大主席任内的同僚中，有三位女士，她们全都坚强、独立、见闻广博且敢于直言。她们不允许任何形式的大男子主义，不论是对我还是对我的同志。因此毫不奇怪，她们被称为三大女魔头（three witches）。

"她们是芭芭拉·马塞凯拉,后来成为我们驻法国的大使;杰茜·杜阿尔特,我们驻莫桑比克的大使;以及弗里恩·金瓦拉。我们就各类问题进行了人量的讨论。她们全都令人印象深刻,工作努力,并且她们帮助清除了我的团队中所有轻视妇女的现象。我提名弗里恩担任国民议会主席的职务。

"当我第一次与我的同志们分享这一秘密时,从他们那里得到的是死一样的寂静。我怀疑,当时我提议一位女性同志,不论她胜任与否,都无法受到这些同志的欢迎,他们绝大多数是男性。

"国外流亡的同志中也一直存在分歧,甚至内讧,这在他们回到国内后的工作中仍然有明显的表现。我向所有有关人员明确表示,我绝不容忍无原则地反对有一位能力的同志,她所在的组织已被赋予治理非洲大陆上最富有、最发达国家的重任。我实际上下达了命令,要求每一位非国大的议员都应该投票支持她为主席。

"另一个困难则来自弗里恩自己。一天早晨她给我打电话,要求知道为什么在内阁中几乎没有女性。在回答她的时候,我补充说道,我将确保她成为主席。她激烈地抗议说,她不是在谈她自己,她是在提出一个总体性的问题,这关系到所有女性。

"随着我们的争论变得热烈,我明确地要求她选择接受还是拒绝我的提名。在我们的讨论中,我一直欣慰地知道,她对我年龄的尊重要超过对我本人。在停顿了一会儿后她说,她会考虑此事。当她后来同意出任此职时,我如释重负。

"她的决定具有里程碑式的意义,因为在我们的历史中,这是第一次由一位女性在国家立法机构中占据如此强有力的位置。由于副主席也是一位自信且有能力的女士,巴莱卡·姆贝特—考斯尔(Baleka Mbete-Kgositsile),这次是双重胜利。

"议会各方的议员共同认为,尽管她[金瓦拉]之前在这个领

第七章 议会

域没有任何经验或训练,但她做了很好的准备。她行事超越任何党派,经常由于一些议员做出不符合议员规范的行为而对他们进行指责,完全不考虑违规者的政党派系。

"她的杰出表现和行政驾驭能力不仅为她赢得了超越政治分歧的尊敬和支持,她与议会中的女性同事所取得的出色成绩也已经清楚地表明,争取性别平等的斗争正在取得胜利。

"她取得的罕见成就得到了议会的回报——她再次全票当选下一任5年期的主席。"[5]

曼德拉从情感上认为,议会应当是人民的议会。议员座位的安排也与此相应——公众至少能在电视上看见每个政党的代表。委员会的会议要对媒体开放,远程公众宣传计划使社会大众熟悉立法程序的细节,从而加深了人民和议会机构之间的相互信任和坦诚。这种态度对于任何个人或领导团体来说都是违反直觉的,因为即使在成熟的民主体制中,掌权者也面临着控制信息的诱惑。种族隔离政权的所有作为都是让黑人从摇篮到坟墓一直陷于无知;而那些想象他们已经逃脱如此命运的白人只不过是受到迷惑而已,因为他们也被灌以谎言。

曼德拉决心使这个国家清醒过来并揭穿最早可追溯到1652年的连篇累牍的谎言,他有时听上去仿佛是在向自己证明确保立法公开的正确性。例如在第二次国情咨文演讲中,他说:"因此我们完全有理由声称,正如已经被证明的,那样的立法是人民意愿的代表。因此它享有相当程度的合法性和强制性,这是原先的所有法律永远不可能拥有的。"[6]

坐落在开普敦的议会大楼原建于1884年,其新古典主义的设计体现了开普荷兰建筑的特点。作为一个历史遗址,议会中收藏有超过4000件艺术品,有些是无价之宝,有些可以追溯到17世纪。

但尽管它们有重要价值和历史意义，这些收藏没有代表南非的所有人民和艺术。

当议会决定从这座建筑中移走种族隔离时期的肖像和其他艺术作品时，曼德拉支持了这一行动。他说："这一决定是议会内部经过全面慎重考虑之后做出的，并被所有政党接受。新的民主议会应该反映出一个包容多元的南非形象。这是国家建设与和解的一个重要组成部分。"[7]

曼德拉也用其他形式表达了他对议会的尊重。他十分清楚着装的象征意义，因此坚持穿正装出席议会，与他平时所穿的色彩鲜艳的马迪巴衬衫形成鲜明对照。他确实总在着装上一丝不苟，事实上他整体而言对每天必做的事都一丝不苟。他的妻子格拉萨·马谢尔回忆他每天早晨起床后如何进行晨练，叠起睡衣，整理床铺，直到他不得不服从"温和的暴君"科利斯瓦·恩多伊亚（Xoliswa Ndoyiya）——曼德拉豪滕家中的资深员工——的安排。"他非常干净整洁，"马谢尔说，"他在场的地方，你完全不能乱扔东西。他到哪里，每一件东西都必须摆放有序……无法挑剔的整洁。即使他着装的方式，他要花时间穿戴，他会［在镜中］端详以确信自己的形象是完美的。"[8] 他在着装上的一丝不苟，体现了旧世界的礼仪之风，他希望其他人，特别是他的同事们，也能如此。

弗里恩·金瓦拉曾经问他，为什么来议会时总要身着正装，尽管色彩鲜艳的衬衫已经成为他的标志。"他的表情庄重起来，然后说，弗里恩，议会代表着人民，我必须尊重它，因此，我总是身着正装。"[9]

他并非仅仅关注外表。他对一些议员和部长经常缺席的现象也十分担心，这既是因为作为选举出来的代表，他们必须出席议会，也是在辩论中达到法定人数的需要。有时由反对党突然发起的辩论搞得非国大措手不及。[10] 当非国大的第一位党鞭、令人尊敬的马肯

第七章　议会

克斯·斯托菲莱（Makhenkesi Stofile）提出这个问题时，曼德拉同意就此向部长们写信，但表示要谨慎："你必须找到一种方式，确保你没有给他们太多压力，因为他们确实还有其他工作。"[11]

曼德拉成为总统时已经75岁了，而且他不是议会成员。议会的质询时间经常争论热烈且带有政党色彩。因此有一个不成文的约定，出于对他的年龄和地位的尊敬以及考虑到他在转型初期工作的压力，他应当被免于在议会中接受质询。[12]

作为替代，曼德拉被邀请参加非国大的议会党团会议。开始时他相当频繁地参加，与议会的领导人和解放运动的高级成员讨论问题，包括金瓦拉、时任参议院副议长的戈万·姆贝基、党鞭斯托菲莱，以及非国大议会党团主席门迪·姆西芒。他也经常听取与他关系密切的同事和从前狱友的意见，确保他们的远见卓识被纳入议会党团会议的讨论中。[13]

新的议会制度运行将近两年后，曼德拉在1996年2月为核心小组会议所写下的注记，提供了他介入议会的范例。他依然关注非国大出席议会的情况和在议会中的行为。[14]他也对非国大和其他党派的紧张关系表示不满，导致这种紧张的原因是民族团结政府的多党合作精神并非总能在议会中得以体现：[15]

1.我迄今因为其他无法推脱的约见，缺席了几次议会党团会议。

议会党团会议是我们议会工作的引擎。如果我们要继续有效地完成人民赋予我们的任务，参加会议是我们所有人的责任。

我已经交代总统办公室在安排我的约见日程时要保证我能够参加议会党团会议。

2.也必须努力保持与政府各个专业委员会的密切联系。

3. 在每个月底，党鞭要给我出席议会的报告。未能到会的后果。由……［字迹不清］讨论的问题。

　　最严肃的纪律是关键。缺乏纪律的后果。

　　4. 讨论第 43 款［有关各省级政府的权力］。

　　5. 我们不是通过军事上的成功赢得胜利，因此不能像对一只被征服的军队那样发号施令。

　　6. 完成的工作——法定的各个委员会，我们努力工作的结果。[16]

　　曼德拉为会议写下的个人笔记表明了他对于纪律——特别是集体纪律——以及忠诚和正直的重视。在一份笔记中，他认为"这个组织已经经历了许多挑战"，这里所指的是一些动乱，包括在1950年代开除了所谓的非洲民族主义者以及在1970年代驱逐了"八人帮"。*这些"在非国大的历史上司空见惯，但一旦把他们驱逐在外就很容易解决了"。然后，在这样一份对自己，以及想象中的听众，进行肯定、备忘和告诫的单子的最上方，曼德拉评论道："秘诀在于，我们的斗争是一场有原则的斗争。"[17]

　　还有更多这样的笔记，都让人们认识到他的思想。对他来说，民主是一个他准备为之付出生命的理想。对于缺乏经验的人，曼德拉这些匆忙写就的笔记可能就像温暖诚挚的警句，如同父母告诫一个招惹麻烦的十几岁孩子的话——"家丑不可外传"或"用脑子而不是用血来思考"——但这些话都是用绝对严肃的态度来表达的。有这样一句："让领导们决定谁参加辩论"表明了曼德拉关注议会中专业委员会工作的决心。[18]与旧的体制相比，正如一位观察者

---

* 这些是非国大中持异议的声音，他们分离出去组成了泛非大。"八人帮"指非国大的8位高级领导人，他们因为反对共产党的白人成员、认为白人共产党员会阻碍非国大的民族主义计划而被逐出非国大。

第七章　议会

所说的那样，种族隔离政权的委员会，"一个职员加入5个委员会，他们工作的任务就是秘密开会，为行政机构的法律和政策加盖橡皮图章"。而民主体制下的委员会"拥有权力对这些行政机构追责。他们有权接收证据传唤证人，并在议会进程中促进公众参与"。[19]因此需要有一种针对部长们的平衡机制，他们一方面是必须受到约束的行政机构成员，另一方面又参与到专业委员会中成为立法机构的一部分。这样曼德拉就确保了狩猎者也认真地承担起猎场看守人的责任。

1996年1月，在国防专业委员会就整合武装力量举行的立法听证会上发生了一场激烈的交锋。立法提案中包括一项建议，英语成为整合后的武装力量内部所使用的唯一语言。南非国防军（South African National Defence Froce, SANDF）的首脑格奥尔格·迈林将军就此事件向曼德拉抱怨。在下一次非国大议会党团会议上，曼德拉严厉批评了该专业委员会的非国大成员提出这样一项与非国大和民族团结政府的和解努力相悖的建议。[20]

另一件使行政机构和专业委员会之间的关系置于聚光灯下的事件，涉及一部国家投资的艾滋病预防音乐剧《萨拉菲娜II》（*Sarafina II*），并很快成为一起著名的讼案。这部音乐剧讲述的故事，对公帑的挥霍，加上卫生部对资金来源前后矛盾的解释，使其本身成为一场闹剧，而这当然不是曼德拉所需要的。曼德拉清楚公众对这一事件的强烈关注，因此热切希望能够得到明智处理。时任卫生部部长的恩科萨扎娜·德拉米尼-祖马在解释了这一项目的优点之后提出，如果事实证明她做错了的话，她将引咎辞职。曼德拉拒绝了她辞职的要求。一些人认为曼德拉对人忠诚既是他的优点也是他的弱点，例如前面提到的艾哈迈德·卡特拉达。尽管保民官办公室最终免除了德拉米尼-祖马部长财政亏损的责任，但这一事件还是损害了曼德拉的声誉，导致国内外的一些媒体发表社论，称这是在他眼皮底下的腐败蔓延。

即使曼德拉知道这样的评论，他也绝不会因任何事情偏离自己的路线，从古希腊戏剧家索福克勒斯（Sophocles）那里学到的格言"众人相信，胜过真理"一直指引着他。[21] 想到曼德拉在罗本岛时曾在悲剧《安提戈涅》（Antigone）中扮演的角色，南非著名作家安德烈·布林克（Andre Brink）评论道："虽然他与其他演员一样，主要认同安提戈涅，但他加入了对克瑞翁（Creon）的理解。*回过头来看，这必然体现了一种独特的洞见：'当然你不能完全了解一个人，他的品质，他的原则，他的判断力，直到他治人、制律，才能显示他真实的本质。经历，就是考验。'"[22]

现在舞台就在这座新的议会大厅内，距离那座岛将近14公里，事关国家的重要问题都以特殊辩论或发表声明的形式提交到议会面前。这些问题包括取消重建与发展计划办公室、制宪议会通过宪法，以及真相与和解委员会的报告。

引起最大争议的莫过于曼德拉所发起的一项程序，即通过真相与和解委员会揭露和直面过去体制支持的恶。真相与和解委员会根据议会颁布的一项法案于1995年建立，其针对南非不光彩的过去召开的第一场听证会从1996年4月开始，地点位于这个国家最贫穷的东开普省的东伦敦（East London）。第二天，就在这里，在电视公开报道的听证期间，真相与和解委员会主席图图大主教在听到坐在轮椅上的辛括瓦纳·马尔加斯（Singqokwana Malgas）的悲

---

* 在索福克勒斯的悲剧《安提戈涅》中，安提戈涅的哥哥波吕涅克斯借岳父的兵力回国和他的哥哥厄忒俄克勒斯争夺王位，结果两兄弟自相残杀而死。克瑞翁以舅父的身份继承了王位，他宣布波吕涅克斯为叛徒，不许人埋葬他的尸首。安提戈涅毅然以遵循天理为由埋葬了哥哥，于是被克瑞翁下令处死。——译注

第七章　议会　　　　　　　　　　　　　　　　　　　　　　199

惨遭遇时，情绪一度失控。马尔加斯曾是罗本岛的囚犯，由于多年遭受安全警察的折磨，导致他在1989年中风，说话困难。他说，1963年，在被东伦敦警察逮捕并被指控为恐怖主义分子后，"他一直被施以酷刑和'毒打'，之后被押送到比勒陀利亚，被判监禁22年。上诉后被减刑到14年"。[23]

还有许多这样的案例，马尔加斯的可怕陈述是一个典型，让不为人知的过去的恶赤裸裸地暴露在光天化日之下。

尽管曼德拉和德克勒克就真相与和解委员会的授权调查范围争论了数月，例如追溯的时限——白人中的一部分人担心老疮疤又被揭开，但该委员会确实导致了对种族隔离政权安全机构的揭露并曝光了其地下网络。虽然洋洋5册的最终报告无法使每个人都满意——因为南非白人认为这些报告就像是官方认可的恶毒攻击，而南非黑人则认为揭露得还不够——但它们还是成为社会历史的一份极为宝贵的记录。1995年6月，一位参议员就1994年3月一位因卡塔自由党的支持者在非国大约翰内斯堡总部贝壳屋外被杀事件质询警方的调查进展，曼德拉对此做出应答。为了平息这一事件，曼德拉曾说，他对贝壳屋开枪事件负责。然而，后来在真相与和解委员会的特赦听证会期间披露的事实是，曼德拉从未命令安全人员杀害任何人，只要求他们保护那座建筑。[24]但是他做了领导人应该做的事，他承担了直接责任。以一种神奇地混合了镇静与严厉的语气，他在一次参议院讲话中谈及此事：

"关于所谓的贝壳屋屠杀事件问题，国民党的成员们已经站在了因卡塔自由党一边。然而事实是，在事件发生的前一天，我打电话给时任总统德克勒克、范德梅韦将军和卡利茨（Calitz）将军。我告诉他们将会有所谓的示威，将会有许多人因此牺牲。我请求他们在约翰内斯堡周围设置路障，以保护人民的生命。

"他们全都保证会这样做。事实上德克勒克先生打断我说：'你将此事告诉范德梅韦了吗？'我说：'是的，我已经说了。'然后他说，他也会告诉范德梅韦将军。然而最终没有设置任何路障。那些人被允许带着武器进入了这座城市。到7点钟，约堡702调频电台播报消息，因卡塔自由党已经在索韦托杀死了32人。在他们来到城镇时，我们已经得到了这个消息。

"他们越过了本该举行集会的地点，来到贝壳屋。我们知道原因；因此我向安保人员发出指示，如果那些人进攻贝壳屋，请他们必须保护它，即使不得不杀人。我给出这样的指示是绝对必要的。

"问题在于，国民党和民主党——现在成为国民党的右翼——都从不说是谁在约翰内斯堡杀了45个人。他们唯一关心的就是因自卫被杀的9个人。那就是在国民党和民主党看来的唯一目的。他们对于另外被杀的45个人从未表示出任何关切，这支持了白人不关心黑人的看法。"[25]

曼德拉的陈述引起了公众的怒火，反对党要求进行一次临时辩论。当塔博·姆贝基和悉尼·穆法马迪来看望他时，他们甚至还没开口曼德拉就说："我知道你们为什么来这里。你们是外交官。我不是一个外交官，因为我曾与监狱当局斗争过。关于我的陈述我应该做些什么？"[26]

在他们讨论之后，非国大官员们召开了一次特别会议来制定策略，并构想在议会辩论中要如何回应。了解到即将到来的辩论的重要性，曼德拉做好了准备。然而他知道，如果他不能得到媒体的支持，自我辩解的任务会变得更为艰难。"最终，"在准备这次会议时他写道，"媒体的意见是重要的，并且就某些方面来说是关键性的。我们必须永远以尊敬的态度对待它。白人有强大的武器和宣传，如果我们忽略将会自食后果。但是我们决不能忘记人民，我们的策略

第七章　议会

决不能忽略人民在这个问题上的感情。"[27]

曼德拉在临时辩论中所说的，本质上是对早先在议会中讲话的重复，但增加了对于过渡期基本目标的一个提醒，并强调，应该有一种国家层面的努力来实现这些目标，这是必要的。贝壳屋事件"不是一个意外，"他说，那些游行的人"目的就是要攻击贝壳屋，销毁信息并谋杀领导成员。"获悉这些，非国大已经警告了当局，但后者没能采取防御措施，尽管他们曾承诺要这样做，结果是导致了30多人的死亡，他们死于因卡塔自由党在索韦托的肆虐。

"无需赘言，"曼德拉继续说，"冲向贝壳屋的队伍，偏离了通向他们目的地的路线，他们开的枪，以及部署在那里的少数几个警察决定逃跑的事实，都验证了我们得到的信息。正是在这样的背景下，主席女士，这一事件发生了。"

他对于"在任何地方、任何情况下生命的逝去表示遗憾。但是卷入这场仇杀的那些政党需要冷静下来并反思，如果这些阴谋者实现了他们的意图，如果真的贝壳屋被侵入、文件被损毁、非国大的领导人被杀害，将会发生什么！"[28]

然而他用安抚的语言结束了他的讲话："因此让我们团结合作，寻求解决那些导致冲突的问题，以此纪念那些在冲突中逝去的生命。我们必须结束暴力。禁区的存在，不管是哪个政党控制的，都是我们这个国家的一种耻辱。我们必须努力使这样的地区不再存在。最重要的是，我们必须拯救生命。

"如果我们在解决这些问题上失败了，我们改善人民生活质量的能力……必将受到损害，千百万人民仍然生活在悲惨的贫困中。我们确保所有南非人都享有一个安全和有保障的环境的努力必将受到阻碍，而拥有这样的环境是他们的权利。

"这个国家已经把重建和发展、国家建设与和解确定为自己的任务。它寄希望于这座神圣殿堂中的代表们对目标认真执着、尽职尽责,这是成功所需要的。我们正是以这种精神来看待迄今所有评论的。就我而言,我号召所有党派加入我们,为全体南非人民更好的生活而效力。"[29]

* * * * *

1999年曼德拉最后一次出席议会时,他回顾了第一个民选议会所做的贡献。他赞扬南非人民为他们的革命选择了"一条意义深远的法治道路",指出:"正是在立法机构,法令已经被改造来为所有人创造更好的生活。"在回忆与专业委员会发生的激烈冲突时,他说:"正是在立法机构当中,实现了对政府的监督。"[30]

曼德拉知道,尽管他对议会的成就给予高度评价,但诋毁议会的也大有人在。早些时候,自由阵线的约瑟夫·基奥莱(Joseph Chiole)曾激烈攻击媒体,认为其误导了公众。"议员们过去和现在,"他说,"一直受到指责、侮辱和贬低,以至于指责议员现在成为南非常见的大众消遣方式……每一天,在几乎每一份报纸上,人们都能读到被歪曲的故事。"在发言结束时,基奥莱说:"目前在南非的真实情况就是,议员们感到严重受挫,他们没有可供使用的必要手段来为选民提供满意的服务,或是进行绝对必要的研究工作。而在另一方面,我很遗憾地要说,如果议员们提出建议,他们就会被指责为在大捞油水。"[31]

曼德拉说:"我们知道,关于议会是否是一个油水多的部门,议员们花着国家的钱在此消磨时间之类的问题一直被提出。对提出这些问题的人,我们说:'看看在这些自由年份中我们议会的纪录吧。'"

他展示给议会批评者的是"议会立法机构平均每年通过上百项法案"。这些通过的法案是为了"废除过去的遗产并建立正确的……""这就是,"曼德拉总结道,"我们引以自豪的一项纪录。"[32]

第八章

传统领袖与民主

传统非洲领袖在非国大创立过程中起到的作用经常被忽视，最好也不过被归于民间传说之列。曼德拉始终看重历史上的杰出人物，其中一些是南非的王室成员，他们曾经作为代表参加了1912年1月8日在布隆方丹（在古老的塞索托语中也叫作Mangaung）举行的非国大成立大会。在流亡岁月中，长期担任非国大主席的奥利弗·坦博建立了传统，借着非国大的生日感谢国际社会的支持并保证与全世界解放运动的团结。曼德拉的领导风格是通过呼吁团结，以及重温非国大的创始人之一、首届非国大主席皮克斯利·卡·伊萨卡·塞米的讲话来纪念非国大的周年。曼德拉会重申塞米的号召：

> 具有王室血统的酋长们和我们种族的绅士们，我们汇聚在这里是为了考虑和讨论我和我的同事决定向你们提出的一个问题。我们发现，在这块非洲人的土地上，非洲人被当作干苦役的奴仆。这个国家的白人已经组成了所谓的南非联邦，但在这个联邦中，

制定法律时没有听取我们的声音，政府管理中没有我们的位置。因此我们召集你们来参加这次大会，一起想办法建立我们自己的全国联盟，从而创建民族团结并捍卫我们的权利和特权。[1]

然而，随着时间的流逝，主要由于殖民政府以及后来种族隔离政权的阴谋，国王和酋长这样的传统组织结构最终无法发挥符合大多数人利益的作用。种族隔离政权的宏大设计就是：利用隔离分治的不变战略建立起班图斯坦体制，即以"自治"名义分割成的小块政体，各自拥有自己的政党和行政机构。

对于曼德拉和非国大来说，在不牺牲民主原则的条件下将传统领袖融入民主南非是一项政治上的迫切任务。在刚成立的时候，非国大拥有一个由传统领袖组成的委员会，承认王国和传统部落在早期反抗殖民主义入侵中所起的作用。

后来，委员会因为被认为有巩固隔离制度的含义而被取消，并于1987年由南非传统领袖大会（Congress of Traditional Leaders, CONTRALESA）*取代，后者成为非国大建立的广泛民主统一阵线中的一员。这符合非国大1989年发表的《民主南非制宪准则》，其中声明"世袭统治者和酋长制度应按照宪法所包含的民主原则转型为为全体南非人民服务"。

1970年代，罗本岛的囚犯们曾就班图斯坦的前景进行辩论，他们认识到这是当局一手操纵的安排，给那些臣服于种族隔离政权的领导人以权力和特权，同时撤换掉那些反抗者。曼德拉对这个问题的思考集中体现在他1976年写的一篇短文《扫清障碍直面敌人》（'Clear the Obstacles and Confront the Enemy'）中，他写道："时

---

* 南非传统领袖大会，见"附录二"。

第八章　传统领袖与民主

间很关键，我们禁不起犹豫不决"，反映出强烈的紧迫感。然后他立刻直指问题的要害说："这个国家今天最火烧眉毛的问题就是特兰斯凯（Transkei）和其他班图斯坦的独立，以及我们反对种族隔离制度的策略问题。"[2]

曼德拉毫不留情地进行了自我批评，质疑完全拒绝班图斯坦的明智性，并就在哪里可以利用，或可能利用班图斯坦以进一步推动解放目标的实现提出论证。这篇短文把解放运动描述为存在"弱点"和"力有不及"，并主张与班图斯坦进行某些和解。他认为，这可以使天平向有利于解放运动的方向倾斜，并使解放运动在农村地区取得政治影响或找到立足点，因为目前那里是解放运动最薄弱的地方。解放运动和班图斯坦之间的友好关系将有助于利用种族隔离政权统治上的弱点。然而他论证的核心则是害怕解放运动的抵制将导致运动本身丧失领导地位。

就特兰斯凯即将独立的问题，他写道："种族隔离政权在利用我们在农村地区的弱点，他们可能意识到，每个班图斯坦政体的独立，都会导致我们在那里的无论何种支持者的数量急剧下降甚至消失。*一旦人们享有管理自己事务的权利，他们就赢得了原本只有加入解放运动才能获得的权利。"他警告拖延不决的后果，因为黑人家园（班图斯坦政体）的利诱已经俘获了"一些曾经的政治积极分子"。他警告说："如果我们不能立即消除分歧并紧密地团结起来，我们就会发现，一旦独立成为事实，要想抵抗分裂的压力，即使不是不可能，也会十分困难。"

到曼德拉被释放的时候，联合民主阵线已经为一个包括相当多

---

* 最早的班图斯坦之一特兰斯凯在 1976 年 10 月 26 日获得了名义上的独立，脱离南非成为一个自治共和国，由最高酋长博塔·J. 西卡乌（Botha J. Sigcau）担任主席，凯泽·马坦齐马（Kaiser Matanzima）担任总理。

数量传统领袖的广泛民主阵线奠定了基础。许多人已经将他们的命运与整体上反对班图斯坦体制联系在一起，或者利用这一体制作为一个平台，反对其源起的种族隔离制度。

1989年12月，在曼德拉被释放之前仅两个月，"为了一个民主的未来代表大会"（Conference for a Democratic Future）将来自几百个组织的数千名代表汇聚在一起，其中包括一些来自数个班图斯坦政体的政党。就在曼德拉被释放之后的两个月，沃尔特·西苏鲁向大会发表演讲，提出需要建立一个广泛阵线。"我们的回应就是在寻求广泛的团结上坚定不移，"他说，"实际上，我们甚至不能满足于这个代表大会的广泛性。我们的目标更大，要将我们的整个社会团结起来。"[3]

即使在他获释后，这种紧迫感也从没有离开过曼德拉。他推动非国大将传统领袖和班图斯坦政党纳入解放运动的阵营，而反对他们投靠国民党。一次会议上，他在写给沃尔特·西苏鲁的一张便条中强调了他的关切："扎米拉（Xhamela）*同志，我希望你务必立刻访问黑人家园的领袖们。耽搁可能会让我们输给政府。"[4]

1991年12月21日，当正式谈判开始时，班图斯坦的政党也在参加者之列。在民主南非大会第一次会议召开前几天，曼德拉作为非国大主席发表了一份声明：

"为了继续保持团结的精神，非国大认为，传统领袖参加这一进程是重要的。我们已经向大会提出了这一看法，即来自南非所有地区的最高级别的传统领袖，作为观察者参加12月20日和21日的议程。正如那些领导人见证了非国大的成立一样，在迎接一个新的民主南非的开端这一具有划时代意义的事件中，他们也应该在场。"[5]

---

* 扎米拉为沃尔特·西苏鲁的氏族名之一。——编注

非国大自己的委员会就传统领袖参会应当采取的形式进行了大量的讨论之后达成了妥协,决定给予来自全部 4 个省的传统领袖代表一种特殊的参会身份。后来,随着第一次选举的到来,曼德拉要求积极分子们采取灵活的态度,不要因为传统领袖的历史而排斥他们。在 1994 年 4 月向青年人讲话时,曼德拉提醒他们:"除非我们能[与传统领袖]在他们各自的地区一起工作,否则我们这个组织要在农村地区生根和发展壮大将是十分困难的。那些认为我们不[应该]与酋长们有任何交往的人不懂得非国大的政策,也不知道如何在农村加强我们的组织。"

国民党已经利用了这一弱点。"这就是为什么,"曼德拉说,"他们成功地把黑人家园政策强加在我们广大的人民群众身上。"

"在我们的习惯和历史中,酋长是其人民的代言人。他必须听取人民的不满。他是他们的希望和愿望的监护人。如果任何酋长决定成为一个暴君,为他的人民做决定,那我们一定会处理他们,在此意义上,他将下场悲惨。"[6]

这最后一点是曼德拉出狱后不久在一次与不同地区的传统领袖举行的会议上指出的。对此他写道:

"我一从监狱中获释,就马上乘飞机到东伦敦,会见了西伦科·索库帕(Silumco Sokupa)同志和地区执委会(Regional Executive Committee),使自己了解那个地区的情况。他们在简要的汇报时告诉我,赫赫贝(Rarabe)*的领袖扎内西韦·桑迪莱(Zanesizwe Sandile)国王要在那天上午到我的旅馆会见我。我很吃惊,因为让一位国王到旅馆去拜访一位平民政客是违背礼仪的。

"我指示执委会立即打电话告诉国王,我希望在那天晚些时候

---

* 亦作 Rharhabe,为科萨族的分支部族。——编注

到他的王宫拜访他。正在这时,国王走进来了。我表示歉意并指出,许多在非国大占据领导地位的年轻人在城市地区长大,他们对传统领袖知之甚少。这不是有意的不尊重,而是对于传统领袖的历史角色和他们对解放斗争所起的关键作用缺乏了解。

"那些英雄们,如科伊的领导人奥特舒默,来自特什沃(Tshiwo)王朝的马科马(Maqoma)和欣察(Hintsa),来自滕布(Thembu)部落的西昆加蒂(Siqungati)和格赛洛(Gecelo),来自祖鲁的塞奇瓦约和巴姆巴萨(Bambatha),来自佩迪部落的曼普鲁(Mampuru)和塞库库尼,来自文达部落的马卡多(Makhado)和齐弗哈兹,以及大量其他传奇人物,曾经站在抵抗战争的第一线。我们谈起他们时带着敬畏和崇敬之心。传统领袖,如滕布部落的达林迪耶博·恩甘格利兹韦(Dalindyebo Ngangelizwe)和斯威士(Swazi)部落的因德洛武卡齐(iNdlovukazi),以及拉伯兹贝尼·古瓦米莱(Labotsibeni Gwamile),他们每个人都送了大量的牛使他们各自的人民加入了非国大。*来自全国各地的国王与其他非洲领导人一起参加了1912年非国大的成立大会。后来非国大成立了专门的委员会接纳这些传统领袖。

"即使在种族隔离政权残酷压迫的巅峰期,依然有一些勇敢的

---

* 马科马酋长,在1834—1836年反殖民主义者的第六次科萨战争(Sixth Xhosa War)中担任司令。欣察,科萨第13任国王,从1820年一直统治到1835年去世。西昆加蒂,滕布反殖民主义英雄。格赛洛,科萨酋长,19世纪站在反殖民主义战斗的前线。塞奇瓦约,祖鲁沙卡国王的侄子,1872年继承了他的父亲姆潘德(Mpande)的王位成为祖鲁国王。巴姆巴萨,1906年领导被称为巴姆巴萨起义(Bambatha Rebellion)的抗议活动,反对英国统治和征税。曼普鲁,国王和反殖民主义斗士,1883年被殖民统治者杀害。塞库库尼,佩迪国王,领导了两次反殖民主义战争,1882年被他的政敌曼普鲁暗杀。马卡多,勇士国王,拉马布拉纳国王的儿子。齐弗哈兹,林波波河以南文达部落第一个国王迪班伊卡(Dibanyika)的儿子。达林迪耶博·恩甘格利兹韦,1879年起成为滕布部落的国王,1904年访问英国参加爱德华七世的加冕典礼。因德洛武卡齐,斯威士语,意指王太后。拉伯兹贝尼·古瓦米莱,斯威士兰的王太后和摄政女王。

第八章　传统领袖与民主　　　　　　　　　　　　　　211

君王，如西普里安·贝库祖鲁·卡·所罗门（Cyprian Bhekuzulu kaSolomon）和萨巴塔·达林迪耶博（Sabata Dalindyebo）等人，拒绝接受班图斯坦政策、背叛他们的人民。*

"当我从监狱获释后，我和非国大青年团主席彼得·莫卡巴、特兰斯凯班图斯坦的强人班图·霍罗米萨将军和该班图斯坦的前农业部部长恩甘戈姆拉巴·马坦齐马（Ngangomhlaba Matanzima）†一起，我们在东开普省拜访了国王和他们下属的传统领袖。

"我对他们所有人表达了同样的信息：我解释我们充分理解他们被迫接受种族隔离政权隔离发展政策的事实。如果他们不那样做，可能早就被压迫政权撤销了他们的职务，而我们非国大当时无法在场保护他们。

"我进一步强调，青年人指责他们为叛徒是有道理的，因为传统领袖，除了前述的几个例外，在迫害解放运动的成员方面是凶狠的。现在非国大已经被解禁了，政治犯已经被释放了，流亡者也很快就要返回国内。非国大正在恢复实力和合法地位，并将为传统领袖提供保护。然后我要求他们团结在非国大背后，加入到争取解放的斗争中去。

"我们每到一处都受到热情的欢迎。武林德莱拉·图陀·恩达马塞（Vulindlela Tutor Ndamase）是当时以尼安德尼（Nyandeni）为首府的西蓬多兰（Western Pondoland）的国王。参加这次会见的霍罗米萨已经成为特兰斯凯的军事统治者，而蓬多兰就处于特兰斯凯境内。他成功策划了颠覆东蓬多兰（Eastern Pondoland）首相

158

---

* 西普里安·贝库祖鲁·卡·所罗门，1948—1968年任祖鲁国王。萨巴塔·达林迪耶博，1954—1980年任特兰斯凯最高大酋长，也是民主进步党（Democratic Progressive Party）的领导人。

† 恩甘戈姆拉巴·马坦齐马，东开普传统领袖议会主席。

斯特拉·西卡乌（Stella Sigcau）公主的不流血政变。在欢迎我们时，武林德莱拉夸口说他不是一个普通的传统领袖，而是一位著名的国土，从未有人胆敢颠覆他。这仿佛是在对霍罗米萨将军发起挑战，看将军是否能拉他下台。但将军似乎并没有被国王的吹嘘冒犯。

"我们也拜见了特什沃王朝的科利利兹韦·西卡乌（Xolilizwe Sigcau）国王。在欢迎致辞中，他强烈地攻击了托伊—托伊［舞］（toyi-toyi）*，这种舞蹈已成为当时流行的抗议形式。他说，没有比托伊—托伊更让他讨厌的了。他已经发起调查，要找出这种形式的示威来自何处，但是没有人能帮他。他宣布他已经在自己的王国内禁止了这种抗议形式。

"于是彼得·莫卡巴解释了其来源。这是一场谴责种族隔离政权的呐喊，完全不是针对传统领袖的。他对国王认为这是在针对重要族群领导人的事实表示遗憾。然后莫卡巴勇敢且优雅地跳起了托伊—托伊，一直故意示威式地旋转。仪式的主持人是曼德伦科西·杜马里西莱（Mandlenkosi Dumalisile），王朝中一位年长的传统领袖，也是特兰斯凯班图斯坦的农业部部长。当彼得·莫卡巴结束了他的发言后，杜马里西莱做了一个震惊与会者的举动，作为回应，他加入莫卡巴也跳起了托伊—托伊舞。国王明显被莫卡巴的雄辩和优雅所打动，接受了这一解释。

"霍罗米萨和恩甘戈姆拉巴·马坦齐马只在特兰斯凯陪同我，在那里我们的会议进展顺利，没有碰到麻烦。但是在德兰士瓦省——林波波省当时的名字——的博普塔茨瓦纳（Bophuthatswana）和莱博瓦科莫（Lebowakgomo），尽管使用了外交辞令和礼貌的语言，

---

* 托伊—托伊舞是非国大从津巴布韦人民革命军引入的，这一充满活力的舞蹈，包括有节奏的舞动和跺脚，1980年代在被围困的城镇中成为政治抗议的一部分。

进展仍并不顺利。夸祖鲁—纳塔尔省的情况也同样困难。

"卢卡斯·曼霍佩（Lucas Mangope）是当时博普塔茨瓦纳的总统，一个与众不同的家伙。我在后来成为国防部部长的乔·莫迪塞同志、后来成为驻瑞士大使的鲁斯·马策阿内（Ruth Matseoane）以及后来成为西北省省长的波波·莫莱费（Popo Molefe）的陪同下，访问了他的班图斯坦。在1994年4月之前，曼霍佩的班图斯坦不允许解放运动开展活动。当我要求他撤销所有障碍并允许政治组织在他的领土自由活动时，他一开始同意了。后来在讨论中，他突然向我们抛出一个意想不到的问题，他问：'当你们在我的地盘上发表会议讲话时，会称博普塔茨瓦纳为一个班图斯坦吗？'

"我请他放心，每个人都知道，他的领土是一个班图斯坦，并且这将是我们讲话的一个主题。然后他说，如果那样的话，我们将会陷入麻烦。他的人民将感觉受到侮辱，而且他不能保证我们的安全。我们告诉他，我们有信心，我们不仅能够保护自己，而且能够赢得这个地区多数人民的支持。但是我们无法说服他。出现了僵持的局面。后来我好几次邀请他到约翰内斯堡并试图说服他，但都没有成功。他是我所遇到的最难对付和最捉摸不透的政客之一。

"在挫败了曼霍佩和一些南非将军构筑的错综复杂的阴谋网络之后，我们在皮克·博塔、马克·马哈拉杰、法尼·范德梅韦（Fanie van der Merwe）和罗尔夫·迈耶的帮助下成功解除了曼霍佩总统的职务并解散了他的政府。过渡时期执行委员会用［博普塔茨瓦纳］班图斯坦的南非大使恰尔特·范德瓦尔特（Tjaart van der Walt）和乔布·莫戈罗（Job Mokgoro）取代他组成了一个临时政府。

"在德兰士瓦省，我在时任首席部长纳尔逊·拉莫戴克（Nelson Ramodike）领导下的莱博瓦（Lebowa）班图斯坦，也遇到了严重的问题。佩迪王室有两个继承人，莱尼·图拉雷（Rhyne Thulare）

和肯尼斯·卡古蒂·塞库库尼（Kenneth Kgagudi Sekhukhune），他们都是国王塞夸蒂（Sekwati）一世*的后代。莱尼是曼科波迪·图拉雷（Mankopodi Thulare）王后的儿子，也是毫无争议的继承人。王后在莱尼未成年时摄政，但后来被部落的王室会议罢免，因为他们不赞成她在某些方面的统治。王室会议指定莱尼接替他的母亲继位，但是莱尼拒绝了。于是王室会议求助于塞库库尼，并任命他为摄政王。他受命与一位所谓的'蜡烛妻子'（candle wife）†结婚，后者将诞下未来的国王。这次婚姻后来生育的儿子名为塞夸蒂三世。

"后来莱尼改变了想法，要求恢复他的合法地位。根据法律和习俗，他是毋庸置疑的王室继承人。但是塞库库尼以莱尼已经放弃了他的王室继承权为由拒绝禅位，并得到了高级法院的支持。我召开了几次部落会议都没有成功。最终我明确表示，这个争议应由佩迪王室自己解决，而不是由非国大主席或国家来处理。但是这个问题仍然没有解决。

"我与文达部落的传统领袖也遇到了类似的问题。我拜访了齐弗哈兹国王并希望那个地区的所有传统领袖都参加。出乎我的意料，姆费富（Mphephu）国王拒绝参加，理由是他的地位要高于齐弗哈兹。他坚称，虽然他很想要听我讲话，但我应该到他自己的府邸去拜访他。尽管事实上我再次受到了热情的欢迎，但十分明显，由于我误认为齐弗哈兹的地位高于他，已经深深地伤害了他。我还发现，他正与德克勒克总统紧密合作。

"我与祖鲁传统领袖之间的问题同样不少……

"在这个过程中，尽管我遇到了这些问题，但整个国家中绝大

---

* 塞夸蒂（1775—1861）是佩迪部落的国王，佩迪位于今林波波省。
† 蜡烛妻子，指由国家挑选出来与王室成亲的一个女人，唯一的目的就是生下一名男婴。

第八章 传统领袖与民主

多数传统领袖的反应是积极的,并团结在了非国大身后。

"从没有人认为,只靠一个人就可以取得这样的历史成就。许多领导人,如沃尔特·西苏鲁、奥利弗·坦博、雅各布·祖马、约翰·恩卡迪蒙(John Nkadimeng)、伊莱亚斯·莫措阿莱迪、恩戈阿科·拉马特霍迪(Ngoako Ramatlhodi)*以及其他许多人,都站在那场斗争的第一线。非国大能够在城镇和农村地区实现全面的强大是集体努力的结果。"[7]

使传统领袖与民主体制合作的过程漫长而艰苦。尽管传统领袖代表参加了1994年选举前谈判制定临时宪法的多党协商会议,但他们缺席了由选举产生、负责起草最终宪法的制宪议会,也没有得到同等程度的咨询。就像在一场家庭庆祝活动中接纳一位有麻烦的亲戚,政府不得不制定策略,包括法律措施,使班图斯坦融入南非政体中,同时又要始终确保民主价值完整无损。最让所有各方头疼的就是清理班图斯坦原有的强制性行政组织,即那些种族隔离政权的遗产。

* * * * *

曼德拉深化民主的策略,就是如谚语所说的"一口一口吃掉大象"那样,用国家权力一点一点消除历史留下来的横亘在前进道路上的障碍。一些创立一个统一国家的立法,如1993年的《地方政府过渡法案》,就为1995年11月在全国大部分地区举行的首次地方政府选举铺平了道路。这是一次对转型具有重要意义的演习,正

---

* 恩卡迪蒙,非国大全国执行委员会成员,南非工会联合会(South African Congress of Trade Union, SACTU)和南非共产党的领导成员,还是南非工会大会的副主席。拉马特霍迪,非国大全国执行委员会成员,1994—2004年任林波波省省长。

如阿利斯特·斯帕克斯（Allister Sparks）所评论的，这"重新绘制了南非的地缘政治地图，本身就是一个相当大规模的转型。这个国家，原先包括4个省和10个名义上的自治部落'黑人家园'，其中4个是独立的，现在已经全部被重绘为新的9个省，每个省有自己的省长、行政机构和立法机构。所谓的'黑人家园'作为分割的政治实体已被取消，纳入到各个省中。"[8]

选举体系一直是谈判中最困难的问题之一。选举被认为有利于白人选民，在一些地区，重建地方政府的讨论会被用于抵制变革。这些以及其他一些动向导致了南非传统领袖大会与因卡塔自由党之间的一种非典型合作，他们结伴行进到总统府，向曼德拉总统施加压力，要求给予他们更多的权力。在一些农业地区，传统领袖号召抵制选举——结果证明这只能令他们扫兴，因为农村居民不但没有听从，反而选择了利用他们新赢得的民主权利去投票。虽然在一些农村地区投票率较低，但这不能仅仅归因于传统领袖的影响。[9]

如果说传统领袖大会和因卡塔自由党在为传统领袖在地方政府中要求更多权力方面已经实现联手，他们在薪酬方面的观点则仍然存在分歧。传统领袖大会倾向于整个国家的薪酬一致，而因卡塔自由党则要求薪酬反映出夸祖鲁—纳塔尔省的特殊地位，担心如果薪酬来自中央政府，他们将会失去对这个省的控制。

在宪法谈判期间和曼德拉一起工作的人知道他本身拥有滕布王族的背景。然而他的态度毫不妥协地反映了政治的需要。

瓦利·穆萨回忆道，曼德拉认为：

> 传统领袖在他们自己的地区内有一定程度的影响力，因此与他们接触是重要的。在谈判期间，他认为使他们站在非国大一边是重要的，从而他们会支持而不是反对过渡。他也不想让种族隔

第八章　传统领袖与民主　　　217

离政权动员传统领袖起来反对变革，因此要与他们接触并保持密切关系。他尊重传统领袖是出于他们拥有所在族群的尊重和追随……虽然他认为许多是不合法的；他对此反复说了多次。但他不想让他们在政府中扮演任何角色，因为他们不是选举产生的。[10]

鉴于这个领域问题的错综复杂，曼德拉也认为要听取顾问们的咨询意见。他记载下时任省务和地方政府部部长悉尼·穆法马迪是如何"向我报告传统领袖的立场的，特别是1999年6月我已经从国家总统的位置上退下来之后。他提醒我，当我们在1994年掌权时，我们需要为传统领袖在我们新的政府体制中找到一个位置。为此，我们创立了6个省级传统领袖委员会（Provincial House of Traditional Leaders），以及全国传统领袖委员会（National House of Traditional Leaders），因此他们可以在各自的管辖范围内发挥有意义的作用。

"创立这些委员会符合非国大的方针，即在执政开始时，如我们已经说过的，有一个传统领袖委员会。这一措施不仅是对传统领袖在反殖民主义战争中所发挥作用的承认，也是我们平息选举中针对部落主义的不满的一个重要步骤。非国大成立了一个部际任务小组，就传统领袖应该在地区、省区和国家政府中发挥的作用向中央政府提出建议。但是我们必须强烈地反对任何对他们的妥协，即赋予他们专断的权力，进而导致他们脱离民主进程。非常令人烦扰的是他们没有能力理解南非国内外社会力量的作用。

"南非人民已经充分接受了民主政府，中央、省和地方政府中的代表由民主选举产生并对他们各自的选区负责。此外，现在这个国家的青年，在社会和所有政府层面上、在南非工会大会和南非共产党中，都占据了关键岗位，他们是已城市化并受过良好教育的。

不能指望他们会牺牲民主原则，把政府的任一部门交给那些并非由于功绩而单纯靠世袭居于权力位置的人。

"许多传统领袖也不了解历史的教训。他们似乎不知道世界上曾有过专制君主，不与他们的臣民分享权力……而能够保留至今的是那些自身或先祖决定允许民选代表治理国家，而他们成为立宪政体下的国王或女王者，如英国的伊丽莎白二世女王（Queen Elizabeth II of Britain）、西班牙的胡安·卡洛斯一世国王（King Juan Carlos of Spain）、比利时的阿尔贝二世国王（King Albert of Belgium）、荷兰的贝娅特丽克丝女王（Queen Beatrix of the Netherlands）、丹麦的玛格丽特二世女王（Queen Margrethe II of Denmark）、挪威的哈拉尔五世国王（King Harald of Norway）和瑞典的卡尔十六世·古斯塔夫国王（King Carl XVI Gustaf）。如果这些君王顽固地留恋他们的绝对权力，那么他们早已经消失得无影无踪了。

"但我们一定不能忘记，传统领袖的体制已经被非洲的法律和习俗、被我们的文化和传统神圣化了。绝对不要企图废除它。我们必须找到一种基于民主原则的友好解决方式，允许传统领袖在政府的所有层级上发挥有意义的作用。

"我不清楚种族隔离政权发起的一项重要措施在多大程度上……在其他班图斯坦可行。但是在特兰斯凯，有一所为传统领袖子弟开办的学校，为他们提供管理辖区的基本技能。我并非要求我们应该有那样的学校，但是基于政府所能提供的资源，鼓励传统领袖子弟获得最好的教育是可取的。

"虽然我个人的资源非常有限，但我已经把一定数量的传统领袖子弟送进了南非的大学，以及英国和美国的大学。一支由受过教育的传统领袖组成的有文化的队伍最有可能接受民主进程，而那种使他们拼命依赖封建管理形式的自卑感也将逐步消失。

Chapter One
The Challenge

An unprecedented challenge faced the first democratically elected government of the Republic of South Africa.

It was a major rubicon to cross for the generation of dynamic and steeled freedom fighters who, for almost half a century, had sacrificed everything for the liberation of their country.

Some of them had given up lucrative careers, spent almost a lifetime under harsh conditions in exile mobilising the international community to condemn apartheid and to isolate white South Africa.

That white South Africa was in due course shunned by almost every country in the world, and apartheid condemned as a crime against humanity was a measure of the success of their historic campaign.

Those in exile crisscrossed the five continents briefing heads of state and government on our situation, attending world and regional gatherings, and flooding the world with material exposing the inhumanity of apartheid.

It was this worldwide campaign which made the African National Congress (ANC) and its leaders inside and outside the country, one of the most well-known liberation movement of the world.

The fighters of Umkhonto we Sizwe (M.K) displayed unrivalled courage and infiltrated the country, attacked government installations, and clashed with the apartheid forces and, now

1.《不敢懈怠》第三稿原始手稿中的一页。曼德拉的私人秘书泽尔塔·拉·格兰治与她的团队将手稿打印出来，然后曼德拉在她的打印稿上批注或手书全新的一稿。一些章节以这种方式几易其稿。

2. 1990年2月11日,曼德拉从监狱获释后在开普敦市政厅向民众发表演说。"我站在你们面前,不是作为先知,而是作为你们——人民——谦恭的仆人,"他说,"是你们不知疲倦的付出和英勇的牺牲使我今天有可能站在这里,因此我将把我的余生交到你们手上。"

3. 1990年2月13日,获释两天后,在索韦托第一国民银行体育场为他举行的欢迎回家的集会上,曼德拉与他当时的妻子温妮·曼德拉高唱歌曲《天佑非洲》。超过10万人参加了这一集会,聆听他的演讲。

4. 1990年，曼德拉在纽约的联合国反种族隔离特别委员会上发表演说，要求联合国和各国政府继续针对南非的制裁，直到种族隔离政策被废除。联合国在1993年10月解除了从1962年起对南非进行的经济制裁。

5. 1991年1月，敌对的两党——因卡塔自由党和非国大——双方的领导人曼戈苏图·布特莱齐和纳尔逊·曼德拉举行会见，并就达成停止政治暴力的联合和平协议发表了声明。这幅发表在《德兰士瓦人报》(*Die Transvaler*)上的漫画暗示，这两位领导人心中对对方的看法并非如表面那样宽容。

6. 1994年选战期间，曼德拉写道："对于黑人多数来说"，即将到来的选举"意味着一个梦想的诞生"。 曼德拉与因卡塔自由党领导人曼戈苏图·布特莱齐和德克勒克总统在一次新闻发布会上宣布因卡塔自由党在最后时刻加入南非首次民主选举，当时距1994年4月的投票仅有数周。

7. 1993年4月19日，曼德拉和沃尔特·西苏鲁在索韦托第一国民银行体育场向著名政治活动家克里斯·哈尼的棺木致哀。哈尼的遇刺几乎导致南非内战。在一次电视讲话中，曼德拉要求国民有尊严地行动，并重新使自己回到为民主体制奋斗的道路上。

8. 1994年，在金伯利附近的盖尔施瓦（Galeshewe）体育场举行的一次选举集会上，曼德拉向群众致意。长期担任曼德拉贴身保镖的姆兹万迪莱·维纳说，当曼德拉身处群众中时，他不可预测的行动成为负责安保细节的警卫人员的噩梦。"你必须时刻保持警惕。"

9. 1994 年选战期间，曼德拉写道："对于黑人多数来说"，即将到来的选举"意味着一个梦想的诞生"。

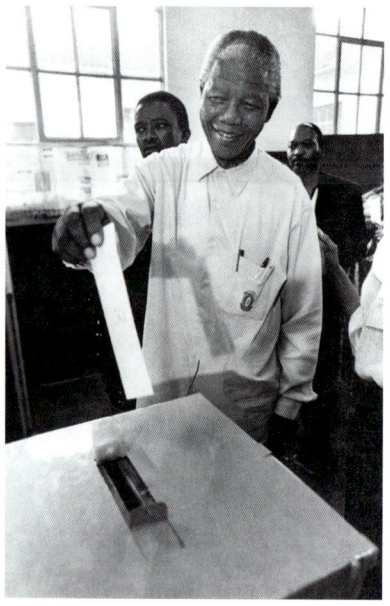

10. 1994 年 4 月 27 日，曼德拉于伊南达镇的奥兰治高中第一次投票。这一地点靠近非国大首任主席约翰·杜贝的墓地。

11. 在这幅刊登在《索韦托人报》的漫画中，画家南达·苏本（Nanda Soobben）将曼德拉就职的大肆宣传和激动与他的选民对基本需求的期待并置在一起。

12. 1994 年 5 月 10 日，在比勒陀利亚，已与第二任妻子温妮分居的曼德拉，在女儿泽纳妮·德拉米尼的陪同下，出席了就职仪式后的午宴。

13. 1994 年 5 月 10 日，在比勒陀利亚联合大楼，曼德拉站在他的两位副总统——塔博·姆贝基（左）和离任总统德克勒克——中间。

14. 首届民主议会开幕当天，在开普敦泰因海斯总统办公室外，曼德拉与议员（从左到右）西里尔·拉马福萨、扎内勒·姆贝基和她的丈夫塔博·姆贝基副总统、弗里恩·金瓦拉议会主席、科比·库切——他担任参议院主席到1997年，以及德克勒克副总统。

15. 曼德拉与部分首届内阁成员和总统办公室高级官员。图中他的右边是因卡塔自由党领导人曼戈苏图·布特莱齐，左边是副总统塔博·姆贝基。

11. E P Jordan : Minister of Environment & Fisheries Post & Communication
12. S. Sigcau : Minister of Public Enterprises
13. S. W. Ishwele : Minister of Sport & Recreation
14. S. R. Maharaj : Minister of Transport
15. N. C. Dlamini Zuma : Minister of Health
16. A. B. Nzo : Minister of Foreign Affairs
17. D. M. Hanekom : Minister of Lands
18. S. F. Mufamadi : Minister of Safety & Security
19. T T Mboweni Minister of Labour

Professor Jakes Gerwel was Director-General in the Office of the President and Secretary of the Cabinet

Soon after the formation of the Government of National Unity, and long before Deputy-President De Klerk pulled out of that Cabinet, the ANC was repeatedly accused of racism and of promoting only the interests of Africans and neglecting those of the other of the minority groups. There still people today who still peddle this fable. Irrespective of ethnic group to which they A glance at the above list of members of the GNU belong In fact I have deliberately set out the names of the full cabinet of the GNU in full and those who have respect for truth and themselves will refrain from tarnishing their image by endorsing a senseless propaganda and transparent subterfuge by those who have no credible alt. policy to present to the people of to our country to the people of South Africans

How can we be accused of racism

The subterfuge becomes all the more transparent glaring when you consider that apart from Mr Williams, a member of the Coloured Community, the remaining 5 cabinet members of Mr De Klerk's National Party were all whites and Afrikaners. No Indian, no African

As far as the ANC is concerned we had not less Yet all these national groups were represented in the ANC cabinet

16.《不敢懈怠》手稿第五章中的一页。他在其中列出了民族团结政府内阁成员的名字，以表明他的名单对不同民族群体具有充分代表性。这是为了回应对非国大的指责，认为非国大主要考虑非洲黑人。"我们国家中有一些公众人物，顽固不化，仍然为这种卑鄙的宣传摇旗呐喊"，他写道。

17. 与非国大主席办公室主任杰茜·杜阿尔特。

18. 与民族团结政府的住房部长乔·斯洛沃。

19. 与特雷弗·曼纽尔,他后来成为南非任职时间最长的财政部长。

20. 与总统办公室主任杰克斯·格威尔"教授"。

21. 在议会与其老朋友、前狱友和政治顾问艾哈迈德·卡特拉达交谈。

30.12.96

Meeting with Officers of the SAPS

A report released by the National Information Management Centre of the SAPS showed that 1996 saw a reduction in levels of serious crime; crime categories which reflected a reduction include such violent crimes as hijackings, armed robberies, politically motivated violence, murders & taxi violence.

Members of the SAPS need to be congratulated, for the reduction in levels of crime is a result of hard work & sacrifices which they made & continue to make.

Notwithstanding the many problems which some communities in the E. Cape still have, eg. taxi violence in Port Elizabeth, violence in Qumbu, Tsolo, Mqanduli, as well as gang related crimes in the Northern areas of P.E.

22. 曼德拉是一位高产的手写记事者，会在日记中详细地记录会议内容。这是1996年12月30日与南非警察总署官员举行会议情况的日记。

23. 1995年，曼德拉总统到P. W. 博塔在维德尼斯的家中拜访了这位种族隔离制度的坚定支持者、被称为"大鳄鱼"的南非前总统。

24. 1995年，作为和解的积极实践者，曼德拉来到被称为"只有白人"的奥拉尼亚镇贝齐耶·维沃尔德的家中拜访，她是被称为"种族隔离设计师"的H. F. 维沃尔德博士的遗孀。

25. 1996年12月10日，在沙佩维尔签署南非共和国宪法。中间站立者为西里尔·拉马福萨，左一为莱科瓦尔（LekoaVaal）市政委员会的尤努斯·查姆达（Yunus Chamda）市长。

26. 在比勒陀利亚名为"自由神"的总统官邸，曼德拉将其重新命名为"新的黎明"，在聪加语中字面意思为"正在洗澡的象群"。

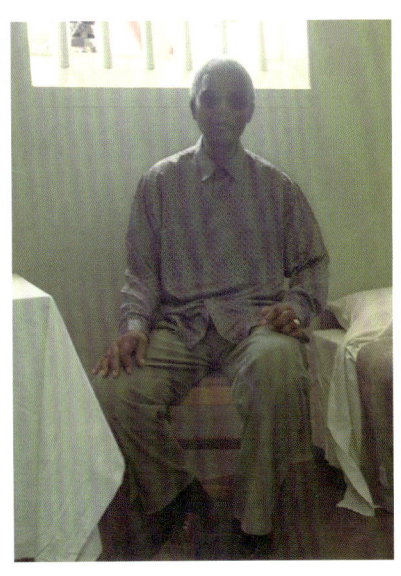

27. 1995 年 2 月 10 日，与狱友重聚时，曼德拉在他原先被关押的囚室中。

28. 与美国总统比尔·克林顿在白宫。曼德拉利用其与国际领导人的私交来影响谈判和冲突化解。

29. 与古巴总统菲德尔·卡斯特罗。曼德拉坚持要卡斯特罗参加其就职典礼。

The combination of talent and humility, of being able to be at home with both the poor and the wealthy, the weak and the mighty, ordinary people and royalty, young and old, men and women with a common touch, *irrespective of their race or background,* are admired by humankind all over the globe.

The ANC has *always* been rich with talented men and women, who preferred to remain in the background, and to push forward promising young people to positions of eminence and responsibility, to expose them early in their political careers to the basic principles and problems of leadership, and on how to manage such problems. This kind of leader has always made a formidable impression on many of us. *Comrade Walter Sisulu is such a man; that is why he has always towered about all of us irrespective of the offices we occupied in the movement and government.*

I urged the three senior leaders that I would prefer to serve without holding any position in the organisation or government. One of them, however, put me flat on the carpet.

He reminded me that I had always advocated the crucial importance of collective leadership, and that as long as we scrupulously observed that principle, we could never go wrong. He bluntly asked whether I was now rejecting what I had consistently preached down the years.

30. 这是第六章原始手稿中的一页。在描述他的朋友和前律师事务所的伙伴奥利弗·坦博之前，曼德拉评论道，非国大一直拥有这样的成员，他们甘愿留在幕后，而指导更年轻的成员去发挥领导作用。后来，他插入一段文字来解释这句话的意思："西苏鲁同志就是这样的一个人。这也是为什么，无论我们在解放运动或政府中占有何种位置，都始终对他心悦诚服的原因。"

31. 1996 年在巴黎香榭丽舍大道法国国庆阅兵式上，与法国总统雅克·希拉克。

32. 与巴勒斯坦领导人亚西尔·阿拉法特。

33. 1999 年丹麦哥本哈根，与格拉萨·马谢尔、丹麦玛格丽特女王二世和亨里克亲王。

34. 1996 年伦敦，与伊丽莎白女王二世，沿着林荫路到白金汉宫。

35. 1999 年与沙特阿拉伯班达尔·本·苏尔坦亲王和利比亚领导人穆阿迈尔·卡扎菲。

36. 1997 年与格拉萨·马谢尔在希思罗机场。1986 年格拉萨·马谢尔的前夫、莫桑比克总统萨莫拉·马谢尔去世时,曼德拉从狱中向她发出唁函,随后他们开始通信。他们在 1998 年曼德拉 80 岁生日时结婚。

37. 曼德拉坚持自己完成许多琐碎的个人事务，甚至到了在旅馆中自己整理床铺和在总统专机上自己擦皮鞋的程度。"他在场的地方，你完全不能乱扔东西，"他的遗孀格拉萨·马谢尔说，"他到哪里，每一件东西都必须摆放有序……无法挑剔的整洁。"

✗ The apartheid regime had put law and order in disrepute. Human rights were ruthlessly suppressed, There was detention without trial, torture and murder of political activists, open villification of Appeal Court Judges who were independent and gave judgments against the regime, and the packing of the judiary with conservative lawy and pliant lawyers. The police, especially the Security branch, were laws unto themselves. Because of this crude practice, and out of my own convictions, I exploited every opportunity to promote respect for law and order and for the judiciary.

    Two examples will illustrate this point: During my presidency parliament authorised me to issue two proclamations dealing with elections in the Western Cape Province. That provincial government took me to the Constitutional Court which overruled me in a unanimous judgment. As soon as I was informed of

38. 这一页来自《不敢懈怠》第六章的手稿，他在其中解释，由于种族隔离制度下法律机构的腐败和非人道行为，他"利用每一个机会"在新的民主南非"促进对法律和秩序以及司法制度的尊重"。

39. 在一次三国橄榄球系列赛中与泽尔塔·拉·格兰治。她为曼德拉工作了19年，开始是他的私人秘书，后来作为他的助手、发言人以及退休后的办公室主任。

40. 1997年曼德拉与格拉萨·马谢尔访问波尔斯穆尔监狱，与一些据称遭到人身侵犯的罪犯会面。曼德拉自己早年曾在这所监狱中被监禁了10年。

41. 在南非赢得1995年橄榄球世界杯之后，在约翰内斯堡埃利斯公园体育场与跳羚队队长弗朗索瓦·皮纳尔（Francois Pienaar）。曼德拉头戴跳羚队球帽，身着跳羚队球衣的姿态赢得了成千上万阿非利卡人的心。

42. 1997 年 12 月 20 日，在马菲肯举行的非国大第 50 次全国大会上，曼德拉从非国大主席的位置上退下，交班给塔博·姆贝基。在会议的闭幕式上，他说："我期盼这样的时光：可以沐浴着阳光醒来，平静安宁地漫步在我家乡库努的丘陵与峡谷之中。"

43. 1998 年，在比勒陀利亚接受真相与和解委员会主席德斯蒙德·图图大主教提交的报告。委员会调查了 1960—1994 年间发生的侵犯人权事件。了解到人们对于调查过程的疑虑，曼德拉承认报告有不完善之处，但坚持要在国家层级承认过去的罪行。

44. 1995年圣诞节，问候家乡库努的孩子们。1993年，曼德拉在向理查德·斯滕格尔描述库努时说："那里的人民，你知道，有一种完全不同的感觉。当我听到他们说话，我变得……如此高兴。他们的行为方式，使我想起了我的年轻时代。"

45. 1995年，在比勒陀利亚启动纳尔逊·曼德拉儿童基金时与学生们谈话。医疗保健和教育是曼德拉的主要关切，他在担任总统期间将工资的三分之一捐赠给了这项基金。

46. 1995 年，曼德拉访问布里茨（Brits）的欧卡西（Oukasie）镇，年轻人在欢迎他们的英雄，曼德拉则伴着一支本地乐队的乐曲展示了他著名的"马迪巴舞步"。

47. 永远在与公众的互动中重获能量。图为 1996 年曼德拉在汉诺威公园拥抱一位汉诺威日间医院（Hanover Day Hospital）的职员。

48. 退休之后，曼德拉成为艾滋病觉醒运动非洲主要的推动者之一。图为 1998 年曼德拉在支持艾滋病觉醒运动的红丝带集会上讲话。

49. 1999年3月26日,开普敦议会上,曼德拉在南非首个民选议会发表完卸任总统前的最后一次演说之后,受到全体起立鼓掌。

50. 在这幅由扎皮罗(Zapiro)绘制的漫画中,随着南非第一位民选总统在1999年3月卸任,"曼德拉时代"的太阳落山了,这个新生的民主国家集体发出了伤感的叹息。

第八章　传统领袖与民主　　　　　　　　　　　　　　　219

"一些非国大的领导人已经建立了教育信托基金来帮助孩子们，特别是那些早先处境不利的孩子们，进入高中、理工学院（technicon）和大学。但是我想要求他们应该有意识地尝试让传统领袖的孩子也能获得奖学金。

"殖民列强在他们征服非洲大陆人民的过程中，故意拒绝承认我们有国王和传统领袖。他们称他们为酋长或大酋长。只有殖民地宗主国家自己才有国王和王子。殖民主义以及轻视非洲人的时代已经一去不复返了。我们必须承认我们的国王和王子。"[11]

* * * * *

曼德拉总统任期内使传统领袖与民主地方政府和解的最后一步就是1998年的《市政机构法案》（Municipal Structures Act）。它为即将在2000年举行的首次全面地方政府民主选举奠定了基础，将巩固由选举产生，且遍及全国的地方政府体系。在族群认可他们的地区，传统领袖将成为议会无需选举的当然成员。然而仍有一些人感到失望并进行指责，不断施加压力以期获得更广泛的承认。

传统领袖与暴力之间的关系是令曼德拉烦恼的一个问题。尤其是在纳塔尔出现的传统领袖的抗拒，不幸地与暴力联系在一起。这一关切促使他甫一获释就抽出一天，在1990年2月25日访问了德班，并在一场集会上发表讲话。

在向纳塔尔人民致以问候之后，曼德拉说："过去是一个丰富的资源，从中我们可以汲取经验以做出未来的决定，但是它不能支配我们的选择。我们应当回顾过去，取其精华，去其糟粕。酋长制就是这样一个问题。不是仅在纳塔尔，而是在整个国家，一直存在着善良、正直的领袖，有技巧地率领他们的人民渡过了饱受压迫的黑暗时期。他们是关心人民利益并得到人民支持的酋长。我们向这些传统领袖致敬。但是一直也有一些坏酋长，他们从种族隔离制度中获利，加重了人民的负担。我们以最强烈的言辞谴责他们滥用职权。还有一些酋长，他们曾经与种族隔离制度合作，但已经看到了他们方式的错误。我们赞扬他们的回心转意。酋长的位置不是历史交给某些人按照他们的意愿来使用或滥用的东西。与所有形式的领袖一样，它赋予在位者特殊的责任。正如本身也是酋长的卢图利所说：'酋长首先是他的人民的仆人。他是人民的发言人。'

"祖鲁王室今天继续享有子民的拥护。它有光荣的历史。我们相信，它的成员们将以促进全体南非人福祉的方式行动。

"非国大为所有赞同一个自由、民主、没有种族歧视、团结的南非的人提供了家园。我们承诺在我们的国土上建设一个统一国家。我们的新国家将包括黑人和白人、祖鲁人和阿非利卡人，以及使用其他语言的人。非国大主席、大酋长卢图利曾说：'我个人相信，在南非，带着肤色和种族的多元化，我们将为全世界展示一种民主的新形式。我认为，对于南非中的我们来说，为世界树立一个新榜样是一个挑战。'这就是我们今天所面临的挑战。"

需要克服的最大困难是自曼德拉获释以来，纳塔尔的状况并未得到大的改变。"即使现在我们一起站在新南非的门槛上，纳塔尔仍处在烈火之中，"他说，"兄弟在冤冤相报的战争中厮杀。在这场争斗中，每个家庭都已经失去了他们的至亲。"[12]

1990年代的纳塔尔成为向民主过渡的主要障碍，这是历史长久的悖论之一。这个省反对殖民入侵的战斗是赫赫有名的，更不用说，这里是1912年非国大的创立者约翰·兰加利巴莱·杜贝和皮克斯利·卡·伊萨卡·塞米的出生地。1960年成为诺贝尔和平奖的第一位非洲获奖者、从1952年12月到1967年7月担任非国大主席的

第八章　传统领袖与民主　　221

阿尔贝特·卢图利酋长，也是纳塔尔人。

在几乎所有讲演中，凡是讲到毁灭这个省的分裂悲剧，曼德拉绝不会忘记用祖鲁族反对殖民主义的抗争来引述他们光荣的历史。1970年代和1980年代激进工会运动的再次涌现，主要归功于纳塔尔的工人。但是从1980年代中期之后，纳塔尔陷入了暴力和致命的冲突中不能自拔，10年间估计有2万人因此死亡，其中大部分发生在1990年解放运动解禁之后。[13]

种族隔离政权的安保力量——警察和武装情报人员——挑起暴力事件并犯下暴行，根据大量特工提供的证据，他们向当时控制夸祖鲁班图斯坦的因卡塔自由党提供物质和行动上的支持。[14]不论种族隔离政府如何诡诈地试图阻碍夸祖鲁班图斯坦的民主变革，它还是发现自己输给了非国大，非国大几乎已成功地将所有其他班图斯坦纳入自己的阵营。[15]

在安保力量内部的支持下，因卡塔自由党施加了巨大压力来实现它的宪法目标——可以说是用违宪的手段——在整个里夫地区（现在的大约翰内斯堡地区），特别是在东兰德和今天姆普马兰加省的许多地方造成了严重破坏。在1994年选举之前的3个月中，约有1000人被杀害。因此曼戈苏图·布特莱齐在最后时刻放弃抵抗、选择参加选举起了关键作用，制止了暴力并为过渡和不受阻挠的选举铺平了道路。

尽管如此，随着暴力事件持续发生，和平是不稳定的。使夸祖鲁—纳塔尔恢复正常是曼德拉总统任内要优先解决的问题之一。尽管没能根除政治暴力，但他采用了综合治理战略，总体来说减少了暴力的运作空间并切断了为隐蔽力量输送养分的脐带。更好的安全保障和更自由的政治活动促进了这个省的正常化，并使它融入新生的南非。

*****

曼德拉在整个任期，对夸祖鲁—纳塔尔省传统领袖的态度是矛盾的：

"首先人们必须承认，这里的人民怀有强烈的民族主义情感，自豪而勇敢。他们受到沙卡国王——他被称作凝视天堂的人（uNodumehlezi），或用一些殖民历史学者的称法，'黑人拿破仑'——辉煌成就的巨大激励。

"在我与祖鲁部落的长期交往中，我发现他们中的大多数是我深深尊敬的人。

"我对内政部部长曼戈苏图·布特莱齐怀有巨大的尊敬，特别是作为一位令人敬畏的幸存斗士。他在两次自由公正的选举中打败了我们，第一次是在1994年4月，再一次是在1999年6月。我们用这样的事实作为反对他的武器：众所周知，他是一位班图斯坦领导人，虽然他拒绝像其他班图斯坦已经做的那样要求独立，但他与种族隔离政权密切合作，后者为他提供资金反对制裁和压制武装斗争。他建立了南非工人联盟团结工会（United Workers Union of South Africa，UWUSA）以破坏南非工会大会和南非共产党进步且充满活力的政策。我们甚至还有比上述更具破坏力的指控，但所有这些都没能损害他的声誉，直到今天他仍然是一位不可小觑的强有力的政治人物。

"但是没人能够否认，那些有影响的传统主义者仍然有一个坚硬、傲慢的内心世界，认为自己优于这个国家的其他非洲人群体。一次在德班举行的与祖鲁部落传统领袖的会议上，吉迪恩·祖鲁王子（Prince Gideon Zulu）指责我，认为我让恩德贝莱（amaNdebele）的马伊谢二世国王（King Mayishe II）与他们的国王平起平坐，是对整个祖鲁部落，特别是他们的国王兹韦利蒂尼的侮辱。我尖锐地批评了这种傲慢的做法并直截了当地告诉他，我们国家有许多受到高度尊敬的君主。我指出，恩德贝莱就是一个自豪且无所畏惧的部落，曾在我们的历史上做出重要的贡献。我补充道，在祖鲁方面认为这个国家只有一位黑人国王，这是一种危险的错觉。

"特兰斯凯有一块有争议的地区，东蓬多兰的塔蒂祖鲁·西卡乌（Thadizulu Sigcau）国王和兹韦利蒂尼国王都宣称该地归自己所有。两位国王、布特莱齐部长和我在那个地区出席了一次会议。当塔蒂祖鲁被晾在一边并被告知要坐在兹韦利蒂尼和布特莱齐的后面时，我感到震惊和尴尬。尽管我对兹韦利蒂尼抱有高度尊重，但我无法保持沉默。我进行了干预并确保塔蒂祖鲁与兹韦利蒂尼并肩坐在第一排。

"在这个著名的部落中有许多像雅各布·祖马和本·恩古巴内（Ben Ngubane）博士一样的成员，前者是非国大副主席，后者是因卡塔自由党党员，也是艺术、文化和科技部部长。这两位政治家是领袖中的光辉榜样，他们总是把国家的福祉置于个人和党派的利益之上。他们思想开放，致力于我们人民的团结。"[16]

尽管曼德拉和布特莱齐在政治和社会经历上曾有过交集——两人都是福特海尔大学的学生，并曾共同隶属于非国大青年团——但布特莱齐还是给曼德拉出了一个难题。在场的非国大成员曾受到纳塔尔暴力的严重攻击，因此他们对待因卡塔自由党的态度日趋强硬，而布特莱齐则成为他们怒火的焦点。曼德拉呼吁纳塔尔相互厮杀的各个党派把他们的弯刀"扔到大海里去"所引发的负面反应，并没有因为几周之后他提出与布特莱齐会见以促成和平的想法而得到平息。"[17]

"非国大执行委员会并没有反对我与布特莱齐会谈，"他告诉理查德·斯滕格尔，他是撰写《漫漫自由路》的合作者，"1990年发生的事情是，我到了彼得马里茨堡并受到了热烈的欢迎。那是很困难的，你知道，我的鞋一度都掉了，你看——因为没有适当的警戒，人们只是在周围拥挤着，你知道那种情况……但他们是非常热情的。我发现甚至要开始演讲都非常困难。但是当我开始演讲时，我在演讲中说：'德克勒克先生、布特莱齐先生和我将不得不到有麻烦的地区向人们呼吁和平。'就在那个时候，人们想要阻止我说话。就是同样的人，他们刚才还向我展示了他们的热爱。当我提到布特莱齐的名字时，他们根本不想听。他们说：'你不要与这样的人说话，他的组织一直在屠杀我们的人民。'"[18]

曼德拉会与布特莱齐保持着真诚的甚至有人会说是友好的关系，是因为后者拒绝了种族隔离政权在班图斯坦自治问题上的花言巧语，并一直让曼德拉"知晓外面正在发生什么"。然而非国大中的很多人不这样看，包括流亡中的领导，像全国执行委员会成员约翰·恩卡迪蒙就曾在自由广播电台上（Radio Freedom broadcast）宣布，"傀儡加查*[·布特莱齐] 已经被西方和种族主义政权打扮成未来自由南非的若纳斯·萨文比（Jonas Savimbi）†。南非人民的责任就是使这条正在毒害他们的毒蛇失去作用。需要重击他的蛇头"。[19]

已故的非国大和南非共产党著名理论家亚布拉尼·诺贝尔曼·恩杜马洛（Jabulani Nobleman Nxumalo）曾用笔名姆扎拉（Mzala）写了一本书：《加查·布特莱齐：双面酋长》（*Gatsha Buthelezi: Chief with a Double Agenda*），驳斥了任何认为布特莱齐

---

* 加查（Gatcha）为布特莱齐的中间名。——编者注
† 若纳斯·萨文比，争取安哥拉彻底独立全国联盟的建立者之一和领导人。这个反共产主义的民族主义运动在南非种族隔离政府的安全部门和美国中央情报局的暗中支持下反对安哥拉的安人运政府。

曾在反对种族隔离的长期斗争中发挥了积极影响的说法。他引证布特莱齐缺席了所有重大事件：反对1951年《班图权力法》（Bantu Authorities Act）的颁布、1952年蔑视不公正法令运动期间的群众动员、人民代表大会的准备活动和《自由宪章》的通过。"这次活动包括的不仅是非国大成员，1955年6月26日，来自社会各阶层的人民参加了大会并派代表到克勒普敦（Kliptown）。布特莱齐既不是参会代表也没有派代表参加。"[20]

曼德拉自己曾向斯滕格尔解释，布特莱齐"没有遵守因卡塔自由党和非国大之间达成的协议……［因此］我们的人对他很恼火。你知道，因卡塔自由党是非国大发起的，作为非国大在国内的合法武装，并且为此目的还达成了协议"。但是，曼德拉说："因卡塔自由党现在已经成立了，布特莱齐决定……脱离非国大，把它发展成他自己的政治组织，这就损害了两党的关系。"[21]

作为遏制夸祖鲁—纳塔尔省暴力策略的一部分，政府制定出一个应对冲突的方案，其中和平是最主要的政治主题。要让传统领袖摆脱政党政治的控制，安全行动要依靠情报收集和秘密活动。曼德拉指出，非国大一直"毫不怀疑地相信，暴力的背后隐藏着一只黑手"。[22] 他也认为，高层领导应在采取充分安全措施的情况下深入"这些危险地区"。曼德拉感到，"没有比高层领导在这些问题地区持续缺位更令斗争中的群众灰心的了"。[23]

正如曼德拉在应对阿非利卡右翼的暴力威胁时曾寻求P. W. 博塔的支持，现在他请求古德威尔·兹韦利蒂尼国王的帮助。曼德拉说："我的目标就是和古德威尔·兹韦利蒂尼国王形成一种独立的关系，与我和布特莱齐酋长的关系分开。国王是祖鲁真正的世袭领导人，祖鲁人热爱并尊敬他。在夸祖鲁，对国王的忠诚要远远超过对因卡塔自由党的效忠。"[24]

在实施这一方案的过程中,他从没有屈服于任何困难,为了实现和平使出浑身解数。沃尔特·西苏鲁曾经形容他的这位同志和学生为一个非常顽强的人,并补充说:"很少有人能具备纳尔逊的品质。纳尔逊既是一名斗士,也是一位和平缔造者。"[25]

兹韦利蒂尼国王逐渐接受了这样的观点,作为人民分属不同政党的国家的国王,他是唯一超越党派政治纷争的传统领袖。

持续的暴力和煽动性的讲话激起了曼德拉愤怒的回应。一切都始于 1995 年德班西南约 25 公里一座无序扩张的城镇乌姆拉济(Umlazi)的五一节集会。在这次集会的一周前,布特莱齐在同一个体育场发表讲话,号召他的支持者们,如果因卡塔自由党的宪法要求没有得到满足,就"起来反对中央政府"。[26] 当警察使用橡皮子弹和催泪瓦斯驱赶从早晨就聚集起来的居民并阻止因卡塔自由党的支持者们向集会地点行进时,不屈不挠的曼德拉继续他的讲话。南非《邮政卫报》(*Mail & Guardian*)的一篇文章描写道,"当更多的橡皮子弹迫使他的支持者躲到会场外一排排公共汽车后面时,曼德拉脱稿演说,并脱口而出可能是他总统任上最具攻击性的言辞:'[因卡塔]应该知道,给他们钱的是[中央政府],他们现在正在用这些钱来反对我的政府……如果他们继续这样做的话,我将收回这些钱。'"[27]

总统办公室对此大吃一惊,很快向媒体通报,在当时的语境下,曼德拉的威胁只不过是对这个省的一个"适时的警告"。[28] 如果不加解释,这就已经构成违宪了。后来在议会上,曼德拉意识到他的言论引起的政治风暴,从而进行了详细的阐述。

他说,缓和夸祖鲁-纳塔尔省的紧张是"政治家面临的最紧迫的一项当务之急"。提到宪法,他提醒众议员们和参议员们,人的生命要比宪法更重要,而且他将介入以保护人民的生命,因为当时人民的生命正处于危险当中。[29]

"我已经向民族团结政府内外的政党领袖们报告了夸祖鲁—纳塔尔省当时的严重局面。布特莱齐酋长已经公开号召祖鲁人起来反对中央政府。他已经表示，如果他们不能得到民族自决的权利，就不值得活着。他不仅发表了那样的声明，并且也正在那个省将这种威胁付诸实施。"[30]

他列举了一长串由于因卡塔自由党违法而造成的人员伤亡，指责反对党成员在人权问题上的虚伪。他说：

"那些从来不了解人权和民主传统的议员们现在却在对那些给这个国家带来民主和人权文化的人指指点点。他们现在谈论宪法的神圣，然而当他们执政时，却用微不足道的借口干扰宪法的实施。他们甚至修改了这个国家保护人民语言权利的刚性条款，并剥夺了人民最重要的权利之一——有色裔人口在这个国家的投票权。而现在他们却在教育我们宪法的神圣性。"[31]

曼德拉疲倦但非常迅速地结束了他的讲话，解释了是什么促使他发出从夸祖鲁—纳塔尔收回拨款的威胁：

"我同意，宪法是非常重要的。如果一个国家的总统威胁要改变宪法，那将是一件引起严重关注的事情，但我决心要保护人民的生命。认为这个国家的白人不关心黑人的看法是存在的。我可能不同意这种看法，但它是确实存在的。而这里的讨论甚至不提我采取这样严厉的立场，主要原因是为了保护人民的生命，这就非常不幸地充分肯定了上述看法。"[32]

一个月之后，当参议院就总统预算进行辩论时，这个问题又再次被提出，这次是和选举前对约翰内斯堡非国大总部贝壳屋外面的因卡塔自由党示威者开枪的问题一起提出的。在此，曼德拉提醒下院注意国民党所起的作用，它在利用因卡塔自由党作为其爪牙：

"不论因卡塔自由党最初是为什么成立，国民党很快接手并利用它们来破坏这个国家的民主，破坏联合民主阵线，现在又针对非国大。议员们必须记住，当时任总统德克勒克先生被问及他是否给予因卡塔自由党800万兰特另加25万兰特时，他说，是的，但他已经停止了这件事。

"正在夸祖鲁—纳塔尔省发生的事情是国民党计划的一部分。即使是现在，人们也可以从他们自身[在辩论中]处理这件事的方式看出这一点。我相信，他们在表述有关看法时是非常诚实的，但他们非常习惯于操纵因卡塔自由党，从而使自己不被抓住把柄……把问题仅仅归于非国大和因卡塔自由党之间的冲突是不准确的。国民党在这整个事件中是有罪的党派，因为他们数十年来一直煽动因卡塔自由党去做某些违反国家法律的事情。这也就是为什么他们无法与因卡塔自由党现在做的错事脱离干系。

"自出狱以来，我一直在与因卡塔自由党进行讨论。我们举行的所有会议都是我本人发起的，没有一次是因卡塔自由党发起的。然而所有其他人发起的会议非国大都接受。我们作为组织进行讨论。我打电话给布特莱齐酋长，和他进行一对一的讨论。所有这些都没有解决任何问题，但是现在国民党在这里能说的只是，我应当与布特莱齐进行讨论。

"为什么今天我应该重复过去5年中我一直在做，但是没有解决任何问题的事呢？难道他们就那么技穷，除了说我应该重复5年来我一直在做的事情之外就没有任何新的建议了吗？那就是他们正在说的！如果不是，他们应该告诉我，我应该做什么。我已经试了谈判、说服，但是迄今没有任何进展。我现在应该做什么？"[33]

几天之后，仿佛是在回应曼德拉这些愤怒的问题，内阁宣布了打击夸祖鲁—纳塔尔暴力的具体步骤。一个包括总统、两位副总统

第八章　传统领袖与民主

和内政部部长在内的工作组成立了，标志着重心从激烈的公开争论转到为实现稳定而进行的协调安全行动。情报官员和侦探人员将与增加的部队和警察一起被部署在这个省。一个覆盖全国的社区安全计划聚焦于已发现的危险地区，调查任务小组（Investigation Task Unit）继续他们侦破暗杀小队秘密网络的工作。[34]

一次情报方面的突破揭露了"隐蔽黑手"或"第三力量"的卷入，并在1992年导致了对1988年纳塔尔乡村特拉斯特费德（Trust Feed）的屠杀事件涉案警官的判决。*艰苦的侦破工作揭露了中央政府和黑人家园安全机构的上层人员介入的程度。[35]

高层政治人物的暴露导致了进退两难的局面，例如9月份该省的总检察长发现自己要面对起诉因卡塔自由党和夸祖鲁高级警官的局面。在某些案例中，考虑到和平带来的利益要高于起诉因卡塔自由党高官的不确定性，非国大选择了稳定。应对滋生繁衍了数十年的暴力需要一个渐进的过程。暴力事件仍在继续，谋杀仍有发生。

曼德拉不得不在一个千疮百孔、危险和残酷到不可救药的国家维持法律和秩序，这个国家已经繁衍出像西菲索·恩卡宾德（Sifiso Nkabinde）这样的怪兽，作为夸祖鲁的一名军阀，他的恐怖统治直到1999年他在家人面前被枪杀才结束。讽刺的是，早些时候，在一次疯狂的屠杀中，他曾试图谋杀自己的母亲未遂。恩卡宾德在堕落之前曾是一位非国大领导人，后多次叛变。他的死标志着安全机构孵化的暴力组织被拔去了獠牙。

1996年11月，在政府5年任期过了一半时，曼德拉能够就迈向一个不完美和平的长征之路向非国大执行委员会做出报告。他的

---

* 特拉斯特费德是夸祖鲁—纳塔尔的一个社区，1988年，11人被杀。警督布莱恩·米加尔（Brian Mitchell）和4名巡警被判定谋杀了这11个人。他们被判处死刑，后减为无期徒刑。

笔记反映了他的乐观情绪：

"作为一项主要成就，夸祖鲁—纳塔尔省的工作取得进展的原因包括坚定的态度、情报指导的行动，以及政治、宗教和其他领导人的作用。取得成功的迹象可以从这个事实得出判断：在过去3个月中，只有27起政治性质的暴力事件记录在案。"[36]

* * * * *

尽管到1999年第二次全国大选时，暴力尚未根除，但是情况已经比5年前好多了。有时被证明对竞选者有致命危险的禁区已经减少了。兹韦利蒂尼国王和夸祖鲁—纳塔尔省的其他传统领袖推动参与选举并呼吁宽容。但是和这个国家的其他地方一样，紧张仍然存在，并且这个省仍然存在着南非最大的贫困农村地区。传统领袖与民主体制的结盟才刚刚开始，仍然有大量的工作要做。过渡时期给祖鲁国王留下了罕见的地位和权力，这两方面在未来都将被证明是存在问题的。

第九章
国家转型

1964年6月12日是南非历史上最黑暗的日子之一,曼德拉和其他7名民族之矛成员开始了他们作为被判无期徒刑的囚犯的新生活。尽管曼德拉后来对这一时期轻描淡写,不无幽默地说,他"度了一个27年的长假",但就在他离开比勒陀利亚法院的那一刻,45岁的曼德拉已经决定,他绝不能被监禁打垮。在囚禁中活下来需要巨大的精神力量——他必须用那些使内心更坚定的东西来武装自己,而抛弃所有可能使他软弱的事物。由于监狱中没有德高望重长者的教诲,曼德拉不得不依靠阅读那些使他坚持下来的书籍,并用他所读到的同样境遇下其他人的生活经历来鼓舞自己。[1]

曼德拉在被监禁前、监禁期间和获释后所阅读的书单中充满了回忆录、传记以及史诗小说,它们共同的特点就是记述了人类在面对不可逾越的巨大困难时所进行的斗争与所取得的胜利。扬·史末资、德尼斯·赖茨(Deneys Reitz)、列宁(V. I. Lenin)、贾瓦哈拉尔·尼赫鲁(Jawaharlal Nehru)、卡尔·冯·克劳塞维茨、夸梅·恩克鲁玛（Kwame Nkrumah）和卢图利酋长的回忆录或传记与《斯巴达克斯》(*Spartacus*)、《战争与和平》(*War and Peace*)、《魂归伤膝谷》(*Bury My Heart at Wounded Knee*)或《西行漫记》(*Red Star Over China*)放在一起。[2] 其中也有菲律宾虎克军（Hukbalahap）游击队领袖路易斯·塔鲁克（Luis Taruc）的著作，他的回忆录《出身于民》(*Born of the People*)是曼德拉领导民族之矛时的重要文本，塔鲁克关于农民反抗和游击战争永无休止的描述是如此悲凉。[3]

曼德拉不得不攀越的高山之一就是国家的转型。正如1947年尼赫鲁成为首位印度总理的喜悦，很快就被教派之间的杀戮和克什米尔冲突的巨浪所带来的沮丧一扫而空那样，曼德拉作为一场难产的助产士，不得不坚毅地面对种族隔离政权造成的破坏，并着手鼓舞沮丧的大众。正是在这里，曼德拉可以从尼赫鲁的书中得到借鉴，这位印度领导人相信，可以通过联合国等多边组织的介入来解决冲突。

在曼德拉的领导中，核心工作之一是不断提供对未来乐观的理由。他把这视为最重要的工作之一。曼德拉知道，他继承的是一个被废弃的、千疮百孔的国家机器，而他必须避免那种当殖民政权让位给解放运动时新独立国家普遍遭受的失败。那些定居此地的人，或原先的种族隔离政权及其支持者，是南非人，而不是外国殖民力量的附属品。那些定居者，他们过去就已经定居了，南非是他们的家乡。过渡不可避免地要对现有的国家工作人员做出安排。

曼德拉政府必须重新定位这个国家并调整其优先事项。它必须理顺如今各自为政的局面。正如阿利斯特·斯帕克斯所说："在城市、乡镇和农村，由于地方政府机构植根于异常复杂的种族隔离体制，不同种族在现实中和政治上都被隔离开来，这样的一个大杂烩迄今已被重新整合为一个紧密联系的实体。"[4]

在所有这些发生的同时，公务员队伍需要反映这个国家人口的多元化。对于这种复杂性，曼德拉采取了务实的态度。

"当我们赢得选举、担任公职时，"他说，"我们并没有获得对政治权力的控制。获得政治权力意味着我们必须控制公务员，控制安保力量，即警察和军队；我们必须在通信等领域有我们的人。这需要花一些时间来组织。在开始的几个月或第一年，我们将严重依赖现有的服务。但是重组的进程必须马上开始，把我们合格的人选部署到做决定的政策机构中去。并且我们必须预见到，随着我们训练更多的人，这将需要花更多的时间。"[5]

除此之外，当然还要建立 9 个新的省级行政机构，以取代现有的 4 个省、10 个班图斯坦和 2 个服务于有色裔和印度裔人的准行政机构，以及建立一个新的地方政府系统。

在谈判期间达成协议的"落日条款"（sunset clauses）保证了在整合期间旧制度下的公务员依然保有职位。同样，公共行政委员会（Commission for Public Administration）——后来成为公共服务委员会——负责人的留任，保证了一个平稳的过渡并减少了反革命活动的可能。

这些成功有时也会被一些困难打断，损害了已取得的进展。非国大缺乏执政训练和相应的能力是人们的主要担心。将成为公职与行政事务部部长（Minister of Public Service and Administration）的佐拉·斯奎伊亚（Zola Skweyiya）直言不讳地指出："当谈及行政部门、公共服务的问题时，我不想说谎，"他说，"非国大方面过去从来没有做过很多准备。"[6]

一向以说话率直为特点的曼德拉也指出这个问题，他说："我们有长期奉行的政策，但是我们没有经验。"[7]

如果说非国大的领导人和高级干部在公职与行政方面——如在

安全部队管理上——缺乏专业知识，那么他们是通过在谈判期间和过渡时期执行委员会中向种族隔离政权的工作人员学习来弥补短板的。过渡时期执行委员会的第一次会议于1993年12月7日举行，其子委员会涵盖了各个方面，包括地区和地方政府暨传统领袖、法律与秩序暨安全与安保、国防、财政、外交、妇女地位和情报。那些涉及安全、国防和情报的部门要制定出行为规范和监督控制机制，这是选举后新的民主政府的出发点。非国大坚持，这些部门要停止过去的运作方式，并符合民主的道德观。[8]

正如前面已经说到的，对于曼德拉来说，安全是稳定过渡的关键，是实现他的民主理想的基石。他的看法是，下一步就是要确保原先政权的官员被新政府接受，并作为积极的监管者和未来的创建者参与新的民主体制。此外，在南非新生的民主体制最初的日子里，大量有价值的违反人权的资料尚未披露，对安全力量的贸然重组有可能造成证据损毁，使政府失去了解过去并确保历史不再重演的关键资料。[9]

1994年11月，进入民主体制6个月之后，了解到安全机构的成员卷入了企图阻止重要转型的活动时，新的安全与安保部部长（Minister of Safety and Security）悉尼·穆法马迪请曼德拉向高级警察指挥官讲话。曼德拉为他们召开了闭门会议，在讲话中不时地扫一眼他为这次会议准备的讲话笔记。他知道，整个世界都尊重的一条法则就是，警察部队——任何警察部队——都必须靠严格的团结准则来维系。而且警察通常鄙视软弱，因此他必须同等程度地表现出坚定与安抚，这是消灭小团体趋向的较好办法：

"我乐于有这样的机会来与[南非警察总署]指挥机关交换看法。你们负责执法，只有取得了政府的全力支持才能实现这个目的。

"我不是作为任何政党的代表来到这里，既不是国民党，也不是非国大，而是作为这个国家政府的首脑。

"我主张这样一支警察力量，它致力于为整个国家服务，而不是为某一个政党。

"我主张这样一支警察力量，它保持着最高的专业标准，即使在彻底的重组和警察工作的重新定位过程中也应保持那样的高标准。

"我们必须进行那样彻底的转型，但是我们希望转型能得到警察指挥官和全体指挥部警员的合作。"[10]

几乎没有一个南非人不曾经历过与警察有关的痛苦故事。如果说全世界都经常对警察持一种怀疑的态度，那么在种族隔离政权的全盛时期和曼德拉正在领导的过渡时期，这种态度更甚。因为只要存在合法的种族隔离，对警察残暴的描写就会成为南非文学和歌曲的特色，而且几乎所有乡镇舞台都用警察作为国家残酷统治的代名词。曼德拉对此十分清楚，因此他劝说警察部门深刻地自我反省，解决其合法性的问题：

"现在有一种观点，认为你们在反对转型，你们想要捍卫这支力量的种族主义本质，即白人少数处于支配地位，而黑人是劣等人口，如果这种观点得到加强，那将是令人遗憾的。

"你们一定不要让人看起来只有在压力下才屈服于这些改变。

"你们一定不要忘记，我们正在给这个国家带来的变化是由我们国家中被压迫人民的斗争取得的，他们中的一些人付出了高昂的代价。许多人死于警察的拘禁，另一些人在拘留中受到残酷的折磨以致终生残疾。他们绝不会允许，特别是在他们现在掌权的情况下，任何政府机构或部门破坏他们实现更好生活的计划。

"你们也一定不要忘记，全世界人民的眼睛都在注视着南非。

"尽管在选举之前的选战期间，种族隔离体制整体上犯下了暴行，具体到警察亦然，我呼吁我的人民忘记过去，为了和解与国家重建而工作。

"除了一些不重要的个例之外,全国人民对这个消息的反响极好。现在黑人和白人、尚加纳人(Shangaan)、文达人和索托人(Sotho)、阿非利卡人以及说英语的南非人正为建设一个新南非而并肩工作。

"警察一定不要让人看起来是在反对这场运动和这种精神,只是口头上赞同这种想法,而实际上不分白天黑夜地破坏我们正在进行的工作。"[11]

曼德拉继续告诉他们,他不仅向曾在司法制度下遭受过巨大痛苦的大部分南非黑人发出呼吁,请他们从内心改变对警察的看法,而且也采取了具体的步骤来确保和平的过渡。在选举前几个月,他曾与范德梅韦将军会面,并在1993年1月16日向南非防卫军的指挥人员和南非警察部的指挥机关讲话。

"南非警察部已经做出非常积极的回应,"他说,"他们在就职仪式那天的表现给人留下了极其深刻的印象,南非防卫军也是如此。南非警察部的将军们一定不要让人看起来像是反对这个发展的方向。

"如果在目前的变化中,我们没有起到让人民看得见的作用,过去的阴魂就会继续缠绕着我们。在犯罪情况中,暗杀小组的活动仍然是一个令人不安的地方,南非警察部未能将他们绳之以法是我忧心的根源。"[12]

他一口气道出了让他烦恼的事情:对警察卷入因卡塔自由党成员军事训练的行为缺少惩戒处分,搜寻因卡塔自由党非法训练营未果,对因卡塔自由党公然蔑视法律非法携带武器视而不见。他谴责南非警察部的双重标准,一方面以激烈得近乎恶意的方式发起反对非国大的行动,另一方面却对尤金·特雷布兰奇领导的阿非利卡人抵抗运动于选举之前在博普塔茨瓦纳杀死数十人袖手旁观。*对于警察卷入犯罪活动，曼德拉指出高犯罪率会打击未来在南非的金融投资，并以表达对普通警员工作条件的关切结束了他的讲话。[13]

曼德拉和警界有很多这样的接触，一些是由于情况紧迫引起的见面，另一些是由于曼德拉需要知道警察仍然工作在正确的轨道上，从而使自己放心。据塔博·姆贝基所说，曼德拉除了从不错过内阁安全与情报委员会（Cabinet Committee of Security and Intelligence）的会议之外，也会与所有层级的警察直接交流。除了闭门会议上直言不讳的交谈之外，曼德拉也公开呼吁社区支持警察，他赞扬了警察在接受新南非方面所做出的努力。

穆法马迪回忆道，作为主管安保的部长，他会建议曼德拉何时应当会见警察。但经常是曼德拉"主动提出和警察会见，只是想知道他们对于不断变化的形势有什么看法"。在曼德拉认为合适的情况下，

> 他会提出建议，并鼓励他们［警察］专注于他们的工作。有时某一类型的犯罪成为国家要优先治理的犯罪，例如抢劫运钞车，一度成为有组织犯罪中令人头疼的犯罪趋势。在一些案例中，抢劫犯曾受过军事训练。我们成立了一个专门机构对此进行调查。曼德拉知道这种情况后，他说，"我能见见他们并听听他们对这一任务的想法吗？我们是否已经提供了他们足够的资源展开工

---

* 在1994年初，博普塔茨瓦纳的总统卢卡斯·曼霍佩试图镇压那些要求这个黑人家园重新加入南非的抗议者，他声明他的领地将抵制1994年4月27日举行的民主选举。3月7日，他的声明激发了多起暴力抗议活动和公务员的罢工。3月11日，阿非利卡人抵抗运动组织派遣武装人员支持曼佩佩，他们开枪疯狂扫射，导致42人死亡。3名阿非利卡抵抗运动组织的成员被一名博普塔茨瓦纳的警察开枪打死。

作？"当他们［专门机构］取得突破进展时，曼德拉会接待他们并表示祝贺。但即使是在用积极的语言鼓励他们做更多他们正在做的好事时，曼德拉总会和那些他不想看见其再次发生的事物划清界限，那些属于过去的东西。[14]

1996年12月，当时曼德拉本应在东开普省他的家乡库努过节，他提议与这个省的警察举行一次会议。他借用南非警察总署国家犯罪信息管理中心（National Crime Information Management Centre）的一份报告，给警官们带去了好消息。那年严重犯罪案件的数量取得了显著的下降，包括绑架、武装劫持、政治动机的暴力、谋杀和出租车暴力等。

"虽然在东开普省的一些社区中仍然存在许多问题，"曼德拉说，"例如伊丽莎白港的出租车暴力事件，贡布（Qumbu）、措洛（Tsolo）、姆甘杜利（Mqanduli）的暴力案件，以及在伊丽莎白港北部地区发生的与黑帮有关的犯罪；但在1996年，东开普作为一个省，严重犯罪水平经历了这样的下降。"[15]

东开普曾经是反对种族隔离政权的中心，这个省是相当大比例的非国大领导人的家乡。让曼德拉感到矛盾的是，东开普省作为自己的出生地，是9个省中最贫穷的一个，也是被犯罪活动撕裂最严重的省。因此这次犯罪率的下降确实是一项真正的成就，考虑到警察在与犯罪斗争的同时，"他们还参加了警察机构重组的任务，合并了一个省内的三个机构，他们正在合并特兰斯凯警署（Transkei Police）、西斯凯警署（Ciskei Police）和当时的南非警察部"。

他鼓励那些忠诚为社区服务的人，并批评"南非警察总署内部的个别分子，他们干的事情使警察名声扫地，"他认为，"事实上，那些个别分子通常是被他们自己的同事揭发出来，长此以往将会使社区相信，这些警察已经与过去彻底一刀两断了。

"长期困扰这个省的问题之一就是在不同政府部门普遍存在的腐败。一些明显窃取纳税人钱财的案件迟迟得不到解决，这样的事实无助于警察维持良好的公共形象。重要的是要记住，南非警察总署的声誉源于人们感到它全身心地投入去解决我们的人民所经历的困难问题。"[16]

1994年选举之前，范德梅韦将军告诉曼德拉，他打算提前退休。使曼德拉不舒服的是，范德梅韦要求巴锡·斯米特作为他的继任者。*[17] 然而曼德拉要求他继续留任。他想使这位将军和他的下属放心，他们将不会由于过去的罪行和不当行为而被起诉，并且新南非有他们的一席之地——当然，条件是他们加入未来的建设并且致力于确保过去的错误不再重现。但是范德梅韦对于调查暗杀队的继续存在和持续活动，抑或对参加真相与和解委员会——人们期待该委员会可以揭露持续暴力背后的机构支持——均毫无热情。范德梅韦和穆法马迪部长之间的关系开始恶化，曼德拉开始相信，他必须根据新的《南非警察服务法》（South African Police Service Act）任命首位国家警察总监（National Commissioner）。最终，曾是警察全国变革管理小组成员的乔治·菲瓦兹（George Fivaz）†接替了范德梅韦将军。[18]

在着手安全机构的改良时，正如一名建筑师看到他蓝图上的各种设计日益成为现实，曼德拉更坚定了他的立场。在他未完成的回忆录中，曼德拉用大量篇幅描述了这一情况：

---

* 巴锡·斯米特疑似与著名宗教领袖弗兰克·奇凯尼（Frank Chikane）1989年收到有毒T恤的谋杀未遂案有关。他还曾为已被定罪谋杀多人的杀人犯和前安全警察尤金·德科克（Eugene de Kock）颁发了一枚勋章。

† 乔治·菲瓦兹，见"附录二"。

"正是在那种情况下，乔治·菲瓦兹成为新的国家警察总监。悉尼·穆法马迪成为安全与安保部部长。他们两人是创建一支新的南非警察部队最重要的先锋，这支部队全心全意地为我们全体人民服务，不论他们的肤色和信仰。1996年出台的国家预防犯罪战略（National Crime Prevention Strategy, NCPS）和其他后续政策文件实事求是地分析了安全与安保部面对的巨大挑战。

"文件指出，1994年的首次民主选举没有带来一个治安体制，能够从种族隔离政权构筑的11支警察部队体系中创立起合法的警察服务。

"文件提醒我们，南非的警力传统上是高度集中、准军事化和专制性质的。尽管这些特点确保警察在种族隔离政权下能有效地控制政府的政治反对派，但这也意味着，他们在新的民主体制下控制和预防犯罪的能力是十分糟糕的。

"在种族隔离政权统治下，文件强调，警察部队缺乏合法性，仅仅作为一个控制工具发挥作用，而不是一支全心全意地确保全体公民安全的治安服务力量。因此在历史上，警察从没有任何兴趣去应对黑人地区的犯罪。1994年，这个国家中高达74%的警察机构坐落在白人居住的郊区和商业区。

"城镇地区的警察过去是用于监视和应对针对种族隔离政权的集体示威的。这种治安模式势必需要警力的机动性，对技能和组织的要求非常不同于民主秩序中对警察的要求，因为民主体制中政府寻求的是确保所有公民的安全。这种遗产造成了大量严重后果，削弱了警务部门打击犯罪活动的能力。

"研究指出，专制性质的治安维持几乎没有追责和监督机制，也不需要公众合法性即可发挥作用。因此当民主体制在南非出现时，追责和监督机制并不存在。

第九章　国家转型

"新的机制，如独立申诉署（Independent Complaints Directorate, ICD）——一个申诉机构，其任务是调查在南非警察总署内部发生的违法现象，它不隶属于警察系统，但可以直接向部长报告——从制度上限制了侵犯人权现象的发生。

"分析认为，南非警察总署没有其他民主社会警察的特点，即犯罪刑侦的历史。在许多地区，保证罪犯被起诉的证据收集、整理和呈现的能力薄弱。这与其他指标一起，都反映在南非警务机构的训练水平和刑侦经验上。

"1994年，仅有约26%的侦查人员曾经接受过正式的侦查训练课程，只有13%的侦探有超过6年的工作经验。而不管怎样，1994年以前，警察力量中这些侦探技能的运用都集中在白人居住的地区。

"根据这一研究，犯罪刑侦方面的问题同样存在于犯罪情报领域。情报搜集机构的定位是针对种族隔离政权的政治反对派的。其后果是，犯罪情报机构，尤其因为涉及的是形式日益复杂的有组织犯罪，需要立即改进。

"1994年之前治安的目的集中在政治控制上——这与其他社会的发展形成鲜明对照——意味着当时南非对防止犯罪的认识和实践严重滞后。

"国家预防犯罪战略是最重要的措施，目的在于使南非获得可持续的稳定。它包含两个范围广泛且相互不可分割的部分，即加强执法和预防犯罪，特别是预防社会犯罪。

"这一研究补充道，如果所在的环境持续产生高犯罪率，那么推动加强执法的意愿就会被削弱。国际经验表明，在治安和刑事司法机制不健全的情况下，先进的预防犯罪战略也只能取得有限的效果。

"需要的是针对国家、省和地方层面特定形式的犯罪原因而制定的预防社会犯罪的实施计划。这种方法也承认更大范围的政府经济发展和社会政策对预防犯罪的影响。有效地提供诸如住房、教育、医疗保健以及创造就业岗位等基本服务，本身就起了重要作用，因为这可以确保一个不利于滋生犯罪的生活环境。

"我已经概括地介绍了这一坦率客观的警界研究，以表明悉尼·穆法马迪和乔治·菲瓦兹如何准确地描述了新南非从种族隔离政权继承下来的这支警察力量的现状。这是两位卓越、勇敢的领导人深思熟虑的观点，在致力于服务国家方面他们具有毫无争议的资质。

"他们给出的这一简明扼要的信息说明，如果我们想要降低正在摧毁这个国家的不可接受的高犯罪率，就需要一支新的警察力量，与服务于种族隔离政权的完全不同。只有一支褪去了准军队和专制特点，在民主秩序下接受了现代方法训练的警察力量，才能帮助南非实现这一目标。

"正直的评论员会赞扬安全与安保部的分析能力和深刻见解，任何一位诚实的分析者，不论是黑人或者白人，都不可能期待这一目标能在 7 年的时间内实现。[19]

"1998 年 5 月 28 日，悉尼·穆法马迪在他的预算报告中，引用了《南非种族关系研究院调查报告（1993—1994 年）》（*South African Institute of Race Relations Survey*, 1993/94）中的一段话：

> 1992 年，谋杀和武装抢劫，以及攻击老年人和警察的案件已大幅上升，同时白领诈骗案也在急剧提升。
>
> 1993 年 5 月，法律和秩序部部长（Minister of Law and Order）赫尔纳斯·克里尔在议会上说，1992 年在南非有超过 2 万人死于政治和犯罪暴力。南非每年有 38 万起强奸案，其中 95% 的受害者是黑人……

第九章　国家转型

从1983年到1992年的10年间，谋杀犯罪率上升了135%，抢劫罪上升了109%，入室盗窃罪上升了71%，汽车盗窃上升了64%。然而还有很多犯罪没有报案。[20]

"悉尼·穆法马迪补充说，这确实展示了一幅可怕的严重犯罪率呈几何级数持续上升的图景。

"正是针对这一背景，政府改造警察力量的成绩必须要展现出来。然而必须承认，即使在种族隔离最黑暗的时刻，也有许多警察，有黑人也有白人，有男人也有女人，保持最高的标准，在执行任务时是专业的，并尽他们的最大能力，不加区别地为所有人口服务。

"但这是少之又少的。他们是例外而不是惯例。

"绝大多数警察完全接受了种族隔离政权不人道的政策，并一直作为工具，为这个国家最残酷的种族压迫形式服务。这些人中有一些依然是现在警察力量的成员，占据战略性的位置，并以无数方式阻碍一支新的警察力量的建立。

"尽管如此，悉尼·穆法马迪和他的继任者史蒂夫·奇韦特，以及乔治·菲瓦兹和［他的继任者］现在的国家总监杰基·塞莱比（Jackie Selebi），已经在建立一支能够在民主制度下维系治安的警察力量上取得了史无前例的进步，并显著地降低了高犯罪率。

"1997年5月24日，在与我讨论之后，姆贝基副总统宣布任命南非酿酒公司（South African Breweries Limited）董事长迈耶·卡恩（Meyer Kahn）先生*为南非警察总署的行政长官，任期两年。副总统解释道，这是一个新的公务职能，目的在于指导和加快南非警察总署转型为一个有效执法和预防犯罪的机构。卡恩先生将向安

---

* 迈耶·卡恩，见"附录二"。

全与安保部部长悉尼·穆法马迪报告工作。

"副总统补充道,我们选择私营部门中最坚韧、最能干的经理之一——并且他愿意接受对他的召唤——着重表明终结犯罪危害进入了公共和私营部门合作的新时代。

"这样国家警察总监菲瓦兹就可以从南非警察总署的行政负担中解放出来,集中他的全部精力在管理和控制纯警务性质的行动上。

"副总统说,目的是使警察回到第一线,并确保他们拥有正确的技能和资源来做好他们的工作。

"但事实上,政府和私营部门之间的合作在一年前就已经开始了,当时建立了一个非营利组织,商业反犯罪(Business Against Crime, BAC)组织。这个组织的主要目的是为政府打击犯罪的策略、政策和当务之急助力,并向政府转让急需的技术技能。

"这一合作被赞誉为世界上这类合作最好的实践之一。国家预防犯罪战略就是这一合作的首倡。在聘任迈耶·卡恩之后,其他全职的商业领导人也获得了商业界的赞助和任命。

"这帮助实现了刑事司法系统的现代化,打击了商业犯罪和有组织犯罪,[促进了]建立电子监控系统的巨大成功。在一个地区,电子监控导致犯罪减少了80%,在确实有犯罪发生的案例中提高了判罪率,区域巡逻所需要的警察数量减少了90%,事件发生后的平均反应时间低于60秒。

"这一清晰的评估来自商业反犯罪组织,这是警界团体的一个重要部门,它花费了大量的资源、时间和精力来改善我们警察服务的质量。

"我请迈耶·卡恩就我们关于将南非警察总署重建为一个有效的执法机构已达成一致的战略提出一份报告。他于1998年7月2日做出回应。将实施新制定的行为准则包括在他确定的机构建设重点范围之中，目的在于经过一段时间改变警察的行为和作风。

"迈耶·卡恩在报告中说，行为准则所反映出来的就是一种关心，关心你的国家，关心你的社区，关心你的同事，关心你的财产，而最重要的，是关心你的声誉。

"他指出，他当时已经在这个岗位上工作11个月了，对于接受任命毫不后悔。他相信，我们的新战略是所能采取的最好战略。他感到振奋，因为我们的统计数字清楚地表明，在重大犯罪上我们国家整体呈现稳定并略有下降的态势。鉴于经济未能增长和较高的失业率这样恶化的外部环境，他认为这是相当了不起的。此外，对于那些损害我国家士气和声誉的重大案件，我们警探们逮捕的迅速和高逮捕率清楚表明，南非警察总署的能力和奉献精神仍可以和世界上最好的警察媲美。

"然而他在报告中指出，警察预算按可比口径核算仅增加了3.7%，让人难以理解。特别是考虑到这样的背景：为了创造一个使民主和经济繁荣发展的环境，每一位南非人以及国际评论都认为，打击犯罪即使不是唯一优先的，也是最重要的。

"他很遗憾，警察部门的支出在那一年实质上至少减少了4%，这将不可避免地妨碍警察提供我们人民期待的最基本的治安保障，并无疑将使我们重建南非警察总署的中期战略陷入危险境地。

"尽管姆贝基副总统、商业反犯罪组织和迈耶·卡恩各自独立运作，但实际上都肯定了悉尼·穆法马迪和乔治·菲瓦兹对安全与安保部在努力将南非警察总署从一个不合法、没有信誉的机构转型为民主南非一个可靠的有效力量的过程中，面临巨大挑战时所做出的判断。

"他们全都明确说明了需要做出的改变并及时评估了那些措施的效果，讲到了南非警察总署与公众之间的合作，以及各种犯罪水平的逐步下降。他们的表现和成就使我们所有人为我们的国家、我们的同志、我们的警察和我们自己感到自豪。我们正在展现出自信和乐观……"[21]

"警察从1994年前毫无公共合法性的困难和痛苦的时代,到现在成为一支与公众合作、保障所有人民的安全的力量,经历了一个漫长的转型。没有一支经过良好训练的、高效的、得到公众信任和支持的警察力量,政治和经济的稳定只能是虚幻的白日梦。"[22]

* * * * *

形成鲜明对照的是,军队的转型有一个令人乐观的开始,格奥尔格·迈林将军无条件地承诺将服务于曼德拉的政府。围绕着1994年大选和就职典礼所采取的无懈可击的安保措施更加深了这种印象。但好景不长,事实证明,国防力量的转型要远比想象的曲折得多。

南非防卫军和那些名义上独立的班图斯坦——特兰斯凯、文达、博普塔茨瓦纳和西斯凯——的武装力量,以及夸祖鲁的自卫武装,必须与它们过去的敌人——非国大的民族之矛和泛非代表大会的阿扎尼亚人民解放军(Azanian People's Liberation Army, APLA),合并成一支整合的南非国防军。一旦合并完成,南非国防军这一新的实体必须进行组织合理化和裁员。

早前南非防卫军和民族之矛曾举行过会议,第一次是1990年在卢萨卡,然后是1992年。[23]但第一次具体的洽商发生在1993年4月,由时任非国大主席的曼德拉发起——他告诉非国大,"这些人想要对话"——当时非国大的高级军事和情报领导人与南非防卫军的5位最高领导人举行了会议。[24]

过渡时期执行委员会期间,在迈林将军的主持下,由南非防卫军和解放运动武装力量双方代表组成的联合军事协调委员会（Joint Military Coordinating Committee）致力于建立单一的一支国防力量，在选举开始的当天午夜生效。这导致"大量法定和非法定的武装力量整合成一支单一的、团结的国防力量"，并且建立起"公民控制国防力量的体制"。[25]

非国大通过在全国举行会议并向其在军营中的民族之矛干部传达意见来为整合做准备。曼德拉参加了其中一些会议并发表了他的看法。这些人曾加入民族之矛以掌握技能投入战斗，使国家从种族隔离政权的压迫和剥削下解放出来。现在，他们的许多同胞穿上了新整合的国防军的军装，而他们自己则不得不脱下原本的制服，那套制服曾让他们感到自己参与了有重要意义的事业。

所有穿着平民服装的战士都有一种被剥光衣服的感觉。曼德拉理解这种脆弱，这是一种被夺去了依靠的感觉。他也知道，引入自愿离职金制度是一把双刃剑，可能会削弱新的国防部队的战斗力。它用将来可享受几年养老金的福利来吸引人，但这也会鼓励国防军队十分需要的那类人才大量出走。他知道，一些从前的战士——许多是年轻且缺乏经验的——会非常激动地接受提供给自愿复员者的一大笔钱，他告诫他们不要"坐食山空"。可悲的是，在大多数情况下，他的告诫被当作了耳旁风。[26]

尽管做了认真的准备，但是多年的敌意、怀疑和对未来相互冲突的期待给整合造成了巨大困难。距离比勒陀利亚50多公里的瓦尔曼斯特尔（Wallmansthal）军事基地是不满声音最响亮的地方。在选举之后几天，当两位民族之矛的将军驱车进入基地去处理这些不满时，遭到民族之矛前成员投石块抗议。几个月后，约500名民族之矛成员从基地行进到总统府所在的联合大楼要求面见总统。曼德拉立刻从他的住地赶来，在听取他们的意见之后承认他们抱怨的是事实。他与迈林将军、代理参谋长西菲韦·尼安达和国防部长乔·莫迪塞讨论了这件事。在进一步与民族之矛成员进行沟通的同时，曼德拉与国防部队的最高决策机构南非国防军指挥委员会（Command Council）举行了会议，并要求他们强调这样一个事实，非法定的武装力量将被安置，而不是被整合。这一进程非常缓慢，种族主义在军营中依然活跃，并且战士们的生活条件极端恶劣。[27]

为了解决这个问题，曼德拉访问了瓦尔曼斯特尔军营并向那里的前民族之矛成员讲话，但立刻就面对一个事态严重的混乱场面。在听了两个小时之后，曼德拉向抗议者和高级军官双方传递了一个强硬的信息。尽管战士们的不满是合理的，但是他们诉求的方式对于穿军装的人来说是不合适的。他告诉战士们，他们有一个星期的时间返回兵营，开销自负，并使自己服从南非国防军的纪律，如果不能按时返回，那就不用回去了。针对南非国防军的领导，他说，整合的进程需要加快。他补充说，他有信心，迈林将军和指挥官们会全力以赴地实现整合的成功。[28]

尽管一些战士回到了基地，但仍有相当数量的没有，这诱发了武装抗议的谣言。双方复员的战士从事犯罪和制造动乱的可能性引起了高度关注。

7000名战士的一半已经擅离职守，并仍然拒绝在他们的问题得到解决之前返回。现在曼德拉提醒这些战士民族之矛的历史：它当初为什么成立以及它引以为豪的纪录——他说，他们被寄予期望，守护这些纪录。[29]

两年之后的1996年，曼德拉在一次采访中谈到了他的考虑：

"我们有一支9万人的大军，我们甚至一半都不需要。我们需要的军队人数要少得多，因为我们没有敌人。但如果我们今年裁员一半，那就会增加4.5万失业人口。我们已经有500万失业人口了。

第九章　国家转型

"那样我们就会给那些受过训练、会使用武器的人制造出巨大的怨恨。鉴于武器在这个国家几乎是自由流动的，这样做将是一件危险的事。

"因此，当我们舍弃种族隔离政权的安排时，应该是谨慎和渐进的，很多事情我们想做但无法做到。"[30]

世界上许多选举产生的领导人都曾表达过与曼德拉同样的无奈，现实环境使他们想达到的"许多目的无法完成"。其中一些被无法满足人民社会需要的预算束缚住手脚，但是没有人——除了那些被战争撕裂的国家——被迫重启与过去有关的问题不可避免留下的遗产。面对一个仍然不成熟的社会——就像未经过窑火烧炼的黏土一样柔软，这些问题是错综复杂的。如果解决不当，很可能导致社会的崩溃。

在一年前的 1995 年，南非不光彩的过去已经暴露出来，给曼德拉和他的政府带来了一些新问题。前国防部部长马格努斯·马兰与因卡塔自由党的领导人库马洛（M.Z.Khumalo）以及另外 18 人，因领导了德班附近阿曼济姆托蒂（Amanzimtoti）的夸马库塔（KwaMakhutha）的屠杀而被逮捕。1987 年 1 月 21 日，联合民主阵线活动家贝基·恩图利（Bheki Ntuli）的家遇袭，13 人被枪杀，其中大部分是妇女和儿童。曼德拉知道，对马兰的提审将导致这个国家的进一步分裂。马格努斯·马兰作为授勋战士和军事战略家，一方面被种族隔离政权的军队所颂扬，而另一方面，大多数人都直接或间接受到他在执行 P. W. 博塔的总体战略（Total Strategy）时过度执法的伤害，因而对他唾骂斥责。*

---

* 为了将南非保持在白人控制之下，P. W. 博塔使用"总体战略"来描绘对日益发展的黑人抵抗运动——他称之为"全面进攻"——进行的镇压，通常是严重暴力的。这一战略导致政府对流亡到邻国的非国大施行了跨境攻击。

在一份为全国执行委员会会议准备的笔记中，曼德拉指出"对马兰将军和其他人的逮捕在国家上下激起了广泛的关切……在正式逮捕前后，我们向一些个人和组织进行了简要通报，例如先是单独告知格奥尔格·迈林，然后是南非国防军的指挥机构；商业界；先是单独知会图图大主教，然后是南非教会理事会，[锡安教会的]莱坎尼亚内主教，荷兰归正教会；除斯泰伦博斯（Stellenbosch）和伊丽莎白港大学之外所有大学的政治学者，26个教师组织；自由阵线；以及 P. W. 博塔"。[31]

向不同身份的人通报从而获得他们对逮捕细节的支持是一方面，但曼德拉对南非国防军似乎更为随意。尼安达将军回忆道，曼德拉说"他要参加周一的国防会议（Defence Staff Council）例会。他不允许提任何问题，只是作为总司令到那里。他讲话的中心是，'我们已经走过了一个变革的困难时期。我们的人民曾为我们今天享受的民主战斗。现在处于一个危险的阶段，如果有人想搞破坏、开倒车，南非人民一定会击败他们'"。[32]

1996年1月，议会党团提出了一项动议，要求废除阿非利卡语作为指示、训练和指挥的语言之一，而使用英语作为唯一语言。对此曼德拉发表了同样严厉的讲话。曼德拉感到，践踏一个族群的语言将会"把这个国家化为灰烬"，并发誓要"捍卫"阿非利卡人的文化遗产，"就像捍卫我自己的那样"。[33] 幸运的是，这个想法被国防部部长和内阁否定了。到1996年5月，《南非共和国国防白皮书》（White Paper on National Defence for the Republic of South Africa）的语言部分要求南非国防军"应当尊重宪法对语言的规定，并应当努力满足其成员不同语言的需求，指导、指挥和管理应以所有人都共同理解的语言来进行"。[34]

然而，曼德拉对阿非利卡人和他们文化斗志昂扬的捍卫，以及

第九章　国家转型　　　　　　　　　　　　　　　　　　　251

他对军队过去领导的和解态度，得到的回报却是对其信任明显的背叛。

尽管情报机构理应在新的国家情报局的控制下进行整合，但事实是，军事情报部门仍然藏匿着一些抱持旧目标不放的人。选举之后的三个月，有人企图对国防部长施压，威胁说要公布据称曾担任种族隔离政权的情报人员、现在在政府中任职的非国大成员的名单。[35]

在接下来的三年中，军事情报部门捏造了一份报告，声称要揭露一个阻碍1999年选举并推翻政府的计划，并称有可能接替迈林将军的尼安达将军卷入了这个计划。当这个报告到了迈林手里，他把它交给了总统。抱怀疑态度的曼德拉发现这份报告不合情理：报告中被点名的人没有制造破坏的动机，因为当原来的将军离开后，他们可能晋升担任高级职务。1988年4月开始就预算进行辩论时，曼德拉向议会讲话：

"最近的一些发展已经证明了我们民主的力量。一些媒体报道宣称揭露了政变阴谋，结果被证明是完全没有依据的，是基于主观臆造的军事攻击。

"我愿借此机会就有关南非国防军报告的基本事实向诸位尊敬的议员们报告。2月5日我收到了这份报告，题目是《旨在推翻政府的有组织活动》（'Organised Activities with the Aim to Overthrow the Government'）。政府内部最初的讨论就对报告的可靠性和缺乏证实提出了质疑。报告部分内容泄露时这些工作仍在进展中，泄露导致我们必须尽快确定其编写、验证和后续处置过程的可靠性。

"为此目的任命的调查委员会在3月底向我提交了报告。情报机构的报告做出以下指控：一个叫作安哥拉人民解放武装部队（People's Armed Forces of Liberation of Angola, FAPLA）的组织从1995年开始存在，目的是破坏1999年的大选，采取的手段有暗杀总统，谋杀大法官，占领议会、广播电台和关键的金融机构，并在大选前的4个月间精心策划全面的动乱。

"高潮将是一场武装进攻，导致现有秩序崩溃，权力移交给政变领导人。这份报告列了约130人的名字，称他们为这个组织的成员、领导者或支持者。其中包括地位很高的军事人员、政治人物和其他一些人。

"调查委员会的报告主要结论如下：这份报告没有事实基础，内在逻辑荒唐。所有被询问的证人都对安哥拉人民解放武装部队的存在表示怀疑，即使那些撰写这份报告的人似乎也没有认真对待它。没有采取任何严肃措施监视所谓的阴谋者，也没有试图验证这份报告的真实性。

"那些负责撰写这份报告的人在三年中没有向包括南非警察总署和国家情报协调委员会（National Intelligence Coordinating Committee）在内的有关当局汇报。调查委员会采取了严格的措施来确保有关记录的安全并防止泄露。那些负责编写和处理这份报告的人没有向国家情报局和安全与安保部的长官汇报，他们直到总统从南非国防军总司令那里收到报告之后才得以看到。

"南非国防军总司令曾就某位官员遭指控一事与国防部部长沟通，但并未谈及指控的范围、其他被控涉案的高级官员的身份，以及阴谋的细节。国防部部长称，他不准备向总统汇报一项未经证实的指控。

"调查委员会的结论是，那样一份报告不应该以这种方式提交给总统，并对这种直接提交给总统而有意避开其他官员的违反常规的做法提出了批评。调查委员会建议安全机构应该就这份报告出炉过程中疏失发生的原因进行调查，以及可以采取什么措施避免今后再次发生类似事件，如果需要则应立法。

"我同意了南非国防军总司令提出的提前退休的要求，因为这是一个把南非国防军的国家利益置于他个人之上的行动。报告的泄露和调查委员会对其编写和递交过程的严肃批评，使这位将军与报告中提到的那些高级官员以及总参谋长和国防部部长的关系陷入尴尬。因此，迈出这样坚决的一步，尽管令人遗憾，但显然是合适的。"

曼德拉承诺，在下一次会议上，内阁将考虑任命新的南非国防军总司令这个紧迫的问题。他补充道："应当清楚阐明的是，我们的国家有一支忠诚的国防力量，已经为自身的转型奠定了基础。"但是，他继续说："不论是军事情报机构最初 [不足信] 的报告还是调查委员会的报告，迄今都没有公开……散播虚假和伪造的消息，尽管不是事实但也可能使一些人的声誉受损，这对于任何政府来说都是高度不负责任的。

"公众有权知晓，类似这样的事情得到了彻底的处理，并且程序严谨审慎，值得他们信任。调查委员会完成了这些要求。议会专门委员会的报告详细阐释了这一程序。"

然而曼德拉确实向情报联合常委会（Joint Standing Committee on Intelligence）发布了修订后的报告，并且为了"允许更广泛的监督"，这份报告也对反对党的领导人开放。

"注意到这一点是有启发意义的，即那些持续要求公布报告的人，正是 [在早先提交报告给他们后] 投机地拒绝看这份报告的人。同时，他们以没有看过这份报告为借口挑起对政府不值得信任的怀疑。

"这是在和我们的情报服务机构玩一场危险的游戏，而且提出了政府的合法性是否被那些人接受的问题！或许这只是为了政党利益的一次鲁莽尝试，导致那些自封的民主宪法拥护者几乎放弃了他们作为政党领导人的责任。在处理这一问题上，我自己的行为一直努力遵循这样一种认识，即我们所有人，隶属各自不同的政党，但都有一个共同的国家目标。"

曼德拉继续说，向听众发起挑战："确实，在这里存在着一个更大范围的挑战。随着选期的临近，各个政党必须问自己一些非常基本的问题。搅起任何社会都存在的卑鄙的情感实在是太容易了，特别是在有像我们这样历史的社会，这样的情感更得到了加强。更糟糕的是，很容易以一种破坏我们在建设民族团结和加强民主体制合法性方面已取得成就的方式来制造混乱。我们必须提出这些问题，因为破坏要比建设容易得多。"[36]

再一次，对于那些在他看来对建设南非的民主至关重要的人，曼德拉与他们维持友谊的超常能力值得记住。他说服了许多对他的目标构成威胁的右翼政客，并努力寻求他们的合作。而其他一些人，如阿非利卡人抵抗运动的领导人尤金·特雷布兰奇，他则认为完全不可接受，将其排除在外并毫不掩饰自己的鄙夷。例如他在接受《索韦托人报》(*The Sowetan*)麦克·西鲁马(Mike Siluma)的采访时说："我们已将右翼边缘化……[尤金·]特雷布兰奇过去能吸引2000人参加他的会议，而今天他拼了命，即使把他的马算上，也拉不到甚至100人。"[37]

即使面对自己同志的批评，曼德拉也一直支持和维护迈林。在迈林辞职后，曼德拉说："我遗憾地同意了他的辞职，因为他是一位我抱有最高敬意的官员，他为南非国防军、为这个国家和为我个人提供了无比宝贵的服务。在这4年当中，我们建立起非常密切的关系，我把他视为我最亲密的朋友之一。"[38]因此如果这位将军在军事情报阴谋案中真的起了那样积极的作用，那将是对私人关系的背叛。

第九章　国家转型

在迈林离去之后，尼安达成为南非国防军的负责人。定义新军队职能和战略原则的政策框架借鉴自 1996 年的《国防白皮书》和 1998 年的《防务报告》(Defence Review)。成立了一个防务秘书处（Defence Secretariat）以加强文官控制，这区别于种族隔离政权以军事力量将其利益强加于南部非洲地区的做法。人们已经认识到这样的事实：由于南非已经得到了许多国际组织的支持，尤其是联合国、非洲统一组织（Organisation of African Unity, OAU）以及南部非洲发展共同体（Southern African Development Community, SADC）*，它被寄予期望在这些组织中发挥积极作用，特别是在非洲和这一地区的和平与安全问题上。《国防白皮书》和《防务报告》的政策框架目的在于彻底改变军队的优先顺序，为针对犯罪的警察行动提供支持，以及满足为重建与发展做出贡献的需要。

* * * * *

对军队作用及其装备需要的评估用了几乎三年的时间，而采购问题在曼德拉政府掌权之后立刻就提出了。从西班牙购买小型护卫舰一事正在进行中。据特雷弗·曼纽尔说，在选举之后非国大内阁核心小组的第一次会议上，国防部部长乔·莫迪塞和一脸严肃的曼德拉同时抵达。他们明显仍沉浸在早先交谈的情绪中。曼纽尔回忆"乔·莫迪塞如何在听到曼德拉叫了一声'乔？'后崩溃的，他喊道：'今天不是说这个的好日子，而且今天是我的生日，但是总统已经对我说了关于从西班牙购买小型护卫舰合同的事，并说我们将要取消这一合同。我不知道将要如何告诉我的军队，特别是海军，我们

---

* 非洲统一组织、南部非洲发展共同体，见"附录二"。

要取消这一合同了。但是总统安慰我说,我们会处理这件事。'"[39]

曼德拉感到,政府必须关注整个国防力量的全部需要,而不只是一支军队的需要。因此结果是,这个合同应该取消。[40]

他说:"我们的国防军需要适当的能力和现代装备,这是我们国家的共识。关于这一问题的争论现在在围绕《国防白皮书》和《防务报告》进行的讨论中得到了理性的思考,对此我们表示欢迎。"[41]

鉴于支出的规模,内阁把复杂的军备采购过程整合成一个单独的项目,称为战略国防一揽子采购计划(Strategic Defence Procurement Package)。在塔博·姆贝基的主持下,内阁和一个由财政部、国防部、国有企业部、贸易和工业部的部长组成的专门委员会决定主要合同的分配。委员会采取了一项规定,它不直接与任何投标商发生联系,而要首先经过4个独立的评估小组进行审查与平衡。由内阁决定主承包商,而后者则负责与二级承包商洽商来完成他们的职责。[42]

这将对南非政府产生广泛的潜在影响,而最终有了个不雅的绰号——"军火交易"(Arms Deal)。

* * * * *

尽管军队的整合与转型一直受到怀疑的媒体和警惕的公众的猛烈攻击,但到曼德拉总统任期结束的时候,国防力量还是取得了极大的变化。这是一项复杂的任务,是对未知领域的初次涉足,如果没有曼德拉个人的决心,他特有的、永远及时的干预,就不可能有今天的成功。这支新的国防军起初是由历史上长期相互敌对、互不尊重的军事力量组成的一个大杂烩。解放斗争的战士鄙视班图斯坦军队,认为他们不过是宿敌南非防卫军的帮凶。此外,南非国防军

第九章　国家转型

的战士是被强拉硬拽地驱赶进入这样一个新时代的，在其中他们不得不将同胞看作人类，而不是枪下的猎物。

经过整合与合理化的双重过程后，南非国防军中40%的成员来自解放运动和班图斯坦军队。[43]招募的黑人青年义务兵进一步增加了新兵数量。

来自不同部队的战士之间发展起同袍情谊。军队为警察与犯罪斗争提供的支持被看作对社区发展的助益，这与种族隔离政权的军队在乡镇不受欢迎的情况大相径庭。1999年，人类科学研究理事会进行的一项调查发现，信任南非国防军的非洲裔黑人达到62%。有趣的是，这份研究证实，"对于南非国防军的信任超过了对警察和法院的信任"。[44]

*＊＊＊＊

当涉及情报部门——曾经是种族隔离政权的神经中枢和支柱——的转型时，新生的民主政府不得不深入其人才储备，探索其复杂精妙的诡计，以便在这个花费数十年建立起来的迷宫中找到一条通路。转型的行动意味着要检查这个拥有无限预算的多头怪兽的五脏六腑。这头怪兽的官员参加各种交流计划，与中东尤其是以色列的官员切磋，还有美洲的独裁者们，从那里他们学习到更先进的实施酷刑的技术以及制造出异见人士的消失。这在南非是一个无处不在的机构，触及生活和死亡的方方面面。而同时它相当擅长的是告诉人们它的不存在，这使人想到波德莱尔（Baudelaire）的一句话："魔鬼欺骗人的最高手法就是说服你它根本不存在。"[45]

这也是对种族隔离政权的国家安全机构企图掩盖他们过去行为的一种表述。在新政府接管政权前夕，南非目睹了史无前例的对秘密文件的销毁。

曾经编造出导致迈林辞职的那份报告的军事情报机关只是种族隔离政权诸多情报机构中的一个。新政府在成立早期就着手处理情报机构的重组，但甚至在此之前，曼德拉就已经要求获得安全状况的全面概述。他与国家情报局、国防和警察部门的领导召开了一系列会议。他告诉他们自己对本身要进行重组的国家情报局有什么要求，并且要求尽早完成。这是一个全面的清单：

1. 1990 年 2 月 1 日到 1994 年 5 月 31 日间，是否有任何包含情报资料的文件被销毁或［可能被"编辑"］以及是否有情报信息被从计算机中删除？

　　a. 如果是的话，~~破坏的理由~~、那些材料或信息是什么：给出具体的材料或信息

　　b. 销毁或删除的日期

　　c. 下令销毁或删除的人的姓名

2. 国家安全委员会及其机构，例如联合管理委员会（Joint Management Committee），是否仍然存在？

　　a. 如果存在，哪些人是国家安全委员会和联合管理委员会的成员？

　　b. 如果不存在，它们何时被解散的详细情况

　　c. 解散之前的成员名单

　　d. 国家安全委员会的目的

　　e. 它的资金和设备被如何处置

3. 国家情报局派遣间谍打入的组织名单，以及国家情报局打入那些组织或机构的间谍的名单。

4. 国民合作社（Civil Cooperation Bureau）是否仍然存在？

第九章 国家转型

必须提供其机构和人员的详细说明。

a. 如果不存在，是什么时候解散的？它的资金和设备被如何处置？

5. 秘密情报搜集局（Directorate of Covert Collection）是否仍然存在？

a. 如果存在，成员有谁？

b. 如果不存在，什么时候解散的？

c. 它资金和设备被如何处置？

6. 必须提供皮埃尔·斯泰恩将军（General Pierre Steyn）报告的原件。*

a. 确切因为什么样的犯罪行为使军队中的一些高级官员由于那份报告而被解雇或要求辞职？

7. 谁对导致近两万人被杀的政治驱动的暴力事件负责？

8. 据说那些对政治驱动的暴力事件负责的政党也对那些自由战士的死亡负有责任，如尼尔·阿盖特（Neil Aggett）、里克·特纳（Rick Turner）、伊马姆·哈龙（Imam Haroon）、艾哈迈德·蒂莫尔（Ahmed Timol）、大卫·韦伯斯特（David Webster）、马修·戈尼韦（Matthew Goniwe）等人、格里菲思（Griffiths）和维多利亚·姆克森盖（Victoria Mxenge）、培伯克三人组（Pebco Three）、贝基·姆兰格尼（Bheki Mlangeni）。

9. 在1/2之后，弗拉克普拉斯小组（Vlakplaas Unit）†是否仍然存在？

---

* 皮埃尔·斯泰恩将军1992年的报告详细提供了选战前军队和警察介入暴力的情况。
† 弗拉克普拉斯小组是南非警察部反叛乱机构的分支，对许多反种族隔离积极分子的酷刑和死亡负责。（该小组因位于弗拉克普拉斯[在比勒陀利亚以西约20公里处]而得名。——编注）

成员是谁,他们遇到了什么事?

它过去或现在的目的是什么,如果继续存在,其成员在1990年之后做了什么?

10. 关于暗杀队在这个国家行动的详细信息。根据戈德斯通报告(Goldstone Report),弗拉克普拉斯小组成员收到20万到100万兰特["遣散费"?],这一说法正确吗?为什么付给他们钱?[46]

曼德拉所提到的皮埃尔·斯泰恩将军1992年的报告对于曝光暗杀队的情况做了很多工作。尽管曼德拉已经听取了其中一些内容的汇报,但他还没有看过完整的报告。然而就在他召开那次会议不久,这份报告就放在了他的办公桌上。

除了指出情报机构与镇压抵抗运动的力量勾结的深度,这份清单也解释了曼德拉一直以来的谨慎或不信任,以及为什么这些机构中官员的辞职总是让他心生警惕。隐蔽行动和腐败是种族隔离政权中情报机构运行的基础,在对其的转型过程中,曼德拉必须确保一丝不苟地执行宪法对国家安全的规定。这就要求国家安全"必须反映南非人民不论作为个人还是国家的决心:人人平等,和平和谐,摆脱恐惧和贫穷,追求更好的生活"。[47]

新的民主议会遇到的第一个主要政策障碍就是"新政府情报力量的分散。6个情报组织,每一个都隶属于参与早先谈判的不同政治力量或政党,如今必须整合为一个机构并且重新定位来执行新的安全计划"。[48]

到1994年底,将国家和班图斯坦的情报机构与解放运动的情报部门合并的政策和立法已经产生。国内情报功能隶属于国家情报局(National Intelligence Agency, NIA),国际情报功能隶属于新

第九章　国家转型　　261

的南非特勤局（South African Secret Service, SASS）。在内容从战略方向到职位技术性细则的各个方面的一番激烈谈判之后，与在军事和犯罪情报部门发生的情况不同，非国大明智地将自己的人员安置在更具战略性的位置上面。[49]而且为了确保严密的控制和监督，每一个部门都有独立的巡视员监督该部门的总体运行，有部长级别的问责，更重要的是由情报联合常委会行使的议会监督。

新的情报机构国家情报局于1995年正式启动，由非国大的西扎克莱·西赫达谢（Sizakele Sigxashe）出任首位局长。一位非国大副部长执掌国家情报局，并由国家情报署的副署长担任南非特勤局的局长。*情报工作的实际负责人是非国大的乔·恩兰拉，他被任命为司法部下辖的情报部副部长。

然而像以前一样，整合在表面上看起来不错，但实际上是缓慢和不顺利的，新旧人员之间持续存在的不信任如影随形。这项工作也由于非国大内部人员之间的紧张而受到阻碍。这可能就是提交给曼德拉的情报质量低劣的原因，这令他感到沮丧。据杰克斯·格威尔回忆，定期送到总统办公室的情报简报"就像是在读三天前的旧报纸"。[50]在内阁会议或与情报官员召开的会议上，曼德拉曾经驳回过这样的报告，有时还使用了非常严厉的词语。有一次，他把情报官员赶出了内阁会议，因为他们的报告没有他所要的信息。就某些国际问题而言，实际上政治家了解到的情况比前朝政府官员提供的情报内容还要多。

例如有一次，外交部长阿尔弗雷德·恩佐接到一份有关布隆迪（Burundi）冲突参加者的报告，他对这份报告提出了严厉的批

---

*　种族隔离政府下的国家情报署（NIS）后为国家情报局（NIA）及南非特勤局（SASS）取代，西扎克莱·西赫达谢原为非国大的情报安全部副部长，由他出任首任国家情报局局长。原国家情报署副署长麦克·劳（Mike Louw）出任南非特勤局首任局长。——编注

评。*"我知道这些人，"他说，"我在坦桑尼亚流亡期间就和其中一些人生活在一起。"[51]

在右翼或左翼阴谋颠覆或推翻政府的问题上，新的情报机构被过去成员或与新机构有联系的其他人提供的错误情报所困扰。[52] 迈林报告就是那样一份伪造文件，使用了军事情报机构成员编造出来的"情报贩子"的消息。在司法咨询委员会宣布这份报告毫无根据之后，尼安达将军告诉曼德拉，军事情报机构是"国防部中最落后、转型最差的单位之一"。"他们在对南部非洲的分析和报告中，"展现出"对南非防卫军的老朋友们的偏爱，而且相比更为严重的右翼威胁来说，绝大多数报告都是关于幻想出来的左翼威胁的"。[53]

所有这些肮脏诡计和阴谋的基础就是一个墨守种族主义偏见的情报界，他们无法容忍新政府可能成功的想法——当然所谓的成功也是他们自己意义上的。

* * * * *

南非特勤局大多数时候与塔博·姆贝基直接合作，在幕后为曼德拉发起的国际计划提供支持。它在国际情报方面的工作从旧政权以欧洲和美国优先的政策转为更多着眼于新的外交政策导向。当南非开始在冲突化解中发挥更大作用时，这种转变在实践中展现出来，特勤局经常需要作为秘密渠道，以启动计划或修补漏洞。例如，曼德拉曾派遣他的副总统塔博·姆贝基到阿布贾（Abuja）去为奥戈尼（Ogoni）地区的作家和活动家卡山伟华（Ken Saro-Wiwa）和他的 8 位同胞说情，他们在 1995 年被尼日利亚军队统治者萨尼·阿

---

* 曼德拉接替了已故坦桑尼亚总统朱利叶斯·尼雷尔作为多党布隆迪和平进程的主席。

巴查（Sani Abacha）将军威胁判处死刑。阿巴查将军无视延期执行的要求绞死了这9个人，曼德拉对此大发雷霆。

据塞拉利昂（Sierra Leone）的一位学术记者兰萨纳·贝里埃（Lansana Gberie）回忆，1995年11月27日，他在BBC电台听到一个镇定的声音发表声明。那是曼德拉，他说："阿巴查现在正坐在火山口上。我将从他下面引爆这座火山。"曼德拉十分相信人性，并受到一种民族主义情感的驱动，他希望这种情感也能扩散到非洲大陆的其他地方。阿巴查或许腐败顽固，但他仍然是一位非洲人的领袖，并且可能不是一头怪物。[54]

当他以温和外交（quiet diplomacy）的方式对那些人提出缓刑的请求却被当作耳旁风后，曼德拉感到极度受挫并进行了猛烈的攻击，当年他曾以同样的方式在电视镜头前指责德克勒克。正如格拉萨·马谢尔指出的那样，其目的不在于羞辱对手，而是信任——尽管在阿巴查的例子中没有任何正式的条约使这种信任神圣化——被打破了。情报官员做了艰苦工作才促成南非和尼日利亚之间恢复交流。

另一个例子是缓解与埃及的紧张关系，这是由于1992年胡斯尼·穆巴拉克（Hosni Mubarak）总统用一个向非国大捐赠资金的虚假承诺误导了曼德拉，使两人发生了争吵。[55]

1997年，在新情报机构的联合总部正式启用时，曼德拉讲道："民主南非现在面临的挑战，无疑与过去的不同。过去，我们人民安全唯一的最大威胁不是来自外部，而是来自我们的执法机构，包括情报机关……

"就此，我们已经开始了这项困难但必须的任务，将政府，特别是情报组织，改造成为人民服务而不是恐吓他们的机构，保护我们国家完整而不是颠覆我们邻国的机构，保护民主而不是破坏民主的机构。"

说到这些机构的工作，他将它们的主要任务描述为成为"国家的耳目"。他期望国家情报局和南非特勤局有助于"建立对重建和发展、国家建设与和解有利的环境"，并警告说，"没有全体人民更好的生活，任何国家安全的希望都只不过是一场幻梦"。他强调了这个明显的事实，即南非在最近的过去还不是这样，指出这个国家的历史"已经证明，当大多数人无法享有基本生活设施时，没有人可以享受长期的安全"。他要求情报机构"继续向打击犯罪，特别是有组织的犯罪的警察提供宝贵支持"。

讲到有组织犯罪，情报机构的办公室接二连三地发生窃密事件。"从这些窃密的性质看是十分清楚的，"他说，"你们机构中有一些人，与外部为邪恶势力工作的人相勾结，其中包括破坏我们民主制度的犯罪集团和外国情报机构……

"这些是一心要逆转我们已经取得的民主成就的势力，是选择轻蔑地拒绝伸向他们的友谊之手的势力，是不愿意和解的势力，实际上是那些希望我们为摧毁种族隔离政权并建立起民主制度而向他们道歉的势力。"

然而曼德拉对于问题的解决充满了信心。他说："国家情报局和南非特勤局联合总部的正式启动，象征着我们又迈出一大步，远离了情报机构作为我们国家分裂和冲突的核心的时代。这也象征着各种存在于我们分裂的过去的组织，现在一起进入一个团结的机构，为实现共同目标而努力。"[56]

* * * * *

关于公共服务，非国大和种族隔离政府都接受他们对于变革缺乏紧迫性的批评。从 1994 年到 1999 年担任公职与行政事务部部长

第九章　国家转型

的斯奎伊亚提到制订计划推动各级政府的运行，尤其是在治理的微观层面——地方政府层面。他将这段经历称为"噩梦"，一定曾让曼德拉彻夜难眠。他说："我们首先做的一件事就是建立行政部门，在一个统一南非的基础上创建9个省份，并确保那里存在一个文官体制，任命官员到位，还要确保这些省与过去存在的11个行政机构合理地整合在一起，这实在是一场噩梦。"[57]种族隔离政府在安全部队、经济和国际事务的计划和筹备上大肆挥霍，但从未充分考虑过公共服务。[58]因此毫不奇怪，斯奎伊亚一直担心，这将会为新的行政部门带来一些问题。[59]

困扰特定领域，如公共服务领域转型的困难，其根源在于谈判过渡时期的设计，最著名的就是乔·斯洛沃提出的所谓"落日条款"。除其他事项外，这项写入宪法的、针对过渡时期第一个5年的条款，保证了公务员的年金。其目的是通过留用具有行政经验的职员，来确保行政部门履行职责的能力，从而保证过渡的稳定。但使行政部门更具代表性的紧迫需要导致了一种别扭的混合，阿利斯特·斯帕克斯将其描述为"僵化的老卫士与没经验的新来者"，这导致政府工作完成得比设想的更麻烦和拖拉。[60]而且，在考虑了为安抚前行政部门官员的离开而发放的一揽子自愿退职年金的成本后，行政机构的开销就太高了。重新招聘现在由前朝公务员占据的职位，导致了民族团结政府的第一个裂痕。[61]

问题之一源于非国大在谈判临时宪法时的疏漏：旧的公共行政委员会仍然保留着对公共服务部门所有任命的控制权。直到最终宪法签署时，这种反常的规定才得以纠正。1996年，公共行政委员会被公共服务委员会取代。

为了绕过对任命的限制而产生的另一个问题，就是把一些解放运动的高级成员安置到管理职位上，一些人开始是担任部长级顾问，这就导致形成了一个平行的权力中心。加之新老体制之间在文化上的冲突以及缺乏共同的愿景，必然导致在高级职位的任命上将更多的权力赋予部长们。这一始料未及的做法成了惯例，为后来公务员的职业化带来负面的影响。[62]

行政服务管理人员的构成比例确立了五年目标。理想的结果是黑人，包括有色裔、印裔和非洲裔，占到50%；新雇员中至少30%是女性；在10年之后，至少2%是残疾人。最终只有最后一项的水平仍然低于目标。[63]

在新政府开始之后不到一个月，曼德拉写信给部长们，反映了情势的紧迫性，特别是任命女性的问题。

"我们的国家，"他写道，"已经到了这样的节点，即女性的代表性问题被认为是我们建设一个正义平等社会的政策取得成功的关键。

"政府必须提供看得见的证据，让女性出现在各级政府机构从而引领这一进程。

"因此我要求你们优先任命女性到政府部门、行政机构和常委会的职位上。

"我也想提醒你们，你们的部门提供的服务应当为女性带来与男性一样的条件改善。"[64]

公共服务的另一个障碍是进行合理化改革和最大限度精简机构，从而实现有效运行。这不能通过关起门来制定的部长法令来实现，而必须纳入与工会的谈判，而直到1993年，工会还被种族隔离政权的公共服务机构完全禁止。加之当时国家正承受着宏观经济的严重压力，导致情况更糟。财政部部长建议将公务员从130万人削减到100万人。鉴于当时的失业率，以及这会对穷人中最贫困者所产生的影响，这个数字在政治上是不可行的。[65]

在耗费资源和损害新政府在公众眼中的合法性方面，腐败也起了巨大的作用。腐败在前班图斯坦地区尤其流行，但也不局限于这些地区，滥用任命权和监管疏失使种族隔离的遗留问题顺利延续下来。首先从东开普省开始，后来扩展到整个国家，政府采取了大量行动来应对这个问题。发现了"幽灵工人"（ghost workers）并调查了滥用养老基金和国家财政资源的问题。

此外，原来的4个省和10个班图斯坦现在变成9个省级行政机构。原班图斯坦的官员现在并入了新的行政机构，也把他们过去机构的遗产带了进来，造成了长时间的不良后果。[66]

尽管曼德拉对于行政机构转型的介入不像军队转型那样直接，但是他确实亲自说服公众接受这个新的、更具有代表性的行政机构。对他来说，行政机构将成为整个社会的一项资源。[67]

然而，要使这成为现实，公共服务和政府之间需要互相迁就。1995年2月，在第二次国情咨文演讲中，曼德拉赞扬了公共服务机构满腔热忱的工作精神，并直接对南非的公务员们说：

"我们致力于动员全体公共部门的员工，使他们在我们的社会根据重建与发展计划制定的目标实现转型的过程中，成为一个有觉悟、有意愿和有技能的主体。

"作为这个进程的一部分，内阁已经向所有部长发出指示，要他们与所在部门的全体成员持续交流，向他们布置任务，对所取得的进展进行报告，就如何克服转型过程中的困难达成共识，以及整体上参与到变革的斗争中去。

"我们也已经请公共部门的工会组织尽可能充分地参与到预算的编制过程中，从而使他们为如何最优配置政府的有限资源这一困难任务做出贡献。"

然而曼德拉对主管人员和行政部门之间恶化的关系发出警告，这"将会给为南非人民服务……这一共同任务带来负面的影响"。

"因此,"他继续说,"我们一直准备着并且愿意解决公共服务部门的员工们关切的所有问题,包括工资、晋升、退休金以及其他与工作条件有关的问题。"

他号召公共服务部门的员工与政府"联手解决其他重要问题,例如部门内部种族与性别不平衡的问题",并指出,"除非其所有级别的员工都能反映出我们人口构成的比例,"否则公共服务部门"永远不会被全体人民完全接受,也永远无法真正地反映人民的需要"。

"为了加快这一进程,政府将继续采取措施和计划,目的在于确保那些因过去的种族隔离而处于弱势的群体获得能力,赶上过去有机会发展提高管理和其他技能的人。"

平权计划的目的在于纠正过去不平等,在解释了它的含义之后,曼德拉号召人们"不要听那些伪预言家的蛊惑,他们将平权计划描述为一个基于种族和肤色而有利于一些人、不利于另一些人的计划,企图借此使过去的种族隔离和不平等永久化"。[68]

然而,曼德拉在讲到挫折和计划采取的补救行动时,不得不坦承问题。他在1996年2月向议会解释,尽管政府意在坚持其建立一个"单一、精干、高效、透明的公共服务部门,并配置更多公共资源作为资本支出"的职责,但现在到了"坦承问题的时候,必须说,目前的机构过大,必须进行合理化改革,没有其他的选择"。

"然而我们的行动不能忽视这一痛苦的真相,即受影响最严重的将是那些穷困地区,那里经济不活跃,看不到其他就业的前景。这意味着,除了其他措施之外,还需要寻找有助于激活经济活动的创造性的协商解决方案。

"合理化改革的进程不会是报复性的,也不会以一种随意的方式进行。相反,它会影响到所有种族和省份。与有关部门就建立总

第九章　国家转型

统审查委员会（Presidential Review Commission, PRC）*而进行的讨论进展顺利，它将重新确定公共服务机构的结构、职能和程序，有关声明预计很快就会发布。

"1996年最重要的挑战之一是进一步建设政府为基层社区服务的能力。没有比地方一级更需要这种能力的了，在那里，政府每天都与社区发生互动。因此，为新当选的市议员和他们的职员提供大规模的培训计划应当成为这一年的主要任务之一。"[69]

曼德拉在总统任期内，委托撰写了两份有关公共服务机构的报告。公职与行政事务部部长帕塞卡·恩科洛（Paseka Ncholo）博士领导了一个省级视察小组，就省级行政机构进行了调研。在1997年8月提交给内阁的报告中，恩科洛得出结论："从行政管理的角度来看，这一系统是昂贵、混乱、负担不起的。"[70]

经过两年的工作，总统审查委员会于1998年就从种族隔离政权继承下来的行政官员和机构应该如何重构，从而更好地为重建和发展服务提出报告。对于下一届行政机构的改革，报告提出了意义深远的建议。它尖锐地强调了在政府的核心、总统办公室和内阁秘书处更好地协调和整合机构的需要。

各种委员会和任务组的成立反映出曼德拉掌握尽可能多知识的愿望，从而实现他创建一个更好社会的梦想。只有当公众也怀有将南非建设成为他们梦想国度的理想时，那样的社会才会到来。在1996年2月9日第三次议会会议开始时，他讲了很多：

"是的，南非不仅走在正确的道路上。我们正顺利前行在使南非成为我们梦想中的国家的大道上。我愿借此机会祝贺所有南非人，

---

* 由著名学者文森特·马法伊（Vincent Maphai）博士主持，不同领域的专家参加，1996年3月8日的《政府公报》（*Government Gazette*）（17020号）发布了总统审查委员会的参照条款，其职责之一是倡导公共服务机构转型。

不论是在公有部门还是在私营部门，不论是这块土地上最显赫的名人还是社区中卑微的成员，所有人都在奋力为我们民主的大厦添砖加瓦。我们已经一起走上了这条道路，我们应当一起心怀远大。"

尽管赞扬了社区取得的成就，"已经奠定了真正改变过去不平等的基础"，但曼德拉也承认，"我们才刚刚开始一次长途跋涉"。"如果我们的良知没有对千百万人民绝望的呼喊无动于衷，我们就应该迅速承担起这一责任。但如果要坚持我们的路线不变并能够继续前进的步伐，这也将是一段需要全面规划和艰苦工作的征程……我们所有人，所有南非人，正在被要求成为建设者和治愈者。但是，为了创造的快乐和激动，建设和治愈是困难的任务。

"如果我们把建设和治愈看作单向的过程，即只有过去非正义的受害者表示原谅，而受益者只是满足于表示感谢，那么我们就既不能建设也不能治愈。我们必须一起着手纠正过去的错误。"[71]

第十章

和解

1964年6月12日是曼德拉开始服刑的日子,在一段向全世界播放的一闪即过的视频剪辑中,纳尔逊·曼德拉模糊的身影出现在运送这些囚犯的汽车覆盖着铁丝网的窗户后面。[1]尽管看不见这些囚犯,但他们从密闭囚车侧面的通风口伸出的攥紧的拳头,给观众留下了不可磨灭的不屈印象。这个肢体动作是对围观群众抗议语言的呼应,他们中的许多人在审判期间一直挤在旁听席上。

虽然警官们使用了后门以避开人群,但许多人仍然设法为他们走向监狱的英雄喝彩。在交通的嘈杂声和护卫队摩托车发动机的轰鸣声之外,曼德拉可以听到外面的呼唤,那些长期激励忠诚的人们投入战斗的呐喊和歌声相互呼应。一个强有力的声音用科萨语呼喊:"阿曼德拉(Amandla)!"接着众人响应:"阿威图(Awethu)!"然后那个声音再用英语重复:"全部权力(All power)!"群众响应:"属于人民(To the people)!"在南非斗争的历史中,从没有什么比这8个字更雄辩有力地表达了千百万人民的痛苦和他们反抗数百年压迫的决心。

在国民党掌权大约 16 年之后，对于一名黑人来说，在 1964 年 6 月入狱，意味着被置于这个国家行政管理级别的最底层，处于任执政者摆布的境地。简而言之，监狱看守通常有阿非利卡血统，没受过多少教育，同时又握有权力。这些主要是年轻的男女，美国作家詹姆斯·鲍德温曾对这类人发出议论："无知加上权力，是正义所能拥有的最凶残的敌人。"[2]

黑人狱监本身也是以暴力驱动的种族隔离政策的受害者，却被种族隔离政策转变成为压迫的工具，很大程度上是他们白人同事们更加愚昧的翻版。然而，应该为曼德拉和其他政治犯负责的是那些白人官员。

这就是曼德拉的新世界。在这个世界中，非裔黑人最先受到的屈辱就是被剥光了衣服，然后强迫穿上短裤，而不是有色裔和印裔囚犯所穿的长裤。在监狱外面，曼德拉一直对自己的穿衣打扮引以为傲，穿着体现了他的自我认知。1962 年，在一场他即将被判刑的早期庭审上，他有意不穿西装，而是选择了一件带有珠饰的豺狗皮披风，带着一种反叛的优雅，象征他的非洲黑人身份。

1965 年，当他在罗本岛服无期徒刑时，一系列模糊不清的照片* 被伦敦的国际辩护和援助基金（International Defence and Aid Fund）偷运出岛并发表，照片中剃光头的曼德拉和他的同胞沃尔特·西苏鲁正在深入地讨论什么，看不到任何未来减刑的迹象。围绕他们的是由连绵不断的采石场和石墙组成的荒凉景象。正如已过世的因德雷斯·奈杜（Indres Naidoo）所说的，这真正是"一座被

---

* 照片是由为伦敦《每日快报》(*Daily Express*) 工作的克卢蒂·布雷滕巴赫（Cloete Breytenbach）拍摄的。

第十章　和解

锁链捆绑的岛屿"。[3]这绝不是一个可以滋养和解精神的地方。

然而 31 年之后，在 1995 年庆祝橄榄球世界杯赛胜利结束的大会上，身着带有跳羚标记的橄榄球队服、光芒四射的曼德拉成了和解与理智的代表形象。这更增加了这位媒体口中的黑花侠（Black Pimpernel）*身上一直笼罩的神秘感。

* * * * *

在 1960 年代初期，国民党的刑罚制度是种族隔离政府最恐怖的高压手段之一。曼德拉那时就已经与这一法律体制冲突不断，最著名的就是在始于 1952 年 6 月 26 日的蔑视不公正法令运动中担任非国大的志愿者总指挥，以及在 1956 年到 1961 年马拉松式的叛国审判（Treason Trial）†中被指控为罪犯之一。在被判处无期徒刑之前‡，他已经从 1962 年 11 月 7 日开始服 5 年的徒刑，罪名是无护照出国和煽动工人罢工。

在所有这些遭遇中，曼德拉一直显示出至高的尊严。尊严感源于绝不能接受人格的贬低，而且曼德拉在刚刚开始服刑时就已经认识到，他必须挫败种族隔离政权及其下属的种种企图。像所有被迫为了生死存亡而战的人一样，他会在战斗白热化的时刻发现自己的力量。被捕之前，他在监狱外享有非国大及其基层组织的支持；而在监狱中是不同的，他需要不同的策略。在这里，有他自己、他亲密的同志，以及由分属不同政治派别的人构成的囚徒群体。但所有

---

*　源于英国小说《红花侠》（*The Scarlet Pimpernel*）。在南非的语境中，是将曼德拉描绘为抵抗暴政的神奇黑人英雄。——译注
†　叛国审判，见"附录二"。
‡　曼德拉在 1963—1964 年里沃尼亚审判中被判处无期徒刑。——编注

人都有一个共同点：他们是希冀种族隔离政权垮台的政治犯。他们一起学习如何使狱规为他们所用。他们反抗那些他们不能接受的规定，最终，在屡遭公然违背之后，那些狱规变得无法执行。

迈克尔·丁加克（Michael Dingake）是在监禁15年之后于1981年从岛上被释放的，在回忆那段时期时他写道，在所有的囚徒中，曼德拉是最不知疲倦的讨论参与者——不论是只限非国大成员的正式讨论，还是与其他组织成员进行的非正式的、双边的或集体的讨论。我们中的一些人，只要一有机会，都愿意相互讨论或闲聊，但曼德拉同志不是这样。每一天，真的是每一天，除了他所在组织的计划之外，他都有大量个人约谈，而且都是他自己主动提出的，讨论组织间的关系，囚犯的不满，针对监狱当局的联合斗争策略以及一般的问题。纳尔逊·曼德拉是一位不知疲倦的人权活动家。[4]

作为一位精力充沛和强有力的政治组织者，马克·马哈拉杰是曼德拉首届内阁的部长当中相当特立独行的人。在罗本岛的狱卒眼中，他是个麻烦人物。他设计了精巧的计划，将曼德拉的手稿偷运出了监狱。作为一个解决问题的高手，他在转型期间化解了困境。他不是任何人的吹鼓手，这可能令其他人感到有些困扰。他把他的前狱友能够成功地从监禁中幸存归因于这位年迈领袖"超乎寻常的自控力"。

"曼德拉最伟大的成就源于他与人们交往的方式：他从他们的假设出发，小心地引导论证，最终使他们接受他的结论。他的前进路线是在对方的进攻路线上发展起来的。私下里，他从不放弃尝试理解另一方，不论是敌人、对手、反对者还是他自己的同事。"[5]

然而，提高曼德拉在支持者和对手眼中的地位的，是他准确无误的时机感。他抓住每一个机会来施加影响，在此过程中绝不允许任何冒犯，不论多么微不足道，不受质疑地顺利得逞。他处处与当

第十章　和解

局对抗，援引囚犯的权利并反对以任何形式对他或其他狱友进行侮辱。长时间以来，他为琐碎的事情，为些许自由，为了穿长裤，与监狱官员进行斗争。不可避免地，监狱内部的斗争和生活品的匮乏开始渐渐被外部世界所知，而这主要是通过获释囚犯和能够访问在押人员的友好的司法界人士的证词。同样为外部所知的还有一个人不可战胜的精神。

* * * * *

可能只有在大众文化、体育和艺术——特别是音乐、电影和舞蹈——中，世人才能更丰富多彩地描绘曼德拉那样有感染力的人性。从1960年代到1990年代，激励了一代政治活动家的解放歌曲呼唤着曼德拉的名字。在国际上，曾经是南非国内的笼中鸟，后来在流亡中自由高飞的米瑞安·马卡贝（Miriam Makeba）和休·马塞凯拉（Hugh Masekela）等艺术家*，与全球家喻户晓的名字，如哈里·贝拉方特（Harry Belafonte）、昆西·琼斯（Quincy Jones）和许多其他人共同宣扬南非人民的斗争，这场斗争成了曼德拉名字的同义词。托尼·霍林斯沃思（Tony Hollingsworth）于1988年和1990年在温布利球场举办了明星云集的"曼德拉音乐会"，他把这两次豪华阵容演出的成功归功于曼德拉在全球的吸引力。

南非的斗争迫使整个世界审视自己的良知，由此联合国做出各种决定，谴责种族隔离为一种反人类的犯罪。这一斗争在曼德拉身上找到了支点。随着斗争的发展壮大，其英勇的故事传播到世界的

---

*　米瑞安·马卡贝和休·马塞凯拉是南非最著名的两位音乐家。在种族隔离期间逃离了南非并在国外实现了成功的职业生涯。

每个角落，而这场斗争的旗帜上印着一个人的形象。南非的代表们在向国际社会发言时经常这样开场："我们以纳尔逊·曼德拉和南非正在战斗的群众的名义向你们致敬。"

他被监禁的时间越长，整个世界就越是张开臂膀拥抱曼德拉的政治伙伴，特别是那些居住在制裁南非的地区的人。流亡者们，诸如巴里·费因伯格（Barry Feinberg）、龙尼·卡斯里尔斯（Ronnie Kasrils）、帕洛·乔丹、约翰·马奇基扎（John Matshikiza）、比利·南南（Billy Nannan），以及其他许多后来在新南非担任要职的人，继续建立起马伊布耶（Mayibuye）这一非国大的文化组织，向听众朗读、歌唱和表演短剧来介绍南非的生活，他们的节目单中包括曼德拉在法庭被告席上的讲演。*

1970年代马伊布耶在西欧不同国家的巡回演出，在1980年代由阿曼德拉（Amandla）文化剧团继续，后者起源于安哥拉非国大的军营，偶尔会请非国大主席O.R.坦博以客人身份出席并指挥乐队。[6] 在其他地方，文化活动家，如詹姆斯·菲利普斯（James Phillips），在联邦德国、荷兰、比利时、瑞典、威尔士和美国成立了合唱团，并训练团员使用南非人民的本土语言来演唱解放歌曲。对于斯德哥尔摩（Stockholm）文化宫（Kulturhuset）中挤满的观众来说，看见由一群亚麻色头发、玫瑰色面颊的年轻人组成的合唱团摇摆着演唱"前进，曼德拉"（'Shosholoza Mandela'），无疑比任何政治演说都雄辩得多。

---

* 巴里·费因伯格，反种族隔离的活动家、流亡者、诗人和导演，现在生活在南非。龙尼·卡斯里尔斯，民族之矛的自由战士，在曼德拉内阁中担任国防部副部长，后来在姆贝基总统任上担任情报部长。约翰·马奇基扎，演员、诗人、剧场导演和记者，童年时与父母托德·马奇基扎（Todd Matshikiza）和埃斯梅·马奇基扎（Esme Matshikiza）一起流亡，1991年回国，于2008年在南非去世。比利·南南，反种族隔离活动家，1960年代在拘禁和刑讯之后流亡，在伦敦为非国大工作，直到1993年在那里去世。

第十章　和解

到曼德拉获释的时候，他已经成为世界上最著名的政治犯。根据一些人的说法，他成了可口可乐之后最为大众认可的品牌，并且不仅限于西方范围。[7]世界青年联盟（World Youth Alliance）的卢旺达（Rwanda）主席奥巴迪亚斯·恩达巴（Obadias Ndaba）写道：

> 从1980年代末到1990年代初，在距我遥远的世界中，许多人为他们的新生婴儿取名曼德拉。如今，我有许多从小一起长大的朋友都叫曼德拉，尽管这个名字本身与我们的文化没有任何关系。因此，我在成长过程中头脑里将曼德拉这个名字与一些值得效仿的美好的东西联系起来：爱、自由与和平，这些在（前扎伊尔［Zairean］独裁者）蒙博托·塞塞·塞科（Mobutu Sese Seko）的疯狂统治下是不存在的。作为一个放牛的民族，我们甚至因为曼德拉小时候曾经放过牛而高兴。[8]

纳尔逊·曼德拉不顾别人的看法，在语言上和行动上一心一意教化他的敌人，甚至那些在种族隔离政权极端压迫下受到创伤并留下伤疤的自己人。他与他的前监狱看守拥抱，例如克里斯托·布兰德（Christo Brand）、詹姆斯·格雷戈里（James Gregory）和杰克·斯瓦特（Jack Swart），并在1994年5月10日他的就职典礼上表达对他们的尊重。他与检察官珀西·优塔尔（Percy Yutar）共进午餐。据乔治·毕佐斯的说法，这位检察官一直表现得"缺乏对道德执法的尊重"。[9]在1963—1964年里沃尼亚审判期间，尽管曼德拉和他的同案被告已被判处破坏罪，优塔尔仍表明他倾向于判他们最严重的叛国罪，这可能导致他们被以绞刑处决。[10]

曼德拉相信，和解与民族团结是硬币的一面，而重建与发展则是这块硬币的另一面。重建与发展可以"通过一个互惠互利的过程"

实现，而在这一过程中，每个人"都应参与到我们国家重建和转型的任务当中去，并被视为其中的一部分"。[11]

曼德拉的国家建设计划需要南非社会不同组成部分之间的和谐相处。只有当那些从种族隔离时代的剥削中获利的人认识到，现在是时候为了所有人的利益分享他们的资源了，这种和谐才有可能实现。只有那时，南非才有机会塑造一个平等的未来，否则就是灾难。

在政治上，尽管非国大已经在民族团结政府中获得多数优势，曼德拉仍想要探讨小党派参与政府的想法。他与阿扎尼亚泛非主义者大会、阿扎尼亚人民组织、民主党、保守党和自由阵线进行了讨论。虽然宪法并未规定需在内阁中包括这些党派，但曼德拉说，他准备做工作修改宪法以接纳他们。

这不是盲目的利他主义行动，而是对《自由宪章》以及其他政策准则的理解。《自由宪章》规定"南非属于生活在其中的所有人"，并且"所有民族群体具有平等的权利"。[12] 但是曼德拉知道，所有通往被大肆赞扬的民主理想的道路都是从一系列历史不平等出发的，如果不顾这样的事实，那将是不负责任。并且他知道，当下的不公正，其根源在于历史的不平等。曼德拉决心面对挑战，让曾经垄断权力的那个集团接受其失去权力的事实，并投身于创造一个正义与和解的社会。

不经过艰苦的工作是不可能建成那样的社会的。曼德拉必须深入人民的内心，他们迫于时代和历史原因站在鸿沟两侧彼此仇视。他潜心研究阿非利卡人的历史和文化，将他过去的监狱看守也当作研究的一部分。他熟知阿非利卡人如何试图通过牢牢抓住权力来抑制他们自身的恐惧，正如他熟知，如果黑人群众担心他们艰苦赢得的胜利无法确保长久的政治权力，他们将成为潜在的危害。女性权利倡导者和前南非第一夫人扎内勒·姆贝基（Zanele Mbeki）曾私

第十章　和解

下对一位朋友描述黑人和白人之间存在着令人悲观的看法。她说，黑人视白人为没有死去就进入天堂的人。[13]

曼德拉把阿非利卡人作为其倡导和解的首选对象，原因很简单，因为这个族群是国民党获取政权的主要推动力量。然而，比这更重要的是，他知道阿非利卡人也是在别处没有家园的南非本土族群。*阿非利卡人享有坦率真诚的美誉，不像他们讲英语的同宗那样奸诈虚伪，黑人认为后者是一切道德败坏的始作俑者。肤色壁垒（Colour Bar）是英国殖民主义者的发明，阿非利卡人设计种族隔离制度时只不过是照搬了一个可靠的模板。†曼德拉也知道，如果与非裔黑人同样经历了贫困历史的阿非利卡人接受了新民主所体现的变化，他们就会构成捍卫这一民主的脊梁。

尽管如此，曼德拉知道，各个族群内部存在细微差别，如果他只是大而化之地描述阿非利卡人，而忽视了作为一个族群，他们在社会地位上存在差别，在对待转型问题的政治态度上存分歧的事实，就会犯错误。

虽然成功阻止了内战，消除了鼓吹阿非利卡人自治者暴力破坏第一次民主选举的威胁，然而在新政府接管之后，异议的暗流仍然涌动，并未减少。当民族国家理事会（Volkstaat Council）‡成立，帮助说服阿非利卡人族群他们在更广阔的南非中拥有自己的家园后，异议者也失去了他们的棱角。面对不可抗拒的变革浪潮，阿非利卡人的自我保存意识是说服持强硬路线者加入转型进程的一个更

---

* 阿非利卡人在荷兰语中的意思是非洲人（Africans），他们是17世纪荷兰、德国和法国在南非定居者的后代。1948年，在阿非利卡人的政党国民党赢得选举之后，他们获得了政治和经济的统治地位，其后建立起来的种族隔离制度直到46年后民主制度的建立才正式结束。

† 种族隔离的南非建立了一个合法且具强制性的肤色壁垒，即基于种族划分来安排职业。

‡ 民族国家理事会鼓吹成立阿非利卡人家园，亦称白人家园。——编注

279

令人信服的动机。曼德拉抓住了这一时机,他总是寻求与那些可能不满的人妥协,确保达成的协议是非暴力的,从而把任何人采取破坏行动将国家带入毁灭的风险降至最低。

曼德拉不惜一切努力,坚决避免任何可能导致国家不稳定的因素。大多数破坏者是受情绪驱动的。很久之后,他仍会强调,领导人需要让情感服从于理性的思维。他告诉奥普拉·温弗瑞(Oprah Winfrey):"我们的情绪说,'白人少数是敌人,我们绝不与他们对话'。但是我们的理智说,'如果不和这个人对话,你的国家将被烈火吞没,并且在未来的许多年中,这个国家将血流成河'。因此我们必须与这种冲突和解,我们与敌人的对话是理智战胜情绪的结果。"[14]

如果说德克勒克早先与刚被释放的曼德拉达成协议时,曾面临来自种族隔离安全机构中鹰派人物的反对的话,那么曼德拉一定能理解这种讽刺,因为他不得不面对各方反对白人家园的逆风。和往常一样,曼德拉必须认识到非国大内部一些干部所持的不妥协的态度。他们不能忍受割让任何领地给一个特殊利益集团,非国大的政策目标是一个单一的南非国家。曼德拉也知道,即使当他还在监狱中与种族隔离政府的官员进行试探性对话的时候,就已经有人企图切断他与他的政治基础非国大的联系,使他脱离非国大。非国大高层领导机构中总有一种感觉,即种族隔离政权一直希望在解放运动的人员中制造分裂、进行控制和散播混乱,从而努力形成一种印象,曼德拉已经"被牵着鼻子走了"。

非国大内部一些头脑发热的人仍然对正在蹒跚前行的和平过渡愤恨不已。这些人充满着哈里·瓜拉甚至是克里斯·哈尼的精神,执意通过民族之矛武装夺取政权,并摆脱谈判政治的束缚。但对于曼德拉来说,这是一场拳击比赛的关键几局,在比赛的开始阶段曾打出重拳的对手现在开始站不稳了。因此,为了见证和解进程的完

第十章 和解

成,曼德拉必须奋力前进而不是匆忙决定对原先承诺的白人家园食言,以安抚非国大内部的某些成员。1995年6月,民族国家理事会提交了第一份报告,其中放弃了阿非利卡人家园的想法,而选择成立文化公民委员会(Culture Citizens' Council),作为比勒陀利亚地区的一个经济发展子区域。紧接着,曼德拉在参议院就白人家园的争论做出回应。他说:

"关于国家民族理事会提出的这份讨论普遍问题的报告,我希望重申,我的组织,以及我个人,将谨慎地研究这份报告。在这样做的时候,我们会考虑和平过渡中这些领导人的合作。同时,我们会保持对民主、无种族歧视和平等原则的坚定承诺。"[15]

他感到有必要提醒议会已被扑灭的威胁。"很多人不知道就在选举之前,这个国家面临了怎样的危险,"他说,"然而我们早在1986年就开始参加谈判,特别是在选举之前的短暂时间里进行了大量谈判的人知道,我们当时处在一场灾难的边缘,可能使我们的国家坠入血海深渊……你们现在可以轻巧地说,这个国家中不能有白人家园。你们这样说很容易,因为你们没有参与那项工作,你们不知道我们避免了什么样的危险。

"我不会用这个国家的未来去玩廉价的政治游戏。如果人们已经转过身来并正在与我们合作,作为负责的领导人,我们必须坐下来看我们可以如何与他们合作。以前我曾说过,今天我想再次重申,白人家园问题的决定权将在南非人民。他们必须告诉我们,他们是否要白人家园。这不是一个仅靠机会主义的方式就能处理的问题。"[16]

尽管认为自己已经对那些持否定意见的人释怀了,但另一个难题还是摆到了曼德拉的面前。1996年3月,一个运动委员会建议,橄榄球队的跳羚队徽应当被取消。这刺激了右翼发起威胁。曼德拉批评了非国大内外的那些人,认为他们"不知道在白人中仍有一些强大的派系，他们不接受现在的转型并企图利用任何一个借口把这个国家拖入流血的杀戮。这就是目前状况的现实，但是很多人没有充分认识到这一点"。[17]

另一个棘手的问题是国歌。1994年选举之前，在过渡时期执行委员会中，非国大和国民党达成协议，作为一种过渡性的安排，同意顺序演唱《天佑非洲》和《南非的呼唤》。成为总统后，纳尔逊·曼德拉委派一支团队，结合两首不同国歌中的元素，谱写一首更简短也更得体的新国歌。[18]

然而，1996年9月，在制定最终宪法期间，非国大全国执行委员会在曼德拉到会之前就国歌做出了两项决定。第一项是，新宪法不应指定国歌，而是说明将由现任总统做出决定。第二项是，国歌应是翻译成四种语言的《天佑非洲》。曼德拉在会后才得知这一消息。他告诉全国执委会的同事，不应在他缺席时通过那样的决定，并要求执委会进行复议。[19] 因此国歌问题按照临时宪法中的规定维持不变，直到1997年10月，国歌团队完成了他们的工作，曼德拉宣布将这个混合的版本作为国歌。

在所有这些促进和解的情况中，曼德拉都情愿承担风险，知道他的行动可能遭到误读。这并不是第一次。在南非选举之后的兴奋中，忘记曾经冒的风险、下的赌注，而使国家倒退回过去是有可能的。曼德拉从1952年作为蔑视不公正法令运动的志愿者总指挥开始，最终在1961年成为民族之矛的总司令，在此期间——与美国南部诸州民权运动中的自由乘车者（Freedom Riders）同一时期——黑人要冒着死亡的风险主张他或她得到人道对待的权利。那时作为一个志愿者，在蠢蠢欲动的警察眼中，就是一个麻烦制造者。

曼德拉冒过各种风险：当他成为民族之矛的总司令时；当他从事地下活动时；当然，还有当他站在被告席上发表蔑视当权者的讲演时，他完全知道，对他判刑的法官有权决定他的生死。如果说全面改革一个非正义的体制需要勇气，那么曼德拉注定知道，要使同一体制转过来为民主服务将需要更大的决心，以及机智。

他发现自己不得不调动自身力量和技巧的储备以及他的说服能力，来应对黑人族群中升起的不安。这些是过去每天都在被种族主义政权欺骗的人。虽然他出狱时曾告诉充满期待的大众，他来到这里"不是作为一个先知，而是作为你们的、人民的谦卑的仆人"，然而在南非历史上那个激情燃烧的岁月，人们是不可能把他这一谦虚的声明当真的。[20] 他的获释，象征着从压迫、暴力、穷困和痛苦的重负下获得解放，对于人们来说，就是一个先知预言的实现。他体现了无数政治运动中许下的诺言，即南非将有和平、自由和繁荣。尽管非国大及其三方联盟的伙伴多数不是种族主义者，但是没有人使群众做好准备，将他们的前进方向转到和解的道路上。

曼德拉走上了和解之路，这意味着他要着手解决白人的恐惧心理并引导胆怯者接受和平的道路。如果说曼德拉已经因为听取人们的反对意见赢得了声誉——正如心理学家和反种族隔离活动家萨特·库珀（Sathe Cooper）在回忆与曼德拉一起关在罗本岛的时光时所说——他现在不得不应对这样一批选民，他们几乎在所有问题上都同意他，唯独对他过度重视和解不满意。[21] 在这种情况下，曼德拉发现自己越来越常遭到指责，称他的和解方针意味着用牺牲黑人的需求来解决白人的恐惧，他不得不对此为自己辩护。虽然他解释了重建与发展以及国家建设与和解之间的辩证联系，以及由此带来的稳定将使所有南非人——最重要的是黑人多数——成为受益者，但是这种指责仍在继续。这已经成为他的总统任期从一开始就有的一个特点。1994年，在参议院预算辩论中回答一位非国大代表提出的问题时，他发表了长篇讲话来澄清这个问题，他说：

"我们已经制定的社会经济计划需要大量的资源。如果国家不稳定，我们就无法面对这些问题。"他说，政府"面临着一个问题，是我们中的一些人时常提起的。我指的是这个国家中白人少数的困难，以及他们曾拥有特权的历史背景。白人过去的特权将黑人不仅排除在权力中心之外，也排除在对国家资源的享用之外"。

他说，白人少数"现在面临着与过去一直被排除在外的多数族群建立起伙伴关系的可能，这使他们产生了一种不安全感，担心民主变化……可能导致白人被黑人多数支配。我们的白人同胞在处理问题时缺少那种态度"。

与之对立的另一个问题与解放运动中的黑人有关，他们已经内化了抵抗的态度，以至于"在需要建设的时候，他们却感到自己应该反对任何导致最终和解和国家建设的事情"，这已经成了一种传统。

为了说明这一点，曼德拉讲了一个典型自嘲的故事，关于他"与一位讲阿非利卡语的著名人物的对话……那位著名人物说，我不知道自己对他们的人——阿非利卡人——做了什么。他感到，这也是他的国家。据他说，被解放的不仅是我，他也被解放了。他做好了为南非服务的准备，而这是由于我的力量。

"正在我开始由于得意而有些膨胀的时候，他转过来说，这也是我存在严重缺点的迹象。他说，我关心的是安抚白人，但忽视了那些将我推上权力顶峰的自己人。我立刻告诉他我已在内阁制定的总统项目。* 他知道所有这些项目，但他说，已经形成的看法——这比事实更危险——是他告诉我的那样。

"他继续告诉我，新闻界和大众媒体对我刚刚告诉他的事情不

---

* 这是一些在总统直接监督下的项目，包括为 6 岁以下的儿童和孕妇提供免费医疗服务，针对贫困地区小学的营养补充计划，为 35 万户家庭提供用电以及在农业地区恢复服务和创造就业。

感兴趣。他知道我并没有抛弃我的人民,但是大众媒体所促成的看法是我并未关注这个国家的事务。使他们受到打击的是,一个长期被监禁的人现在竟然采取这种和解的方式。他们创造出这样的看法,即这就是我关注的全部。即使我自己的同志,他们知道我在我们自己人民中间的活动,看来也已经被大众媒体制造出来的宣传所影响。"

然后曼德拉转到他的非国大对话者向他提出的问题:"我的同志现在警告我,那种认为我忽略了我们的人民,现在全身心关注白人的说法有真实的成分。然而我充分理解这种说法中的情绪,因为人民愤怒、焦躁,他们已经忍受了几个世纪的痛苦,并且直到今天仍在继续忍受……现在的重建与发展计划就是要解决国内人民群众的基本需要。这些需要是黑人的需要,即非裔的、印度裔的和有色裔的。这就是重建与发展计划的目的。

"民族团结政府的成败就在于能否按照重建与发展计划制定的目标来提供人民的需要。我们的部长们一天工作 24 小时,以确保人民过上更好的生活,即充分的就业,有足够的学校、教育设施和房屋、电力和交通,以及引入干净健康的自来水。所有这些,目的都是服务于这个国家人民群众的利益和满足他们基本的需要。"[22]

新的民主体制将国民党——曾经是阿非利卡人政治诉求的堡垒——变成了过渡政府中的一个少数派合作伙伴。安全部队、公共部门和储备银行的负责人在稳定的名义下暂时保留下来,极端保守的自由阵线党已经同意利用法律和宪法手段来寻求实现其目标。

但是议会代表的减少并不等同于白人社会权力的减弱。白人在控制经济资源上占得先机,这对黑人多数来说是不利的,几个世纪的结构不平等使他们深受影响,其后果不可能马上消失。黑人尽管有人数上的优势,但是南非的文化、教育和宗教机构,甚至是农业部门,都为白人的权力提供了基础。对此曼德拉在 1994 年 8 月 26

日比勒陀利亚市长举行的招待会上已经说了很多。[23]

因此和解不得不超越正式的机构，而与社会的各个领域直接发生关系。一般而言，有出人意料之举的正是曼德拉，特别是在沿用典型的阿非利卡标志方面。1995年橄榄球世界杯上他引人注目地——也出人意料地——对南非国家橄榄球队表示支持就是这方面最早的事例之一。在这之后不久，他在比勒陀利亚的官邸中为斗争双方领导人的遗孀举行了茶话会。此外，他还亲自看望了那些由于身体过于衰弱而无法参加的人，包括可憎的种族隔离设计师亨德里克·弗伦施·维沃尔德（Hendrik Frensch Verwoerd）博士*的遗孀贝齐耶·维沃尔德（Betsie Verwoerd），他到她在北开普省奥利尼亚（Orinia）的家中看望了她。在 P. W. 博塔中风之后，曼德拉到他在西开普省乔治市（George）的养老院看望了他。媒体对这些令人心酸的时刻——白发苍苍的曼德拉耐心听取 P. W. 博塔讲述政府政策的后果，或者帮助贝齐耶·维沃尔德用阿非利卡语阅读一份建立白人家园的吁求——的报道，确保包容性在全国范围得到展现。但这也展现出曼德拉处于领导地位的事实。

在橄榄球世界杯夺冠后几天，曼德拉会见了 20 位代表，主要来自右翼或保守组织，这是由自由阵线党魁康斯坦德·维尔容组织的一次对话。当一位记者问及这类会见背后的原因时，曼德拉解释道，这全部是为了国家建设与和解。他说："重要的是保持那些组织与政府之间的沟通管道畅通，以消除任何可能导致紧张的误解。"[24]

在向阿非利卡语言与文化协会（Afrikaanse Taal-en Kultuurvereniging, ATKV）讲话时，曼德拉说，他理解他们对于可能歧视阿非利卡语的语言政策的恐惧。他向他们保证，保护和振兴这个国家的所有语

---

* 亨德里克·弗伦施·维沃尔德，见"附录二"。

第十章　和解

言，包括阿非利卡语，是政府和非国大不可动摇的政策。[25]

强大的秘密组织阿非利卡人兄弟会（Afrikaner Broederbond）的青年组织"近卫骑兵"（Ruiterwag），于1996年邀请曼德拉参加一场阿非利卡青年领导人会议。这个兄弟会的主要目的是提高阿非利卡人的文化、经济和政治权力。曼德拉要求他们领导所在团体成为重建与发展中的积极分子。

仍然处于与阿非利卡青年领导人会面的兴奋中，并希望将这一消息尽快传递给整个社会，曼德拉赶到约翰内斯堡挤得满满的第一国民银行体育场，非洲国家杯（Africa Cup of Nations）足球锦标赛正要开始。由于超过了原定的时间，他的声音被淹没在头顶上空飞机的轰鸣中，他向球迷们解释，他刚刚参加了阿非利卡青年领导人的会议。

曼德拉也访问了诸如斯泰伦博斯、比勒陀利亚、波切夫斯特鲁姆（Potchefstroom）等历史上使用阿非利卡语言和文化的大学，并到教堂讲演——通常是应邀，但有时也未经邀请，令崇拜者十分高兴。只要是有南非白人文化存在的地方，他都去讲话。他所传递出的信息始终不变。

"对我来说，"他写道，"最重要的就是，我们所有人都加入严肃的讨论，探讨我们在这个国家共同的未来……当我上一次谈到和解与民族团结时，这是我想要留给后世的遗产，市场几乎崩溃了。我希望这样的事不会再发生。但是我今天确实想要再次重申，我把民族和解的工作视为我最重要的任务之一，并要在我身后留下一个长久和平的国家，国家中的全体人民和族群在相互接受、相互尊重和全国统一的共识中生活在一起。"[27]

曼德拉知道，阿非利卡人一直担心阿非利卡语教育和阿非利卡语学校的问题。为此，他把《自由宪章》分发给听众，并告诉他们，

1955年在人民代表大会上起草并通过的《自由宪章》"是非国大的基本政策文件。今天，它仍然是这个组织的基本方针。因此，当我谈到和解与尊重这片土地上所有语言和文化时，绝不是像通常所声称的那样，一个简单的个人立场，而是一个包含在非国大——民族团结政府中的多数党——的基本政策中的立场。我说这些，你们就会知道，尊重社会多元化的理念，一直深深地植根于今天执掌我们国家的这个政治组织中……

"迄今在我们国家已经进行了80年的解放斗争，其基石就是对我们社会的本质的深入思索和寻求答案。'民族问题'（national question）是解放运动迄今经常考虑的一个问题。在一个没有种族歧视的团结国家内部，不同族群的利益如何实现？在我们开始讨论阿非利卡人的利益之前，重要的是记住'民族问题'关心的不只是阿非利卡人。如果一个人问某个语言族群或某种文化在我们共享的这片土地上的地位，他同时也必须考虑其他族群的利益。"

曼德拉强调，阿非利卡人的未来"不能等同于种族主义。但同时，有少数人确实利用这个问题以达成种族主义的目的。有少数人以关心阿非利卡人为借口，横挡在道路中间，阻拦为了国家整体利益的改革，企图保护现在享有的特权"。

"那些真正关心阿非利卡问题的人应当站出来发声，反对这样的做法以及这样做的人。这样也有助于使你的大多数同胞放心，不论何时提出阿非利卡问题，都不会怀疑背后有不可告人的动机。"始终以一种调解的态度，曼德拉最后叮嘱阿非利卡人"以一种积极的精神进行讨论。我们在这里就是要聆听彼此的意见，并就任何可能存在的问题寻求解决方案"。[28]

1994年4月，曼德拉签署了由自由阵线、非国大和国民党三党决议的《阿非利卡人自决协议》（Accord on Afrikaner Self-

第十章　和解

Determination），这个协议确立了建白人家园的想法，从而将内战的乌云一扫而空。

曼德拉当选总统的那一天，在进入国民议会会场时，他离开了仪式行列，去和当时成为议员的维尔容握手。维尔容回忆，在就职仪式之后，曼德拉告诉他："我有一个伟大的愿望，就是不仅成为非国大的总统，而且是每一个人的总统，并且我希望赋予你自由出入我办公室的权利。如果关于阿非利卡人的问题你有任何想来讨论的，可以尽管提出来。"

"相信我，"维尔容说，"如果我有事情需要讨论，不出两天就能见到总统。"[29]

民族国家理事会作为一个过渡性机构，其继续存在被写入了新宪法。[30] 与种族隔离的族群权利相反，各方同意宪法承认自愿社区的权利。这为在每一个政府辖区建立自愿文化机构（voluntary cultural councils）和成立促进和保护文化、宗教和语言族群权利委员会奠定了基础，该委员会拥有调查投诉和解决冲突的权力。[31]

然而在现实中，民族国家理事会没有起到实质性的作用。1999年，这个机构的资金枯竭；2001年，其设立所依据的法律被撤销；相关报告则被提交到促进和保护文化、宗教和语言族群权利委员会。认为阿非利卡人的关切需要一个独立领地或专门政党的想法失去了其曾经拥有的支持。[32]

民族国家理事会提供了一个论坛，一艘方舟，使陷入困境的人可以找到一个避难所，尽管他们所要躲避的暴风雨更多出于想象而不是现实。真相是汹涌的海水已经平静下来。正如和解发挥了作用一样，政治权力的转移也起了部分作用，特别是由于曼德拉决定投入大量精力参与阿非利卡人社群。他这样做是因为知道南非历史上对阿非利卡人的极度憎恨。"当我们的人想到阿非利卡人，这个统治国家政治机构的族群时，感情就变得特别强烈，使冷静的讨论变得困难。"[33]

曼德拉的出发点是认为"把他们（阿非利卡人）看成一个同质的群体，认为他们对待种族问题的态度是统一的、不可改变的，试图与他们说理是徒劳无功的"，这是一种错误的看法。[34]

曼德拉坚定不移地向前，向阿非利卡人讲话，感到他们是他建设一个稳定的民主制度计划的一部分。一开始这令人感到困惑，特别是对于某些阿非利卡人而言。他们被罪恶感所包围，自然预期的是来自曼德拉和他领导的黑人的仇恨和报复。当相反的事情发生时，他们感到的是吃惊和困惑，以及著名诗人和学者安杰·克罗格（Antjie Krog）所说的，五味杂陈。[35] 在她作为广播记者报道真相与和解委员会期间，她在与阿非利卡人族群成员的互动中发现，阿非利卡人把黑人的准备原谅解读为软弱和自卑。他们解释，如果黑人曾经遭受的困苦有一半发生在阿非利卡人身上，这个国家就会淹没在血泊中。

1995年7月，总部在伦敦的期刊《南非时代》（South African Times）向不同的人提问：基于对曼德拉想要什么的想象，他们会给曼德拉送上怎样的生日祝福。讽刺作家彼得-德克·厄伊斯（Pieter-Dirk Uys）在回答时问道："曼德拉的愿望是什么？长寿？是的，是的，是的。幸福生活？如我们所有人愿望的。正常的生活？如何正常？他不需要证明任何事情。现在，为了使他的观点被接受，他可以十分危险地嘲笑和质疑，这会危及他的地位，就像一只稀有的濒危动物。他的愿望是什么太明显了。这个人全身心投入到原谅与和解的工作中去。这个人体现了所有宗教中最美好的东西。热爱你的邻居，即使他把你关了27年。"[36]

"这就是曼德拉，"维尔容后来回忆道，像是一个人终于拼上了

第十章　和解

最后一块拼图。"曼德拉使阿非利卡人感到迷惑。他是如此能够被人接受。他朝着真正解决南非的问题创造出了一个如此巨大的期待,即使阿非利卡人民也接受了这一理念。"[37]

* * * * *

正如种族隔离一直是旧政权的象征那样,在大主教图图领导下的真相与和解委员会已经成为新南非的一个象征,其重要性仅次于新宪法。对外部世界来说,它生动地证明了南非已勇敢地承担起深化民主的使命。

这个委员会从调查侵犯人权开始,并逐步形成机制,使有罪者坦白罪行。种族隔离政权的暗杀队和武装暴力赤裸裸的真相,由于勇敢记者的工作而进入了公众的视野,主要是《自由周报》(*Vrye Weekblad*)和《每周邮报》的记者。因为听证会是在摄像镜头的凝视下进行的,在种族隔离政权支持下制造的全部恐怖进入了公众的客厅,人们再也无法以不知情为借口来轻松地逃避了。这一过程也针对那些在解放斗争过程中发生的严重侵犯人权的案件。因此,在接受调查的那些人眼中,真相与和解委员会给双方带来同等的麻烦,那些人过去总是透过把践踏人权合理化的棱镜看待自己的行为。当时整个国家都在争论,能否将自由战士的暴力行为与种族隔离下的国家暴力等同起来。

若是没有一位有曼德拉这样名望和人品的领袖,真相与和解委员会就无法完成它的工作。他必须在这个委员会的各个阶段亲自应对争议:在创设委员会的立法协商期间,在委员会的任命时,在听证期间,以及在最终公布报告时。

例如,康斯坦德·维尔容一开始曾试图——尽管没有成功——

利用曼德拉对他"敞开大门"的许诺，说服曼德拉反对成立真相与和解委员会，称这将导致消极的而非积极的后果。[38]虽然后来认同了参加这个委员会的价值，但维尔容不得不考虑，如果依然将政治犯是否有资格被赦免的区分日期划定在1993年12月6日午夜，即真相与和解委员会成立的日子，这将对他的支持者不利。于是他寻求委员会副主席亚历克斯·博雷恩（Alex Boraine）的帮助，要求曼德拉将划分日期推迟到1994年5月10日，这样他和他的支持者卷入计划武力破坏选举的行为就可以申请赦免。在德克勒克的支持下，曼德拉拒绝了维尔容的要求。然而，这位退休将军的坚持还是得到了回报，他最终说服曼德拉将提交赦免申请的日期从1993年12月延后到1994年曼德拉就职典礼的那一天。

这不是一个让曼德拉感到舒服的决定："我们一直在谈判……从1990年开始，那些在谈判开始之后仍然犯下罪行的人，在我看来，完全没有资格被加以考虑。"尽管如此，他依然承认了维尔容的作用，说："我们能够避免波斯尼亚（Bosnia）*的局面，是因为来自各种不同政治派别的领导人的合作……我不能无视他对我持续的要求。"[39]

后来维尔容现身真相与和解委员会，并对其计划用武力破坏选举一案申请赦免。

当年曾按照P. W. 博塔的指示与在狱中的曼德拉进行秘密对话的前国家情报署署长尼尔·巴纳德，这时也尝试说服曼德拉。他在一间安全屋中安排了一次与曼德拉和南非警察总署总监约翰·范德梅韦的会见。这两位安全部门的官员试图说服曼德拉，整个过程会造成分裂，而且不会产生任何长期的益处。听他们说完，曼德拉说，

---

* 即波斯尼亚和黑塞哥维那。1991年6月起，波黑国内穆斯林、塞尔维亚和克罗地亚三个主要民族因在波黑前途问题上发生严重分歧，最终导致了波黑战争。——编注

他理解他们的观点,但是难以同意。过去的事情必须公开,告诉人民曾经发生了什么。这是医治国家创伤的唯一途径。[40]

这不是一件容易的事。

1997年10月,当P. W. 博塔被传唤在真相与和解委员会出庭时,他拒绝了,这让曼德拉陷入进退两难的处境。

在一次接受南非广播公司的访谈时,曼德拉指出:"认为不经过任何麻烦转型就会发生的想法是错误的。当右翼决心暴力阻止选举时,我们曾面临爆发内战的局面。我们不得不谈判,利用那些有影响的、可以阻止内战发生的人。我不打算说出在这方面具体哪个人帮助了我们。但是为了避免那样的危局,我们不得不借助曾经不共戴天敌人。当问题发生时,我们必须考虑这些。

"我曾就有关真相与和解委员会的问题与P. W. 博塔谈过两次。我和他所有的孩子谈过。我已经向南非国防军、南非警察总署、荷兰归正教会以及其他机构通报过,因为对暗中正在发生的事情我比你们知道的稍微多一些。

"从你们看到的和每个人都注意到的角度来看问题,这是一个严重的错误。有一些问题是不得不考虑的,而许多人不了解那些问题。尝试避免陷入那样的危局是必须的。但是我们那样做的决心不能太过,不能允许人们蔑视法律。我已经做了我该做的事,并且我可以向你们保证,P. W. 博塔不会凌驾于法律之上,我也绝不允许他违抗真相与和解委员会。我已经请求他的家人帮助,避免他自取其辱。如果他一意孤行,那么法律必须行使其效力。这是毫无疑义的。"[41]

要把一个像P. W. 博塔那样的人,阿非利卡人最后的勇士将军之一,拉到法庭面前,不是一项简单的任务。尽管曼德拉为了安抚一心想要诉诸武力的右翼曾经寻求博塔的帮助,但他仍然把法治置于至高无上的地位。法律就是法律。他不想看到这位老人被戴上手铐，但如果真到了那个地步，也只好如此。因此他请巴纳德帮助他说服博塔。巴纳德回绝了。博塔一定会拒绝。强迫他只会使他成为殉道者。[42] 巴纳德也许是对的，但或许更可能的是，他只是不愿与博塔纠缠，后者随着年龄的增长变得愈发易怒。尽管曼德拉一直是一个有坚定信念的人，但他不会鲁莽行事。他最不想要的事情就是阿非利卡人暴动的鬼魂复苏。最终，博塔没有在真相与和解委员会出庭。

真相与和解委员会的 7 卷报告于 1999 年公布，其中几卷长达数百页，这是一份费尽心思——并且经常令人痛苦——的记录。其中部分致力于"对冲突演进和严重侵犯人权行为发生的背景提供一个概述"。第二卷聚焦在"犯有严重侵犯人权罪行的那些人，试图理解滥用职权的模式、严重侵犯人权的形式，以及对此的批准和问责"。[43]

执行这个过程与收集可用的资料一样，是十分困难的。但尽管有这些困难，

> 大量的文件还是被汇集起来……资料的来源尽管很多，但分布并不均匀，这就给甄别犯有虐待、谋杀和其他严重侵犯人权罪行的人和组织带来困难。来自南非警察部前成员的赦免申请提供了新材料的宝贵来源。委员会收到了许多来自现役或退休警官的申请，具体说明了他们在严重侵犯人权行为中扮演的角色。其中一些案件，如斯蒂芬·比科先生在拘禁期间的死亡，是国内外熟知的；而另一些则是在犯罪者他们自己的小范围之外无人知晓的。包含在赦免申请中的信息在更深层次上暴露出大量受害者个人命运的真相。[44]

第十章　和解

　　毫不奇怪，存在着来自各方的保留意见和批评。注意到这些，曼德拉仍然接受了这份报告并说："10月份收到真相与和解委员会提交的这份报告后，我毫不犹豫地接受了，包括它所有不完善的地方。

　　"在如此初期阶段，期望在如此有限的时间内完成这必然耗费时日的艰巨任务，不可避免地存在各种局限，而且这份报告本身也确实突出地反映了这些问题。

　　"鉴于我们整个社会仍然存在的分裂性质，以及仍然有待愈合的新伤口，这个委员会的判断与我们中的某些人对事物的看法不一致，这也是不可避免的。

　　"正如我们所预料的，10月份这份报告提交时，关于刻意表现公平一致的疑虑就被提出来了，似乎将那些为正义而战的人与反对正义、维护非人道体制的人相提并论。

　　"此外，将赦免过程作为和平过渡的手段这样一种妥协，其实际后果对于许多人权被侵犯的受害者和他们的家庭来说是痛苦的。

　　"许多失去了亲人，或经历了难以理解且肆无忌惮的野蛮恐怖的人，对似乎否认了'第三武装'的存在感到惊讶。第三武装指存在由权力机构精心制定的策略和计划，他们当时的目的是在受压迫者当中挑起暴力冲突，武装和引导不同的派别去杀人和破坏，这在1990年前即已存在，但在1990年之后尤其严重……

　　"关于委员会是否公正的问题也被提了出来。一些人已经试图找到证据，证明这个委员会的工作是针对一个特定语言族群的政治迫害。

　　"就所有这些问题发表意见不是我的任务，而且等到赦免程序完成，真相与和解委员会做出更完整的说明时，其中一些问题无疑会以不同面目呈现。

　　"届时,今天在这里开始的全国性辩论将有可能得出一个定论。"[45]

承认存在这些问题之后，曼德拉仍然坚持过去发生的事情需要有一个全国性的认识，要真正落实真相与和解委员会的建议也需要全国上下的一致努力。

"和解与国家建设的成功，"他说，"将取决于社会各阶层像真相与和解委员会一样，认同世界的普遍看法，即种族隔离是一种反人类的罪行，其邪恶的行为超越了国界，所播下的破坏的种子直到今天还在结出恶果。

"对此不能有任何含糊，因为对这一点的承认正是国民公约，即我们的新宪法，以及我们正在共同建设的新的民主体制和人权文化的核心。

"尽管有其局限，但真相与和解委员会在帮助我们国家达成这种认识方面完成了一项里程碑式的任务。"[46]

不论它有哪些局限和取得了怎样的成功，真相与和解委员会在国内和国际社会的众目睽睽之下，提供了一个将过去不为人知的罪行和痛苦暴露于光天化日之下的机会。

但是对真相与和解委员会的反应仍然存在巨大的分歧。人类科学研究理事会在1998年12月做的一份调查显示出这样的两极化。在黑人当中，有72%的人认为真相与和解委员会"对这个国家是一个好机构"，而同样百分比的白人认为是一个坏机构。[47]

一些受访者想要既往不咎，其中一些人将德克勒克和国民党中其他一些作恶者不情愿的或被迫的参与视为严重背叛。对他们来说，承认他们曾参与或得益于一个被揭露为开历史倒车的体制是很难接受的。不少人回到了这样的观点，认为作恶者同意交出政治权力就已经表现出了足够的忏悔。

然而对于那些受害者来说，回味那些恐怖的经历使他们再次想起已经忘却了的创伤。大多数人期望，除了赔偿之外，真相与和解

第十章　和解

委员会的进程应当要求种族隔离的受益者做出有意义的贡献，通过加快转型纠正历史错误。

曼德拉了解各方面的紧张，因为他敏感地注意到这样的事实，白人族群中的相当一部分已经逐渐接受了真相与和解委员会的进程，以及这对于新宪政体制的意义。在1997年的国情咨文演讲中，曼德拉承认，政府"清醒地意识到一些阿非利卡人的担忧，尤其是对于真相与和解委员会的工作"。

"当然，"他继续说，"今天说到'阿非利卡人'，不再像以前是指一个单一的整体，正如今天几乎没有人能够声称代表阿非利卡人民讲话一样。

"阿非利卡人遍及我们社会的各个领域，有不同的立场和观点，发出不同的声音。

"阿非利卡人是我们这个彩虹国家不可分割的一部分，他们自身反映出丰富的多元性，这正是多元性的力量所在。

"但我们也注意到阿非利卡人对真相与和解委员会表示担心的声音，一些声音认为真相与和解委员会代表了一种政治迫害。"

曼德拉指出，真相与和解委员会的目标清楚地写进了临时宪法和法律法规中，他建议议员以及整个国家："所有目标都必须在对我们国家的这段历史有更清楚了解的情况下，通过真相与和解委员会的进程来实现。对于那些过去遭受痛苦的人，我们必须尽可能地实现正义，我们必须在持续和解的路上走到底，决不重走一部分人压迫另一部分人的非正义的老路。

"任何把一个种族、民族、语言、宗教或其他群体集体地置于被告席的想法都没有容身之地。阿非利卡人民的多元性意味着，阿非利卡人知道，当某一个具体的做出严重侵犯人权恶行的阿非利卡人到真相与和解委员会接受质询时，并不是所有阿非利卡人都被传讯。因为与其他语言和文化族群一样，残酷地对待他人并非阿非利卡人的本性。

"作为一个新近意识到不光彩过去的国家，我们所有人都为任何种族或语言群体能够不人道地对待其他人感到耻辱。我们所有人应该共同使这种情况在南非绝不会再次发生。"[48]

曼德拉致力于推动和解事业，希望未来的南非会驱散大多数人口过去遭受的恐怖阴霾。正如在大多数勇者的传奇中，那个男人或女人必须首先出走并经历巨大的困境，然后才能回归为人民服务。在安哥拉非国大军营中闷热的夜晚，战士们会在所谓的"爵士时光"唱歌跳舞，这是一个重振士气的时刻。欢乐在广场上继续的同时，一支部队的一个部门为未受过教育的战士开办读写课程，这些语词跨越数千公里，穿过罗本岛监狱的高墙，曼德拉和其他政治犯们也在学习，用以武装自己，为他们回国做准备。

第十一章

社会与经济转型

任何历史研究者——当然纳尔逊·曼德拉也是其中之一——都会接受这样的看法,从过去的掠夺中受益,并且今天仍然牢牢地控制着社会经济机构的白人,将会不惜一切地战斗以维持现状不变。当事实证明没有出现任何剧烈的动荡,并且经常听到的"把白人赶到海里去"的叫嚣不过是像海鸥的空鸣时,他们就改变了策略,试图将所有社会弊病都归咎于当前的政府管理不当。

无论是在监狱的高墙后面,还是站在转型谈判的前列,或是最终在选举中作为非国大和民主体制的旗帜,曼德拉一直保持着对南非问题的关注——右翼的威胁、高犯罪率和高贫困率。但是在接管权力之前,他并没有全面的了解。执政之后,他立刻意识到,最大的障碍是社会经济问题。

在民族团结政府的初始阶段,曼德拉无法忽视重建与发展计划自身对经济的分析。该计划在经济建设部分如是说:"南非经济现在深陷结构性的危机,因此需要根本性的机构重建。"[1] 这是因为白人少数在数十年间利用垄断的政治和经济权力来促进自身族群的利益,并损害了黑人多数的利益。南非的"收入和财富分配模式是当今社会最不平等的之一"。[2]1994年12月15日在亚的斯亚贝巴(Addis Ababa),非洲经济委员会(Economic Commission for Africa, ECA)的阿尔及利亚秘书长拉亚什·亚克尔(Layashi Yaker)在发言中对非洲1994年的经济和1995年的展望做了一个分析。他认为,"如果劳工和雇主……在着手纠正40年种族隔离造成的劳动力市场扭曲时,能基于对双方基本关切的同情理解而建立起一种新型的实用关系",南非的经济将加速增长。[3]

曼德拉视他的政府职责为踏出处理种族隔离政权经济遗留问题的第一步,即解决目前对黑人多数不利的不平衡状况。

对于新政府而言,新内阁在就职仪式第二天的会议已经迈出了解决社会经济缺陷的步伐。他们唯一的议题就是根据政策制定小组、会议和人民论坛提出的原则改革国家这一总体任务。当天记录下的一项内容是:"总统强调了立即并满腔热情地执行重建与发展计划的重要性,并号召所有内阁成员给予支持。"[4]

这项使命源于在1992年5月底非国大全国会议上通过的政策框架文件《准备执政》。其中就经济财产国有化与私有化的棘手问题也进行了讨论。当曼德拉走出监狱时,他是对经济的关键部门实行国有化的热烈拥护者,但正如我们在本书第四章所读到的,他被迫改变了这一观点。鉴于全球正在放松对资本流动的限制,非国大制定了支持混合经济的方针。

1992年的"准备执政"会议正式明确了这一变化,经过数小时的辩论之后,会议承认了经济需要灵活性。因此非国大的政策避免使用"私有化"和"国有化"这样的词。公共所有制将"根据对重建公有部门以执行国家目标时实际情况的权衡"灵活扩展。[5]

第十一章　社会与经济转型

尽管有这样的定义，但当政府提出国有财产私有化问题时，非国大内部仍有大量反对意见。但是曼德拉认为，这一问题"应当具体问题具体谈判解决"。[6]

国家当时处于经济危机当中，其严重性在选举之后更为明显。扭转这种局面的需求使非国大做出决定，着手成立一个民族团结政府，而不是经历一个全民动员和谈判的漫长过程，那样即使最终成功，也要付出巨大代价。

这个国家当时没有条件执行那些改善人民生活水平，特别是穷人生活水平的计划。国家按照种族隔离的划线分裂，一直以来只能有效地为白人少数提供服务，并压迫大多数人民。国家政府及其下属行政机构人为地扩大了对职权的滥用。这种狭隘的关注导致了政策制定的无效。例如，参与成立过渡时期执行委员会谈判的非国大代表吃惊地发现，种族隔离政权只有脆弱的金融监督和管控机制。[7] 国家协调和战略导向主要是出于安全的考虑，由国家安全管理系统（National Security Management System）执行，此系统在1989年被德克勒克撤销，这导致了金融监管中心处于更大的真空状况。

鉴于这种忽视和缺失监管的系统性遗产，应对贫穷和不平等必须既对国家实行综合性的转型，又要实现可持续的增长和再分配。

为变革搭建政策和立法架构的工作迅速起步。第一次内阁全体会议提出了约20项备忘录。这可能要归功于内阁秘书处的远见，从一开始它就指出，部长级和各部门的备忘录是内阁会议重要的原始材料。[8] 这是漫长程序的开始。一些备忘录用了长达两年的时间才形成了政府的白皮书，然后又用了更多时间通过立法取得最终执行权。因此，过去由于压迫而被推迟的变革并不会因为民主体制的出现就立即实现。新政府的最初几年都致力于准备立法框架，使国家能够实现迫切需要且姗姗来迟的转型。

研究报告有时候不切实际地指出，穷人普遍承认有意义的改变需要时间。但实际情况是，易怒、不耐烦的幽灵从未远离全国人民的讨论。永远乐观的曼德拉感知到这种不耐烦，但他也只能说，要使被庄严地写入政策声明中的变化落地生根，"至少需要5年"。[9]

因此正如曼德拉在1994年5月对议会的讲演中所声明的，带有一种巨大的紧迫感，与"迫切需要的重点领域"有关的计划必须在头一个100天之内得到执行。[10] 这些将借助已有的项目，它们的成功将产生看得到的影响，成功案例的数量意味着改革进展将成为总统讲话的一个主题。而另一些项目则需要更多的准备。落实住房和土地改革就像建造一座城堡，需要深厚的地基和坚固的城墙，以抵抗长期的风吹雨打。这些计划不得不努力应对深植于南非这个国家和整个社会的巨大障碍。

住房和土地问题是任何解放斗争的核心，对此曼德拉知道得太清楚了。在未发表的回忆录中，他写道：

"掠夺土著的土地，开发那里的矿产财富和其他原料，把那里的人民禁锢在特定地区并限制他们的流动，除了明显的例外，已经成为遍及这片土地的殖民主义的奠基石。

"这就是英国殖民主义在南非采取的模式，以至于1913年在南非政府通过了土地法（Land Law of 1913）之后，仅占这个国家人口15%的白人少数占有了87%的土地，而黑人多数——非裔、有色裔和印度裔——仅拥有不到13%的土地。他们被迫生活在肮脏和贫困之中，或到白人农场、矿山和城市地区去寻求就业。

"当1948年阿非利卡人的国民党开始执政时，他们的行动更是令人难以置信的残酷，而且试图抢夺黑人对拥有土地仅剩的所有权。

"大大小小的族群被从他们自古以来就拥有的地区、他们先祖

第十一章 社会与经济转型

和亲人埋葬的地方残酷地连根拔除,被扔在荒野之中自生自灭。这就是在一位受过教育但臭名昭著的神职人员及其后继者领导下的白人族群所干的事情,他们利用自己的技能和宗教针对黑人多数犯下了上帝所不允许的各种暴行。然而他们虚伪地宣称,其邪恶计划是受到上帝的启示。"[11]

在曼德拉的手稿中,这里有一段写在括号中的注记,"引用所罗门·普拉杰(Sol Plaatje)*关于1913年土地法的一段话"。[12]普拉杰就强占土地问题写道:"1913年6月20日星期五早晨一觉醒来,南非土著发现自己尽管实际上不是奴隶,却已成为在自己出生的土地上的贱民。"[13]

曼德拉继续说:"正是针对这一背景,非国大的重建与发展计划强调土地改革的重要性,途径是呼吁废除土地法,以及保证农村和城镇穷人、劳工租户、农场工人和以前处于弱势地位的农场主的居住和生产用地。"[14]

接管政府6个月之后,曼德拉在为《重建与发展白皮书》(White Paper on Reconstruction and Development)所作的序言中许诺:"转型将渗透到政府的每一个层面、每一个部门和每一个公共机构。因此政府的重建与发展计划活动不应被视为一批新的项目,而是对于现在已有活动的彻底再设计和全面重建。增长与发展的关系不只是相互依存,而且彼此加强。解决不平等的问题将扩大国内市场,拓展海外市场,并创造机会推动股权代表制。南非经济的扩张将通过扩大税收基础提高国家收入,而不是通过长期持续地提高税率。[15]

"在重建与发展两方面努力的成功需要政府与公民社会,特别是工商业界和劳工建立起积极的伙伴关系……联手面对为数百万

---

* 所罗门·普拉杰,见"附录二"。

在正式经济中找不到位置的成年南非人提供机会的更加广泛的挑战……"

"我们的人民选择我们，是因为他们需要变化，"曼德拉总结道，"他们一定能够看到变化。我们的人民有很高的期待，而且是合理的期待。尽管政府不可能一夜之间就满足所有这些需要，但我们必须坚定地制定出具体的目标、时间框架和战略来实现这一变化。"[16]

在1994年5月对议会的第一次演讲中，曼德拉宣布下一年将从预算内拿出25亿兰特转用于重建与发展计划的资金，并且为了显示其重视程度，政府将在接下来的100天内执行一批总统优先项目（Presidential Lead Projects）。这些项目聚焦于6岁以下儿童和孕妇的免费医疗，在每一所贫困小学提供营养餐计划，在本财年继续执行为35万户家庭供电的计划，以及在农村和城镇地区重建乡镇并恢复服务的市政工程计划。此外，对于应纳税收入超过5万兰特的个人和公司一次性征收5%的重建税。[17]

鉴于最初几年遗留下来的经济危机，政府经常被迫在消除贫困还是刺激增长之间维系一种复杂的平衡。在政府开始履行民主职责的起点，因为缺少对国际贷款的依赖——那会导致丧失主权，经济必须走促进增长和吸引国内外投资的可持续道路。政府必须通过重新配置现有资源来为国家重新确定方向。[18]这包括减少汇率波动。曼德拉在就任总统后的一次电视采访中说："国际货币基金组织的总裁来到这里说：'你们货币不稳定的原因是外汇储备过低。我准备帮助你们，向你们提供资金。'我说：'不，你带来的困难是，你将强加那些侵犯国家主权的条件。'他说：'不，我绝不会那样做。'我很高兴。然后我打电话给副总统塔博·姆贝基说：'先生，这就是国际货币基金组织说的。'他说：'不行。'姆贝基他们提出了理由，但我现在不会深入说明。我认为他们比我更擅长处理这类问题，于

第十一章　社会与经济转型

是我接受了他们的建议，我们不想欠任何组织的债务。我们要依靠自己的资源和税收等。"[19]

1994年10月，内阁进行了结构调整，"以为公共部门的转型做出贡献，从而推进重建与发展计划的执行，促进增长和繁荣"。[20] 总统和两位副总统率先垂范，将他们的薪水降低了20%，而部长们降低了10%；高级官员的薪水冻结，而公务员的最低工资增加了15000兰特。[21] 就预算而言，这不过是沧海一粟，但传递出了同时降低成本并缩小工资差距的有效信息。曼德拉将削减工资视为应对种族隔离留下的社会弊病时一个应予仿效的案例。

在推进重建与发展计划的同时，政府也不得不减少财政赤字，支出不能超过国库所有，以避免时间长了跌入债务陷阱。因此政府的支出转移到资本项下，重建与发展计划融资主要是通过重构预算，先考虑该计划中的优先项目。公务员将进行重组和培训，以为所有公民提供有效和高效的服务（正如我们在第九章所看到的）。"如果我们要成功实现重建与发展计划中包含的目标"，人力资源的开发、劳动力市场的改革以及所有人的集体谈判权"就是十分重要的"。[22]

过去胡乱支出遗留下来的严酷的经济环境，不可避免地对重建与发展计划的融资产生了负面影响。每一天都有对于危机深重程度更令人担忧的发现。在谈判期间，国民党政府的财政部部长德雷克·基斯曾向当时非国大经济政策部门的负责人特雷弗·曼纽尔做了简要介绍。曼纽尔向曼德拉转达了他所了解到的情况。曼德拉得出结论，延长谈判将导致民主政府接手一个无法恢复的经济。[23]

曼德拉没有忘记这些。几年以后，在为1999年的选举宣传时，他在回答一个有关失业的问题时，对他和他的政府曾经接手的经济状况做了如下解释：

"我想将失业问题放在当时环境的背景下,因为那种认为失业问题是从天上掉下来的、没有历史原因的想法是错误的。我们所有人都知道,在1994年4月之前的10年中,由于政治的不稳定,导致51亿兰特流出这个国家。

"其次,这个国家当时的经济增长是负数,并且通货膨胀率高达两位数,预算赤字也是两位数。

"但是当我们接管时,更让我们惊愕的是发现,这个国家的公债不少于2540亿兰特,我们现在每年要为此偿还500亿兰特。我们也因此少了500亿兰特来创造就业和减少失业率。这就是问题的背景。

"现在,失业问题不是很容易解决,因为当我们作为政府接管时,我们做出的一个主要决定是减少通货膨胀率,减少预算赤字,而在这方面我们已经取得了巨大的成功。

"但是减少通货膨胀率和预算赤字意味着政府开支应该有大幅削减,我们做出了这样的决定。我们坚定地确保,我们削减了政府开支、降低了通货膨胀率和预算赤字。我们把通货膨胀率从接管时的两位数,约13%,减少到4%至5%……因此我们继承了与这种状况相应的国内的高失业率。我们过去和现在都没有资源来解决失业问题……

"我们因逾期未交会员费而拖欠联合国超过1亿美元,这是种族隔离政权在被暂停会员资格期间没有支付的,我们能够到联合国……我必须去联合国会见[比尔·]克林顿、鲍里斯·叶利钦(Boris Yeltsin)、雅克·希拉克(Jacques Chirac)、江泽民和其他人,请求他们免除这笔债务,他们同意了。

"然后我信心满满地回到我的国家,既然我已经让联合国免除了这笔逾期欠款,我也将让那2540亿兰特的债务一笔勾销。我要求财政部部长给我这笔债务的分项清单。但当我得到这些分项时，我几乎晕倒。这笔债务中超过90%是我们拖欠工人的。种族隔离政权所做的是支取养老基金，利用这些养老基金让他们自己致富。我们不能免除这笔债务，因为如果我们免除了这笔债务，成为一个免除了欠其工人债务的政府，我们将失去所有的信誉。因此我们没有别的办法，只能支付这笔钱。"[24]

回到1994年，除了欠南非养老金的款项之外，也有来自外国银行和国际货币基金组织的贷款需要偿还。*

一开始，为了应对资源有限的问题，政府同意将周期性的国家支出保持在一定水平，从而加强重建与发展计划的部门和资金作为杠杆的职能，协助公共服务部门将重心转到重建与发展、更高效率和更有代表性的人事安排上。[25]

但事实证明，这些措施，包括国有资产的有限私有化，不足以吸引迫切需要的投资。尽管政府采取了鼓励投资的措施，但私有部门的反应令人失望。许多商业界人士怀疑政府背后藏着准备痛打他们的大棒。

1995年8月，在非国大执行委员会的建议下，内阁临时成立了一个专门的增长委员会（Committee on Growth），由曼德拉总统主持，成员包括财政部、贸易和工业部、内政部和负责重建与发展计划的部长，以及两位副总统。[26] 该委员会的职权范围包括监督国家发展和增长战略（National Growth and Development Strategy）

---

* 过渡时期执行委员会同意的国际货币基金组织贷款为国际货币基金组织补偿和应急贷款办法（Compensatory and Contingency Financing Facility, CCFF）项下的8.89亿美元，合28亿兰特，该项融资是"为了帮助一些国家在不依赖过度且不必要的调整的情况下，应对影响出口收入的暂时性外部冲击"。其目的是避免1994年选举前的一场国际收支危机，那主要是1992年的旱灾影响粮食出口造成的。补偿和应急贷款占整个政府债务的1.5%。

的实行。这是一个要在1996年完成的全面进程。[27] 然而在到期日之前，政府为应对货币动荡和投资者缺乏信心的状况，于1996年6月发布了一项宏观经济计划：增长、就业和再分配（Growth, Employment and Redistribution, GEAR）战略。

在引入这一战略时，曼德拉不得不要求各方勒紧裤腰带、吸引投资者、重新向世界经济打开大门。他也不得不去做非国大联盟伙伴的工作，以及遏制部长们竞相在现有蛋糕基础上获取更大份额的要求。

围绕增长、就业和再分配政策的全面影响产生了激烈的讨论。有高声的批评，在一些人看来，这是"从一个具有社会主义性质的发展政策——重建与发展计划，转到一个从形式到实质都明显是新自由主义的政策——增长、就业和再分配政策"。[28] 虽然有这样的批评，但社会总体上尽管不情愿，还是持接受态度，认为应当给予增长、就业和再分配政策一个机会。1997年12月举行的非国大第50次全国代表大会又对此注射了一剂强心针，会议决定，"重建与发展计划中对宏观经济平衡的强调一直是非国大政策中一以贯之的内容，在1990年以来的每一份政策文件中都有提及。增长、就业和再分配战略的目的在于建立一个实现重建与发展计划所需要的宏观经济均衡环境。因此，增长、就业和再分配战略并不打算替代重建与发展计划"。[29]

不论何时被问及非国大所追求的社会体制，曼德拉的回答都体现了他务实的方法。"我们不在乎标签，"1997年在新加坡的一次演讲后他说，"无论我们的制度是社会主义的还是资本主义的。我们关心的是为人民大众提供服务，他们曾被否认了所有公民基本权利，不能上学，无法获得知识、技术和专业技能。我们在选举声明中已经宣布，我们的目的就是让人民过上更好的生活。"[30]

第十一章 社会与经济转型

也有来自工商界的批评。尽管曼德拉赞扬了企业对他个人呼吁投资建设学校和诊所，或参与商业反犯罪和农村安全等项目的反应，但实际上，事实证明工商界对投资南非的未来是不积极的。工商界无法作为重建和发展过程中可以依靠的伙伴。

增长、就业和再分配政策的实行并非总是一以贯之的，但总体来说还是趋向于实现平衡。然而，外部事件经常加重其所面临的困难，如1997年到1998年的亚洲金融危机。储备银行的政策开倒车，试图用其微乎其微的外汇和黄金储备来捍卫汇率，结果适得其反，利率飞升到了1980年代的水平。

得到曼德拉支持的劳动力市场委员会（Labour Market Commission）的建议之一是在政府、工商界和劳工之间订立社会契约。尽管1995年成立了国家经济发展和劳工委员会（National Economic Development and Labour Council），并寄希望于它能帮助订立这样的契约，但直到曼德拉总统任期结束，这一目标仍仅仅停留在字面上，而没有行动。

应对接手的经济危机仅仅是解决贫困和社会排斥这双重苦难的一个前提条件。

曼德拉后来在回忆这一时期时写道："[早先，]我们提到迈耶·卡恩的观点，他对于警察预算仅增加3.7%表示失望。还有其他许多人，包括内阁部长们，也对削减政府支出发出抱怨。

"我与吉尔·马库斯女士讨论了这一问题，[她在1999年成为]南非储备银行的副行长。她说，回顾1994年以来南非的发展，毫无疑问，我们国家已经取得了大量显著的成功。经济政策不得不应对数十年种族隔离歧视造成的后果，而同时又要面对一个高速变化的、全球化成为主导趋势的世界的迫切需要。

"当南非摆脱其长期隔绝的状态时，它进入的是一个正在经历急剧变化的世界。信息时代和新技术、放松管制和自由化的共同作用,世界变得让我们几乎认不出来。对于我们来说,挑战不仅是赶上世界的其他部分,而且是真正成为这个充满活力的世界的一部分,其中国际原则和标准、行为规范、最佳实践规则、公司治理等等建立起参数体系,成为对各个国家是否适合作为投资目的地或贸易伙伴进行判断的标准。

"南非对国际金融网络的融入通过加入各种国际组织得到加强,诸如世界贸易组织(World Trade Organisation)、国际货币与金融委员会(International Monetary and Financial Committee)、20国集团(Group of 20)、(促进有效证券和期货市场发展的)国际证券委员会组织(International Organisation of Securities Commissions),以及关注有效银行监管的巴塞尔委员会核心原则联络小组(Basel Committee Core Principles Liaison Group)。

"政府使南非融入国际金融市场的措施主要集中在外国投资和资本流动的自由化上。

"新的民主政府在1994年所面临的挑战是艰巨的,并且通常是被低估了的。因为问题的严重性没有被充分认识,所取得的显著成就通常得不到承认。瓦解一个由错综复杂的法律蜘蛛网支撑的种族隔离国家,包括那些班图斯坦国,这本身就是功莫大焉。但最重要的是,新政府面临经济的混乱和事实上空空如也的国库。

"尽管我们承认,我们仍面临许多挑战,尤其是要解决高失业率和要取得更高的增长率,但即使是我们最尖刻的批评者也会承认,非国大政府制定了有效的货币与财政政策,并且经济管理好于以前任何时候。

"1994年以前,南非的经济增长率处于下降状态。1985—1990年间,南非经济的年平均增长率是1.0%,而1990—1994年间降低

第十一章　社会与经济转型　311

到 0.2%。与此形成鲜明对照,在 1994—2000 年间,南非的年平均经济增长率达到 3.0%。虽然还不足以将新的求职者充分地吸收进就业市场,但是已经引入了明显的结构性改革,创造了有助于确保未来可持续增长的坚实基础。

"政府当时不得不与巨大的预算赤字做斗争,出台了新的经济政策,目的在于既稳定宏观经济的基本面,同时建立起外国投资者的信心。

"1994 年以来南非经济的对外开放(按南非商品进出口相对于国内生产总值的比例衡量)已经产生了许多积极的成效,其中尤其是出口市场的显著扩大。国外对南非产品需求的重要性反映在截止到 2001 年 6 月的国际收支平衡表上,我们已经连续 5 个季度在经常项目上取得顺差。

"政府赤字在 2000 年已降低到国内生产总值的 2%,明显低于 1992—1993 财年的 7.2%。这远远低于大多数发达经济体的赤字水平。

"在货币政策方面,南非储备银行已经有力地改善了利率环境,从 1980 年代的 25% 降低到 2001 年 6 月的 13.75%,这是另一个有利于增长的因素。较低或正常的利率水平有利于更强有力的固定资本投资。

"通货膨胀率已经明显下降。从 1985—1990 年间的 15.5% 降低到 1990—1994 年间的 12.5%,在 1994—2000 年间,通货膨胀率保持在平均 7.3% 的水平。认识到价格稳定的重要性,政府和南非储备银行引入了通胀目标框架机制,初始目标是到 2002 年达到平均 3%~6% 的水平,因此总体的通货膨胀率呈下降走势。

"许多过渡国家面临的一个关键问题是税收,这是治理水平的重要标志之一。南非年轻的民主体制面临甚至更严重的挑战,因为非洲黑人多数有抗税的传统（例如巴姆巴萨反抗人头税暴动*），他们不愿意交钱使自己受奴役。因此，这一任务不仅是使千百万新的纳税人进入税收网络，而且也要确保每个人缴纳了公平的份额。税制改革是整个财政战略不可分割的部分。

"重组整个税收体制——包括海关和跨境管理——所取得的成功已经起到了明显的作用，使政府能够减少借贷需求从而减少预算赤字。也使重要的税制改革能够发生……企业所得税得到大幅降低。

"尽管降低了个人和企业的税率，并几乎消除了财政拖累，但南非税务局（South African Revenue Service）还是不断超过对总税收额度的严格目标。这一成绩的取得得益于基础架构的改善、更聪明的工作方法、更好的系统和执行力，以及纳税人口认识到，每个人都有责任缴纳他们公平的税额。

"外国投资者的信心得到显著提升，这是政府承诺宏观经济纪律的结果。仅 2000 年一年，债券市场上的交易量就达到了创纪录的 10.5 万亿兰特，股票交易量达到创纪录的 5370 亿兰特。

"债务清偿成本从 1990 年代占总体预算的 15% 上升到 1998—1999 财年占预算的 20% 以上。这持续侵蚀着可用于提供各种服务的资源。例如，偿债的资金量与预算中最大的支出项目——教育的资金量基本持平。这种趋势已经得到了扭转，预计 2002—2003 年债务清偿成本将下降到国内生产总值的 4.4%，这样就能多释放出 100 亿兰特用于提供各种服务。预计到 2005 年，债务利息将下降到决算支出的 16.4%。

"1996 年以来的宏观经济战略坚定地聚焦于为可持续的长期

---

* 这一暴动源于 1906 年夸祖鲁—纳塔尔的格雷顿（Greytown），由酋长巴姆巴萨领导，抗议为了迫使黑人从农村地区到矿山工作而征收的 1 英镑人头税。

第十一章　社会与经济转型　　　　　　　　　　　　　　313

增长奠定基础。这要求较高的储蓄（目前徘徊在国内生产总值的15.5%左右）和投资水平。政府提取的储蓄金已明显减少，并且在不久的将来，地方政府部门将对国家增加储蓄的努力做出积极贡献。

"预算赤字已从1992—1993年占国内生产总值的7.2%降低到1996—1997年的4.6%，并在2000—2001年降到2.0%。

"如果政府没有按照这条路线执行，我们的经济不会运转得如此良好。"[31]

＊＊＊＊＊

到曼德拉总统任期即将结束的1999年，第一届议会已经通过了超过500项新法律，其中87项是社会经济相关的，为南非社会的转型创建了框架。[32]

曼德拉评论道："到1999年9月底，涉及55507户居民的436个土地再分配项目已经获得了部长的批准。这些项目涉及1亿3780万4463公顷土地，占这个国家全部农村土地的1.6%。*

"立法也寻求为在种族歧视的法律和实践下被剥夺了土地的人们恢复土地或提供其他补救措施。到1998年12月31日，有总计13931户居民得到了归还给他们的土地共计26万4615公顷，另有782户居民得到1300万兰特作为赔偿。

"通过了保护劳工租户免于被驱逐的立法。并提供了一个机制，

---

* 看起来奇怪的数字"137804463"公顷土地"被批准"用于土地再分配项目，是曼德拉手写原件上的一个错误。不知道实际批准的数字是多少。然而计划、监督和评估部（Department of Planning, Monitoring and Evaluation）2014年的一份报告中列出了"交付"再分配土地的公顷数，它们应当少于"批准"的公顷数。到1999年，有总计52万1270公顷土地被交付用于土地再分配项目。到2014年，这个数字增加到431万3168公顷。(*Development Indicators 2014*, p. 35)

使劳工租户可以购买他们居住其上的土地。到 1999 年 9 月底，涉及 434 户居民和 7181 公顷土地的 349 个劳工租住项目获得了土地事务部的批准。

"另一项立法提高了农场工人租住期间的保障，保护他们免于不公正的驱离。

"尽管还有某些挑战，其中一些挑战是众所周知的，但 1994 年以来已经取得了很大进步。"[33]

* * * * *

住房和土地问题一样，最引人注目地反映出南非历史上被合法化的不平等的后果。和土地改革一样，住房计划及其授权立法两方面都不得不先破除种族隔离政权所设置的多重限制和障碍。

"隔离是种族隔离政府的基石，造成坐落在远离白人区域的过分拥挤和治安败坏的黑人城镇。

"民主政府的主要目标就是制定一个统一的、没有歧视的全国住房政策，并且取代由班图斯坦、有色裔和印度裔官员管理的 17 个行政机构。

"我们面对着要为大量人口提供住处的令人望而生畏的挑战，他们连一个遮风挡雨的棚户那样最低级的权利都未曾享受过，而且这样的人有 200 万到 300 万人之多。新政府的第一优先任务就是要降低这一数字。

"除了新的政府建房外，我们也提供资金给新兴的建筑承包商，其中一些是女性，使他们能够加入这一产业。我们也设计了一种机制，使穷人能够获得贷款来扩建他们的住房。对于低收入者，我们提供另外的融资计划。人民必须有住房，不论他们的境遇如何。

第十一章 社会与经济转型

"有时由于三级政府缺乏执行能力,新房的交付进度受到阻碍。尽管面临可怕的问题,诸如遍及全国的贫民窟,但我们仍然能够取得进展。

"从1994年到1999年3月,花在提供住房上的资金总计达到107亿兰特,我们还批准了各种补贴,为总计超过80万户的300万居民提供了栖身之所。

"通过豪滕省的'夺回失去的'(Operation Mayibuye)行动计划,我们恢复了由于动乱离家出走的那些人的财产所有权。*

"我们发起了一个租屋区改造的试验项目,将32个单身租屋区转变为家庭住房,同时有25个正在改造升级。

"我们的计划为妇女参与到一个过去由男性垄断的行业中去提供了支持。

"我们也提供住房补贴给残疾人和在农村地区生活的人。

"一个为低收入市场提供节能住房的试验项目正在得到推广,并且已经减少了一氧化碳中毒在这些群体中的发生率。

"低成本住房的提供除显著提高了国内生产总值外,也直接和间接地为经济增长做出贡献。

"据估计,每建筑一间住房能够创造一个长期的和三个临时的就业机会。自从这个计划开始以来,我们已经创造了68万1203个长期岗位和200万个临时就业岗位。

"此外,住建部门通过进口直接用于房屋建设的材料也对国际

---

* 可能曼德拉在这里指的是"让我们共同建设"(Operation Masakhane)而不是"夺回失去的"。1997年9月2日,当时负责非国大重建与发展计划的内阁部长杰伊·奈杜在为这个项目所做的演讲中说,"让我们共同建设"行动计划的主要目的是促进"政府机构重组,从而使国家走上可持续发展的道路"。这个计划积极要求居民支付诸如水、电、污水处理和废物回收等的服务费。

收支平衡产生了影响。

"通过集中关注残疾人、领养老金的人和大量无家可归者，我们将穷人放在了住房政策交付计划的核心地位。

"我们正在持续地提高能力提供更多住房，达到平均每年提供20万套住房。我们已经通过了立法，使劳工获得租房保障。农场中的租户是我们人民中最受压迫和剥削的一群人。

"总结起来，通过上述概略的各种计划，我们已经设法在过去5年中为300万人提供了住房，批准了超过100万人的补贴，并通过把单身租屋区改造成家庭住房恢复了人民的人格尊严。*

"我们在这个国家的历史上第一次引入了无歧视政策，使我们社会中最脆弱的成员——寡妇、领养老金的人、失业者和残疾人——住进了能够负担得起住房。"[34]

虽然非国大在第一个5年中提供100万套住房的目标未能完成，但曼德拉能够感到安慰的是，他的政府已经取得的进展是这个地球上的任何地方都无可媲美的。数百万人获得了拥有像样居所的尊严和安全感。然而过去积压的问题很难完全消失。南非政府成为自己成功废除种族隔离制度的意外牺牲品。取消对黑人迁徙的限制导致大量国内移民并刺激了社会变化，许多大家庭解体为较小的家庭单位。到1999年，未在政府登记的住户（或居住在非规划地区的住户）数量已从7.5%增加到了12.3%。[35]

曼德拉对住房面积也表示出关切，但受制于政府有限的资源而无能为力。当看到第一批住房时，他开玩笑地说，住户的脚要从大门伸出来了。可能是受到他从1962年被捕到1990年获释一直被关

---

* 在种族隔离时代，流动工人来到城市工作，只能住在单身租屋区简陋的设施中，并被禁止带他们的家属一起。

第十一章　社会与经济转型　　　　　　　　　　　　　　　　　　　　317

押在狭小的囚室中记忆的影响，他问住房部长乔·斯洛沃，是否有其他办法，例如提供一些地块，使人们能够获得补贴在上面建筑自己的房子。[36]

时任乔·斯洛沃顾问的史蒂芬·劳弗尔（Stephen Laufer）回忆，住房部考察了各种想法以解决政府面对的住房不足问题。补贴建房被认为是倒退回种族隔离政权的做法而遭到否定，但提出了一个创建住房服务站的想法，即适当地配备人员并提供技术和材料来帮助人们建设自己的住房。然而在乔·斯洛沃于1995年去世之后，这一想法没有继续下去。[37]

* * * * *

曼德拉对穷人中的赤贫者通常最脆弱的领域——教育和健康——给予了他个人的特殊关注。他尤其担心学校营养计划的效能，孕妇和6岁以下儿童基本医疗的获得，以及由政府和他个人与私有部门建立的合作伙伴关系对诊所和学校进行的建设和升级。

出于对肆虐南非社会的不平等的敏感，曼德拉追寻着他个人的使命。从1990年2月11日下午走出帕尔（Paarl）地区的维克托韦斯特监狱大门的那一刻起，曼德拉就一直寻求得到工商界对黑人多数的更多同情，并鼓励他们承担目标明确的社会投资项目。在做出这些提议的同时，他也知道媒体中流传的反面宣传，把新的政治人物，特别是议员们，描绘为正在捞钱的家伙，因此他尽可能地去消除那样的形象。偶尔，那样的评论也来自他所尊敬的一些人，这令人更难以承受。例如，曾多次采访过曼德拉的约翰·卡林在英国的《独立报》（Independent）上发表了一篇文章，题目是"非国大登上了不劳而获的列车：约翰·卡林，约翰内斯堡，受压迫者在数月间成为有权有势的大亨"。文中他写道："曼德拉在他的胜选演讲中许诺，有钱有势人的时代已一去不复返，'人民的政府'不会再容忍不劳而获的肥缺。他没有预料到的是，政府和人民之间的距离在民主到来之后反而扩大了。"同一篇报道引用了图图大主教的话，称新政府"让不劳而获的列车停下，只是为了他们自己能够上车"。[38]

然而甚至在非国大受到信任的朋友和同盟者如此尖刻的批评之前，曼德拉就已经决定捐赠他的薪水的三分之一用于推动保护儿童权利的事业。1994年6月，在索韦托起义周年纪念的演讲中曼德拉说：

"我正在与有关个人和组织商议，由我建立一个超越了非国大和群众民主运动范围的、代表人民的总统信托基金（Presidential Trust Fund），专门用于在街头流浪和被收容的儿童。我计划每年拿出15万兰特给这个基金，这与议会关于民选代表工资的决定无关。进一步的细节将在适当的时候宣布。

"我这里提到的基金将用以帮助这些问题的解决。但我和你们所有人一样都承认，长久地解决这些问题靠的是全面的社会经济提升计划。与此同时，年轻人，特别是来自弱势群体的年轻人，必须认识到，我们不能依赖政府计划和慈善事业。我们也必须在社区中发起行动，汇聚我们贫瘠的资源用于诸如奖学金和提高技能的项目。"[39]

总统信托基金是纳尔逊·曼德拉儿童基金（Nelson Mandela Children's Fund）的基础，后者作为媒介，不仅有助于与工商界领导人建立伙伴关系，并且也确保这些伙伴关系不依赖于国家机器，从而能够在有迫切需要的领域产生迅速的成果。尽管这些成果有目共睹且令人印象深刻，但曼德拉承认，它们无法替代由国家大量提供的服务。

他知道，南非的命运不可改变地与其教育人民的能力纠缠在一起。进步取决于此，因此教育一直处于他内心的深处。他说："人民从贫困和被剥夺状态中获得解放与高质量教育的提供最直接相关。"

"尽管是我们人民中贫困和遭受压迫的群众承担了解放斗争的重担，但是我们知道，如果没有领导和干部中的许多人获得的教育，我们不会以这样的方式取得前进。我们认识到，摆脱文盲和无知是我们解放斗争中的一个重要环节，而教育是其中的关键。

"例如，出于同样的理由，当被拘禁在罗本岛监狱中时，我们最先着手做的事情之一，就是为我们自己作为囚犯的教育和继续教育做好准备。许多政治犯在罗本岛第一次学会了读写。许多人在岛上取得了大学学位或更高的学位。通过阅读和讨论进行的非正式教育可能是我们监狱生活中最有意义的部分。

"种族隔离制度对我们人民最残忍的打击方式之一，就是刻意削弱公共教育的质量并摧毁非国家提供的教育，例如摧毁试图提供高质量教育的教会。今天，当我们设法重建和发展国家的时候，不得不与这种刻意提供给人民大众的低劣教育的遗产进行斗争。

"如果当年没有传教士，我今天可能就无法站在这里。他们是把教育带给南非黑人的人……他们购买了土地，建起了学校，提供了教学设施，聘用了教我们的老师。从小学直到福特海尔大学，我都是在教会学校。长老会（Presbyterian Church）、循道宗（Methodist Church）、圣公会（Anglican Church）和天主教（Catholics）。这就是为什么宗教在我们的血液中，因为我们是教会教育的产品。

"我们把教育和培训置于我们民主政府发展政策的中心。我们认识到，没有一大群受过教育、掌握高级技能和受过良好训练的人，我们不可能成为我们所希望的那个为全体人民提供更好生活的胜利国家。"[40]

＊＊＊＊＊

未来的历史学者毫无疑问会深入探究曼德拉为穷人所做的事，以及他对深入钻研解决问题的方法或能力——这本应属于中央各部或政府部门的职责范围——的偏好。例如，他的努力怎么可能——或可以期望——取代教育和卫生部门的工作？在收拾三个多世纪有组织的掠夺造成的烂摊子并试图减轻其严重后果时，难道他从未想过，他的贡献不论如何重要，也不过是治疗一场慢性病的权宜之计？当他穿行通过那些乡镇和贫民窟，看到毁灭和荒废的景象，孩子们浮肿的肚皮、纤弱的肢体、苍蝇在上面起舞的小脸，难道他没有一瞬间感到难以遏制的情感，想揪住德克勒克的脖子让他看看——看看这些你们装作从没有参与制造的废墟？

当然，这些问题偏离了曼德拉一心一意建设民主制度的计划，此计划从他与关押他的人开始谈判的那一刻起就着手制定了。当年那些当权者亲手造成的破坏——今天这个国家不得不进行修补——因为缺少必要的设施而愈发显眼，这是由于忽视而造成的缺失。几乎没有诊所，而那些仅存的、孤零零地立在乡村贫民窟中的医疗设施，迫切需要改造升级。这种忽视很大程度上是因为那些领着薪水、应该提供这些服务的人的态度，这显示出一种难以用言语表达的铁石心肠。

正如列入了政府首个执政百日的优先计划，曼德拉再次将建设和升级诸如诊所和医护中心等设施添加到政府正在进行的计划上，说服私有部门加大投入甚至与政府合作启动项目。他也利用自己的地位纠正了不利于提供医护等服务的错误态度。

在很久之后的一次会议上，曼德拉回想起他的一些努力："在我还是南非总统的时候，我和当时的社会福利部部长杰拉尔丁·莫

第十一章　社会与经济转型　　　　　　　　　　　　　　　　　321

莱凯蒂（Geraldine Moleketi）到全国视察。每到一个城市或农村地区，我们都告诉父母们把患有不治之症，如艾滋病、癌症、肺结核、霍乱等的孩子带来。'我们也要你们带来那些残疾儿童，不论是身体还是精神的。'看到一个国家的总统与患有艾滋病和其他不治之症的孩子们以及残疾儿童们一起坐在桌前，这一事实本身就使他们的父母减少了因孩子而感到的难为情。父母们会说：'如果一个国家的总统和社会福利部部长可以坐在桌前和我们患有不治之症的孩子一起吃饭，为什么我们一定要为他们感到难为情呢？我们要他们走出来、被看见，像普通孩子一样享受生活。'"[41]

曼德拉喜欢人们能被当作普通人对待，这主要是由于在监禁中，他自己以及他的同胞们的生活一直是一场忍耐力的测试、一场克服障碍的竞赛，在那里想被当作一个普通人对待就是自找麻烦。他太熟悉疾病和死亡了。那些与他亲近的人已经死去了，而他当时不能埋葬他们。现在他也非常清楚地知道人们对于艾滋病患者的态度，就像一根抽打在大地上的鞭子，留下的是死亡和破坏的痕迹。

1999年5月10日，在他担任总统的最后一次媒体通报会上，曼德拉解释道："现在，艾滋病当然是一个非常困难的问题，因为我们面对的是一个保守的社会。你们已经看见，夸祖鲁—纳塔尔的一位妇女因为承认自己艾滋病病毒检测呈阳性，结果就被谋杀了，被用石头打死了。而且这不是一个孤立的案例。远在1991年时，我到姆普马兰加省召开了一次由父母们参加的会议，当时我向他们谈了艾滋病的问题。我对他们说：'在我们的社会，我们不谈性，不论你要说什么。性是禁区。'然后我说：'但是我们现在正面临威胁，艾滋病可能要发展成为一种流行病。没有一个政府有应对它的资源。这是必须由整个政府和社会共同应对的事情。现在已经是时候教育你们的孩子性安全了。一个人应该只有一个性伙伴，必须采取避孕措施等等。'在我向他们讲话的时候,我可以看出,我说的一些事情,你懂的,引起了他们的反感。会议结束之后,他们找到我说:'你怎么能这样说?你是想在我们的孩子中鼓励卖淫吗?你认为你见过一对父母真的会告诉他们的孩子,你必须注意性安全,必须采取避孕措施等等吗?'我的解释毫无意义。

"我去了布隆方丹。这次我收到了警告,现在我不得不小心,我去问这所学校的校长。'注意,我要谈谈艾滋病。'她对我说——注意,这是一位有学历的校长,大学学历——她对我说:'请不要。如果你继续这样的话,你一定会输掉选举。'当然,我非常不想输掉选举。我不得不放弃这次谈话。

"因此,绝对有必要进行一场群众教育运动来说服公众,他们必须抛弃旧的传统和禁忌,因为这种疾病将攻击我们人口中最有经济活力的部分。它可以摧毁这个国家的经济……但这并不容易,因为我们不得不面对社会中的保守主义问题以及教会。仍然有一些教会认为,我们与父母和孩子们谈话并要求他们进行安全的性行为,这种处理方式是不正确的。他们说,在结婚之前,任何人都不应该有性行为。你今天仍然会遇到持这种观点的教会。

"但尽管如此,这是现在正得到应对的事情。不得不做。必须采取大量措施对公众进行教育,当然,也要确保人们能够获得艾滋病防护药(齐多夫定),但不能按现有的昂贵价格。它必须是负担得起的,我们尚没有资源使其能够免费发放……我们只是没有资源。我们将根据我们的资源水平来获取和分配药品。"[42]

虽然一直缺乏资源,但是新的民主政府有曼德拉作为领导,他对自己有力量把事情做成怀有不可动摇的信念。这一力量的源泉存在于人民自身当中。他每到一处,仍能感受到如同他宣誓就任第一届民选总统领导国家前进时同样的热情;他以充满活力的尊严回报这样的热情，就像受到支持者鼓舞的运动员实现了惊人的表现。他宣誓就任南非共和国总统的时候已经75岁了，这是一个大多数人选择退休的年龄，但他不是大多数人。像许多在监狱中受尽磨难的同胞一样，他将退休——一种久坐不动的生存——视为在塔博·姆贝基所说的"小木屋"中永远休息的一次预演。[43] 退休，不论是永久的还是暂时的，都必须等一等。曼德拉还有工作要做，并且需要完成的工作清单还很长。

非国大1994年的选举声明已经对未来5年要做的事情做出了具体的承诺。那是一个雄心勃勃的计划，曼德拉在他的整个总统任期一直对此保持着敏锐的关注，监督确定的任务是否已经完成。他要求公众知晓所取得的成功，也要求政府关注那些尚未完成的目标。在他最后一次参加议会会议时，曼德拉总结了他担任总统5年以来南非人民的生活发生了怎样的改变。

他告诉议会，1996年普查的"结果已经在1998年对公众发布，首次对南非自身提供了一个详细且全面的描绘。我们必须从多个维度来考核我们的进步"。

然后曼德拉继续读统计数据，指出为数百万人在住家附近提供了用水，同样提供了电力，安装了电话，制定了学校营养计划，并为残疾人群体提供了服务。

他说："比干巴巴的统计数据更有意义的是，埃瓦顿（Evaton）镇的格拉迪丝·恩齐拉内（Gladys Nzilane）女士去年拿到了新房的钥匙，她的话发自心声：'我从广播和电视中听说，政府已经失败了，但我不相信……［政府］已经给予了我们生活。'

"在这段话中，她反映了千百万人的心声，其中包括姆普马兰加省的莱娜·恩兹韦尼（Lenah Ntsweni），几周以前，她是第300万个获得安全用水的人。"

曼德拉继续列举发展、就业和设施建设方面的变化，这些将惠及未来几代人的社会。他将政府取得的成就与尚未完成的重担进行对比，虽然没有讲述细节，但也提到了那些进展不顺利或无法继续进行的问题。他也承认，一些目标没有实现。但尽管所有这一切，他仍然是乐观的。

他说："在就业峰会上，工商界和政府建立起的良好伙伴关系促进了新的提案，开始了为需要住房的人提供更多房屋的主要项目。由于这些项目着手解决了公共资源有限的问题，因此受益者将会倍增——从建筑材料的供应商到小型建筑承包商，从新的就业者到那些最终的住户。"[44]

曼德拉担任总统的 5 年已经显示出巨大的社会变化，尽管仍然低于期望。改变最大的，是那些行动不依赖曼德拉不断寻求的国家级合作伙伴关系的项目——对家庭住户的公共服务方面的变化要强于经济发展和机会创造，脱贫方面的变化要强于减少不平等。

还有其他一些缺陷，表现出社会秩序衰落的迹象，它们以一种最直接和最本能的方式对大多数人产生影响。南非人，特别是黑人，一直生活在暴力之中——由种族隔离的国家机器衍生出来的、被掩盖起来触摸不到的结构性暴力，以及显示了社会结构断裂的暴力犯罪。后者更明显也更引人注目。一些人甚至极端地说，在一个种族主义社会，长着黑皮肤就是在邀请暴力。

反对党对暴力状况的攻击脱离实际，他们散布那些故事和调查的目的在于显示民主政府的无能。也有一些人喋喋不休，称暴力犯罪就是从新政府执政的那一天开始的。实际调查的结果恰恰相反。《对话》(*The Conversation*) 杂志的一篇文章在向读者阐明真实事态方面做出了重要贡献。文中指出："1994 年以来，[南非的] 谋杀率平均每年下降 4%"，并且"谋杀率不是从 1994 年开始上升，而是恰恰相反。到1950年代是稳步上升，到1960年代上升稍微加快，有些年相对稳定，然后数量激增，到1993年达到顶峰，之后情况逆转"。[45]

多数报纸为了迎合被吓坏了的读者，制造出了高犯罪率的问题，但他们忽略了那些显示犯罪率正在开始下降的警察部门的统计数据。[46] 曼德拉绝不允许这些。他写道：

"反对党中的一些人曾经创造或继承了独裁和镇压的武力，另一些人一边谴责白人至上主义，一边反对被压迫者为了解放这个国家而采取的每一个合法行动，现在却在指责政府对犯罪手软。他们从不曾表扬过政府和工商界出色的表现以及我们国家现在承继下来的南非警察总署高效且投入的工作。

"一些南非政客有这种奇怪态度的原因不难发现。正如在前面一章所指出的，白人少数已统治了这个国家超过三个世纪。

"他们中的一些人陶醉于权力而失去了远见，从未想到在他们的有生之年会遭受重创，把政治权力输给那些从出生到死亡一直被他们颐指气使的多数人。

"即使面对已经发生的意义深远的和平转型，以及执政党推进和执行和解政策的热情，反对党中一些人的背景、教育和政治训练使他们对我们这个国家中正在发生的事情装聋作哑。

"我们在前面一章中已经指明，1994年4月以来，我们的选民支持率在中央和地方政府以及大城市都取得了显著的增长。对于所有这些信息，反对党中的一些成员均无动于衷。他们仍然一成不变地喋喋不休地进行那些除他们自己之外没人相信的虚假宣传。他们批评政府没有提供足够的服务，预测大会联盟将会分裂，并指责政府对犯罪手软。如果所有这些指责有一丝真实，那么为什么我们的支持率在过去7年中一直连续增长？

"所谓的新国民党（New National Party）*走上穷途末路，再也回不来了。他们没有前总统德克勒克那样的才干，他有勇气和远见在抵达十字路口时转到正确的道路上。

"但是南非已经产生了敢于谴责种族隔离制度的伟大的自由主义者。虽然他们不同意我们采取政治行动的方式，并坚持我们应该局限在纯宪法形式的斗争中，但他们远没有他们的一些后继者那样傲慢和具有破坏性。"[47]

然而，犯罪问题还是引发了更大的问题。在1998年全国宗教领袖论坛（National Religious Leaders Forum）召开的道德峰会（Morals Summit）上，曼德拉在对宗教领袖们的演讲中指出："我们长期生活其中的非人道的制度破坏和损害了人们相互之间的尊重，以及对生命本身的尊重。种族隔离制度是一种罪恶，而且鼓励了罪恶的行为，这已是不争的事实。

"我们精神萎靡的症状实在太明显不过了。这包括公共和私营部门中腐败的程度，政府部门与负责的职位被当作个人发财的机会；发生在司法体制内部的腐败；在人际关系和家庭中的暴力，特别是令人羞愧的虐待妇女和儿童的记录；以及大量逃税和拒绝为所用服务付费的情况。"[48]

过去反对政府当局时，国家制度是合理的攻击目标，当时的口号是"我们支持政府反对的一切，并反对它支持的一切"，这需要有一个思想上的转变。曼德拉说："鉴于我们的过去，可以预期我们会遭遇到这类问题。但是我相信，这些问题没有那么严重，而且也没有像动员我们的社会团结起来根除这些问题那样困难。"[49]

---

* 在国民党脱离民族团结政府的一年之后，新国民党于1997年成立。第一任党魁是F. W. 德克勒克，后由马蒂纳斯·范沙尔克维克接替，但最终在2005年解散。

第十一章 社会与经济转型

* * * * *

即使是在 1994 年 5 月,当曼德拉承诺领导这个国家的时候,他一定已经听到来自他最信任的同事的意见。其中之一是当时的储备银行副行长吉尔·马库斯,她曾就一个新生南非的复杂性进行了总结。她在与阿利斯特·斯帕克斯交谈时说:"有一种感觉认为,只要你解决了种族隔离,其他问题最终都会迎刃而解,但迄今事情并非如此。这比我们想象的困难得多,许多问题是更深层次的。"她继续说,"期望我们同时完成的事情如此之多,不给循序渐进以任何余地。有太多事情要做了,而我们正在尝试百废俱兴。"[50]

对曼德拉而言,"百废俱兴"意味着使扭曲的过去适应如今的现实。虽然要使其发生,必须由正直的人来推动必要的变化。但他担心的是,潜在的权力会导致从前自由战士的腐败,以及从过去受益的那些人不愿意把他们不正当获得的特权用来建设未来。他号召在态度和价值观上做出改变,一种思维方式的转变,以图激发一种新的爱国主义。他要求人们为共同的善而不是为狭隘的个人利益而工作。

在一次公共部门工人的罢工之后,在 1994 年 9 月举行的南非工会大会上,曼德拉再次发出呼吁。他说:

"至少有 500 万人失业,他们不知道白天能到哪里吃上一顿饭,不知道晚上要到哪里睡觉,他们不知道怎样使他们的孩子有衣服穿,如何支付他们的教育费用。这是你们要解决的问题。在罢工中,不要只看到你们个人的利益,或者只是你们工会的利益;你们必须采取一种更宽泛的手段。你们必须创造出条件,使工商企业能够真正发展扩大,从而吸纳这 500 万失业者。这是你们要完成的任务。你们也必须知道,虽然我们有权利为改善我们的生活条件而斗争,但我们必须循序渐进。生产成本越高，就有越多工商企业要裁减人员，增加失业大军的人数——记住这一点。"[51]

5年之后，他在议会中呼吁类似的高标准。他说，社会必须记住，"在自由和责任之间保持平衡。如果在一个社会中，自由被理解为教师或学生可以在学校醉酒，看守可以赶走管理者而任命自己的朋友领导监狱，罢工的工人可以借助暴力或毁坏财产，工商界人士可以用金钱收买法庭以推迟执行他们不喜欢的立法，逃税者变成饭桌谈资中的英雄，那么很显然，这个社会是有问题的。必须对此采取一些严厉的措施。南非社会，在中小学校和大学、在工作场所、在运动中、在专业工作和社会交往的所有领域，都需要注入纪律、职业道德和对所采取行为的责任感"。[52]

在总统任期最后一年发表的国情咨文演讲中，曼德拉的紧迫感与受挫感贯穿演讲始终。但在谈及他内心深处的那些问题时，他听起来是镇静的，那就是当他说到"国家灵魂的重建，灵魂的'重建与发展计划'"的时候。他解释道："在讲到这一点时，我们指的首要是对生命的尊重，是作为一个南非人的自豪和自尊，而不是说我们可以在无意义的自我指责中获得兴旺发展。这意味着肯定我们作为非洲人的集体认同和个人认同，致力于实现这片大陆的重生；尊重其他公民，以及尊重在我们国家面临各种家庭暴力与虐待的妇女和儿童。当我说非洲人时，我指的是每一个将非洲大陆看作自己家乡的人。这意味着将我们的学校建设成为学习和提高品格的社区。这意味着彼此动员起来，而不只是等着政府去清扫街道或拨款植树和修整校园。

"这是作为一个正在培育新的爱国主义的国家，我们需要做的事情。它们构成了抚育子孙后代成长的重要环境。这些事是让南非人参与到建设更好的生活中来。因此我们应该做的不仅是小步走，

第十一章 社会与经济转型

而且要大步跃向新千年光明的未来。"[53]

1999年3月，曼德拉向议会道别的那一天，他怀着一种更加宽容的心态。他对政府为自己确定的总体目标进行了一个长时段的回顾，并逐项列举了面对的挑战：

"这些挑战是：避免削弱国家力量的种族战争和流血的噩梦，以及实现人民的和解，因为我们最重要的目标必须是共同克服贫穷、分裂和不平等。

"就我们仍然必须和解与治疗这个国家的创伤而言，就种族隔离的后果仍然弥散在我们的社会中，并且南非千百万人民的生活还陷于被剥夺状况之中而言，这些挑战没有改变。"[54]

* * * * *

在今天的南非，尽管已经取得了一些进步，但社会仍然不得不与周期性重复出现的断层线进行斗争。当某些组织和他们的领导人在制造和利用恐惧与残存的偏见中感受到优势地位时，或者在一些族群和社会团体感觉容易受到攻击的地方，这种断层线就会出现。挑战的大小与众人吝于为和解而互惠的程度成正比。尽管如此，如果不是与纳尔逊·曼德拉联系在一起，南非人民今天可能已经听不到"和解"这个词了。

第十二章

与媒体交锋

有一句古老的阿非利卡谚语，通常用于指一个人说的话或证词难以置信："他说的话像报纸一样骗人"。纳尔逊·曼德拉有意识地使阿非利卡语摆脱曾作为压迫者的工具的不名誉地位，因此他很可能听说过这句谚语。然而他对于报纸以及所有媒体的态度是出于务实考虑的。从1990年代初他坐在贝壳屋非国大总部的办公室里听取杰茜·杜阿尔特汇报他的日程安排时起，阿非利卡语的《映像报》就放在他桌上伸手可及的地方。

从宣誓就职的那一刻起，曼德拉就接受了这样的理念，作为总统，他拥护宪法及其所有条款，包括第16节保障言论自由的权利，其中也包括新闻和其他媒体。他首先是一名律师，而且颇有兴趣阅读一些涉及媒体的判决，特别是卡梅伦大法官（Justice Cameron）的裁决："对'自由和公正的政治活动'发表的诽谤性的言论，即使是虚假的，在临时宪法中也是受到宪法保护的，除非原告可以出示证据，证明发表者有不合理的举动。"[1]

南非的媒体此前从未像宣传1994年选举时那般忙碌，而这种状况一直延续到曼德拉总统任期的结束。他们报道的所有南非事件的核心都是纳尔逊·曼德拉。媒体从他们新发现的自由中获得勇气，并怀着同样的热情报道公共官员的不法行为或高尚节操。大批专栏作家对新生的民主制度做出裁决，大部分把曼德拉视为道德表率高高捧起，同时抨击政府对诸如犯罪等问题的处理。

结果是出现了一种矛盾，在曼德拉如何看待自己和公众——也就是世界——如何看待他之间产生了对立。深知新南非脆弱的本质和自己在其中的地位，曼德拉在接触媒体时小心翼翼，就像一名拳击手，轻轻地打出一记刺拳，以此估量对手，同时对于对手沉重的上勾拳也不完全吃惊。"我们曾与媒体有过漂亮的战斗，"他说，"在民主体制中，那样的分歧是不能压制或避免的。"[2]

与所有领导人一样，曼德拉对于媒体有一种复杂的感情，视其为必要之恶。正如南非黑人记者元老塔米·马兹韦（Thami Mazwai）所回忆的："他尊重媒体作为一个机构的独立性。这是作为国家领袖的曼德拉。作为政客的曼德拉在他认为媒体对非国大、对政府、对他本人做出不公正的解读时，则试图做出非常激烈的反应。"[3]

媒体与解放斗争有着长期紧密的联系，这可以追溯到19世纪的殖民时代，当时重要的非洲思想家在媒体上发出他们的声音。这对于宣传黑人的团结和抵抗、促成非国大在1912年的诞生起了助推作用。[4]

曼德拉自己承认，在1950年代，当他被下禁令而只能在约翰内斯堡活动时，他曾依靠媒体获得信息。然而他也说："虽然我阅读来自全国各地的大量报刊，但是它们仅仅提供了现实可怜的影子，它们的信息对自由战士之所以重要，不是因为它们揭示了真相，而是因为它们暴露出那些出版和阅读它们的人的偏见和想法。"[5]

第十二章　与媒体交锋

1961年3月29日，叛国审讯结束，所有被告均无罪释放。在那之后，曼德拉很快转入了地下。他秘密会见了许多更具自由主义色彩的报刊编辑，告诉他们非国大将朝着全国会议的方向发展。他制造新闻，"带着一口袋三便士的硬币，从公用电话亭打电话给报社记者个人，传播我们正在计划进行的事情或警察的无能，由此给黑花侠的神话提供内容"。[6]

如果说他和警察玩的是猫捉老鼠的游戏，那么他与媒体的交往则更为直接。他恳求——尽管没有成功——英文报刊的编辑们支持宣传一场罢工，以反对南非脱离英联邦以及即将成立的共和国。*但这些报刊不支持罢工并对其影响轻描淡写，起到了一个曼德拉称为"完全可耻"的作用。[7]

后来在监狱中，尽管有矛盾情绪，但他发现，对于政治犯而言，报纸"比黄金和钻石更珍贵，比食物和烟草更令人渴望，它们是罗本岛上最值钱的走私品"。更重要的是，它们可以向外部世界传播有关囚犯斗争的消息。"为了取得绝食斗争的胜利，"曼德拉说，"外部世界必须知晓。否则囚徒们只是使自己饥饿而死，而没有人会知道。有关我们正在绝食抗议的消息被偷传出监狱，将会引起报纸的报道，支持群体反过来会形成对当局的压力。"[8]

1999年5月就职5周年纪念时，曼德拉在向一群选定的编辑和意见领袖发表的告别演说中，反映出这种矛盾的心情。他说："我们迄今反复重申，特别是在1994年大选的选战期间，我们视自由媒体为民主的支柱，并且我们没有任何限制新闻自由的打算。"

他承认，政府和新闻界并非总是看法一致。"我们之间一直有观点分歧，"他说，"因为当媒体批评我们而我们做出回应时，媒体

---

* 当南非在1961年成为一个共和国时，它退出了英联邦。

就说，'看，言论自由受到了威胁。'这意味着，他们是唯一可以实践言论自由的人，当我们受到批评时，我们必须保持沉默。我们不接受这种观点，而且永远不会接受。如果你们批评我们，那么必须也给予我们批评你们的权利……我们不要哈巴狗，我们要看门人。你们已经起到了那样的作用，并且我认为，你们应当继续保持严格的独立，这是正确的。我们全部的要求就是，当你们批评而我们不同意你们的批评时，你们所说的应该是出于正直的本心。

"你们中的很多人在处理问题时都具有那样的品质，特别是你们面对的是像我们这样的一个政府，其中每一个人在他或她成为内阁部长之前都从没有过治理经验。我们已经犯了许多错误，因此国内的这场辩论，这场全国性的辩论必须继续进行下去。一定会有不同意见。重要的一点是，新闻媒体被我们当作一面镜子，从中我们可以看到自己的表现。我们已经在很多事情上改变了态度，因为我们从新闻媒体的反应中认识到，我们要么做错了，要么还未做好充分准备，让国家接受我们所采取的观点……

"尽管如此，"他总结道，"同时，我们必须不能过于急躁，因为不能在一夜之间改变我们所面对的一些问题。改变它们需要一个过程。我很满意，在这样一个背景下，媒体正在扮演一个重要的角色。"[9]

媒体具有不可剥夺的权利，可以不受国家管控的束缚，自由行使其职责，曼德拉在1994年国际新闻学会代表大会（Congress of the International Press Institute）的演讲中表达了这一坚定主张。他说："只有这样自由的媒体才可以遏制任何政府以牺牲公民利益为代价来聚敛权力的渴求。只有这样自由的媒体才可以抵制滥用权力的诱惑，成为公共利益警惕的守护者。只有这样自由的媒体才有能力不懈地曝光政府、国家机关和其他社会掌权机构的贪婪和腐败。

"非国大没有任何事情是害怕批评的。我可以向你们承诺，我们绝不会在严密的审视下畏缩。批评只会帮助我们成长,这是我们仔细思考后得出的看法。批评让我们注意到不符合人民期望和我们支持的民主价值的行为和疏漏。"[10]

曼德拉亲自参与塑造他的公众形象。最终,由于请他讲话的邀请如同雪崩般滚滚而来,他成了自身魅力的牺牲品。当他发现自己被满满当当的日程所淹没时,不禁向他衣着整洁、思维敏锐、精力充沛的发言人帕克斯·曼卡赫拉纳抱怨,他的日程表几乎没有留给他阅读国家公文和报纸以及思考问题的时间。他开玩笑地说,自己怀念在罗本岛上的日子,在那里他有时间思考,并且只要可能就把下午安排为自由活动的时间。[11]

曼德拉通过服装表达自己的立场,以便在公开场合实现沟通的目的。当他在埃利斯公园穿上跳羚橄榄球队的队服时,他是在对全体南非人、对整个世界传递非常重要的信息。他在就职典礼上没有戴高顶礼帽、穿燕尾服,而选择了简单的套装;永远身着正装出席议会,也是在表达自己的观点。后来在与公众交流时,他开始穿宽松、色彩鲜明的"曼德拉衫"(Mandela Shirts)。

主要由他的顾问们安排的与媒体的交流,也都是出于曼德拉自己提出的想法。1995年,为了解决阿非利卡语的未来这个烫手的问题,他会见了阿非利卡语编辑;当夸祖鲁—纳塔尔省的紧张局势因起草宪法的问题一触即发时,他邀请了这个省的报纸主编们开会,向他们通报了政府在这个问题上设想的方向。[12]

曼德拉通过曼卡赫拉纳与记者和编辑个人保持着直接的联系。新闻发布会是曼德拉显示他对名字有惊人记忆力的场合,即使是多年以前见过的,他也能叫出记者的名字。他显示出过去时代的谦恭有礼。他对遇见的所有人都既友好,又坚定。为曼德拉服务,曼卡赫拉纳甚至需要到新闻编辑室去提供消息,而似乎很少花时间在自己的办公桌前。[13]

如果曼德拉有问题要向编辑或资深记者提出，他就会拿起电话，而且通常会邀请他们过来一起吃饭，然后表明他的态度。塔米·马兹韦回忆道，曼德拉"试图走钢丝，而且他的应对没有侵犯任何媒体实事求是地写作和报道的权利。他想要做的就是邀请某些记者共进早餐。然后他会说：'看，这就是你说的，但是实际情况就是这样。'这就是他掌控局势的做法"。[14]

例如，曼德拉曾经与阿非利卡语《公民报》的主编进行了一次非正式的会议，当时他认为这份报纸对于1994年3月发生在贝壳屋非国大总部的枪击事件的前因后果解释得不够充分。[15] 出于同样的原因，他邀请《城市新闻报》的主编会面。这位主编在一篇社论中称，板球和橄榄球的老板们正在利用曼德拉把和解变成一个牺牲黑人的单边进程，曼德拉认为这忽略了一个重要的看法。尽管双方都没有对任何事情做出让步，但两人都同意这是一次有用的讨论。[16]

有时曼德拉与媒体的接触伴随着闹剧的成分，对此曼德拉一笑置之。杰克斯·格威尔回忆起一件事，让他认识到了曼德拉的另外一面。男性色情杂志《好色客》（*Hustler*）将曼德拉称为"月度窝囊废"（Arcehole of the Month），导致愤怒的人们要求禁止该期发行。与此相反，对此哈哈大笑的曼德拉俏皮地说："我们不应当做发禁令的事。"[17]

虽然在每个工作日开始之后，曼德拉会立刻收到每天的新闻媒体分析，但他仍然要阅读好几份报纸，大部分是在家中吃早餐的时候阅读。他经常一到办公室，就打电话给部长们和他的沟通联络团队，以获知他们对于媒体报道的重点问题的反应。

如果确信——通常是这样——他的观点和优先关注能够得到反映，他很乐意让别人替他起草讲话稿。有些时候他会指出需要强调什么，但他精明地知道，记者们总会揪住那些没有包括在准备好的讲稿中的评论不放，因此会要求那些重要的观点不写进事先准备好的讲稿中。通常报道他活动的记者们仅在他开始即席讲话时才竖起耳朵开始记录。他通常会在发表评论之前来个开场白，说他刚才读的是他的老板们告诉他要讲的，现在他要说些心里话。

许多人认为，曼德拉喜欢即兴讲话或信口开河，与此相反，真实情况是，那些评论大多是他深思熟虑过的。他已经反复思考过这些问题，但他知道，如果与同僚商议，他会遭到反对。此外，成为他演讲特色的反复重复并非因为健忘。在演讲前自我调侃的开场白中，他说工作人员告诉他，他习惯于重复自己的话。但这是一种策略，不仅使一个问题被记录下来，而且确保它成为公众辩论的焦点。例如，扩大享受基础服务的记分卡在各种场合的交流中被反复提起，不论是正式的还是非正式的，预先准备的还是即席发表的，在讲话中还是笔记中。

众所周知，曼德拉喜欢没有隔阂地与公众进行交流互动，这成为国内外特勤安保人员的噩梦。他从社会各阶层普通人经常性的肯定中得到力量。与公众互动的一天对他来说要比坐在办公室或召开内阁会议更有满足感。"你们给我的电池充电，使我感到自己又变成了一个年轻人。"他会这样评论。[18]

尽管曼德拉认识到，他已经成为一个世界的偶像，这可能引起人们对他生活的各个方面的兴趣，但他相当坚定地划出界线，避免这种兴趣越界。他不愿意分享导致他痛苦的一些事情——例如与温妮·马迪基泽拉-曼德拉离婚，也不愿意把他与格拉萨·马谢尔的关系放到媒体的聚光灯下，而后者无疑是他快乐的源泉。当他与格拉萨·马谢尔结婚时，即使他的发言人也不知道这个秘密。这让发言人就在婚礼举行的当时，信心十足地告诉媒体，根本没有婚礼这回事。

即使透明是民主政府的口号，但它不得不在一定界限之内实施，而这个界限不仅限于个人私事。在透明和政府能够在某些领域保密地工作的需要之间也有一条界线，在这些领域，公众的知晓或者会破坏工作的进行，或者使其变得更为困难。曼德拉知道，任何近似取消言论自由或获取信息的自由的措施都会激起那些开放社会倡导者的怒火，因此他呼吁记者们理解正在实施的进程。记者们逐渐习惯于听他说："我们正在处理一些非常敏感的事情，因此我希望你们不要为了获得细节而向我施加压力。"正是以这种坚定而不失礼貌的方式，曼德拉获得了记者们的接受，从而解决了问题。

然而，在涉及如何看待转型的问题上，政府和媒体之间的关系就不那么融洽了。当政府成为扭曲报道的对象时，他们认为这种扭曲是意识形态上的，因此自己受到了不公正的待遇。而媒体认为这种指责玷污了他们的职业素养，因而怒火中烧，干脆认定这是无中生有。曼德拉相信，对非国大领导的政府的负面报道无异于有意或无意地捍卫过去特权的负隅顽抗。

"南非的媒体，"他在1994年2月曾说，"很大程度上几乎仍是排他性地由单一种族群体的人主导。除了《索韦托人报》之外，所有南非日报的高级编辑人员都是从同一个种族模子里刻出来的。他们是白人，男性，中产阶级背景，常常有非常相似的生活经历。电子媒体的高层精英也同样如此，最近才有很少的个别例外。

"尽管没人可以在原则上反对具有那样背景的编辑们，但令人不安的是这种单一化对我们国家媒体的威胁。在一个人口绝大多数是黑人（85%）的国家里，媒体的主要人员却根本不了解那个多数群体的生活经历，这显然是不公正的。"[19]

这里隐含的期待是黑人编辑和记者在他们的报道中一定更具同理心，但很快就证明并非如此，因此曼德拉将注意力转到媒体的所有权上。这反映了非国大的立场，而这种立场较早之前曾经导致非国大和黑人记者之间关系的紧张。这些记者感觉非国大是在质疑他们的品质和专业能力，把他们描绘为只会报道那些得到他们的白人报业老板和编辑批准的东西，除此以外无能为力，这忽视了他们在非常困难的环境下所发挥的作用。新成立的黑人编辑论坛（Black Editors Forum）在1994年8月和9月发起与非国大的会议，试图解决这些问题。在其中一次会议上，曼德拉支持了在媒体界实行平权行动并任命更多黑人编辑的呼吁。记者们认为这次会议的结果非常积极。马兹韦说："我们现在都听命于他了。"[20]

但是与媒体的关系仍然困难重重。媒体对政府——也扩展到非国大和曼德拉——的批评集中于班图·霍罗米萨被非国大开除并被政府解雇，以及本书第七章提到的卫生部部长恩科萨扎娜·德拉米尼-祖马在音乐剧《萨拉菲娜II》事件中的腐败指控。曼德拉将这视为媒体对国家转型和非国大的讨伐。他针对黑人记者提出两项指控，导致在一年多的时间里与媒体关系紧张。

曼德拉在一次电视采访中说，一些人没有理解这个国家的问题。他说，一些黑人记者指责他把白人的恐惧看得比黑人的需要更重要，是因为他们不了解要瓦解那些企图暴力阻止1994年选举的势力的策略。[21] 时任罗德斯大学新闻与媒体研究学院（School of Journalism and Media Study at Rhodes University）院长的盖伊·贝尔格（Guy Berger）教授就黑人记者对改革进程的矛盾心理评论道："[他们]似乎经常感到有必要提醒所有白人，特别是他们的白人同事，过去和现在的偏见和白人的权力。由于黑人记者一直比白人记者受害更多，许多人不愿接受没有赔偿的和解。结果是他们一直对官方的和解政策持批评立场，这激起了纳尔逊·曼德拉本人的愤怒，他认为记者们不理解他为什么做出妥协，同意赔偿仅占整个政策的一小部分。"[22]

曼德拉把他的想法诉诸笔端并强调，他是专指"一些资深的黑人记者"。"你们今天有这样一类资深记者——有几个这样的人——对我们已经摧毁了这个国家中的白人至上主义感到遗憾，并正在向唯一给这个国家带来根本性变化的组织喷吐他们的毒液。他们对国家正面临的问题没有概念。正如我以前所说的，他们认为——或他们假定——我们在战场上打败了白人，现在白人正无助地躺在地上乞求我们发慈悲。""我们不得不采取一种策略，让那些企图暴力阻止选举的因素靠边站、边缘化。一些资深记者甚至对此一无所知。只有几个资深的黑人记者有不可告人的动机。"[23]

另一项指控是，一些黑人记者已经被开倒车的势力拉拢过去。曼德拉写下他在公众平台上反复讲的话："黑人和白人记者正在发动一场针对非国大的带有偏见的、充满怨恨的运动。"

他继续对媒体提出霍罗米萨和德拉米尼-祖马的问题表示不满，指责"一些卷入肮脏勾当的资深黑人记者"所起的作用……"传统上说，白人政党及其代表憎恨民主运动，因为民主运动摧毁了白人至上以及过去由少数统治独享的特权。"

在这些被拉拢的记者当中，有一位"不设防地真诚和坦率"。在被一位非国大高级领导人问到时他说，非国大既没有给他开工资也没有培养他成为记者，那些是他的报社做的。在公共事务的评论中，持不同政见的班图·霍罗米萨的案子最清楚地显示了那种史无前例的偏见。曼德拉认为，霍罗米萨的情况正在被这些记者利用，"把他当作一个摧毁非国大的工具，完全不顾那些应该启发客观评论的基本事实。"[24]

曼德拉提交给非国大 1997 年全国代表大会的政治报告中包含了他对媒体所有权和媒体监管的考虑。他说："即使是对过去三年间国家立法机构中主要是白人的政党——国民党、民主党和自由阵线——所持立场的粗略研究也会显示,每当要引入立法和行政措施来结束我们社会始终存在的种族不平等时,他们和代表同样社会基础的媒体一直是最活跃的反对者。"[25]

伴随着对一些种族隔离组织网络继续构成安全威胁的警告,以及对一些非政府组织反对作用的担心,这一评论引发了媒体和反对党的猛烈批评。考虑到在会议结束时将对此如何回应,曼德拉回到了媒体所有权的问题。没有退却,他决定向前走。在做会议闭幕演说之前,他在准备的笔记中写道:"反对党和一些报纸社论对我的政治报告的惊恐反应并不意外。

"国民党和民主党对待批评的显著特点一直就是一些皮肤娇嫩、神经脆弱的人所表现出来的特质,他们不能接受批评。这两个党中开明的成员离开了,留下的是一个肆无忌惮地持种族主义观点的傲慢群体,其唯一的目的就是妖魔化民主运动并毫无羞耻地掀起一场恶意散布虚假信息的运动。"[26]

他继续写道,一些知名人物从民主党的离开——这些人"现在正出色地为这个国家提供服务"——如何"使民主党坚定地成为国民党的右翼"。[27]

类似地,那些"无法再在一个决心捍卫种族隔离和白人少数特权的党的成员身份中找到归属感"的杰出人士,也离开了国民党。[28]

"曾经试图掩盖这个国家存在第三势力的事实……"的同一个媒体"现在争辩说,这个国家中没有反革命分子。

"国内白人媒体的敌意引得那些有原则的评论员说,南非记者们写的东西仿佛他们是自己国家中的外国人。

"塔米·马兹韦,一位资深黑人记者,曾经由于他有原则的立场被监禁,后来被擢升为南非全国编辑论坛(South African

National Editors Forum, SANEF）的主席，曾试图在他的同事中鼓励一种爱国主义精神，结果徒劳无功，被迫辞职。"[29]

然而，在闭幕会议上，曼德拉决定不去读他已经写好的东西，而将他对这个问题的看法归结为一句话："一些政党和社会部门，包括媒体，对我的政治报告的反应并不意外，如果有什么区别的话，那就是他们的反应反而确认了我们所说的每一件事。"[30]

南非全国编辑论坛是1996年10月成立的一个行业协会，其最早的几项决议内容之一就是批评曼德拉关于黑人记者的评论。记者们被曼德拉的评论激怒，将之视为对他们的诽谤，后来有22名黑人记者要求与他会见。在其后举行的一次联合新闻发布会上，双方进行了务实的交流。曼德拉在会上说，他赞成对政府起监督作用的新闻自由，但只要保守的白人控制着媒体，黑人记者就不会自由。在对这一说法进行了激烈的辩论之后，记者们同意保留不同意见。[31]

最后，带着与对媒体转型一样的失望，同时对许多内容的质量持批判态度，曼德拉总体上接受了这样的结论，即政府和媒体之间的分歧是民主制度的一个特点，做出了带有某种保留的表扬，认为媒体对就职典礼几乎一致欢庆的报道是理想的：

"我们已经和媒体进行了务实的交流，"他写道，"在一些问题上，所使用的语言是仔细选择的，从而仅表达双方都认为是事实的东西。在另一些问题上，则超出了务实的程度，导致争辩双方都受到了伤害和失去理智。在一个民主制度中，这样激烈的交流是不能避免也不能压制的。

"对我们——媒体和整个国家——来说，知道记者们可以提升水平达到期望，并且正如在就职典礼和大量其他情况中那样有优异的表现，这是一件好事。"[32]

最终，曼德拉在处理公共关系中展现了精湛的技巧。在他走出监狱时，媒体传播已经变成一个永久处于变动状态的系统，一个对于新闻短播(Sound bite)拥有巨大胃口的贪婪野兽。在某种程度上，也可以说是在他那些昼夜加班的新闻官员的些许帮助下，曼德拉似乎已经学习并接受了这一新的现实。借助自己的声望，曼德拉利用媒体自身的需要来传播与他在艰难过渡中的使命相一致的重要信息。

他优雅地接受了媒体的烦扰，理解这也是受到他们对曼德拉作为一位伟人的好奇心的驱动。他的声望随着年龄与日俱增，利用自己的名人地位，他掌握了自我控制的分寸，去传达有关人类的集体利益以及南非在全球化世界中的地位和作用的重要信息。

第十三章

在非洲和世界舞台上

对于曼德拉来说，非洲是一个复杂的地方，正如他刚从监狱走出来时所见到的南非那样。他入狱时，正是越来越多的非洲国家赢得独立的时期，或者在一些情况下，正在从殖民当局的控制中挣脱。甚至他的语言或用词的选择，也反映出与过去时代一段冰封时期的联系。例如，当他讲"获得解放"时，他仍然使用过去常用的emancipation，而非liberation，让人想起从前那些学者和政治活动家的用语，可能来自杜波依斯（W. E. B. du Bois）或马库斯·加维（Marcus Garvey），也可能会在诸如哈丽叶特·比切·斯托（Harriet Beecher Stowe）写的《汤姆叔叔的小屋》（*Uncle Tom's Cabin*）或布克·T. 华盛顿（Booker T. Washington）写的《超越奴役》（*Up From Slavery*）等书中找到。[1]

即使他的语言有点过时或有些奇特，但曼德拉坚定地确保民主南非与非洲其他国家的关系建立在牢固的现实基础上。他在地下活动期间到访的非洲吸引了他的全部注意力，那些非洲地区使他有机会一瞥如何像真正的人一样被对待，而且以自身付出巨大代价的方式培育起解放运动。

在获得自由后的最初 6 个月里，曼德拉花了一半的时间在南非境外。尽管他访问了非洲、欧洲和北美三块大陆，但非洲仍是他的主要关注和首访之地，只除了一次紧急到访瑞典斯德哥尔摩，当时是去医院看望他生病的朋友和导师奥利弗·坦博。

曼德拉获释后返回的非洲与他曾经知道的已有非常大的变化。很多领导人已经交班了，或是自然换届，或者由于政变、流亡，或者在遭受重大损失之后被杀掉。地缘政治状况同样也已经发生了变化，当今的领导人正忙于应对重要全球变化的影响。因此，在 1990 年 7 月，当非洲国家和政府领导人参加的非洲统一组织峰会做出决议，加快南非解放的最后阶段时，也不得不把转变中的东西方关系、冷战的结束和新的区域经济集团之成型纳入考虑范围。

外部大国对非洲事务直接介入的减少，对于非洲人民和政府来说，提供了一个机会，得以通过区域合作、深化民主和人民参与，为自己的命运负起全部责任。鉴于"可怕的经济发展和民主转型双重挑战"需要和平与稳定，解决冲突是关键。[2] 这一新思维的合理表述就是 1993 年形成的非洲统一组织冲突预防、管理和解决机制（OAU Mechanism on Conflict Prevention, Management and Resolution）的确立，这一机制将与联合国合作。南部非洲发展共同体虽然尚在胚胎阶段，也被寄希望在未来发挥作用。[3] 它取代了南部非洲发展协调会议（Southern African Development Coordination Conference），那是独立国家的领导人们在 1980 年成立的，目的是协调投资和贸易并减少对种族隔离南非的依赖。1992 年，随着当时纳米比亚的独立和南非向民主体制的过渡，协调会议升级为南部非洲发展共同体，其重心已经转为经济一体化。

第十三章　在非洲和世界舞台上

曼德拉和非国大参加非洲统一组织的会议和峰会，为民主南非在寻求非洲和世界的和平与发展过程中做出应有贡献奠定了基础。这也见证了曼德拉为解决冲突所做努力的开端。1994年南非加入非洲统一组织的时候，这个组织已经制定出新的路线，期待迎接诸多挑战。非洲幅员广阔、国家众多，各国有不同的优先考虑，因此这一组织在促进和平与民主化的集体承诺与尊重成员国的主权之间存在矛盾。如果得不到联合国与其他国家的帮助，在集结资源和经验以发展其维持和平及解决冲突的能力方面，非洲统一组织将面临一段艰难时期。然而有一种乐观情绪：新的方向明确了。

因此当1994年6月纳尔逊·曼德拉总统就职一个月之后在非洲统一组织峰会上致辞时，那是一个激动人心的时刻。对于许多人来说，曼德拉的演讲感人地实现了一个承诺，他精心制定并阐述了南非新出台的"非洲政策"，提出了他的国家对于这片大陆的目标、承诺和责任。他说：

"非洲从外国和白人少数统治下的全面解放现在已经实现了。我们曾在非洲统一组织解放委员会（OAU Liberation Committee）中做出杰出服务的同事们已经完成了结束这一机构的历史任务，作为站在解放非洲大陆人民斗争第一线的战友，我们将永远铭记这一机构。"

然后，曼德拉讲出了他自己一定都觉得震撼的话："最后，在这次在突尼斯举行的峰会上，我们将从议程中删去讨论种族隔离的南非问题一项。"

早在曼德拉还在监狱中时，这项议题就一直被列入进步力量召开的几乎所有会议、峰会和研讨会的议程中。将其从议程中删去标志着一场取得压倒性优势的胜利，属于国际社会中一个重要部分的胜利。

曼德拉强调说："一个时代带着它的历史任务已经结束了。当然，另一个新时代的开启一定带着自身的挑战。非洲在呼唤新生,迦太基(Carthage)期待着恢复其昔日的荣光。

"如果说自由是解放斗士们想要放在非洲母亲头上的皇冠,那么她的子民的成长、幸福、繁荣和舒适就是皇冠上的宝石。"

就非洲必须"全力以赴重建经济"一事,曼德拉提醒领导人们:"我们都知道完成这些的基础是什么。其中重要的一项是要解决非洲资本净流出和贸易条件日趋恶化的现状。我们自力更生、开发内部资源以实现可持续发展的能力仍然极其有限。"

他指出有一种自怨自艾的陷阱:领导人们在应该自我反省的问题上却在指责外部机构。他高度赞扬了"我们这片大陆上伟大的思想家们",并对非洲未能应对卢旺达的悲剧提出了批评:"这是对我们所有人没能解决这些相关问题的严厉谴责。其结果就是,一场对无辜者的大屠杀发生了,而且就在我们的眼前发生。"

曼德拉做出保证:"事实上我们知道,我们身为非洲人必须改变所有这些。我们必须用行动坚定地表明我们会这样做。我们必须用行动表示,没有任何障碍可以阻挡我们去实现一个新非洲的复兴……

"你们和我们共有的愿景就是,我们将利用我们国家的资源去创造一个所有人都摆脱了贫穷、疾病、无知和落后的社会。

"我们所有人追求的目标就是创建这样一个南非,它是我们这块大陆上所有国家的好邻居和平等伙伴,它将利用它的能力和潜力帮助推进我们共同的奋斗,捍卫非洲在世界经济和政治体制中应有的地位。"[4]

在曼德拉就任总统的那些年里,南非在重塑非洲统一组织的工作中发挥了积极作用,并最终于2002年在德班启动了非洲联盟(African Union, AU),建立起新的体制和架构以满足非洲大陆后解放时代的需要。恩科萨扎娜·德拉米尼-祖马说:"曼德拉在非洲统一组织中现身具有深远的影响，"因为"从民族之矛成立开始，多年来，非洲统一组织及其成员国一直与他一起共事。他在被捕之前到过非洲许多国家。当他在狱中时，非洲统一组织在支持他和其他政治犯的释放以及南非国内的斗争中，发挥了重要的作用。因此，这样一位同时也是世界偶像的人物成为非洲统一组织中的一员，其影响是巨大的"。[5]

1996年，曼德拉作为南部非洲发展共同体的主席，同样产生了巨大的影响。担心他所领导的组织会变成另一个空谈的官僚机构，曼德拉在1997年9月于马拉维（Malawi）举行的南部非洲发展共同体峰会上致辞时，强调指出这一共同体在协调安全发展，以及基于非洲统一组织的经验，尊重成员国的主权和承诺民主原则的统一中所面临的挑战，因为并非所有国家对民主原则都有一致的见解。对他来说，十分紧迫的是，成员国的代表们要能够"坦率地提出问题并对我们所处的状况和我们要走的方向做出诚实的回答"。[6]

曼德拉的长篇致辞包括了一些他曾在1994年非洲统一组织峰会上尖锐地提出的观点，反映出他对民主进程的主要考虑。接下来曼德拉为这个政府间组织列举了诸项任务。他强调，没有性别平等、尊重人权和"良好治理的基本信条"，就不会有真正的进步。[7]

他没有触及的一个问题是"政治、国防和安全机构"（Organ on Politics, Defence and Security Cooperation, 简称Organ）的地位，这是1996年6月成立的南部非洲发展共同体的一个正式机构，由罗伯特·穆加贝总统担任主席。在这次峰会前夕，该机构已在博茨瓦纳（Botswana）的哈博罗内（Gaborone）开过会。在过去的几个月中，针对这个机构的结构和工作范围已经展开了激烈的争论，它可能取代峰会本身，因为它可以"在首脑的层级上运行……并独立于其他南部非洲发展共同体的机构运转"。[8] 曼德拉对这个机构内部缺乏透明感到恼火,他希望他的机构是直接和简约的,因此并不完全接受这个机构必须在首脑的层级上运行的说法,正如他的笔记所证明的:

> 1. 1996年6月在哈博罗内参加了南部非洲发展共同体峰会,并且同意了成立政治、国防和安全机构的决定。
> 2. 但是不知道它将在首脑层级上运行,[而不是]在部长层级。
> 3. 当我们于1996年10月1日在罗安达开会时,发现这个机构本身成了一个首脑峰会。这令我吃惊——
> 不知道任何组织的存在。
> 他们可能[*]
> 如果我早知道的话,我就不会接受[南部非洲发展共同体]主席的职务。
> 4. 然后一路奔波去见穆加贝总统来讨论这个问题。其后会见了我的前任马西雷(Masire)总统和作为副主席的希萨诺(Chissano)总统。[†]然后我们4个人在开普敦见了面。
> 5. 在所有这些会见中,他们非常详细地解释了这个机构必须在首脑的层级运行的原因。我们同意将此问题提交到这次[马拉维的布兰太尔(Blantyre)]峰会上。
> 6. 在哈博罗内会见了两位总统并提出解决的建议。[9]

第二天,峰会听取了各成员国的意见,没有达成明确的共识,

---

[*] 此处为曼德拉笔记原有的缺漏。——编注
[†] 罗伯特·穆加贝,1987—2017年任津巴布韦总统;奎特·马西雷(Quett Masire),1980—1998年任博茨瓦纳总统;若阿金·希萨诺(Joaquim Chissano),1986—2005年任莫桑比克总统。

只是认为，鉴于这一区域面临的挑战，此机构是必要的。决议被推迟了，曼德拉被要求不要辞职。6个月之后，各国首脑在马普托（Maputo）再次举行会议，仍然没有形成决议。[10]但是取得了更多的共识：政治、国防和安全机构应当是南部非洲发展共同体的一个下属委员会，而不是一个单独的实体。

关于曼德拉与穆加贝的关系一直众说纷纭，包括从一开始这两位领导人显然就彼此没有好感的事实。一直以来，作为老资格的政治家，穆加贝因其令人敬畏的反帝国主义战斗立场，被年轻的崇拜者们奉承有加。如今曼德拉带着令人赞誉的道德光环出现在政治舞台上，使他感觉有些黯然失色。此外，作为曾说出"唯一值得信任的白人就是死去的白人"这样受到广泛传颂的言论的人，穆加贝毫不意外地对于曼德拉的和解工程没有好感。然而鉴于要使南部非洲发展共同体存活下去的紧迫需要，这两个人在各种问题上携手共事，尽管政治、国防和安全机构的地位问题仍然是他们之间关系紧张的一个根源。奎特·马西雷在他的回忆录中记录了这种不愉快的合作如何维系了多年。[11]

* * * * *

刚果（Congo）和非洲大湖（African Great Lakes）地区的不稳定对大多数南部非洲发展共同体国家产生了负面影响。南非对冲突的介入始于它同意参加在东扎伊尔地区组建的多国部队，以应对逃离邻国卢旺达种族屠杀的约100万难民引起的人道主义危机。扎伊尔总统蒙博托请求南非促成扎伊尔政府与由洛朗·卡比拉（Laurent Kabila）领导的解放刚果—扎伊尔民主力量联盟（Alliance of Democratic Forces for the Liberation of Congo-Zaire, ADFL）

的对话。当时这一联盟已在东部建立起基地，并正在向首都金沙萨（Kinshasa）挺近。在美国的斡旋下，1996年2月，卡比拉的这一联盟在南非参加了一系列近距离对话。这为蒙博托和卡比拉后来在刚果河口的黑角湾（Pointe-Noire）登上南非军用补给舰奥特尼夸号（SAS *Outeniqua*）实现面对面会谈打开了通路。非洲统一组织与联合国的特别代表也参加了这次会谈。[12]

鉴于南非通过对话成功带来了一个新的民主体制，并抛弃了好斗者的复仇精神，因此曼德拉相信，扎伊尔的崩溃也可以通过同样的方式得到结束。他认为，这只需要说服年迈且名声扫地的蒙博托有尊严地下台，并使卡比拉接受以一种包容的方式成立一个新政府。

反叛武装的推进削弱了卡比拉对实施一个包容性解决方案的意愿。在开始谈判后10天，卡比拉公开地动摇了，以恐惧作为阻止他在舰上继续会谈的借口。这激怒了曼德拉，有媒体听到他训斥这位叛军首领。卡比拉被安排第二天到开普敦，这样曼德拉可以向他通报在第一次会议之后起草的建议文件，这些文件已经广泛地咨询了非洲各国政府、法国和美国政府的意见。在奥特尼夸号军舰上，曼德拉也打电话给这一区域的几位国家首脑，阻止他们军事干预刚果民主共和国。[13]

曼德拉得知卡比拉并未停止向金沙萨进军，尽管后者曾做出了相反的保证。曼德拉为他与卡比拉的会议所做的笔记反映出他的挫败感：

1. 向金沙萨推进
比齐马·卡拉哈（Bizima Karaha）*声明

---

* 比齐马·卡拉哈在卡比拉于1997年成为刚果民主共和国总统的前后，皆担任其领导联盟的外交部长，也参加了和平会谈。

第十三章　在非洲和世界舞台上

包围但没有进攻

2. 一个人发表了一个坚定、明确的声明，后来又否认发表过声明，非常严重的错误，这会毁掉同志中应有的相互信任和尊重。

理解你对安全的关切

但很多人认为你的声明很荒谬，至少可以这么说。

3. 两次承诺到黑角登舰

缺乏正常的礼貌＝对副总统［姆贝基］、联合国组织、［联合国］与非洲统一组织的代表、蒙博托总统。

让我们等了一整天，没有关于你在什么地方的任何消息

对一个将死之人不合适的态度，漠不关心，没有人情，没有尊敬。*

马尔蒂·阿赫蒂萨里（Martti Ahtisaari）——著名的国际外交官

4. 对我国纳税人支付的巨大费用没有感恩，我国已支付了：

军舰本身

30 名士兵

5. ［你一直］热衷于媒体。

6. 你的形象被玷污了，不再占据道德高地。

7. 正在流传一些对你不利的事情。［我］已经为你做出辩解，我相信其他人也已经这么做了。

8. 绪方贞子（Sadako Ogata）†

9. 科菲·安南（Kofi Annan）‡

---

* 蒙博托患前列腺癌，于 1997 年 12 月 7 日在摩洛哥去世。

† 绪方贞子，1991—2000 年任联合国难民署高级专员。1997 年 3 月曾会见曼德拉讨论扎伊尔的难民危机。

‡ 科菲·安南，联合国秘书长，曾经支持和平对话，希望能实现停火。

[曾]给了我艰难的工作，但你却忙着毁掉相互的信任。我如何能为[一个]不尊重我的人服务？[14]

* * * * *

1998年9月22日，南非国防军以及几乎可以忽略不计的博茨瓦纳国防军（Botswana Defence Force, BDF）对莱索托（Lesotho）的军事干预，使南部非洲发展共同体及其领导，包括曼德拉，成为国际人权社会的攻击目标。和所有类似行动一样，军事干预的动机是好的。在此之前莱索托有一场有争议的选举，一方面，国内和国际的观察员赞扬其为和平的；另一方面，批评者认为选举是被操纵的，充满了紧张和敌意。

军队的哗变和两封莱索托总理请求干预的书面文件，促使南部非洲发展共同体得出结论，没有军事行动来稳定安全局势，政治进程将无法继续。军事行动将由南非和博茨瓦纳代表南部非洲发展共同体采取。[15]

9月22日，600名南非军人进入了莱索托，200名来自博茨瓦纳国防军的军人随后加入。莱索托国防军（Lesotho Defence Force, LDF）成员的抵抗远比预想的要强硬，8名南非军人和29名莱索托军人阵亡。*

南非代总统曼戈苏图·布特莱齐（曼德拉当时在国外）在军事干预发生时向国民议会做了通报，国防部部长在第二天进一步向内阁做了说明。内阁支持南部非洲共同体的判断，被称为"北风之神

---

* 博茨瓦纳国防军直到22日晚上才抵达莱索托首都马塞卢（Maseru），因此未参与22日当天的战役。——编注

行动"（Operation Boreas）的军事干预，其目的是稳定局势，并营造一个能使谈判继续进行的环境，从而形成长久的解决方案。[16]

在从北美返回南非时，曼德拉说："我们在那里不是为了打仗，而是为了确保阻止那些非法的暴力活动，从而各个党派可以坐下来探讨和平解决方案。我们到莱索托就是为了这个目的。我们没有先开火。"[17]

南部非洲发展共同体的目的实现了。莱索托采用了大量政治和宪法改革，包括采用比例代表选举制度，使得相较于原先的赢者通吃制度，小党派获得了更大的发言权。

"毫无疑问，"曼德拉说，"南部非洲发展共同体的集体行动取得了成功，它为莱索托的政治领袖们和平解决他们的分歧创造了空间。我们应当借此机会向博茨瓦纳和南非国防军做出的决定性贡献表示祝贺，并对那些为此丧生的人致以哀悼。"[18]

冲突，尤其是造成人员伤亡的冲突，总会招来批评。南部非洲发展共同体的侵略——这是许多报道使用的词语——引发了许多诘问和指责，认为南非——博茨瓦纳已基本顺利脱身——的行动已经越权。南部非洲发展共同体的军事干预不符合联合国宪章的规定，因为干预应该获得联合国安理会的批准。尽管在实现其目标过程中遇到了各种困难——有军事行动上的，以及在莱索托遭遇的负面的公众反应等等——南非和南部非洲发展共同体的首次军事干预是成功的；然而，南部非洲发展共同体仍然没有完全准备好去进行类似的干预。这次干预为所有当事方提供了一个客观的教训，朝着一种更合适的维持和平及解决区域冲突的方式演进。

*＊＊＊＊＊

正如曼德拉致力于要在非洲大陆推广人权文化一样，他也同样投入地寻求解决其他一些问题。而非洲从南到北的那些国家中的人民也发出相应的要求，他们认为南非在道德上有义务向他们提供援助，作为他们曾经支持解放斗争的回报。

然而非洲大陆的存续需要创建一个有利于投资的环境。动乱和冲突通常源于不稳定的经济环境。为了解决这个问题，曼德拉说："我们需要老牌工业国家的支持，这是他们亏欠我们的。这不是慈善的问题，而是因为我们有权获得支持。我们这片地区和许多其他地方在殖民时代受到了最残酷形式的剥削。"[19]

像往常一样，当曼德拉为了未来的安全而有效地阐述和解的优点时，他同样不会忘记指出过去的极端不公正，诸如殖民主义的影响。非洲的重生不可能在隔绝中实现，而只有在与世界上其他国家的合作中才可能发生。

＊＊＊＊＊

在作为南非总统的近两千个日子里，曼德拉把他的国家带到了强烈的聚光灯下，同时使南非这个过去一直专注于自身事务的国家登上世界舞台。位高权重的名人，特别是来自西方世界的名人，对一位黑人的不吝赞美，对许多白人是一种教导。更为重要的是，南非被有声望的世界组织接受，而且摆脱了被当作国际社会中的恶棍的地位——白人在南非遭抵制和贸易禁令时期有更深刻的感受。

新生南非的外交政策反映出冷战结束后世界经历的充满活力的变化。这一政策是从非国大多年来建立的多方关系中发展起来的，

第十三章　在非洲和世界舞台上

当年非国大就拥有比种族隔离政权更多的外交使团。

在南非对非洲复兴的关注中，它与南方国家的关系占据关键位置。1998年，曼德拉在由几个拉美和南美经济体组成的南方共同市场（Mercado Común del Sur, Mercosur）峰会的致辞中描绘了他的愿景。他讲到"发展中世界经验的统一性，以及通过合作和在我们内部建立关系加强南方的巨大潜力，同时如何在此基础上推进与北方国家的互利伙伴关系……

"共同的背景使我们双方——非洲南部和拉丁美洲的南锥体地区——基于对民主制度的承诺，基于在高速全球化的世界经济中发展的迫切性，基于对和平与安全依赖于发展、社会平等和实现可持续发展的目标所要求的良好环境管理的认识，成立和建设区域联盟……

"在推动促进发展中国家利益的政策和行动中，多边组织通过协调进行的干预为实现富有成效的合作提供了最大的机会……

"这类合作的一个著名案例就是包括南方共同市场和南部非洲发展共同体成员国在内的南大西洋和平与合作区（Zone of Peace and Cooperation in the South Atlantic）就核问题发出的倡议。

"为了推进世界上四个现有的或未来的无核武器地区的联系与合作，这个组织已经指明了一条道路，巩固南半球和邻近地区不受核武器威胁的状态。*

"基于这4个地区加上非军事化的南极洲构成了地球一半以上面积的事实，这样的发展能够促进核不扩散并加强朝着消除核武器方向推进的进程。在如此复杂问题上达成共识的成功说明了南

---

* 1960年代，非国大加入了不结盟运动组织（Non-Aligned Movement），当时该组织号召在非洲、亚洲、拉丁美洲和欧洲建立4个无核区。

南合作在推进塑造新的世界秩序中的潜力。有大量可以进行协同行动的领域。民主体制已经赋予南非在这一进程中发挥作用的机会，而南非，不论是作为非洲、加勒比和太平洋国家集团（African-Caribbean-Pacific Group of Countries）的一个新成员，作为非洲统一组织和南部非洲发展共同体的成员，作为联合国贸易和发展会议（United Nations Conference on Trade and Development, UNCTAD）的举办国，还是新成立的环印度洋区域合作联盟（Indian Ocean Rim Association）的成员，也强烈地做出全面发挥这种作用的承诺。"[20]

4年前，当曼德拉第一次以总统身份在联合国大会（United Nations Assembly）致辞时，他就已经强调了重新安排国际社会的优先事项以及重塑国家和区域间相互依存关系的迫切性。

"国际社会对于种族隔离挑战做出的反应确认了我们都知道的一点，那就是只要南非还存在种族隔离，整个人类就会感到耻辱和丢脸。"[21]

他说，联合国"非常清楚地认识到，南非的种族主义也会助长世界其他地方的种族主义。因此全世界针对种族主义的斗争绝不是出于对我们人民的怜悯而进行的慈善行动，而是对我们共同人性的肯定。

"我们相信，肯定共同人性的行动要求联合国再次将其关注点和长期注意力转到一切为全体人类打造一个更好世界的基础上。"[22]

曼德拉坚定地相信多边机构能够促成变化，不论这种变化要花多少时间。对他来说，看到一种趋势的形成令人满足；认识到做出一项决定时得到了越多的共识，这项决定就越有合法性，尽管这出于常识，但也是基于非国大的策略文化。在建立民主南非的长途跋涉中，从谈判到新宪法的最终签字，诸多步骤共同的特点一直是尽

第十三章　在非洲和世界舞台上

心竭力地坚持协商一致的原则。曼德拉信仰这样一种理念，能够改变社会的是集体做出的决定。

在1998年于德班召开的不结盟运动峰会上，曼德拉强调了重塑全球秩序的紧迫性。不结盟运动于1955年冷战的巅峰时刻在印度尼西亚的万隆（Bandung）成立，当时也正是殖民主义体系瓦解，非洲、亚洲和拉丁美洲的独立斗争风起云涌的时期。不结盟运动对于去殖民化进程十分重要，并在维护世界的和平与安全中起了关键作用。

曼德拉说："我们必须再次重建我们共同的世界。我们所看到的发生在我们身边的暴力，正针对着和处于优越地位上的我们一样的人，必须以一种果断且可持续的方式予以解决。"[23]

他所说的就是"致人死亡的饥饿的暴力，致人死亡的无房可居的暴力，致人死亡的失业的暴力，致人死亡的霍乱和艾滋病的暴力，以及致人死亡的毒品的暴力。我说的是对人类生命的摧毁，它们伴随着不发达……战争的暴力……

"我所说的是发展与和平这一对孪生兄弟，它们一直是我们 [不结盟] 运动自成立以来的核心目标，并且至今仍是它的主要挑战。"[24]

曼德拉在向美国参众两院联席会议发表演讲时，将这一信息也转达给了北半球。与以往的情况一样，在开始演讲之前，他不得不先等平日里安静庄重的贵宾大厅中的掌声和欢呼声停下来。在听众屏息的安静中，他的声音传递到这座大厅最远的角落，当演讲者表达的观点与听众的认知发生共鸣时，那些受人尊敬的男女们不时点头表示赞同。他讲到了马丁·路德·金，并引用了 T. S. 艾略特（T. S. Eliot）和沃尔特·惠特曼（Walt Whitman）的诗句。

"可能发生的是，这种相互联系将在贵议会的成员们，以及世界舞台上的其他角色中间促成政策，这些政策源于这样一种共识，即解决人类事务的成败不能再局限于从远古留下来的国界之内衡量，生活本身已将社会远远地推出了这个边界。如果这种说法真的实现，那么十分明显，世界就是一个大舞台，其所有居民的行为都是同一场大戏中的一部分，那么，我们每一个国家，包括贵国，就应该开始将其他人的真正幸福包括进我们对国家利益的定义当中，不管他们在时间和空间上距离多远。

"尊敬的美国议员们，你们是我们这个世界中最强大国家的成员和代表。我则在另一边，是一名非洲人。

"我出生在这样一个大陆，它所遭受的艰辛和痛苦，你们十分熟悉。因此你们一定非常理解，为什么我要站起来说，对于如你们这样强大的国家，非洲的民主、和平与繁荣也是你们的国家利益，正如它们是我们的国家利益一样。

"因为我是一个非洲人，所以我确信你们会理解，为什么我应该站在这里说，我们深刻的信仰就是，正在建设的新的世界秩序必须专注于创建一个为了全体人类的、民主、和平与繁荣的世界。"[25]

曼德拉进行了更多的外事访问，与正在成为世界主要经济区的亚太平洋地区的国家建立起贸易和经济联系。他首先访问了印度，接着是日本和韩国，然后是菲律宾、马来西亚、新加坡、孟加拉国、泰国和巴基斯坦，并在总统任期的最后访问了中国。

曼德拉也到访了斯堪的纳维亚（Scandinavia）半岛和芬兰，在解放斗争最艰苦的时期，它们为非国大提供了慷慨的支持。它们的帮助既有物质上的也有政治上的，几乎支援了所有南部非洲解放运动的斗争。在总统任上的后期，他感谢了斯堪的纳维亚人民过去的支持，并表达了他对未来合作的信心：

"我们目标的实现也依赖于其他国家实现同样的目标。在现代世界中，不论一个国家发生了什么，都会对其他地方甚至是全球造成影响。南部非洲的整体发展，整个非洲大陆的和平与稳定，以及构筑一个国际秩序，确保世界经济的增长能够转化为发展，所有这些都是我们确立自己在国际社会中的地位过程中所选择道路的关键组成部分。"[26]

曼德拉将人权理念延伸到司法领域的一些倡导遭到了反对并最终以失败告终，我们在第九章看到的他与尼日利亚的萨尼·阿巴查将军灾难性的互动就是证明。对尼日利亚处决卡山伟华和其他奥戈尼活动分子的唯一制裁，就是暂停三年半其英联邦国家成员资格。这一事件的影响导致了南非外交政策的转变，即在保留曼德拉总统干预空间的情况下让多边机构有更多机会参与。

曼德拉确实在洛克比事件中设法取得了突破。1990年5月，在一次对非洲几个国家的友好访问中，曼德拉为利比亚的支持向穆阿迈尔·卡扎菲（Muammar Gaddafi）表示感谢，这引起了美国官方的恼火。面对1986年美国轰炸利比亚——这表面上是美国认为利比亚对一起恐怖行动负有责任而进行的报复——时被作为目标的卡扎菲住所的废墟，曼德拉进一步说："不论国家和人民之间有什么分歧，企图谋杀反对者和他的家人都是不可接受的。"[27]

到1992年曼德拉再次到访利比亚时，苏格兰已经对两名利比亚人发出了逮捕令，他们涉嫌制造了1988年泛美航空客机在飞越苏格兰洛克比上空时发生的爆炸案。这起爆炸导致包括乘客、机组人员以及地面上的当地居民在内的270人死亡。

但是利比亚不愿交出嫌疑人，并且动员了阿拉伯国家联盟（Arab League）和非洲统一组织。除了洛克比事件以外，这些组织同样担心美国单方面对利比亚的制裁及其对非洲其他国家的影响。[28]

曼德拉的解决方案是，如果有明确的证据显示嫌疑人有罪，他们应当在海牙（Hague）的国际法院（International Court of Justice）

接受审判,以避免国家元首受辱。他呼吁"有关国家表现出政治家和领导人的风度。这将确保1990年代的10年免于冲突和对抗"。[29]

曼德拉就其主张与一系列国际代表进行了对话。美国非洲事务助理国务卿汉克·科恩(Hank Cohen)确认,这一主张与那天晚些时候联合国安理会就洛克比事件将要通过的决议的精神一致。其他与曼德拉对话的有:联合国秘书长科菲·安南、英国负责海外发展和非洲事务的部长林达·乔克(Lynda Chalker),以及西班牙和法国大使。

尽管采取了这一系列行动,但由于没有交出嫌疑犯,联合国安理会仍然对利比亚实施了航空制裁。在前往苏格兰参加英联邦政府首脑会议的途中,曼德拉打电话给卡扎菲,希望说服他与西方达成谅解。[30]在到达利比亚之前,曼德拉呼吁解除针对利比亚的制裁,这是那一年早些时候非洲统一组织峰会采取的立场。[31]

这次,曼德拉从邻国突尼斯乘车进入利比亚,以避免违反联合国对利比亚空中航行的禁令。在利比亚向媒体发表的讲话中,他重申了自己的立场:

"非洲统一组织已经呼吁要求……嫌疑人……在一个中立国受审。这一立场我在1992年时与美国人、法国的密特朗总统、西班牙的[胡安·]卡洛斯国王,以及[约翰·]梅杰(John Major)首相都讨论过。我们的立场就是嫌疑人必须在一个中立国接受审判。我们不能接受一个国家同时是原告、公诉人和审判人。正义不仅要实现,而且必须在阳光下实现。"[32]

当被问及尤其来自美国政府的愤怒反应是否影响到他时,曼德拉回应道:"政治家不能过于娇嫩。如果你是一名政治家,就必须准备好承受你所坚持的原则带来的痛苦。这就是为什么我们选择在监狱中待27年,因为我们不愿意改变我们的原则。"他指着卡扎菲说:"这是我的朋友。在我们完全孤立无援的时候,他帮助了我们,而现在说我们不应当来这里的那些人，当时是在帮助我们的敌人。说我不应当来这里的那些人没有道德，而我也不会加入他们缺乏道德的行列。"[33]

谈判变得旷日持久，结合了曼德拉、他的特使杰克斯·格威尔、沙特外交官班达尔·本·苏尔坦（Bandar bin Sultan）亲王及联合国的努力。他们共同致力于达成一项涉及利比亚、美国、英国三国和他们的领导人——卡扎菲、比尔·克林顿（Bill Clinton）和托尼·布莱尔——的解决方案。这一举措得到了非洲统一组织、不结盟运动和阿拉伯国家联盟内部日益强大的多边支持的帮助，以及国际法院裁决其对洛克比事件具有管辖权的肯定。这意味着，这是一个法律问题，而不是由联合国处理的国际安全问题。[34]

在这样的背景下，曼德拉和他的特使们一方面为通过公开谈判达成妥协创造了空间，另一方面又在私下里进行说服甚至施压。例如，他会在公开场合赞扬卡扎菲，给予他外国公民所能享有的最高荣誉；然而在私下里，当他觉得有必要时，也会劝告卡扎菲对其他人说话需要礼貌一些，例如对联合国，尽管他可能不同意他们的看法。[35]在那些关键的时刻，曼德拉利用他与卡扎菲、克林顿和布莱尔的私人关系，展示了领导人之间直接的个人关系在谈判和解决冲突中发挥的作用。

这一外交斡旋的结果就是，在1999年3月19日，曼德拉能够满怀信心地告诉利比亚人民，洛克比事件已经画上了句号。"怀着对利比亚人民最崇高的尊敬，我今天能够向世界宣布，利比亚已经决定致函联合国秘书长，就将洛克比案件中两名利比亚籍嫌疑人送交荷兰审判给出了明确日期……你们利比亚人民已经证明，在我们进入新千年之际，非洲领导全人类的和平、平等和繁荣的潜力。我们向你们致敬并祝愿你们一帆风顺。"[36]

结语

1990年2月11日，曼德拉走出了监狱大门，他迈入的国家迫切需要解决其由来已久的问题，而这些问题已造成无法估量的伤害。他对自己获释后即将进入的世界有一个抽象的了解，但这是一幅不完整的图像，是结束监禁前凭借经过审查的新闻报道和地下渠道偷运进来的秘密信息拼凑出来的。

一旦出了监狱，抽象的成了具体、可触摸的，尘土、噪音和鲜血都成为真实。在谈判期间的每一天，他与男男女女擦肩而过，他们中的一些人是大屠杀的操刀者。出于对年龄的尊重和对一个经历多年监禁而不屈服的人身上某些无法量化的东西的敬意，他们向他露出微笑，他们在他眼中看到自己所犯罪行的反映。曼德拉在他的人民眼中，看到的是试图理解所有这些的痛苦。

过去时代的代表们最先采取的行动之一涉及安全机构的将军和领导人，他们中的一位交给曼德拉一份文件，称其中包括了曾经是种族隔离政权奸细的非国大高层人士名单。曼德拉快速翻看了一下这份文件，但把它还给了对方。他对新社会的愿景不应背负过去的包袱。他告诉自己，这是一项包括所有人的工程，既包括朋友也包括敌人。没有时间和资源可以浪费在政治斗争上。

曼德拉成为民主南非的首任总统时已是 75 岁的高龄。导师沃尔特·西苏鲁 81 岁，曼德拉亲切地用宗族名扎梅拉称呼他，以示尊敬。朋友和知己奥利弗·坦博在流亡 30 年后回国，已在一年前去世。许多经历了时间考验的同志，其中一些曾和他一起被关在罗本岛，也已经上了年纪。显然，即使他们熬过了监禁，剩下的时间也不多了。

虽然他可能无法再听到他最老的同志们的咨询意见，但是他知道，千百万在 1994 年 4 月 26 日和 27 日第一次投票的南非人站在他身后，这让他感到鼓舞。赋予非国大的激动人心的使命，鼓舞他充满信心地为国家掌舵引航。

他想要在所剩不多的时间中尽可能多地解决南非的问题，这就是为什么他在总统任期内保持着那样一个令人精疲力竭的时间表。但他也承认，监狱使他变得不屈不挠，并教会了他，既然无法控制时间，那么就要接受时间并让时间为他工作。

监狱本是一个惩罚的地方，但对他来说，监狱成了一个使他能够认识自己的地方。一个能够思考的地方，使他沉浸在赋予它自我感的思考当中。当然，正是在监狱中，他要将南非重建为一个新的民主国家的愿景诞生了。

鉴于构成一个国家的是千百万个变动的组成部分，使这个愿景成为一个内在一致的现实，永远是一个令人望而生畏的任务。曼德拉做的第一件事就是宣布，他的总统任期将只有一届。很少有领导人能无私地做到这一点。历史充满了人们寻求延长任期的例证。然而曼德拉立下了这样的誓约，因为他知道，他拥有人民的支持。他信任人民，人民也会引导他。

有一句美丽的祖鲁谚语："走在你前面的人知道地形高低，他们将会告诉你道路是否安全，或森林中是否有一头受伤的水牛。"曼德拉对于他想要选择的方向始终有正确的想法。但他有两位年长他几岁的向导：西苏鲁和坦博，在危险和有风险的征程中，他会转向他们寻求建议。

格拉萨·马谢尔回忆道，在与P. W. 博塔的副手科比·库切的初步对话取得了突破——这导致了其后政治犯的释放——的时候，沃尔特·西苏鲁指责了曼德拉。

西苏鲁问："为什么你没有更早进行这一接触？"

曼德拉回答道："我在等着你的指示！"[1]

在曼德拉被释放前，是坦博在时刻关注曼德拉与他的监禁者接触的每一步。尽管距离和监禁的状况给敏感信息的交流带来巨大困难，也给挑拨离间和假消息提供了可能，但卢萨卡的非国大还是能不断收到消息。在某些阶段，甚至有曼德拉变节的谣言出现，是坦博阻止了这些谣言。

坦博与曼德拉的关系以及曼德拉的可靠赢得了非国大的信任，决定用曼德拉的形象和标志性地位作为其在国际运动中的代言人，尽管曼德拉当时"在法律上"是一个不存在的人。因此，他的名字和不同肖像成了反对种族隔离斗争的同义语。在军营中，几乎没有领导人享有解放斗争的歌曲中被称颂的荣誉。当曼德拉从监狱中获释时，军营中许多种族隔离的受益者都以为会看到一幅血淋淋的报复画面，结果遇到的却是一个和解的典范。他们预期着报复，因为知道他们对他做了什么。但曼德拉没有配合他们对他的想象。而在另一端，他们的英雄——博塔和更极端的尤金·特雷布兰奇——的拙劣表演却突然成为难以接受的了。

他们所敬仰的各个国家的世界领导人正争先恐后地来到这位前

囚犯的大门前。巨贾名流也都是如此。不论去到哪里，在国内还是国外，曼德拉都吸引了大量的民众和赞扬。

但是所有这些声望和名人地位，都是为了服务南非人民。除了闪耀的形象，曼德拉也取得了许多成就。如果不是曼德拉所展现的优雅大度，好战者们可能已经把南非化为灰烬。右翼分子已经武装起来，包括那些认为内战会让交战者相互尊敬的人，战争一触即发。曼德拉迅速并镇静地使这些人放弃了敌对态度。这是一个经典的运作案例，值得其他冲突地区仿效。

他能以其他方式开展和解工作吗？

可能。这端视如何理解。当人们看到你与贝特斯·维沃尔德或 P. W. 博塔在一起——前因后果不清楚，或见面的象征意义在众声喧哗中丢失了——那么他们就会立刻跳到结论。南非黑人有很长的遭遇背叛的历史，因此需要经常提醒，他们最伟大的儿子不会抛弃他们。

此外，不得不说的是，在非国大内部可能有一些人，不论出于何种目的，会找到一个理由支持这样的观点，即曼德拉已经失去了和普通人的联系。对于那些了解非国大的人来说，这不值一驳，因为正如反复强调的，非国大是一个广义上的教会。曼德拉本身可能也会认可这种对他的怀疑。他从始至终都试图告诉世界，他不是一个圣人，"即使按照一种世俗的定义，圣人就是不停尝试的罪人"，他也不是。[2]

* * * * *

曼德拉的人生中，曾出现一个深刻的场景重现。1994 年，在他作为总统进入总统府的第一天，当他穿过走廊进入他今后 5 年的办公室时，这个地方看起来了无生气，孤寂凄凉。1999 年，在他作为总统的最后一天，当他走进办公室收拾取走他的个人物品时，整座建筑如同被遗弃了一样。[3]那天是一个公共假日,当天下午,塔博·姆贝基宣誓就任总统。

在那天之前有许多告别聚会。作为总统向南非人民、向全世界的国家和多边组织告别时,曼德拉脑海中浮现出在农村的家乡安静地回忆往事的画面。从田园生活的有利地位,他将关注各方面的发展,关心南非和世界面临的问题,但仍然希望领导人们能挺身面对和平、平等和发展的挑战,这些问题的解决仍然是有希望的。对他来说,那将是享受生活的时间,是治理国家的压力以及在此之前作为一个解放运动活动家的经历不可能给予他的生活。

这一漫长的告别从非国大1997年的全国代表大会就已经开始了。在大会前夜的一次电视采访中,曼德拉袒露了他准备从非国大领导位置上退下来的心声。他说:

"迄今我非常想做的事情之一就是有机会坐下来思考。作为非国大主席,我紧张的日程不允许我有那样的机会。我也很想有看书的机会,颇具讽刺的是,在监狱中时我还有那样的机会。但是坐下来思考是你们政治工作的一部分内容,我非常想那样做。最后,我也想有机会坐下来和我的儿孙们一起,倾听他们的梦想并试着尽可能地帮助他们。"[4]

当他在马菲肯宣布非国大会议闭幕时,曼德拉仿佛正在想象着家乡的田园生活。"我盼望那样的时刻,"他说,"我将能够伴着阳光醒来,祥和恬静地在库努的山丘与峡谷中漫步。"[5]

在总统任期的最后一年里,他带着这个想象去了不同国家和社区,从联合国安理会到选举期间聚集在街上的人群。

"你们每个人都知道,我将从这个国家总统的位置上退下来。我现在到处走走,只是为了向你们所有人说再见,感谢你们给予我的支持甚至热爱。我将回到家乡的村庄。那是我将要归去的地方,因为我本质上是一个农村孩子。我想看到一叶小草，我想看到周围飞翔的小鸟，我想听到潺潺溪水的声音。"[6]

当曼德拉在这届议会最后一次会议上最后一次详细阐述迄今取得的成就和仍然有待完成的工作时，议员和嘉宾中混合着自豪的喜悦与感伤的悲怆。与以往一样，他强调指出，南非的进步是集体努力的结果，这将继续发扬。

"每一个历史时期，"他说，"都向国家进步和领导集体提出了不同的挑战，没有人是一座孤岛。

"对我个人来说，我属于这样一代领导人，实现民主是决定性的挑战。

"我认为自己是幸运的，没有经历流亡以及数十年地下斗争和群众斗争的严酷，这种严酷消耗了许多伟大人物的生命，诸如奥利弗·坦博、安东尼·伦比德（Antone Lembede）、杜马·诺奎（Duma Nokwe）、摩西·考塔尼、J. B. 马克斯（J. B. Marks）、罗伯特·索布奎和泽法尼亚·莫托彭、奥斯卡·姆佩塔、莉莲·恩戈伊、阿尔菲厄斯·祖鲁主教（Bishop Alpheus Zulu）、布拉姆·费希尔、海伦·约瑟夫、阿列克斯·拉·古马（Alex La Guma）、优素福·达杜和蒙蒂·奈克尔。*不幸的是，斯蒂芬·比科英年早逝，但他是一颗新星。如果

---

* 安东尼·伦比德，1944 年成立的非国大青年团的联合发起人和首任主席，于 1947 年去世，享年 33 岁。杜马·诺奎，德兰士瓦高级法院接受的第一位黑人律师，但由于在 1956—1961 年的叛国审判中受到指控而被禁止执业，他在 1958—1969 年担任非国大的总书记。约翰·比弗·马克斯（John Beaver Marks），是非国大在德兰士瓦、德兰士瓦非欧洲人工会和非洲矿业工人联盟（African Mine Wokers Union）的主席，他于 1963 年被非国大派遣到坦桑尼亚的外交使团总部工作。阿尔菲厄斯·祖鲁主教曾经是非国大的一员，在 1960 年代担任世界教会理事会（World Council of Churches）的主席，以及祖鲁和斯威士兰的主教。他在退休以后加入了因卡塔自由党。阿列克斯·拉·古马，20 世纪南非最具影响的作家之一，南非有色人民组织的领导人，他因在制定《自由宪章》中的工作被捕并被指控叛国罪。他在古巴的哈瓦那（Havana）去世前担任非国大加勒比地区的代表。

当年他有机会的话，一定会成为像上述一样的伟人。

"我认为自己是幸运的，在那一代人中，历史允许我参与到南非的过渡当中，从那一时期进入我们共同奠定了其基础的新时代。

"我希望，从现在开始的几十年后，当历史被书写时，那一代人的作用将得到肯定，而在以他们的坚韧和远见作为标准来衡量时，不会发现我相形见绌。事实上，主席女士，我已怀着深深的感激之情注意到了通常给予我个人的慷慨赞扬，但请让我做出以下声明：

"就我迄今所能取得的任何成绩而言，我知道，这是因为我得益于南非人民。

"我得益于农村大众，他们在我心中激起对我们的过去和抵抗精神的自豪。

"我得益于南非的工人，他们在我们国家的矿山、工厂、田地和办公室中，一直遵循着这样一条原则，每个人的利益都存在于全体人民的共同利益之中。

"我得益于南非各种族的知识分子，他们一直努力为我们提供关于南非社会本身的知识，把我们人民的希望变成可实现的梦想。

"我得益于南非工业、农业、商业和金融各界人士，他们的企业家精神已经协助将我们国家丰富的自然资源转变为财富。

"我能够带领我们的国家来到这个新时代，是因为我得益于世界人民，他们一直怀有让各地人民都过上更好生活的愿景。他们以一种自我牺牲的精神坚持认为，这个愿景也应该在南非实现。他们给予我们希望，因为他们的团结让我们知道，我们的理想是不可能被扑灭的，因为这是人类的理想。我得益于非洲，她长期怀抱的复兴梦现在能够实现了，从而她所有的孩子都可以在阳光下玩耍。

"如果说我能够帮助我们的国家在民主、没有种族歧视和没有性别歧视的道路上向前推进一些,这是因为我得益于非国大以及正义、尊严和自由运动。这一运动产生了无数伟人,我们是在他们的影响下找到了我们的荣光。

"几个月之后,我将再次成为我们这块土地上的一名普通公民,他的关切和能力是由我们土地上的人民所塑造的。

"只要还有力量,我就会把自己看作这个社会中的一位老人、农村人口中的一员、一位关心我们国家的儿童和青年的人,以及一位世界公民,致力于为各地人民实现更好的生活。我将一如既往,在我参与其中的广泛的和平与民主运动的纪律范围之内尽力而为。

"我将把自己看作普通男女中的一员,在任何国家中,他们的生活是否幸福必须作为判断一个民主政府是否合格的标准。

"在这些标准中,首要的就是旨在为所有人建设更好生活的重建与发展计划。

"在这些标准中,首要的就是在命运紧密相连的社会和公民中实现民族团结与和解。

"尊敬的议员们,我们作为一个国家成功的标志之一就是,曾经在我们中间激起希望的国际社会,看到我们通过相互伸出援手而克服了几个世纪的割裂,反过来在其中找到了希望。就我们能够在世界人民中点燃希望从而回报世界而言,我们确实感恩并深感幸福。自不待言,我们将绝不辜负世界对我们寄予的期望。

"正如我在刚刚访问的荷兰和4个北欧国家中一再听到的,世界钦佩我们作为一个国家,在奋起面对时代挑战中所取得的成功。

"这些挑战是:避免了蓄意制造的种族战争和流血,以及在这样一个基础上——即我们的首要目标必须是共同克服贫穷、分裂和不平等的遗产——促成人民的和解。

"就我们仍然必须和解及医治我们国家的创伤而言,就种族隔离的后果仍在我们的社会中蔓延,以及千百万南非人民仍然生活在贫困中而言,这些挑战仍然没有改变……

"漫漫长路仍在继续!"[7]

附录一

组织机构缩略语

ADFL　　　　解放刚果—扎伊尔民主力量联盟
　　　　　　（Alliance of Democratic Forces for the Liberation of Congo-Zaire）
ANC　　　　 非洲人国民大会（非国大）
　　　　　　（African National Congress）
ANCWL　　　非洲人国民大会妇女联盟
　　　　　　（African National Congress Women's League）
ANCYL　　　 非洲人国民大会青年团
　　　　　　（African National Congress Youth League）
AVF　　　　 阿非利卡人民阵线（Afrikaner Volksfront）
AWB　　　　阿非利卡人抵抗运动
　　　　　　（Afrikaner Weerstandsbeweging）
CODESA　　 民主南非大会
　　　　　　（Convention for a Democratic South Africa）

CONTRALESA	传统领导人大会（Congress of Traditional Leaders）
COSATU	南非工会大会（Congress of South African Trade Unions）
GNU	民族团结政府（Government of National Unity）
IEC	独立选举委员会（Independent Electoral Commission）
IFP	因卡塔自由党（Inkatha Freedom Party）
JSC	司法咨询委员会（Judical Service Commission）
MK	民族之矛（Umkhonto weSizwe）
MPLA	安哥拉人民解放运动（Movimento Popular de Liberacao de Angola［The People's Movement for the Liberation of Angola］）
NAM	不结盟运动（Non-aligned Movement）
NCPS	国家预防犯罪战略（National Crime Prevention Strategy）
NEC	全国执行委员会（National Executive Committee）
NIA	国家情报局（National Intelligence Agency）
NP	国民党（National Party）
OAU	非洲统一组织（Organisation of African Unity）
PAC	阿扎尼亚泛非主义者大会（泛非大）（Pan Africanist Congress of Azania）
SACP	南非共产党（South African Communist Party）
SADC	南部非洲发展共同体（Southern African Development Community）
SADF	南非防卫军（South African Defence Forces）
SACTU	南非工会联合会

	(South Africa Congress of Trade Unions)
SAIC	南非印度人大会（South African Indian Congress）
SANDF	南非国防军（South African National Forces）
SAPS	南非警察总署（South African Police Service）
SASS	南非特勤局（South African Secret Service）
SAUF	南非联合阵线（South African United Front）
SWAPO	西南非洲人民组织
	(South West Africa People's Organisation)
TEC	过渡时期执行委员会
	(Transitional Executive Council)
TRC	真相与和解委员会
	(Truth and Reconciliation Commission)
UDF	联合民主阵线（United Democratic Front）
UNITA	争取安哥拉彻底独立全国联盟
	(Uniao Nacional para a Independencia Total de Angola [National Union for the Total Independence of Angola])

附录二

人物、地点与事件

1960 年紧急状态（State of Emergency，1960）
南非政府于 1960 年 3 月 30 日宣布进入紧急状态，作为针对沙佩维尔屠杀事件的应对措施，导致大量群众被捕以及大多数黑人领导人被监禁。1960 年 4 月 8 日，根据《非法组织法》(Unlawful Organisations Act)，非国大和泛非大被取缔。

阿非利卡人民阵线（Afrikaner Volksfront，AVF）
成立于 1993 年 5 月 19 日，其目的是团结讲阿非利卡语的白人的组织，包括极右翼的阿非利卡人抵抗运动右翼武装力量以及种族隔离时期曾任职于军队和警察组织中的军人。其诉求为讲阿非利卡语的南非白人之独立和阿非利卡人家园之建立。

阿尔贝蒂娜·西苏鲁（Albertina Sisulu），全名：齐克莱洛·阿尔贝蒂娜·西苏鲁（Nontsikelelo Albertina Sisulu），昵称：恩齐基（Ntsiki），

娘家姓：特蒂韦（Thethiwe），1918—2011

护士、助产士、反种族隔离与女权活动家、议会议员。非国大领导成员。通过她的护士朋友伊芙琳·梅斯（Evelyn Mase，曼德拉的第一任妻子）与沃尔特·西苏鲁结识，并于1944年结婚。是非国大妇女联盟和南非妇女联合会的成员。在1956年妇女反通行证法的抗议斗争中起到领导作用。她是根据1963年普通法修正法案（General Law Amendment Act，1963；又称《90日拘留法》）逮捕的第一位妇女，被单独监禁90天。1963年之后继续处于限制行动和警察骚扰的状况中。1983年联合民主阵线成立时她被选为三位主席之一。1985年与其他15位联合民主阵线成员和工会领袖一起被指控叛国，即众所周知的彼得马里茨堡叛国审判（Pietermaritzburg Treason Trial）。1994年当选议会议员直到1999年退休。1993—1996年，担任世界和平理事会（World Peace Council）的主席。2003年获南非杰出妇女奖，以表彰她为妇女权利和尊严勇敢奋斗的一生。

阿尔贝特·姆温比·卢图利酋长（Chief Albert Mvumbi Luthuli），1898—1967

教师、反种族隔离活动家和牧师。格劳特维尔保护区（Groutville Reserve）酋长。1952—1967年担任非国大主席。从1953年起，他就被政府处以禁令并拘禁在家中。1956年叛国审判中的被告。1960年由于公开烧毁他的通行证并号召设立国家纪念日哀悼沙佩维尔屠杀的死难者而被判监禁6个月（未执行）。1960年由于他在反对种族隔离的抗争中所起的非暴力作用而获得诺贝尔和平奖。1955年，在人民代表大会上获得非国大最高荣誉非洲豹勋章（Isitwalandwe Seaparankoe）。

附录二 人物、地点与事件

阿尔弗雷德·巴费图索洛·恩佐（Alfred Baphetuxolo Nzo），1925—2000

非国大青年团和非国大的领导成员。1952年蔑视运动和人民代表大会的参加者。1962年遭到24小时软禁，1963年被拘禁238天。获释后，非国大命令他离开南非。他在包括埃及、印度、赞比亚和坦桑尼亚等多国担任非国大的代表。1969年他接替杜马·诺奎任总书记，任期一直到1991年合法的非国大会议在南非举行时才结束。他是1990年后参加与德克勒克会谈的非国大代表团的成员。1994年在新的民主南非政府中担任外交部长。曾获颁大量奖项，包括2003年的卢图利金勋章（Order of Luthuli in Gold）。

阿齐兹·古拉姆·帕哈德（Aziz Goolam Pahad），1940—

政治家和反种族隔离活动家。1964年流亡，从1966年起成为被取缔的非国大的职业活动家。在英国和欧洲发展反种族隔离运动。1985年入选非国大的全国执行委员会。在1990年非国大合法化之后回到南非，并参加了结束白人少数统治的谈判。在曼德拉总统和继任的姆贝基总统内阁中担任外交部副部长。2008年9月自内阁辞职。

阿扎尼亚泛非主义者大会，简称：泛非大（Pan Africanist Congress of Azania, PAC）

1959年从非国大分裂出来的一个组织，由罗伯特·索布奎创立，他倡导的口号是"非洲人的非洲"。泛非大发动的运动包括全国反通行证法，这一运动相较非国大自己开始的同类运动早了10天。1960年3月21日沙佩维尔屠杀事件使这一组织的发展达到了顶峰，在这一事件中警察杀死了69名没有武器的示威者。1960年4月与非国大一起遭到取缔。1990年2月2日解禁。

艾哈迈德·穆罕默德·卡特拉达（Ahmed Mohamed Kathrada），昵称：凯西（Kathy），1929—2017

反种族隔离活动家、政治家、前政治犯和国会议员。非国大和南非共产党的领导成员。创立了德兰士瓦印度人志愿者公司（Transvaal Indian Volunteer Corps）和接续的德兰士瓦印度青年大会（Transvaal Indian Youth Congress）。1946年，由于参加南非印度人大会的消极抵抗运动，反对《亚洲人土地占有和印度代表法案》（Asiatic Land Tenure and Indian Representation Act），入狱一个月。由于参加1952年的蔑视运动被判刑，于1954年被限制自由。人民代表大会的共同组织者，大会联盟一般事务委员会成员。在1960年国家紧急状态期间被拘留。为1961年在叛国审判中最后被宣判无罪的28人之一。1962年被软禁。1963年7月在立里斯里夫农场（Liliesleaf Farm）被捕并于里沃尼亚审判中被判蓄意破坏罪。1964—1982年，被监禁于罗本岛监狱，后被转移到波尔斯穆尔监狱，直到1989年10月15日被释放。在南非第一次民主选举之后成为议员和曼德拉总统的政治顾问。1994—2006年担任罗本岛博物馆理事会主席。1992年荣获非国大最高荣誉非洲豹勋章；另曾获印度总统授予的海外印侨奖（Pravasi Bharatiya Samman Award）以及若干荣誉博士头衔。

安德鲁·莫克特·姆兰格尼（Andrew Mokete Mlangeni），氏族名：莫特洛夸（Motlokwa）；昵称：姆潘德拉（Mpandla），1926—

反种族隔离活动家，政治犯和议员。非国大青年团、非国大和民族之矛的成员。1963年里沃尼亚审判中被判终身监禁。在罗本岛服刑18年，于1982年转移到波尔斯穆尔监狱。1992年荣获非国大最高荣誉非洲豹勋章。

奥利弗·雷金纳德·坦博（Oliver Reginald Tambo），简称：OR，1917—1993

律师、政治家和反种族隔离活动家。非国大的领导成员和非国大青年团的创始成员。与曼德拉一起创办南非第一个黑人律师事务所。1958年在沃尔特·西苏鲁被监禁后成为非国大的总书记和副主席。1959年被判监禁5年。于1960年代离开南非，负责非国大的国外活动以及动员反对种族隔离政权，并在海外建立军事训练营地。在1980年代发起释放曼德拉运动。流亡期间生活在英国伦敦，1990年回到南非。1967年在阿尔贝特·卢图利酋长去世后成为非国大的代理主席。1969年在莫罗戈罗会议（Morogoro Conference）上被选举为主席，1991年卸任非国大主席，担任非国大的全国主席。1992年荣获非国大最高荣誉非洲豹勋章。

奥斯卡·玛法卡法卡·姆佩塔（Oscar Mafakafaka Mpetha），1909—1994

工会活动家、政治活动家和非国大成员。在1960年3月21日沙佩维尔屠杀发生后被拘禁4年。1983年被指控犯有恐怖主义罪和煽动暴乱罪；被判处5年监禁。同年他被选为新成立的联合民主阵线的联名主席。他在格鲁特斯库尔医院的监护下度过了被监禁的最后一段时间。他患有糖尿病，一条腿被截肢，离不开轮椅。在曼德拉正式要求他们被释放后，于1989年10月15日与其他一组政治犯一起获释。

奥特舒默（Autshumao；曼德拉将其名字拼写为Autshumayo[奥特舒梅奥]），？—1663

科萨领导人。会讲英语和荷兰语，1652年起在荷兰人聚居好望角期间成为一名翻译。在发动反对荷兰殖民者的战争之后,他和他的两个追随者被扬·范里贝克于1658年放逐到罗本岛。他是第一批监禁在罗本岛上的犯人之一,也是历史上唯一成功逃脱的。死于1663年。

芭芭拉·莫西马·乔伊丝·马塞凯拉(Barbara Mosima Joyce Masekela),1941—
政治活动家、学者和大使。1960年代离开南非在博茨瓦纳、斯威士兰和加纳求学。于美国俄亥俄州立大学(Ohio State University)取得学士学位,在纽约斯塔滕岛社区学院(Staten Island Community College)英国文学系担任助理教授,然后到新泽西州罗格斯大学(Rutgers University)任教到1982年。担任非国大美国地区政治委员会的主席。1983年,担任非国大艺术和文化部门负责人。1990年回到南非并于1991年被选入非国大执委会。1990年成为曼德拉私人助理。曾经担任过南非驻美国、法国和联合国教科文组织的大使。

班图·霍罗米萨(Bantu Holomisa),全名:班图邦克·哈灵顿·霍罗米萨(Bantubonke Harrington Holomisa),1955—
政治家,军事领导人。1975年加入特兰斯凯国防军(Transkei Defence Force),开始其军旅生涯,到了1985年他已晋升旅长。1987年10月他迫使所谓的特兰斯凯独立国的总理辞职,并在两个月之后,推翻了他的继任者斯特拉·西卡乌。1987—1994年担任特兰斯凯国防军司令和政府首脑,直到1994年特兰斯凯重新并入南非。1994年当选非国大全国执行委员会成员,并成为曼德拉内阁中的环境事务和旅游部副部长。1997年,他联合发起了联合民主运动,并从1999年起领导该党在议会中占有一席之地。

彼得·莫卡巴（Peter Mokaba），1959—2002

政治活动家。经过短暂的教职工作，于1982年被捕，罪名是持有武器和以非国大成员身份在莫桑比克和安哥拉接受军事训练。他被判处6年徒刑，但由于上诉成功，一年之后获释。作为南非青年代表大会（South African Youth Congress）的创始成员，并于1987年成为该组织的首任主席，莫卡巴受到南非相当多青年英雄般的崇拜。1991—1994年任非国大青年团的主席。在曼德拉内阁中担任环境事务和旅游部副部长。

波尔斯穆尔高等设防监狱（Pollsmoor Maximun Security Prison）

位于开普敦托卡伊(Tokai)郊区的监狱。1982年，曼德拉与沃尔特·西苏鲁、雷蒙德·姆拉巴、安德鲁·姆兰格尼以及后来的艾哈迈德·卡特拉达一起从罗本岛被转移到这所监狱。

布拉姆·费希尔（Bram Fischer），全名：艾布拉姆·费希尔（Abram Fischer），1908—1975

律师、政治家和反种族隔离活动家。南非共产党的领导人。民主派代表大会成员。1946年被指控煽动和参与非洲矿工工会为争取提高工资的罢工而遭判刑。在叛国案审判中成功地为曼德拉和其他非国大领导成员辩护。1963—1964年主持了里沃尼亚审判的辩护。之后一直受到法院禁令管制，1966年因违反镇压共产主义条例和阴谋破坏的罪名被判终身监禁。1967年获得列宁和平奖。

重建与发展计划（Reconstruction and Development Programme，RDP）

经曼德拉非国大政府批准通过，目的在于解决种族隔离政权制造的巨大的社会经济不公平，重点是脱贫和解决社会服务严重缺失的问题。1996年起,该计划从属于"增长、就业和再分配"的宏观经济战略。

大会联盟(Congress Alliance)
1950年代成立,包括非国大、南非印度人大会、民主派代表大会和南非有色人组织(日后成为有色人种代表大会[Coloured People Congress,CPC])。1955年南非工会联合会建立,成为联盟的第五个成员。该联盟促成了人民代表大会的召开并成功让一些条款写进了《自由宪章》。

丹尼斯·戈德堡(Denis Goldberg),1933—
反种族隔离活动家和政治家。南非共产党员。民主派代表大会的联合创始人和领导人。民族之矛的技术官员。1963年在里沃尼亚被捕,其后被判在比勒陀利亚地方监狱终身监禁。1985年获释后流亡到英国,并在联合国反对种族隔离特别委员会(Anti-Apartheid Committee of the United Nations)中代表非国大。1995年建立了HEART社区帮助穷困的南非黑人。2002年返回南非担任水利和森林部部长龙尼·卡斯里尔斯的特别顾问。

德里克·基斯(Derek Keys),1931—
政治家和商人。在一段经商经历之后,担任德克勒克总统和曼德拉总统的财政部部长。1991年12月,德克勒克任命他为经济协调和贸工部部长,隔年又兼任财政部部长。在被任命为曼德拉内阁成员后,于1994年7月6日辞职。9月19日由克里斯·利本伯格接任财政部长。

附录二　人物、地点与事件

德斯蒙德·图图大主教（Archbishop Desmond Tutu），1931—
荣誉退休大主教、反种族隔离与人权活动家。1976—1978年间担任莱索托主教。1978年出任南非教会理事会的第一位黑人总书记。1994年选举后，他主持真相与和解委员会调查种族隔离时代的罪行。由于寻求非暴力结束种族隔离，1984年获得诺贝尔和平奖。1986年荣获阿尔贝特·施韦泽人道主义奖（Albert Schweitzer Prize for Humanitarianism）；2005年获得甘地和平奖。

蒂托·泰特斯·姆博韦尼（Tito Titus Mboweni），1959—
反种族隔离活动家、政治家和银行家。1980年离开南非，流亡期间在莱索托加入非国大。在非国大被解禁后于1990年返回南非。1994年至1998年7月，在曼德拉内阁中担任劳工部部长。1998年被任命为非国大政策部的负责人，负责非国大政策进程管理。1998年7月当他加入南非储备银行担任行长顾问时，他立即辞去在非国大中的所有职务。1999年被任命为南非储备银行行长。2010年6月，担任高盛国际（Goldman Sachs International）的国际顾问。

恩科萨扎娜·德拉米尼-祖马（Nkosazana Dlamini-Zuma），1949—
医生，反种族隔离活动家，政治家。1978年在布里斯托尔大学（University of Bristol）获得医学学位，先后服务于非国大地区健康委员会和属于英国非政府组织的健康与难民基金会（Health and Refugee Trust）。非国大合法化后返回南非并参加民主南非大会谈判。1994年被任命为卫生部部长。1999—2009年先后在姆贝基总统与莫特兰蒂总统内阁中担任外交部部长。从2009年5月10日至2012年10月2日，在其前夫雅各布·祖马总统内阁中担任内政部部长。从2012年底至2017年初，担任非洲联盟主席。

F.W. 德克勒克（F.W. de Klerk），全名：弗雷德里克·威廉·德克勒克（Frederik William de Klerk），1936—

1989—1994年间担任南非总统。1989—1997年担任国民党领导人。1990年2月，他解除对非国大和其他组织的禁令，并释放了曼德拉。1994—1996年与塔博·姆贝基一起担任曼德拉的副总统。1997年成为新国民党主席。1993年由于他在终结种族隔离的谈判中所发挥的作用，与纳尔逊·曼德拉一起获得诺贝尔和平奖。

非洲人国民大会（非国大）（African National Congress，ANC）

1912年成立时名为南非土著人国民大会。1923年更名为非洲人国民大会（非国大）。1960年3月沙佩维尔大屠杀后，非国大被南非政府取缔，因而转入地下工作，直到1990年才解禁。其军事组织民族之矛于1961年成立，曼德拉是总司令。1994年4月27日全国首次民主选举之后，非国大成为南非的执政党。

非洲人国民大会妇女联盟（African National Congress Women's League，ANCWL）

成立于1948年，积极参与1952年的蔑视运动和反通行证运动。

非洲人国民大会青年团（African National Congress Youth League，ANCYL）

1944年由纳尔逊·曼德拉、安东·伦比德、沃尔特·西苏鲁、A.P.穆达（A.P. Mda）和奥利弗·坦博发起成立，目的是反对非国大日趋保守的倾向。其活动包括非暴力反抗和罢工以抗议种族隔离制度。1959年许多成员离开另成立了泛非大。1960—1990年间被取缔。

附录二　人物、地点与事件

非洲统一组织（Organisation of African Unity，OAU）

1963年5月25日在埃塞俄比亚首都亚的斯亚贝巴成立，当时有32家政府签署，最终包括非洲全部54个国家中的53个（1984年退出的摩洛哥除外）。其目的是在非洲大陆根除所有形式的殖民主义和白人少数统治。同时协调和加强非洲国家的合作，从而使非洲人民获得更好的生活并捍卫主权、领土完整和非洲国家的独立。2002年7月9日由其最后一任主席、南非总统塔博·姆贝基宣布解散，并由非洲联盟接替。

费迪南德·哈岑伯格（Ferdinand Hartzenberg），昵称：费尔迪（Ferdi），1936—

政治家和玉米农场主。1979—1982年任P. W. 博塔内阁的教育部长。国民党的较保守成员之一，1982年退出执政党组建保守党，担任该党主席安德里斯·特勒尼赫特（Andries Treurnicht）的副手，并于1993年特勒尼赫特去世后领导该党。保守党抵制1994年的南非总统选举。他是保守党第二任也是最后一任主席。2004年保守党与自由阵线及阿非利卡人团结党（Afrikaner Unity Party）合并成立新自由阵线，他旋即退出政界。

弗里恩·诺希尔·金瓦拉（Frene Noshir Ginwala），1932—

反种族隔离活动家、记者、政治家、非国大成员。在帮助反种族隔离运动成员建立起安全的逃亡通道后于1960年离开南非。她协助奥利弗·坦博和优素福·达杜在流亡期间建立起第一个非国大办事处。她担任两份坦桑尼亚英文报纸——《旗帜报》（The Standard）和《星期日新闻》（Sunday News）——的总编。她于1991年返回南非，后成为南非历史上首位女性议会主席（1994—2004）。

戈万·姆贝基（Govan Mbeki），全名：戈万·阿奇博尔德·姆武耶卢瓦·姆贝基（Govan Arehibald Mvuelwa Mbeki），氏族名：兹孜（Zizi），1910—2001

历史学家，反种族隔离活动家。非国大和南非共产党的领导成员。民族之矛最高指挥部成员。他的儿子塔博·姆贝基曾于1999—2008年间担任南非总统。里沃尼亚审判的被告并被判终身监禁。1994—1997年任南非后种族隔离期间的参议院副议长。1997—1999年在接替参议院职能的全国省级事务委员会任副主席。1980年荣获非国大最高荣誉非洲豹勋章。

格奥尔格·迈林（Georg Meiring），1939—

军队司令。在奥兰治自由省省立大学物理系获得硕士学位后，于1963年加入南非陆军。1990—1993年担任南非防卫军司令，中将军衔。1994—1998年被任命为南非国防军的首位司令。

格拉萨·马谢尔（Graça Machel），娘家姓：辛比内（Simbine），1945—

莫桑比克教师，人权活动家，国际妇女儿童权利维护者，政治家。1998年7月与纳尔逊·曼德拉结婚。莫桑比克总统萨莫拉·马谢尔（死于1986年）的遗孀。莫桑比克解放阵线党成员，该党经过长期斗争于1975年从葡萄牙手中赢得莫桑比克的独立。独立后担任莫桑比克教育和文化部部长。她曾荣获多种奖项，其中包括联合国南森勋章（United Nation's Nansen Medal），以表彰她长期坚持人道主义的工作，特别是在照顾难民儿童方面。

古德威尔·兹韦利蒂尼·卡·贝库祖鲁国王（King Goodwill Zwelithini kaBhekuzulu），1948—

祖鲁国王。1968年在其父西普里安·贝库祖鲁·卡·所罗门国王去世后继承王位。在他到达即位年龄前由摄政王主持。后于1971年12月3日登基成为祖鲁人的第八任国王。

国民党（National Party）
1914年由阿非利卡民族主义者在布隆方丹成立的保守派南非政党。1948年6月至1994年5月南非的执政党。强迫实行种族隔离制度，将种族隔离合法化，主张白人少数统治。2004年解散。

过渡时期执行委员会（Transitional Executive Council，TEC）
1993年在结束白人少数统治的谈判期间，非国大建议成立一个过渡时期执行委员会以"推动在南非建立起民主秩序的准备和过渡工作"。非国大认为，当时白人主导的政府不能在选举中既当裁判又当运动员。委员会的作用就是在1994年4月的选举之前做好准备并创造一个自由从事政治活动的氛围。委员会由7个子委员会构成：法律与秩序暨安全与安保、国防、情报、外交、妇女地位、财政，以及地区和地方政府暨传统领袖。

哈里·瓜拉（Harry Gwala），全名：滕巴·哈里·瓜拉（Themba Harry Gwala），1920—1995
教师和政治活动家。直到1964年被捕之前一直从事非国大的地下工作。被指控破坏罪并被判刑入监罗本岛8年。1972年获释后继续从事政治活动，于1977年被判处终身监禁而回到罗本岛。由于患有运动神经元疾病，手臂无法活动，于1988年提前获释。1991年被选为非国大全国执行委员会成员。1994年总统选举后在夸祖鲁－纳塔尔省立法机构工作。

海伦·约瑟夫（Helen Joseph），娘家姓：芬内尔（Fennell），1905—1992
教师、社会工作者和反种族隔离及女权活动家。民主派代表大会的创始成员。南非妇女联合会（Federation of South African Women, FEDSAW）秘书长。2万名妇女前往比勒陀利亚总统府游行的领导组织者。1956年叛国审判的被告之一。1962年被软禁。在曼德拉夫妇被监禁时，曾帮助照顾他们的两个女儿，津齐斯瓦（Zindziswa）和泽纳妮（Zenani）。1992年获得非国大最高荣誉非洲豹勋章。

黑人觉醒运动（Black Consciousness Movement）
以教育黑人青年和工人为目标的反种族隔离运动，致力于提高黑人身份的自豪感。它出现在1960年代的政治真空期间，当时非国大和泛非大相继被取缔、成员被监禁。它起源于运动创始人斯蒂芬·比科领导的南非学生组织。

亨德里克·弗伦施·维沃尔德（Hendrik Frensch Verwoerd），1901—1966
1958—1966年担任南非总理。1950—1958年间任土著事务部部长。国民党政治家。他拥护一种"分别发展"（separate development）体制，被普遍认为是种族隔离的设计师。在他的领导下，南非于1961年5月31日成为共和国。1966年在议会上被迪米特里·察芬达斯（Dimitri Tsafendas）行刺而亡。

吉尔·马库斯（Gill Marcus），1949—
政治活动家，银行家。父母都是政治活动家，1969年离开南非流亡海外。1970年开始成为非国大伦敦办事处的全职工作人员。1994年当选国会议员并成为财政联合常委会（Joint Standing Committee on Finance）的首任主席。1996—1999年担任曼德拉政府的财政部副部长，其后离开内阁成为南非储备银行的副行长。5年后成为高敦商业科学学院（Gordon Institute of Business Science）政策、领导和性别研究的教授，再转入商界。从2009年7月至2014年11月，担任南非储备银行行长。

杰克斯·格威尔（Jakes Gerwel）. 全名：赫特·约翰内斯·格威尔（Gert Johannes Gerwel），1946—2012
1994—1999年间担任曼德拉的总统办公室主任，民族团结政府的内阁秘书长。他同时也是罗德大学校长，西开普大学人类学系杰出教授，以及纳尔逊·曼德拉基金会的主席。

杰茜·亚斯明·杜阿尔特（Jessie Yasmin Duarte），1953—
反种族隔离活动家和政治家。担任曼德拉出狱后到当选南非总统之前的特别助理。曾任豪滕省政府官员、南非驻莫桑比克大使。2012年被任命为非国大的副总书记。

杰伊·奈杜（Jay Naidoo），全名：杰亚切兰·奈杜（Jayaseelan Naidoo），1954—
政治家和工会活动家。学生时期，他在南非学生组织中很活跃。该组织在其领导人斯蒂芬·比科于警察拘禁期间被谋杀之后于1977年被取缔。后成为以社区为基础的组织者并参加了工会运动。1975年在南非工会大会成立时成为第一任总书记。在纳尔逊·曼德拉内阁中担任不管部部长，负责重建与发展计划的协调工作。后来成为邮政、通讯和广播部部长。担任全球改善营养联盟董事局与合作伙伴理事会的主席。

康斯坦德·维尔容（Constand Viljoen），1933—

警察和军队指挥官。1956 年加入联盟防卫军（Union Defence Force），1977 年成为南非军队总司令。1993 年与一些退休将军一起成立了阿非利卡人民阵线。在南非第一次民主选举前，人们普遍认为他已经聚集了 5 万到 6 万名武装人员，准备发动战争阻止向民主体制过渡。1994 年 3 月，针对一场民众政变，他领导了一次军事行动以保护博普塔茨瓦纳黑人家园的领导人。然后他从人民阵线中分裂出来，与他人合作创建了自由阵线党，并成为其领袖。他参加了 1994 年南非第一次民主选举，由于避免了流血而受到赞扬。2001 年退休，并将自由阵线党的领导位置交给了彼得·穆德（Pieter Mulder）。

科比·库切（Kobie Coetzee），全名：亨德里克·库切（Hendrik Coetzee），1931—2000

国民党政治家、律师、行政官员和谈判人。1978 年担任国防和情报部副部长。1980 年担任司法部部长。1985 年起就促成国民党与非国大对话一事与曼德拉多次见面。1994 年南非首次民主选举之后当选参议院议长。

克里斯·哈尼（Chris Hani），全名：特姆比斯利·哈尼（Thembisile Hani），1942—1993

反种族隔离政治家。15 岁即加入非国大青年团，后也加入南非共产党。民族之矛的成员，并最终成为领导人。他活跃在东开普和西开普两省非国大的地下工作，后流亡海外，并从民族之矛的底层成员逐渐一步步攀升高位。1990 年返回南非。自 1991 年起担任南非共产党总书记。1993 年在约翰内斯堡的家门外遭雅努什·瓦卢斯谋杀。

于2008年被追认获颁非国大最高荣誉非洲豹勋章。

克里斯·利本伯格（Chris Liebenberg），1934—
银行家，政治家。从一家银行的信差一路升迁至南非顶尖银行家之一，莱利银行的首席执行官。1994—1996年任曼德拉总统内阁的财政部部长，曼德拉在当选后几个月即要求他接替辞职的德雷克·基斯。

库努（Qunu）
南非东开普省的一座村庄，曼德拉在离开他的出生地姆维佐（Mvezo）之后居住的地方。

雷蒙德·姆拉巴（Raymond Mhlaba），氏族名：恩多贝（Ndobe），1920—2005
反种族隔离活动家、政治家、外交官和政治犯。非国大和南非共产党的领导成员。民族之矛的总司令。1963年在里沃尼亚被捕并在里沃尼亚审判中被判终身监禁。在罗本岛服刑，直到1982年被转移到波尔斯穆尔监狱，1989年获释。他参加了与国民党的谈判，促成南非民主化。1991年任非国大全国执委会成员。1994年任东开普省省长。1997年任南非驻乌干达高级专员。1992年获得非国大最高荣誉非洲豹勋章。

里沃尼亚审判（Rivonia Trial）
审判发生在1963—1964年间，其中10名大会联盟的成员被指控犯有破坏罪，面临死刑判决。案件名称来源于约翰内斯堡里沃尼亚镇郊区，1963年7月11日，6名民族之矛指挥部的高级成员在他们的藏身处立里斯里夫农场被捕。显示他们有罪的文件被查获，其中包括一份名为"夺回失去的运动"（Operation Mayibuye）的游击战计划。当时已经因煽动和非法离开南非罪在狱中服刑的曼德拉受到牵连，他关于游击战的笔记和1962年在非洲旅行时的日记也被查获。曼德拉不但没有成为控方证人，反而于1964年4月20日在法庭上发表了他的声明，那就是著名的"我准备死"的讲演。1964年6月11日，比勒陀利亚法院的法官卡尔图斯·德韦特（Qartus de Wet）判定8名被告有罪，并裁决从次日起开始执行终身监禁。

理查德·斯滕格尔（Richard Stengel）
编辑和作家。与曼德拉合作出版了他的自传《漫漫自由路》(1994年)。1996年纪录片《曼德拉》的联署制片人。《时代》杂志的编辑。

莉莲·马塞迪巴·恩戈伊（Lilian Masediba Ngoyi）,1911—1980
政治家、反种族隔离与女权活动家、演说家。非国大的领导成员。1956年当选非国大执委会第一位妇女成员。非国大妇女联盟主席。1956年任南非妇女联合会主席。1956年领导了反通行证法的妇女大游行。在叛国审判中被指控但被宣判无罪。1960年紧急状态期间被拘留。1963年根据90日拘留法单独监禁71天。持续处于禁令的迫害中。1982年获得非国大最高荣誉非洲豹勋章。

罗本岛（Roben Island）
坐落在桌山湾（Table Bay），距开普敦海岸7公里，约3.3公里长，1.9公里宽。自17世纪荷兰人在此定居以来，这个岛主要被用于放逐和监禁，特别是政治犯。后来成为南非总统的三个人都曾经在那里被监禁过：纳尔逊·曼德拉（1964—1982），卡莱马·莫特兰蒂（1977—

1987），雅各布·祖马（1963—1973）。现在是世界文化遗址和博物馆。

罗伯特·曼加利索·索布奎（Robert Mangaliso Sobukwe），1924—1978
律师、反种族隔离活动家和政治犯。曾经是非国大青年团和非国大的成员，后基于"非洲人的非洲"理念创立了泛非大。非洲民族主义者报纸的编辑。1960年沙佩维尔屠杀事件后被逮捕和拘禁。因煽动罪被判处三年监禁。在他刑满释放之前，通法第37补充法案通过，导致已被指控犯有政治罪的囚犯之刑期顺延，他因而在罗本岛又被关押了6年——这后来被称为索布奎条款。他于1969年获释回到金伯利的家中，但每天仍需有12小时在家拘禁。根据针对泛非大的取缔令，他被剥夺参加任何政治活动的权利。在监禁期间，他学习了法律，并于1975年成立了自己的法律事务所。

马格努斯·马兰（Magnus Malan），1930—2011
军人和政治家。1949年成为南非永久部队（Permanent Force）候补军官，在海军服役，一度曾是驻守罗本岛的海军陆战队队员。之后以中尉军衔转入陆军。1973年任陆军司令。1976年任南非防卫军司令。1980—1991年担任国防部部长。1991年7月，由于涉嫌卷入政府秘密资助因卡塔自由党和其他反对非国大的组织的丑闻，德克勒克总统解除了他的职务。1995年11月，被指控与其他官员在1987年谋杀了13人，其中包括7名儿童。经过7个月的审判之后，所有人被判无罪，曼德拉总统要求公众尊重法院的决定。

马克·马哈拉杰（Mac Maharaj），全名：萨特扬德拉纳特·马哈拉（Satyandranath Maharaj），1935—
学者、政治家、反种族隔离活动家、政治犯和议会成员。非国大、南非共产党和民族之矛的领导成员。1964年因破坏罪被判处12年监禁，在罗本岛服刑。帮助秘密传抄曼德拉的自传《漫漫自由路》，并于1976年释放时，将该书偷偷带出监狱。指挥了非国大的地下行动"武林德莱拉行动"（Operation Vulindlela，又称"乌拉行动"[Operation Vula]），建立起内部的地下领导。曾任民主南非大会的秘书长。1994—1999年任交通部部长。雅各布·祖马总统的特使。

迈耶·卡恩（Meyer Kahn），全名：雅各布·迈耶·卡恩（Jacob Meyer Kahn）
商人。1997—1999年任南非警察总署的行政长官。1981—2012年担任SAB米勒酿酒公司（SABMiller，原南非酿酒公司）总经理，于1990—2012年成为该公司执行董事长。

曼戈苏图·加查·布特莱齐（Mangosuthu Gatcha Buthelezi）
生于1928年。南非政治家和祖鲁王子。1979年与非国大关系恶化之前是非国大成员。1975年成为因卡塔自由党的创始人和主席。长期担任夸祖鲁－纳塔尔省的首席部长。1994—2004年被任命为南非内政部部长，并在曼德拉总统任内数次代理总统一职。

米歇尔·科比特（Michael Corbett），1923—2007
1989—1996年任大法官。在访问罗本岛期间第一次与曼德拉会面。议会于1994年5月9日通过由曼德拉任职总统，隔天，科比特主持了曼德拉的宣誓就职典礼。

蔑视不公正法令运动（Defiance Campaign Against Unjust Laws）
简称蔑视运动。此运动针对6项种族隔离法，1951年12月由非国大发起，并于1952年与南非印度人大会一起组织活动。运动包括个人打破种族歧视的法律，进入"只有白人许入"的设施，打破宵禁，并且自愿接受逮捕等。曼德拉被任命为全国志愿者总指挥，莫尔维·卡查利亚（Maulvi Cachalia）为副总指挥。由于参加蔑视运动，超过8500名志愿者被逮捕入狱。

民主南非大会（Convention for a Democratic South Africa，CODESA）
19个政治组织从1991年12月起为建立一个新的南非政治体制而成立的谈判平台。在第一次民主南非大会上，各方签署了意向声明，任命5个工作组制定民主南非的新宪法，为过渡政府做出安排，决定黑人家园的未来，以及处理其他事项。然而在1992年5月召开的第二次大会中，因多数统治和权力分享的问题造成谈判破裂。一个多月后，曼德拉于6月在对政府卷入博伊帕通大屠杀（Boipatong massacre）一事进行谴责后，中止与政府对谈。最终，在内阁成员罗尔夫·迈耶与非国大成员西里尔·拉马福萨进行秘密协商后，多党谈判恢复，并于1993年4月1日召开了第一次多党协商会议。

民族团结政府（Government of National Unity，GNU）
1994年4月27日至1997年2月3日，非国大领导下的南非政府。另外根据南非临时宪法第88条第2款，任何在国民议会中拥有20或更多席位的政党，都有资格进入内阁，取得一个或更多内阁席位。国民党和因卡塔自由党的领导人和议员皆获得内阁席位。1996年6月3日，德克勒克声称来自最终宪法的联合决策体制具有排他性，国民党对政府政策缺乏影响力，因此率领国民党退出民族团结政府。

民族之矛（Umkhonto weSizwe，MK）

非国大的武装组织，成立于1961年，通常缩写为MK。纳尔逊·曼德拉是首任总司令。1994年选举前夕，民族之矛被解散，其部队与种族隔离政权的南非防卫军、班图斯坦防卫军、因卡塔自卫军和泛非大的武装力量阿扎尼亚人民解放军合并为新成立的南非国防军。

摩西·考塔尼（Moses Kotane），1905—1978

反种族隔离政治家。1939—1978年任南非共产党总书记。1963—1973年任非国大财务长。1956年叛国审判中的被告，也是蔑视运动审判中20名被告之一。1960年紧急状态期间被拘留、软禁。1963年流亡。1975年获颁非国大最高荣誉非洲豹勋章。

南部非洲发展共同体（Southern African Development Community，SADC）

由15个南部非洲国家组成的一个政府间组织，成立于1992年8月17日，其目的在于进一步加强成员之间的社会经济合作和区域一体化。该组织的前身是1980年4月1日成立的南部非洲发展协调会议，当时由9个多数统治的南部非洲国家签署了卢萨卡宣言"走向经济解放"。

南非传统领袖大会（Congress of Traditional Leaders of South Africa，CONTRALESA）

1987年成立于南非黑人家园(班图斯坦)之一夸恩德贝勒(KwaNdebele)。由于支持当时的非国大和联合民主阵线而遭到取缔，它发展成为南非黑人家园中的反种族隔离压力组织，一直是为传统领袖争取更大权利的一股力量。

南非共产党（Communist Party South Africa 或 South African Communist Party, CPSA 或 SACP）

1921 年建立时称为 Communist Party of South Africa（CPSA），反对帝国主义和种族主义。在 1950 年被取缔后更名为 South Africa Communist Party（SACP），1990 年才被合法化。南非共产党与非国大和南非工会大会一起组成三位一体的执政联盟。

南非共和国宪法（Constitution of the Republic of South Africa）

在民族团结政府时期，从 1994 年 5 月至 1996 年 12 月在制宪议会上参与协商。在 1991 年开始的民主南非大会对话期间，国民党和非国大达成协议，共同制定一部临时宪法，并将其作为宪法最终版本的基础。宪法最后的定案由省务院和国民议会的议员组成的制宪议会起草，并于 1996 年 5 月 8 日由全国代表大会决议通过。一天后，第二副总统德克勒克宣布国民党将自 6 月 30 日起退出民族团结政府。根据宪法法院的要求进行修订之后，最终宪法于 1996 年 10 月由制宪议会决议通过。

尼尔·巴纳德博士（Dr. Niël Barnard），全名：卢卡斯·巴纳德（Lukas Barnard），1949—

1978 年成为奥兰治自由省大学政治学教授。1980—1992 年担任南非国家情报署署长。他与在狱中的曼德拉举行过多次秘密会谈，为其后曼德拉的释放和获取政治权力做准备。这包括促成了曼德拉与 P. W. 博塔总统和其后 F. W. 德克勒克总统的会谈。1996—2001 年间任西开普省政府秘书长。

P. W. 博塔（P. W. Botha），全名：彼得·威廉·博塔（Pieter William Botha），1916—2006

1978—1984 年间担任南非总理。1984—1989 年任第一届南非国家执行总统。南非国民党领导人。1985 年，曼德拉拒绝了博塔提出的以放弃暴力为前提的释放条件。1998 年，博塔拒绝在真相与和解委员会上就种族隔离罪行作证。

帕洛·乔丹（Pallo Jordan），全名：兹韦利丁加·帕洛·乔丹（Zweledinga Pallo Jordan），1942—

反种族隔离活动家和政治家。1975 年起为非国大伦敦办事处工作。1979—1988 年，在莫桑比克马普托的爱德华多·蒙德拉内大学（Eduardo Mondlane University）非洲研究中心担任非国大研究部负责人。1982 年，种族隔离政权将一个包裹炸弹寄到他的办公室，导致他于爆炸中受到重伤，一只耳朵失聪。他的同事，反种族隔离活动家露丝·弗斯特（Ruth First）也因此身亡。1994—1996 年担任曼德拉政府的通信部部长，1996—1999 年任环境事务和旅游部部长。2004—2009 年任姆贝基内阁的艺术和文化部部长。

叛国审判（Treason Trial），1956—1961

种族隔离政府发动的叛国审判目的在于打压大会联盟。1956 年 12 月 5 日凌晨的袭击行动导致 156 人遭逮捕并被指控犯有高度叛国罪。1961 年 3 月审判结束，所有被指控的人或是被撤销指控，或是被宣判无罪，包括曼德拉在内的最后 28 名被告被宣告无罪。

皮克斯利·卡·伊萨卡·塞米（Pixley ka Isaka Seme），1881—1951

政治活动家。美国传教士 S. C. 皮克斯利（S. C. Pixley）为他起了英文名字并送他到美国读高中。在哥伦比亚大学和牛津大学学习后回到南非。1912 年 1 月 8 日，联合创立非国大（通过南非土著人国民大会）并在 1930—1937 年间担任非国大主席。

乔·莫迪塞（Joe Modise），全名：约翰内斯·莫迪塞（Johannes Modise），1929—2001

公共汽车司机，反种族隔离活动家，政治家。1956 年叛国审判中与曼德拉和另外 154 人一起被指控，但所有人都被宣判无罪。1960 年代成为自由战士，被提升为非国大的武装力量民族之矛总司令，并在 1965—1990 年间担任此职位长达 25 年。在曼德拉获释后回到南非，加入与执政的国民党谈判的团队中。最初的谈判促成了格鲁特斯库尔备忘录（Groote Schuur Minute）的签署，为所有流亡者返回南非和谈判终结种族隔离体制铺了路。1994—1999 年，担任曼德拉内阁的国防部部长。

乔·斯洛沃（Joe Slovo），1926—1995

反种族隔离活动家。1949 年与露丝·弗斯特结婚。非国大和南非共产党的领导成员，民族之矛的司令员。1942 年加入南非共产党并在金山大学学习法律，学习期间结识曼德拉并成为学生政治运动中的积极分子。他协助创建了民主派代表大会并在 1956 年的叛国审判中受到指控。1960 年国家紧急状态期间被拘留了 6 个月。他协助建立了民族之矛。1963—1990 年间流亡英国、安哥拉、莫桑比克和赞比亚。1986 年担任南非共产党总书记。民族之矛的总参谋长。参加了结束白人统治的多党谈判。从 1994 年起担任曼德拉内阁的住房部部长。1994 年荣获非国大最高荣誉非洲豹勋章。

乔尔·卡图谢洛·内奇滕泽（Joel Khathutshelo Netshitenzhe），1956—
反种族隔离活动家和政治家。流亡海外多年，为非国大工作。在曼德拉总统办公室担任通讯负责人。1998—2006年间担任南非政府通讯和信息系统（GCIS）负责人，然后领导总统政策小组。2010—2015年，为南非第一个计划委员会工作。马蓬古布韦战略反思研究所（Mapungbwe Institute for Strategic Reflection, MISTRA）的执行董事和副董事长。

乔塞亚·查安加纳·古梅德（Josiah Tshangana Gumede），1870—1947
政治活动家和报纸编辑。于1912年1月8日共同创立南非土著人国民大会（非国大前身）。1906年他到英国讨论索托人的土地诉讼问题。1927—1930年担任非国大主席。他的儿子阿奇·古梅德（Archie Gumede）是一位非国大活动分子并在监狱中服刑。纳尔逊·曼德拉在狱中即与他通信。

乔治·毕佐斯（George Bizos），1928-2017
出生于希腊的人权律师。人权律师全国委员会（National Council of Lawyers for Human Rights）的成员和联合创始人，非国大法律和宪政委员会的成员，民主南非大会的法律顾问，以及里沃尼亚审判的辩护律师。也担任高知名度的反种族隔离活动家的律师，包括在真相与和解委员会上代表斯蒂芬·比科、克里斯·哈尼和克拉多克四人的家属。曼德拉任命他加入南非的司法咨询委员会。

乔治·菲瓦兹（George Fivaz），1945—
纳尔逊·曼德拉总统任命的新南非警察总署首任国家警察总监。他的首要责任是将11个警署统一为单一的南非警察总署，其次是使南非的警务工作配合新的立法和转型过程的需要。他的任期于2000年1月期满，卸任后，由杰基·塞莱比接替国家警察总监之职。

人民代表大会（Congress of the People）
大会联盟发起了长达一年的运动，在此期间，其成员走访南非各地，记录人民对一个自由南非的诉求，并将这些诉求写入《自由宪章》。1955年6月25—26日在约翰内斯堡克勒普敦召开的人民代表大会是这一运动的高峰，有3000名代表参加。在大会的第二天通过了《自由宪章》。

塞库库尼（Sekhukhune），1814—1882
马洛塔（Marota）部落（通常称为佩迪）的国王。依靠军事力量获取政权的非法统治者。结果是他的孪生兄弟及合法继承人曼普鲁被迫从王国出逃。塞库库尼通过与不同的王国结成外交联姻、将其他部落并入他的帝国和军事征服等手段建立起他的权力。这增加了他的支持基础并使他合法化。

沙佩维尔大屠杀（Sharpeville Massacre）
发生在豪滕省沙佩维尔镇的冲突。1960年3月21日，69名没有持武器的反通行证法抗议者被警察枪杀，超过180人受伤。由泛非大组织的示威吸引了5000到7000名示威者。这一天现在成为南非的公共假日人权日，每年举行纪念活动。

史蒂夫·武基莱·奇韦特（Steve Vukile Tshwete），1938—2002
反种族隔离活动家、政治犯、政治家和议会成员。非国大和民族之矛的成员。1964—1978年作为一个被取缔组织的成员在罗本岛关押。

1988 年成为非国大执行委员会成员，并参加了非国大与政府之间"关于会谈的会谈"（the talks about talks），以讨论 1990 年于格鲁特斯库尔开始正式谈判的条件。1994—1999 年担任体育健身部部长。推动了南非体育界的去种族主义化。1999—2002 年担任安全部部长。

斯蒂芬·班图·比科（Stephen Bantu Biko），1946—1977
反种族隔离活动家，黑人觉醒运动的全国领导人。1968 年设立南非学生组织（South African Students Organisation, SASO），于 1969 年成为该组织的主席。1972 年成为黑人人民大会（Black People's Convention）的联合创始人。1973 年被禁止参加政治活动。1977 年 8 月被捕并被警察杀害。

所罗门·谢基索·普拉杰（Solomon Tshekisho Plaatje），昵称：索尔（Sol），1876—1932
作家、记者、语言学家、报纸编辑和政治出版商、人权活动家。非洲人民组织成员。1912 年任南非土著人国民大会的第一任总书记。第一位以英语写小说的南非黑人（《姆胡迪》[Mhudi]，1930）。*1901 年成立了第一份茨瓦纳语和英语的双语周报《茨瓦纳新闻》（Koranta ea Becoana），并于 1910 年发行《人民之友》（Tsala ea Becoana）。是南非土著人国民大会请愿团的成员，要求英国政府撤销严重限制非洲人拥有土地权利的 1913 年土地法。

---

* 作者误作 1913 年。

塔博·姆贝基（Thabo Mbeki）, 全名：塔博·姆武耶卢瓦·姆贝基（Thabo Mvuyelwa Mbeki）, 1942—

政治家，反种族隔离活动家。1999—2008年担任南非总统。1994—1999年任南非副总统。戈万·姆贝基之子。1956年14岁时加入非国大青年团。1962年与其他学生一起离开了南非。他在流亡的非国大成员中地位迅速提升，并在前苏联接受了军事训练。他与奥利弗·坦博密切合作并领导了非国大代表团与南非政府举行的秘密对话，也参与了其后与南非政府的所有接触互动。他是1997—2007年间非国大的主席。

特雷弗·曼纽尔（Trevor Manuel）, 1956—

反种族隔离活动家和政治家。1983年，被任命为联合民主阵线的地区干事和全国执行委员。1985—1996年间，由于他的政治活动，曾多次未经审判被拘禁和软禁。1994年当选议员，并被纳尔逊·曼德拉任命为贸易和工业部部长。另外，曼纽尔是南非任职期最长的财政部部长，从1996年曼德拉内阁开始，经历了塔博·姆贝基和卡莱马·莫特兰蒂内阁，直到2009年。在2009—2014年间，他在雅各布·祖马内阁担任国家计划委员会（National Planning Commission）主席。曾任国际货币基金组织发展委员会（Development Committee, International Monetary Fund）主席、联合国秘书长科菲·安南和潘基文（Ban Ki-Moon）发展金融事务的特使。2011年担任联合国绿色气候基金过渡委员会（Transitional Committee of the Green Climate Fund）联合主席，帮助贫困国家面对气候变化的挑战。

托马斯·泰特斯·恩科比（Thomas Titus Nkobi），1922—1994
反种族隔离活动家、议会议员。1950年加入非国大，参加了蔑视不公正法令运动和1955年的人民代表大会。1958年非国大的全国组织者。1960年紧急状态期间，作为曼德拉建立非国大地下情报网的"曼德拉M计划"发起者之一而被捕。1963年流亡，主要居住在卢萨卡。1968—1973年间担任非国大财务长。1990年返回南非，并再次当选为非国大财务长，并成为国会议员。

托尼·特鲁（Tony Trew），1941—
反种族隔离和非国大活动家。1964—1965年被监禁，后离开南非流亡到英国。1980年被任命为国际国防援助基金的研究董事。1991年返回南非担任非国大的研究工作人员。1994—1999年在纳尔逊·曼德拉总统办公室从事通讯研究工作。

瓦利·穆萨（Valli Moosa），全名：穆罕默德·瓦利·穆萨（Mohammed Valli Moosa），1957—
反种族隔离活动家、政治家和商人。联合民主阵线成员。曾参与结束白人少数统治的多党谈判。曼德拉内阁的省级和宪法事务部副部长，在1996年国民党从民族团结政府退出后成为部长。从1999年起，他成为环境事务和旅游部部长。离开政坛后成为商人。

威尔顿·姆夸伊（Wilton Mkwayi），全名：威尔顿·齐姆赛勒·姆夸伊（Wilton Zimasile Mkwayi），氏族名：姆博尼（Mboni），昵称：布里布里（Bri Bri），1923—2004
工会活动家，政治活动家和政治犯。非国大和南非工会联合会成员。伊丽莎白港非洲纺织工人工会组织者。1952年蔑视运动的志愿

附录二 人物、地点与事件

者，其后积极促成人民代表大会的召开。1956年叛国审判期间逃亡到莱索托。加入了民族之矛并在中国接受军事训练。在立里斯里夫农场被捕之后成为民族之矛的司令员。在所谓的"小里沃尼亚审判"中被判终身监禁。他在罗本岛服刑。1989年10月获释。1994年选举为全国议会中的参议员，然后被派遣到东开普省立法机构，直到1999年从政界退休。1992年获得非国大最高荣誉非洲豹勋章。

维克托韦斯特监狱（Victor Verster Prison）
坐落于西开普省的帕尔（Paal）和弗郎斯胡克（Franschhoek）之间的一座低级安保监狱。1988年曼德拉被从波尔斯穆尔监狱转移到这里，住在监狱区内一座私人房舍中。现在监狱大门外有一座曼德拉雕像。现已更名为德雷根斯坦惩教中心（Drakenstein Correctional Centre）。

温妮·曼德拉（Winnie Mandela），全名：诺姆扎莫·温妮弗雷德·马迪基泽拉－曼德拉（Nomsamo Winifred Madikizela-Mandela），1936—2018
社会工作者，反种族隔离和妇女权利活动家。非国大成员。1958—1996年是纳尔逊·曼德拉的妻子（1992年分居）。泽纳妮·曼德拉和津齐斯瓦·曼德拉的母亲。是约翰内斯堡贝拉格瓦纳思（Baragwanath）医院第一位获取资质的黑人医务社会工作者。1969年被单独监禁17个月。从1970年起被软禁，且于1962—1987年被判处一连串的禁令。为响应索韦托起义，于1975年建立起黑人妇女联盟（Black Women's Fereration），1976年建立了黑人父母协会（Black Parents' Association）。1993—2003年担任非国大妇女联盟的主席。非国大议员。

沃尔特·乌里阿特·马克斯·西苏鲁（Walter Ulyate Max Sisulu），氏族名：扎米拉（Xhamela）和泰霍波（Tyhopo），1912—2003
反种族隔离活动家和政治犯。阿尔贝蒂娜·西苏鲁的丈夫。1941年结识了曼德拉，并介绍他认识了拉扎尔·西德尔斯基（Lazar Sidelsky），后者雇佣曼德拉作为一名职员。非国大领导人，普遍认为他是"斗争之父"。1944年非国大青年团的共同创建者。由于在1952年蔑视运动中的领导作用，根据镇压共产主义条例，他被捕并受到指控。1956年的叛国审判中被捕但后被宣判无罪。在非国大和泛非大被取缔之后，继续被限制行动和软禁。协助建立起民族之矛，并担任其高级指挥员。1963年转入地下，并藏匿在里沃尼亚的立里斯里夫农场，1963年7月11日在那里被捕。在里沃尼亚审判中被认定犯有破坏罪并于1964年6月12日被判终身监禁。他在罗本岛和波尔斯穆尔监狱服刑。1985年10月15日获释。在与种族隔离政府就结束白人统治的谈判中是非国大团队的成员之一。1992年荣获非国大最高荣誉非洲豹勋章。

西菲韦·尼安达（Siphiwe Nyanda），1950—
政治活动家和军事指挥官。1974年加入了非国大的武装力量民族之矛。1992年被任命为民族之矛总参谋长。任职于监督白人少数统治终结的过渡时期执行委员会。1994年民族之矛并入南非国防军，1998年尼安达从军官晋升为南非国防军总司令，任职到2005年。2009—2010年担任祖马内阁通讯部部长。

西里尔·拉马福萨（Cyril Ramaphosa），全名：马塔米拉·西里尔·拉马福萨（Matamela Cyril Ramaphosa），1952—
政治家、商人和工会活动家。1982年担任强大的全国矿工联盟第一书记。推动成立了南非工会代表大会。是协调曼德拉获释的全国接待委员会主席。1991年当选非国大总书记。在结束白人少数统治的谈判中起到了关键作用,并因此受到曼德拉的表扬。1994年在输给塔博·姆贝基、失去曼德拉总统副总统的位置之后,离开政坛经商。2012年12月当选非国大副主席,2014年起担任祖马总统任上的南非副总统。2017年当选非国大主席,2018年成为南非总统。

悉尼·穆法马迪(Sydney Mufamadi),全名:福赫利萨尼·悉尼·穆法马迪(Fohlisani Sydney Mufamadi),1959—
反种族隔离活动家、政治家、工会活动家和教师。1977年加入非国大。1978年阿扎尼亚人民组织的创始成员。1981年加入南非共产党。1983年当选联合民主阵线德兰士瓦宣传委员,直到1990年。1985年当选南非工会大会的助理总书记。1999年任曼德拉内阁的安全部部长。1999—2008年担任省及地方政府事务部部长。

亚弗塔·卡拉比·梅思默拉(Jafta Kgalabi Masemola),昵称:杰夫(Jeff)1929—1990
教师,非国大青年团成员,后加入泛非大。他是泛非大武装力量的创始人,有"阿扎尼亚之虎"之称。1962年被捕,因炸毁电线和将自由战士偷渡出南非而被控犯有破坏罪,于1963年被判处终身监禁。1989年10月13日,在服刑期间,他在维克托韦斯特监狱会见了曼德拉。据传,他们讨论了非国大和泛非大的团结问题。1989年10月15日获释,1990年4月17日在一次神秘的汽车事故中身亡。

雅各布·盖德莱伊莱基萨·祖马（Jacob Gedleyihlekisa Zuma），1942—

政治家和反种族隔离活动家。1959年加入非国大，并于1962年加入非国大武装力量民族之矛。1963年被指控阴谋颠覆种族隔离政权被判监禁10年。获释后，他继续为非国大工作并被提升到情报部门负责人的位置。1977年成为非国大全国执行委员会成员。1990年在非国大合法化之后返回南非。1994年选举之后，他在家乡夸祖鲁－纳塔尔省担任省经济事务和旅游执委会主席。1997年12月被选为非国大副主席，1999年6月当选南非副总统。2005年6月14日，由于腐败和欺诈指控，姆贝基总统撤销了祖马副总统的职务。2009年5月，宣誓就任南非总统。2018年2月辞去总统职位。

亚历克·欧文（Alex Erwin），全名：亚历山大·欧文（Alexander Erwin），1948—

政治家、工会活动家和学者。他支持非国大，并参加了终结白人统治的谈判，是重建与发展计划委员会成员。1990年被选入非国大全国执行委员会。在曼德拉内阁中担任财政部副部长，然后担任贸易和工业部部长。2004年4月29日至2008年9月25日担任姆贝基总统内阁的国有企业部部长。

伊莱亚斯·莫措阿莱迪（Elias Motsoaledi），氏族名：莫科尼（Mokoni），1924—1994

工会活动家，反种族隔离活动家和政治犯。非国大、南非共产党和非欧洲人工会理事会（Council of Non-European Trade Unions, CNETU）成员。1952年蔑视运动后被限制活动。1955年协助成立了南非工会联合会。1960年紧急状态期间入狱4个月，并于1963

年根据《90日拘留法》被再次拘禁。在里沃尼亚审判中被判终身监禁，1964—1989年在罗本岛服刑。获释后被选为非国大执行委员会成员。1992年获得非国大最高荣誉非洲豹勋章。

因卡塔自由党（Inkatha Freedom Party，IFP）
原名因卡塔全国文化解放运动（Inkatha National Cultural Liberation Movement），简称因卡塔，由曼戈苏图·布特莱齐酋长于1975年创立。1990年7月14日改组为一个政党，布特莱齐被选为党主席。该党倡导联邦制国家政府，给予地方自治权。因卡塔自由党加入自由联盟，与白人右翼组织结盟反对非国大。它威胁抵制1994年的选举，但在最后关头又加入了选举。它在全国选举的得票率为10.5%，并在曼德拉总统内阁中得到三个部长席位。因卡塔曾威胁退出民族团结政府，但是最后仍未退出。

优素福·达杜博士（Dr. Yusuf Dadoo），1909—1983
医生、反种族隔离活动家和演说家。南非印度人大会主席。在民族之矛革命委员会中担任奥利弗·坦博的副手。1972—1983年任南非共产党主席。非国大的领导成员。第一次被逮捕是由于1940年参加反战活动，1946年因参加消极抵抗运动被监禁6个月。他也是1952年蔑视运动审判中被指控的20人之一。在1960年南非宣布进入紧急状态后转入地下，遭到通缉后流亡。在1955年召开的人民代表大会上获得了非国大最高荣誉非洲豹勋章。

尤金·特雷布兰奇（Eugene Terre'Blanche），1941—2010
白人至上主义者、警察、农场主和不成功的政客。阿非利卡人抵抗运动的创始人和领导人。此运动发誓要使用暴力来维护白人少数统治。他在结束白人少数统治的谈判期间冲入约翰内斯堡的世界贸易中心。由于攻击一个加油站的工作人员和企图谋杀一个保安人员而被判入狱三年。他于2004年6月获释，于2010年4月3日被谋杀。

约翰·范德梅韦（Johan van der Merwe），1950—2012
警官。1953年加入南非警察部队。从1986年1月到1989年10月负责警察安全部队，在此期间他被提升为南非警察署的副总监。1990年1月晋升为将军，成为南非警察署的总监。1995年3月退休。

约翰·克里格勒（Johann Kriegler），1932—
法官。1993年12月被任命为独立选举委员会主席。独立选举委员会的使命就是在普选基础上进行南非的第一次选举。1994年他成为受任于宪法法院的第一批法官之一，于2002年结束任期。退休之后，继续在五大洲为联合国、非洲联盟、英联邦和许多非政府组织工作。目前担任南非人权法律组织SECTION27的董事会副主席，该组织是一个公益法律中心，诉求在南非取得平等和社会正义。

约翰·兰加利巴莱·杜贝（John Langalibalele Dube），1871—1946
教育家、出版家、编辑、作家和政治活动家。1912年成立的南非土著人国民大会（1923年更名为非国大）第一任主席。在奥兰治创立祖鲁基督教工业学校（Zulu Christian Industrial School）。1904年成立了第一家祖鲁语和英语双语报纸《纳塔尔的太阳》（*Ilanga lase Natal*）。反对1913年的土地法。1994年曼德拉在奥兰治学校投下了他人生的第一张选票，随即前往杜贝的墓地向他报告：南非现在自由了。

泽法尼亚·莱科阿梅·莫托彭（Zephania Lekoame Mothopeng），昵称：泽弗（Zeph），1913—1990
教师和反种族隔离活动家。1940年加入非国大青年团。后加入泛非大，并于1989年在狱中被选为该党主席。1960年被监禁2年，1964年再次入狱，在罗本岛与曼德拉关在同一个监狱。1976年再次被捕，被判处监禁15年。在1989年被诊断患有癌症之后提前获释。在他的领导之下，泛非大拒绝加入争取一个民主南非的多党谈判。

詹姆斯·塞贝·莫罗卡医生（Dr. James Sebe Moroka），1892—1985
医生、政治家和反种族隔离活动家。1949—1952年担任非国大主席。1952年在蔑视运动中被起诉。在审判期间，他自行聘用律师，与非国大脱离关系并恳求减刑。他之后因此未再当选非国大主席，该职位由卢图利酋长接任。

真相与和解委员会（Truth and Reconciliation Commission，TRC）
为了在南非治愈种族隔离时代几十年滥用权力造成的创伤，1995年由曼德拉创立。真相与和解委员会举行了通过电视播送的听证会，对1960—1994年间侵犯人权的案件进行调查。犯罪者可以申请对他们侵犯人权的行为赦免起诉。他们有义务就他们的行为出庭作证，如果能够确定他们的证言是真实的，而且行为是出于政治动机，那么就可以获得赦免。

镇压共产主义条例，1950年第44号法条例（Suppression of Communism Act, No. 44，1950）
1950年6月26日通过，其中规定国家取缔南非共产党及任何被视为共产党的活动，把"共产主义"广义化，即任何针对种族隔离政权的抗议均被视为触犯该法案。

自由宪章（Freedom Charter）
大会联盟提出的核心原则文件，于 1955 年 6 月 26 日在索韦托的克勒普敦举行的人民代表大会上通过。大会联盟团结了全南非数千名志愿者，记录人民的诉求。自由宪章倡议所有南非人不分种族皆拥有平等权利，土地改革，改善工作和生活条件，公平分配财富，提供义务教育和更公平的法律。《自由宪章》是用于反抗种族隔离的强大武器。

附录三

大事年表 (1990—1999)

1990 年 2 月 11 日：纳尔逊·曼德拉从帕尔附近的维克托韦斯特监狱获释。

1990 年 2 月 27 日：1962 年以来首次出国访问，到达赞比亚的卢萨卡。

1990 年 5 月 4 日：他与 F. W. 德克勒克总统签署了格鲁特斯库尔备忘录，同意共同承诺：解决政治冲突，和平谈判，允许流亡人员回国，释放政治犯和解除紧急状态。

1990 年 8 月 6 日：签署比勒陀利亚备忘录，中止武装斗争，关注释放政治犯、流亡人员返回和国内安全法中的障碍。

1991 年 2 月 12 日：与德克勒克总统签署了 D. F. 马兰协定（D. F. Malan Accord），试图解决非国大和政府之间就比勒陀利亚备忘录细节问题上出现的僵局，包括非国大中止进一步武装冲突，以及正在进行中的释放政治犯。同意停止民族之矛在南非境内的军事训练。

1991 年 9 月 14 日：签署了国家和平条约，通过明确所有政党的行为准则，试图抑制政治暴力。由 27 名政党、工会和政府领导人签署。

1991 年 12 月 20 日：在约翰内斯堡附近肯普顿公园的世界贸易中心，参加了民主南非大会多党谈判的开幕式。

1993 年 9 月 24 日：在纽约联合国演讲，要求结束对南非的制裁。

1993 年 11 月 17 日：参加民主南非大会的谈判，就临时宪法的最终条款达成协议。

1993 年 12 月 10 日：与 F. W. 德克勒克一起在挪威奥斯陆接受诺贝尔和平奖。

1993 年 12 月 18 日：与联合国特别代表会见，讨论将自由联盟（白人右翼团体、因卡塔自由党和博普塔茨瓦纳以及西斯凯班图斯坦政府）带入南非和平进程。

1994 年 4 月 27 日：在南非的第一次民主选举中，在夸祖鲁－纳塔尔的奥兰治高中，参加了他有生以来第一次投票。

1994 年 5 月 6 日：独立选举委员会宣布，南非的首次民主选举是自由公正的。

1994 年 5 月 10 日：作为南非第一位民主选举的总统在比勒陀利亚就职。

1994 年 5 月 24 日：作为南非总统做首次国情咨文演讲。

1994 年 6 月 13 日：在突尼斯非洲统一组织峰会上致辞。

1994 年 8 月 18 日：总统首个百日议会演讲。

1994 年 11 月 17 日：通过了《土地权益归还法案》(Restitution of Land Rights Act)，恢复了 1913 年以来被歧视性的土地立法剥夺的那些权利。

1994 年 12 月 15 日：发行他的自传《漫漫自由路》。

1994 年 12 月 17 日：在布隆方丹非国大第四十九次全国代表大会上

致辞。

1995年2月10日：回到罗本岛与前政治犯团聚。

1995年2月15日：宣布在他总统任期结束后不再竞选连任。

1995年3月18日：在夸祖鲁—纳塔尔省的德班接受非洲和平奖。

1995年3月20日：在开普敦接受伊丽莎白二世的功绩勋章（the Order of Merit）。

1995年5月8日：在比勒陀利亚致辞启动纳尔逊·曼德拉儿童基金。

1995年6月24日：观看橄榄球世界杯决赛，南非取得冠军。

1995年7月19日：签署《促进国家团结与和解法》，以建立真相与和解委员会。

1995年8月15日：在奥拉尼亚的白人飞地访问了H. E. 维沃尔德总理的遗孀贝齐耶·维沃尔德。

1995年8月19日：在约翰内斯堡亚历山德拉（Alexandra）的群众集会上演讲。

1995年9月3日：就东帝汶（East Timor）冲突与印度尼西亚总统苏哈托（Suharto）会谈。

1995年10月23日：在美国纽约联合国大会成立五十周年会议上致辞。

1995年11月9日：在新西兰参加英联邦政府首脑会议。

1995年11月23日：在比勒陀利亚总统官邸会见利沃尼亚审判检察官珀西·优塔尔博士。

1996年1月13日：在非洲杯国家足球锦标赛的开幕式上致辞。

1996年1月23日：会见曼戈苏图·布特莱齐，以图制止夸祖鲁—纳塔尔省的暴力。

1996年2月1日：在约翰内斯堡，启动南部非洲发展共同体咨询会议的投资论坛。

1996年2月23日：在约翰内斯堡就性别和妇女就业召开的全国承诺大会上致辞。

1996年3月19日：与他的妻子温妮·曼德拉离婚。

1996年5月8日：在开普敦参加庆祝南非新宪法通过的晚宴。

1996年5月9日：就国民党从民族团结政府退出发表声明。

1996年6月14日：就启动南非宏观经济政策"增长、就业和再分配"发表声明。

1996年6月23日：在开普敦圣乔治天主教堂就德斯蒙德·图图大主教退休发表感恩致辞。

1996年7月11日：在英国伦敦，在英国上下议院联合议会上致辞。

1996年7月14日：在法国巴黎香榭丽舍大街陪同法国总统雅克·希拉克检阅军队游行。

1996年9月1日：他的办公室确认他与格拉萨·马谢尔的关系。

1996年9月9日：开始南部非洲发展共同体主席的三年任期。

1996年11月2日：与约翰内斯堡金山大学法学院仍然健在的同学再次团聚。

1996年11月27日：宣布南非将与中华人民共和国建立外交关系。

1996年12月7日：向国际奥林匹克委员会评估委员会发表演说。

1996年12月10日：在沙佩维尔签署南非新宪法。

1997年2月3日：在瑞士达沃斯世界经济论坛发表演说。

1997年5月2日：到扎伊尔黑角登上南非海军奥特尼夸号军舰，参加扎伊尔总统蒙博托和刚果政治家、叛军领导人郎洛·卡比拉之间的和平对话。

1997年5月14日：在蒙博托和卡比拉之间第二轮和平对话失败之后抵达并离开黑角。

1997年5月21日：在津巴布韦的哈拉雷（Harare）参加世界经济

论坛南部非洲经济峰会。

1997年6月2日：在津巴布韦哈拉雷参加非洲统一组织峰会。

1997年7月4日：为超过1000名感染HIV/AIDS和其他致命疾病的孩子举行聚会。

1997年7月25日：在印度尼西亚的雅加达会见被监禁的东帝汶抵抗运动领导人沙纳纳·古斯芒（Xanana Gusmão）。

1997年8月25日：会见刚果民主共和国的洛朗·卡比拉。

1997年8月26日：在德克勒克宣布辞去国民党领导职务的当天向德克勒克表示敬意。

1997年9月8日：在马拉维的布兰太尔参加南部非洲发展共同体峰会。

1997年9月24日：宣布罗本岛为国家遗址。

1997年10月25日：参加在苏格兰的爱丁堡举行的英联邦政府首脑峰会。

1997年10月29日：访问利比亚并为卡扎菲上校颁发南非好望角最高荣誉勋章，以感谢利比亚在南非反种族隔离斗争期间的支持。

1997年10月31日：在莱索托的马塞卢参加国王莱齐耶三世（King Letsie III）的加冕典礼。

1997年11月22日：在比勒陀利亚向反对强奸、家庭暴力和虐待儿童的全国男性游行讲演。

1997年12月4日：在比勒陀利亚一家养老院会见了前罗本岛监狱长普林斯卢上校。

1997年12月20日：将非国大的领导权交给塔博·姆贝基。

1998年3月19日：在比勒陀利亚出庭回应南非橄榄球联盟对他的起诉。

1998年3月27日：与美国总统比尔·克林顿一起访问罗本岛。

1998年4月28日：在开普敦与南非全国编辑论坛举行讨论。

1998年4月29日：在安哥拉向安哥拉全国大会致辞。

1998年5月19日：在瑞士日内瓦参加世界贸易组织峰会。

1998年6月8日：在布基纳法索的瓦加杜古（Ouagadougou, Burkina Faso）举行的非洲统一组织国家和政府首脑峰会上致辞。

1998年6月18日：在梵蒂冈会见教皇若望·保禄二世。

1998年7月3日：在圣卢西亚（St Lucia）参加加勒比共同体和共同市场会议。

1998年7月12日：在夸祖鲁-纳塔尔的里士满（Richmond）访问一个屠杀现场。

1998年7月18日：在80岁的生日时与第三任妻子格拉萨·马谢尔结婚。

1998年7月24日：在阿根廷参加了南方共同市场峰会。

1998年9月13日：在毛里求斯举行的南部非洲发展共同体国家和政府首脑峰会的开幕式上讲话。

1998年9月21日：在纽约参加第五十三届联合国全体大会。

1998年9月23日：在美国华盛顿接受美国国会金质勋章。

1998年9月24日：在加拿大渥太华成为首位接受头等加拿大最高荣誉勋章的外国人。

1998年10月8日：在斯威士兰拜访了斯威士王室。

1998年10月22日：在约翰内斯堡启动了由南非全国宗教领袖论坛召集的道德峰会。

1998年10月29日：在比勒陀利亚接受了真相与和解委员会的最终报告。

1998年10月30日：在尼日利亚阿布贾召开的西非国家经济共同体国家首脑会议上致辞。

1998年11月17日：在坦桑尼亚一天的正式访问中，在达累斯萨拉姆的一个群众集会上讲话。

1998年12月7日：参加在阿联酋阿布扎比举行的海湾合作委员会第十九届峰会。

1998年12月13日：在津巴布韦哈拉雷举行的世界宗教理事会五十周年纪念大会上致辞。

1999年1月29日：在瑞士达沃斯世界经济论坛上演讲。

1999年2月5日：在开普敦向议会做最后一次国情咨文报告。

1999年2月13日：就他与卡扎菲上校关于洛克比事件的讨论发表声明。

1999年4月29日：在对莫斯科的国事访问中会见了俄罗斯总统鲍里斯·叶利钦。

1999年5月30日：在参加选战之后，出席了非国大最后的选举集会。

1999年6月2日：在南非第二次民主选举中投票。

1999年6月9日：在比勒陀利亚参加了他的最后一次内阁会议。

1999年6月14日：在开普敦议会参加了他的继任者塔博·姆贝基的选举和宣誓仪式。

1999年6月16日：在比勒陀利亚议会参加了他的继任者塔博·姆贝基总统的就任仪式。

附录四

南非地图，1996

当南非第一个民主选举的政府在1994年开始执政时，它将10个班图斯坦或黑人家园，以及4个现有的省重组为较小的、但全部整合在一起的9个省，如这张地图显示的。

1910—1994年间存在的4个省被重组为如下的9个新省：

老省	新省
好望角省（Cape of Good Hope，简称开普省［Cape］）	东开普省（Eastern Cape） 北开普省（Northern Cape） 西开普省（Western Cape）
纳塔尔省（Natal）	夸祖鲁—纳塔尔省（KwaZulu Natal）
奥兰治自由邦省（Orange Free State）	自由邦省（Free State）
德兰士瓦省（Transvaal）	西北省（North West） 林波波省（Limpopo） 姆普马兰加省（Mpumalanga） 豪滕省（Gauteng）

南非

北开普省

- 弗雷堡
- 库鲁曼
- 阿平顿
- 金
- 德阿尔
- 范伦斯多普
- 卡尔维尼亚
- 西维多利亚

西开普省

- 西博福特
- 罗本岛
- 桌湾
- 开普敦
- 帕尔
- 奥茨胡恩
- 斯泰伦博斯
- 斯韦伦丹
- 维德尼斯
- 塞奇菲尔德
- 波卡普
- 古古莱图
- 兰加
- 马特鲁斯方丹
- 西蒙斯敦
- 米切尔斯普莱恩
- 尼扬加
- 菲利皮
- 东龙德博斯
- 海角区
- 格雷尼
- 克

南非地图

东兰德
- 伯诺尼
- 杰米斯顿
- 肯普顿帕克

约翰内斯堡
- 亚历山德拉
- 霍顿
- 纳斯雷克
- 里沃尼亚

韦托
普敦
多

林波波省
- 加赞库卢
- 莱博瓦
- 内尔斯特鲁姆
- 威特班克
- 内尔斯普雷特

- 济勒斯特
- 姆马巴托
- 马菲肯
- 瓦尔曼斯特尔
- 比勒陀利亚
- 怀特里弗

豪滕省
- 埃瓦顿
- 沙佩维尔
- 博伊帕通

姆普马兰加省
- 贝瑟尔
- 姆巴巴内

斯威士兰

- 波切夫斯特鲁姆
- 克莱克斯多普
- 斯坦德顿

- 克龙斯塔德
- 弗雷黑德

- 韦尔科姆
- 伯利恒

夸祖鲁—纳塔尔省
- 特拉斯特费德
- 格劳特维尔保护区
- 豪伊克
- 奥兰治
- 彼得马里茨堡
- 德班

- 布兰德堡

自由邦省

隆方丹
- 博察贝洛
- ★马塞卢

莱索托

- 贡布
- 措洛
- 谢普斯通港

- 恩戈佐博
- 乌姆塔塔
- 库努
- 姆克兹韦尼
- 昆斯敦
- 加马塔
- 姆维佐
- 姆甘杜利

东开普省
- 博福特堡
- 艾里斯
- 比绍
- 佩迪
- 东伦敦

丽莎白港

在 10 个班图斯坦中，只有西斯凯和夸夸瓦在地理上土地是连续成片的。其他 8 个包括 3 到 44 块不等的分散地块。

班图斯坦	语言	新省
博普塔茨瓦纳*（Bophuthatswana）	茨瓦纳（Tswana）	自由邦省 北开普省 西北省
西斯凯*（Ciskei）	科萨（Xhosa）	东开普省
加赞库卢（Gazankulu）	聪加（Tsonga）	林波波省 姆普马兰加省
夸恩格瓦尼（KwaNgwane）	斯威士（Swazi）	姆普马兰加省
夸恩德贝勒（KwaNdebele）	恩德贝勒（Ndebele）	姆普马兰加省
夸祖鲁（KwaZulu）	祖鲁（Zulu）	夸祖鲁－纳塔尔省
莱博瓦（Lebowa）	索托（Sotho）	林波波省
夸夸瓦（QwaQwa）	索托（Sotho）	自由邦省
特兰斯凯*（Transkei）	科萨（Xhosa）	东开普省
文达*（Venda）	文达（Venda）	林波波省

* 种族隔离政府在 1976—1981 宣布这四个班图斯坦"独立"。

注释

以下引用的许多纳尔逊·曼德拉的讲话可从纳尔逊·曼德拉基金网站（Nelson Mandela Foundation website）查阅，访问：https://www.nelsonmandela.org/content/page/speeches

由帕德雷格·奥马利（Padraig O'Mally）进行的所有采访来自奥马利档案馆（O'Mally Archive），可从纳尔逊·曼德拉基金主办的"希望之心"（the Heart of Hope）网站查阅，访问：https://www.nelsonmandela.org/omalley/index.php/site/q/03lv00017.htm

缩略语

ANCLH：非洲人国民大会总部卢图利宫（ANC Luthuli House）
AP：美联社（Associated Press）
NASA：南非国家档案馆（National Archives of South Africa）
NCOP：南非全国省级事务委员会（National Council of Provinces）

NEC：非洲人国民大会全国执行委员会（National Executive Committee [of the ANC]）

NM：纳尔逊·曼德拉（Nelson Mandela）

NMF：纳尔逊·曼德拉基金会（Nelson Mandela Foundation）

NMPP：纳尔逊·曼德拉的私人文件（Nelson Mandela's Private Papers）

SABC：南非广播公司（South African Broadcasting Corporation）

SAPA：南非新闻联合社（South African Press Association）

SAPS：南非通讯社（South African Police Service）

TRC：真相与和解委员会（Truth and Reconciliation Commission）

前言

1. 所有引用的讲话均来自纳尔逊·曼德拉于1997年12月16日在马菲肯市举行的非国大第50次全国代表大会上的讲演。

第一章 自由的挑战

1. Ralph Waldo Emerson, 'Self Reliance', in *Essays* (Boston:1841). Republished in 1847 as *Essay: First Series*.
2. 'SA is Rendered Lawless and Ungovernable', *City Press*, 18 April 2015.
3. NM, *Long Walk to Freedom: The Autobiography of Nelson Mandela* (London: Abacus, 1994; Citations from 2013 edition), p. 626.
4. C. I. R James, preface to *The Black Jacobins* (London: Secker & Warburg, 1938).
5. NM, 'The Presidential Years', p. 1, NMF, Johannesburg, 1998.
6. NM, 'The Presidential Years', p. 1.
7. Niël Barnard, *Secret Revolution* (Cape Town: Tafelberg, 2015), p. 245.
8. NMF, press release, 'Ahme Kathrada Remembers Reuniting With Mabida After His Release', 13 February 2015.
9. NM, 'The Presidential Years', p. 1.
10. NM, *Long Walk to Freedom*, p. 651.
11. NM, 'The Presidential Years', p. 1.

12. NM, 'Presidential Years', pp. 1-2.
13. NM in conversation with Richard Stengel, Johannesburg, c. April/May 1993, CD 61, NMF, Johannesburg.
14. Valli Moosa, interview by Tony Trew, Cape Town, 8 September 2014.
15. NM, *Long Walk to Freedom*, p. 751.
16. Vaclav Havel, source unknown.
17. Barbara Masekela, interview by Tony Trew.
18. NM, 'The Presidential Years', p. 7.
19. NM, 'The Presidential Years', pp. 7-8.
20. Hugh Macmillan, *The Lusaka Years: The ANC in Exile in Zambia 1963-1994* (Johannesburg: Jacana Media, 2013), p. 258.

第二章　以谈判实现民主

1. Robin Denselow, *When the Music's Over: The Story of Political Pop* (London Faber and Faber, 1990), p. 276.
2. 曼德拉出狱时于1990年2月11日在开普敦市政厅的一个集会上所做的演讲。
3. Zoe Wicomb, 'Nelson Mandela', *New Yorker*, 16 December 2013.
4. NM, *Long Walk to Freedom*, p. 690.
5. Scott Kraft, 'ANC President Tambo Returns to SA After a 30-Year Exile', *Los Angeles Times*, 14 December 1990.
6. NM, interview by James Lorimer and Des Lathaam, Mandela's home, Vilakazi Street, Orlando West, Soweto, 15 February 1990.
7. NM, *Long Walk to Freedom*, p. 702.
8. NM, 'The Presidential Years', p. 2.
9. NM, 'The Presidential Years', p. 3.
10. Sydney Mufamadi, interview by Tony Trew, Johannesburg, 29 May 2015.
11. Ibid.
12. Ibid.
13. NM in conversation with Richard Stengel, Johannesburg, c. April/May 1993, CD 61, NMF, Johannesburg.
14. Ibid
15. Ferdi Hartzenberg, interview by Padraig O'Malley, 25 August 1992, O'Mally.
16. Jessie Duarte interview by John Carlin, *Frontline*, PBS Frontline website.
17. NM, 'The Presidential Years', p. 3.
18. Ibid.

19. 曼德拉于 1993 年 4 月 13 日针对克里斯·哈尼的谋杀案所发表的全国电视演说。
20. Wilson Ngqose, interview by Mandla Langa, Johannesburg, 17 December 2016.
21. Agostinho Neto, 'Haste', *Sacred Hope*, translated by Marga Holness (Dar es Salaam: Tanzania Publishing House, 1974).
22. NM, speech to the Angolan National Assembly, Luanda, 29 April 1998.
23. Chris Hani, in *They Shaped Our County: The Most Influential South Africans of the Twentieth Century* (Cape Town: Human & Rousseau, 1999), in NM, 'The Presidential Years', p. 3.
24. 其中之一是 1992 年 11 月马奇诺公司（Markinor's）以都市地区的非洲人、有色人和印度人社区以及全国白人为样本所做的一个民意调查。
25. NM, 'The Presidential Years', p. 4.
26. NM, 'The Presidential Years', p. 8.
27. *Weekly Mail*, 30 April 1993.
28. NM, 'The Presidential Years', p. 9.
29. Hermann Giliomee, *The Afrikaners: Biography of a People* (London: C. Hurst & Co, 2003), p. 646.
30. Georg Meiring, interview with Hermann Giliomee, 11 November 2002, in Hermann Giliomee, *The Afrikaners: Biography of a People*, p. 646.
31. Martin Luther King, Jr, 'Nobel Lecture: The Quest for Peace and Justice', 11 December 1964.
32. NM, 'The Presidential Years', p. 9.
33. Ibid.
34. Joseph R. Gregory, 'P. W. Botha, Defender of Apartheid, is Dead at 90', *New York Times*, 1 November 2006.
35. Hugh Robertson, 'Intrigue Over "New" Offer to the Alliance', *Daily News*, 2 March 1994.
36. NM, 'The Presidential Years'. p. 9.
37. Scott Macleod, 'Nelson Mandela: I Am No Prophet', *TIME*, 26 February 1990.
38. NM, ' The Predential Years', pp. 8-9.
39. NM, ' The Presidential Years', p. 9.
40. NM, 'The Presidential Years', pp. 9-10.
41. NM to Winnie Mandela in Kroonstad Prison, 1 February 1975, in *Conversations With Myself* (London: Macmillan, 2010), p. 212.
42. Niël Barnard, *Secret Revolution*, pp. 24-5.
43. NM, 'The Presidential Years', p. 10.
44. Carl van Clausewitz, *On War* (Berlin, 1832).
45. Jonathan Hyslop, 'Mandela on War', in *The Cambridge Companion to Nelson Mandela*, edited by Rita Barnard (Cambridge: Cambridge University Press, 2014), p. 179.

注释

46. NM, 'The Presidential Years', p. 10.
47. Constant Viljoen, interview by Tony Trew, Pretoria, 19 September 2015.
48. Matin Challenor, 'Victory for Alliance', *Daily News*, 22 February 1994.
49. Princeton Lyman, *Partner to History: The US Role in South Africa's Transition* (Washington, DC: United States Institute of Peace, 2002), pp. 71-9; Accord on Afrikaner Self-Determination, 23 April 1994, O'Malley Archive.
50. NM, 'Presidential Years', p. 10.
51. Bill Keller, 'The South African Vote: The Overview; More Bombings Rattle South Africans', *New York Times*, 26 April 1994.
52. James Baldwin, *No Name in the Street* (London: Michael Joseph, 1972), p. 82.

第三章　自由公平的选举

1. David Yuta, 'No-show Troopies may face prosecution', *The Argus*, 12 May 1994.
2. Johann Kriegler, interview by Tony Trew, Johannesburg, 2 February 2016.
3. Ibid.
4. Ibid.
5. S. Mbiti, *African Religions and Philosophy* (London: Heinemann, 1969).
6. NM, 'The Presidential Years', pp. 12-13.
7. Rober Mattes, Hermann Giliomee and Wilmot James, *Launching Democracy in South Africa: The First Open Election*, April 1994, edited by F.W. Johnson and Lawrence Schlemmer, April 1994 (New Haven, CT: Yale University Press, 1996), p. 129.
8. Johannes Rantete, *The African National Congress and Negotiated Settlement in South Africa* (Pretoria: J.L. Van Schaik, 1998), p. 243.
9. NM, 'The Presidential Years', pp. 13-14.
10. '"Dirty Tricks" Election Row', *The Argus*, 8 April 1994.
11. Ibid.
12. Thabo Mbeki, interview by Joel Netshitenzhe and Tony Trew, Johannesburg, 17 December 2014.
13. NM, 'The Presidential Years', pp. 14-15.
14. NM, 'The Presidential Years', p. 15.
15. Charles Oulton, 'South African Elections: Huddleston Casts His Vote and Rejoices', *Independent*, 26 April 1994.
16. Paul Taylor, 'Historic Election Begins in South Africa,' *Washington Post*, 27 April 1994.
17. NM, *Long Walk to Freedom*, p. 742.
18. NM, 'The Presidential Years', pp. 15-16.
19. NM, 'The Presidential Years', p. 15.

20. 据独立选举委员会主席约翰·克里格勒法官所说。Peter Harris, *Birth: The Conspiracy to Stop the '94 Election* (Cape Town: Umuzi, 2010), pp. 267-75.
21. F. W. de Klerk, *The Last Trek-A New Beginning: The Autobiography* (New York: St. Martin's Press, 1999), p. 336.
22. NM, victory speech upon the ANC winning the 1994 election, Carlton Hotel, Johannesburg, 2 May 1994.
23. NM, addressing guests during celebrations following the ANC election victory, Carlton Hotel, Johannesburg, 2 May 1994.
24. Jessie Duarte, interview by Tony Trew, Johannesburg, 15 July 2014,
25. NM, *Long Walk to Freedom*, pp. 401-2.
26. 'Time Now to Begin Anew: Mandela Joins Peace Prayers', *Cape Times*, 9 May 1994.
27. Jessie Duarte, interview by Tony Trew, Johannesburg, 15 July 2014.
28. NM, *Long Walk to Freedom*, pp. 401-2.
29. Walter Sisulum, 'We Shall Overcome!', *Reflections in Prison*, edited by Mac Maharaj (Cape Town: Zebra Press and Robben Island Museum, 2001), p. 85.
30. Pixley ka Isaka Seme, 'Native Union', *Imvo Zabantsundu*, 24 October 1911, in Sheridan Johns III, *Protest and Hope* 1882-1934, vol. 1 of *From Protest to Challenge: A Documentary History of African Plitics in South Africa 1882-1964*, edited by Thomas Karis and Gwendolen M. Carter (Stanford, CA: Hoover Institution Press, 1972), p. 40.
31. NM, 'The Presidential Years', p. 40.
32. Sydney Mufamadi, interview by Tony Trew, Johannesburg, 30 April 2015.
33. Ibid.
34. Ibid.
35. Ibid.
36. Barbara Masekela, interview by Tony Trew, Cape Town, 28 August 2014.
37. NM, address to the people of Cape Town on his election as presdent of South Africa, City Hall, Cape Town, 9 May 1994.
38. Jessie Duarte, interview by Tony Trew, Johannesburg, 15 July 2014.
39. NM statement at his Inauguration as president of the democratic Republic of South Africa, Union Buildings, Pretoria, 10 May 1994.
40. Adrian Hadland, 'Let's Build a Great SA', *Business Day*, Wednesday, 11 May 1994.
41. 'F. W. de Klerk: Mandela Held My Hand for All to See', *City Press*, 6 December 2013.
42. Adrian Hadland, 'Let's Build a Great SA', *Business Day*, Wednesday, 11 May 1994.
43. NM, speech at the luncheon following his inauguration, Cape Town, 10 May 1994, SABC, SABC Archive, SABC Information Library, Johannesburg.

注释

第四章　进入总统府

1. Jessie Duarte, interview by Tony Trew, Johannesburg, 15 July 2014.
2. Fanie Pretorius, interview by Tony Trew, Pretoria, 11 July 2014.
3. President's office staff, interview by Sahm Venter, October 1994.
4. William Ernest Henley, 'Invictus', *A Book of Verses* (London, 1888).
5. NM, 'The Presidential Years', pp. 27-9.
6. NM, 'The Presidential Years', pp. 22-3.
7. Barbara Masekela, interview by Tony Trew, Cape Town, 28 August 2014.
8. Ahmed Kathrada in conversation with Tony Trew and Joel Netshitenzhe, Johannesburg, 2 December 2014.
9. Jakes Gerwel, president's office submission to the Presidential Review Commission, 25 September 1997.
10. NM, 'The Presidential Years', p. 19.
11. NM, 'The Presidential Years', pp. 19-20.
12. Jakes Gerwel, interview by Aziz Pahad, 21 July 2010.
13. Memo from director general, Office of the President, state expenditure, November 1997, Gerwel Papers (private collection).
14. Jan-Jan Joubert, 'He Could See the Essential Core', *City Press*, 8 December 2013.
15. Walter Sisulu, interview by Sahm Venter, Cape Town, October 1994.
16. Trevor Manuel, interview by Tony Trew, Johannesburg, 10 September 2014.
17. Nkosazana Dlamini-Zuma, interview by Tony Trew, Durban, 26 February 2016.
18. Mary Mxadana, interview by Sahm Venter, Cape Town, October 1994.
19. NM, interview by Charlayne Hunter-Gault, *MacNeil/Lehrer NewsHour*, PBS, 6 May 1994, from 'South Africa Pres Elect Interview' AP Archive, story no. W066632.
20. NM, 'Presidential Years', pp. 4-5.
21. Tito Mboweni, interview by Tony Trew, Johannesburg, 12 September 2014.
22. NM, 'The Presidential Years', pp. 17-18.
23. NM, 'The Presidential Years', p.18.
24. Thabo Mbeki, interview by Tony Trew and Joel Netshitenzhe, Johannesburg, 17 December 2014.
25. NM, 'The Presidential Years', p. 18.
26. F. W. de Klerk, *The Last Trek*, in NM, 'The Presidential Years', p. 238.
27. NM, 'The Presidential Years', pp. 18-19.
28. Trevor Manuel, interview by Tony Trew, Johannesburg, 10 September 2014.
29. Ibid.

30. Ibid.
31. Ibid.
32. F. W. de Klerk, email interview by Tony Trew, 13 March 2015.
33. Valli Moosa, interview by Tony Trew, Cape Town, 8 September 2014; Jessie Duarte, interview by Tony Trew, Johannesburg, 15 July 2014; Trevor Manuel, interview with Tony Trew, Johannesburg, 10 September 2014.
34. F. W. de Klerk, *The Last Trek*, pp. 342-4; David Welsh, 'Coalition Government, An Unwilling Marriage', in *State of the Nation*, 1997/98, Bertus De Villiers (editor) (Pretoria: HSRC), pp. 37.
35. Tim Cohen, 'Mandela's Saintly Reign a Case of Hit or Myth', *Business Day*, 11 May 1994.
36. Kader Asmal and Adrian Hadland with Moira Levy, *Politics in My Blood: A Memoir* (Johannesburg: Jacana Media, 2011), p. 193.
37. NM, 'The Presidential Years', p.23.

第五章 民族的团结

1. Andries Nel, notes made on the day, 9 May 1994, private collection.
2. Trevor Manuel, interview by Tony Trew, Johannesburg, 10 September 2014.
3. Ibid.
4. Tito Mboweni, interview by Tony Trew, Johannesburg, 12 September 2014.
5. *Rapport*, 31 July 1994, in David Welsh, 'Coalition Government', in *State of the Nation*, p. 66.
6. Nelson Mandela, interview by BBC, October 1993, NMF tapes, BBC Tape M8, NMF, Johannesburg.
7. Padraig O'Malley, *Shades of Difference: Mac Mahraj and the Struggle for South Africa* (New York: Viking Penguin, 2007), pp. 400-2.
8. Continuation of the Republic of South Africa, 1996, chapter six: The National Executive, clause 89(2).
9. Jakes Gerwel, interview by Padraig O'Malley, 8 November 1994, O'Malley Archive.
10. Kader Asmal and Adrian Hadland with Moira Levy, *Politics in my Blood*, p. 197.
11. Mangosuthu Buthelezi, interview by Padraig O'Malley, 3 October 1995, O'Malley Archive.
12. NM, interview by Patti Waldmeier, Union Buildings, Pretoria, 1 july 1994, Patti Waldmeier interviews, Historical Papers Research Archive, William Cullen Library, Universityh of the Witwatersrand, Johannesburg.
13. Thabo Mbeki, interview by Joel Netshitenzhe and Tony Trew, Johannesburg, 17 December 2014.
14. SAPA, 'NP to Fare Worse than in 1994 Poll, Says Mandela', *The Citizen*, 26 June 1995.
15. F. W. de Klerk, *The Last Trek*, p. 357.
16. F. W. de Klerk, email interview by Tony Trew, 13 March 2015.

注释　　437

17. Tony Leon, *Opposite Mandela: Encounters with South Africa's Icon* (Johannesburg: Jonathan Ball Publishers, 2014), p. 97.
18. AP Archive, 'South Africa-de Klerk and Mandela Make Up', story no. W019071, 20 January 1995.
19. AP Archive, 'Mandela Denies Rumours of de Klerk's Resignation', story no. 15992, 13 October 1995.
20. F. W. de Klerk, *The Last Trek*, p. 353.
21. NM to F. W. de Klerk, 26 September 1995, Gerwel Papers (private collection).
22. Grasa Machel, interview by Mandla Langa, Johannesburg, 22 September 2016.
23. F. W. de Klerk, *The Last Trek*, p. 353.
24. F. W. de Klerk, email interview by Tony Trew, 13 March 2015.
25. Thabo Mbeki, interview by Joel Netshitenzhe and Tony Trew, Johannesburg.
26. NM, address on the occasion of the President's Budget Debate in the Senate, Houses of Parliament, Cape Town, 18 June 1996.
27. Jeremy Seekings, 'Partisan Realignment in Cape Town, 1994-2004', CSIR Working Paper, no. 111, December 2005.
28. Mangosuthu Buthelezi, interview by Tony Trew, Durban, 28 November 2014.
29. Jakes Gerwel, interview by Jan-Jan Joubert drawing on a 2010 interview, 'Jakes Gerwel: Mandela could see the Essential Core', *City Press*, 10 December 2013.
30. Mangosuthu Buthelezi, interview by Padraig O'Malley, 3 October 1995, O'Malley Archive.
31. Mangosuthu Buthelezi, interview by Tony Trew, Durban, 28 November 2014.
32. Mangosuthu Buthelezi, interview with Tony Trew, Durban, 28 November 2014; NM to Irene Buthelezi, 3 August 1979, in NM, *Conversation with Myself*, pp. 170-2; NM to Chief Mangosuthu Buthelezi, 3 February 1989, in NM, *Conversation with Myself*, p. 255.
33. Anthony Lewis, 'Mandela the Pol', *New York Times Magazine*, 23 March 1997.
34. NM, 'The Presidential Years', p. 36.
35. Mangothutu Buthelezi, interview by Padraig O'Malley, 3 October 1995, O'Malley Archive.
36. Statement by President Nelson Mandela on the NP's withdrawal from the Government of National Unity (GNU), 9 May 1996.
37. SAPA, 'Government Failed SA Says Winnie', *Citizen*, 6 February 1995.
38. Statement on Deputy Minister Mandela's apology, issued by the President's Office, 14 February 1995.
39. Statement by President Nelson Mandela on changes in the Ministry of Aarts, Culture, Science and Technology, 27 March 1995.
40. AP Archive, 'South Africa: Winnie Mandela Resigns from Government', story no.6108, APTV, 17 April 1995.
41. Statement on the reinstatement of Mrs Winnie Mandela, issued by the acting president, 12 April 1995.

42. Statement by President Nelson Mandela on changes in the Ministry of Arts, Culture, Science and Technology, 14 April 1995.
43. Bob Drogin, 'Winnie Mandela Quits Post, Criticizes Estranged Husband', *Los Angeles Times*, 18 April 1995.
44. *Sunday Telegraph*, 1 May 1994.
45. NM, 'The Presidential Years', pp. 23-4.
46. Klulu Sibiya, 'Truly, Truly Unforgettable', *City Press*, 15 May 1994, in NM.
47. Ibid.
48. Jerry Zremski, 'Mandela Inauguration, Spirit of Reconciliation Thrills Houghton', *Buffalo News*, 11 May 1994.
49. Marga Ley, 'Wit, Swart Neem Kekaar as Gesinslede aan' [White and Black Accept Each Other as Family], *Beeld*, 11 May 1994.
50. Sarel van der Walt, 'Goeie SA "kan kom uitwittebroodstyd"' [Good South Africa "can emerge from the honeymoon period"], *Beeld*, 11 May 1994, in NM, 'The Presidential Years', p. 31.
51. Themba Khumalo, 'Madiba's World Coup: Leaders Flock to Pretoria', *City Press*, 15 May 1994, in NM, 'The Presidential Years', p.31.
52. 'Sowetan Comment', *The Sowetan*, 11 May 1994.
53. Ibid.
54. Ken Owen, 'To Our Rainbow Nation Finally United in Peace', *Sunday Times*, 15 May 1994, in NM, 'The Presidential Years', p. 32.
55. NM, 'The Presidential Years', pp. 31-3.
56. NM, note, NMPP 2009/8, Box 7 file 11, p. 48, NMF, Johannesburg.
57. NM notes for opening remarks at NEC meeting, box 4, folder 38, ANCLH, Johannesburg.
58. Yusuf Mohamed Dadoo, 'Why the South Africa United Front Failed: Disruptive Role of the Pan Africanist Congress of Azania', March 1962, in *South Africa's Freedom Struggle: Statements, Speeches and Articles Including Correspondance with Mahatma Gandhi* (London: Kliptown Books, 1990).
59. NM, *Long Walk to Freedom*, p. 580.
60. Grasa Machel, interview by Mandla Langa, Johannesburg, 22 September 2016.
61. NM, address at birthday celebration for veterans, Pretoria, 20 July 1996.
62. NM, address to veterans at banquet, State House, Pretoria, 23 July 1994,
63. Jay Naidoo, *Fighting for Justice: A Lifetime of Political and Social Activism* (Johannesburg: Picador Africa, 2010), p. 227.
64. Sydney Mufamadi, interview by Tony Trew, Johannesburg, 30 April 2015.
65. Jay Naidoo, interview by Padraig O'Malley, 14 April 2003, O'Malley Archive.
66. NM, address to veterans at banquet, State House, Pretoria, 23 July 1994.
67. NM, statement in the National Assembly, Houses of Parliament, Cape Town, 28 March 1996.

注释

68. Ibid.
69. Chris Liebenberg, interview by Tony Trew, Somerset West, 1 December 2015.
70. Alan Hirsch, *Seaon of Hope: Economic Reform Under Mandela and Mbeki* (Scottsville: University of KwaZulu-Natal Press jointly with Ottawa: International Development Research Centre, 2005), p. 93.
71. Trevor Manuel, interview by Tony Trew, Johannesburg, 10 September 2014.
72. Grasa Machel, interview by Mandla Langa, 22 September 2016.
73. NM, reply to the NCOP debate on the President's Budget, Houses of Parliament, Cape Town, 29 August 1997, Hansard, cols. 1551-2.
74. Sue van der Merwe, interview by Tony Trew, Cape Town, 8 April 2015.
75. NM, notes prepared for a meeting of the NEC, 19 February 1996, NMPP 2009/8, box 7, file 11, African Bank 1995, pp. 1-7, NMF, Johannesburg.
76. NM, reply to the NCOP debate on the Presidential Budget, 7 August 1998, Debates of the National Council of Provinces, Hansard, 3 March to 12 November 1998, cols. 1807-15.
77. Trevor Manuel, interview by Tony Trew, Johannesburg, 10 September 2014.
78. Ibid.
79. Ibid.
80. Ibid.
81. Ahmed Kathrada in conversation with Joel Netshitenzhe and Tony Trew, Johannesburg, 2 December 2014.
82. Sydney Mufamadi, interview with Tony Trew, Johannesburg, 30 April 2015.
83. John Higgins, 'Living out our differences: Reflections on Mandela, Marx and My Country: An interview with Jakes Gerwel', *Thesis Eleven*, vol. 115, no. 1, Sage Publications, 2013.
84. '"Unpredictable" Mabida Kept Bodyguards on Their Toes', *City Press*, 8 December 2013.
85. Toine Eggenhuizen, interview by Mandla Langa, Johannesburg, 10 February 2017.

第六章　总统与宪法

1. NM, speech from the dock at the opening of the defence case, Rivonia Trial, Pretoria Supreme Court, Pretoria, 20 April 1964.
2. NM, 'The Presidential Years', p. 30.
3. Johann Kriegler, interview by Tony Trew, Johannesburg, 2 Frebruary 2016; NM, interviewed by David Dimbleby, Oxford, 2002, NMF Tapes, NMF, Johannesburg.
4. NM, 'The Presidential Years', p. 29.
5. Frene Ginwala, interview by Tony Trew, Johannesburg, 12 September 2014.
6. AP Archive, 'South Africa: Constitutional Court Ruling on Election Boundaries', story no.14965, 22 September 1995.

7. Statement by the Office of the President on the Browde Commission into South African Rugby Union, 26 September 1997.
8. AP Archive, 'South Africa: Mandela Testifies in Court', 19 March 1998.
9. NM, 'The Presidential Years', pp. 29-30.
10. Statement by the Office of the President on the SARFU Case, 17 April 1998.
11. NM, opening address in the President's Budget Debate in the National Assembly, Houses of Parliament, Cape Town, 21 April 1998.
12. Ibid.
13. Andy Capostangno, 'Black President for Rugby', *Mail & Guardian*, 22 May 1998.
14. NM, Bram Fischer Memorial Lecture, 9 June 1995.
15. Kader Asmal and Adrian Hadland with Moira Levy, *Politics in My Blood*, pp. 108-9.
16. Ibid, pp. 110, 125.
17. George Bizoa, *Odyssey to Freedom* (Houghton: Random House, 2007), p. 487.
18. Nicholas Haysom, 'Negotiating a Sustainable Political Settlement: Part 2 Legitimation-Lessons from the South African Transition' (paper presented at Toward Inclusive and Participatory Constitution Making, 3-5 August, 2004, Kathmandu (Nagarkot), p. 9; Hassen Ebrahim, *The Soul of a Nation: Constitution-making in South Africa* (Cape Town: Oxford University Press, 1988), pp. 134ff.
19. Valli Moosa, interview by Tony Trew, Cape Town, 8 September 2014.
20. Thabo Mbeki, interview by Joel Netshitenzhe and Tony Trew, Johannesburg, 17 December 2014.
21. Cyril Ramaphosa, interview by Tony Trew, Johannesburg, 6 October 2014.
22. George Bizos, *Odyssey to Freedom*, p.508.
23. NM, notes for an address to the NEC, 23 February 1995, box 3, ANCLH, Johannesburg.
24. NM, reply to the debate on the State of the Nation Address, 24 February 1995.
25. Hassen Ebrahim, *The Soul of a Nation*, p. 132; *Cape Times*, 29 April 1996; *Mail & Guardian*, 4 April 1996.
26. NM, address to the Constitutional Assembly on the adoption of the new Constitution, Houses of Parliament, Cape Town, 8 May 1996, Hansard, cols. 452-62.
27. George Bizos, *Odyssey to Freedom*, p. 518.
28. Langston Hughes, 'Justice', *The Panther and the Lash* (New York: Knopf, 1967).
29. George Bizos, *Odyssey to Freedom*, p. 518.
30. Constitution of the Republic of South Africa, 1996, chapter 8: Courts and the Administration of Justice, clause 174 (2).
31. George Bizos, *Odyssey to Freedom*, p. 519.
32. NM, speech at the inauguration of the Constitutional Court, 14 February 1995.
33. NM, speech at a state banquet in Honour of Chief Justice Corbett, 11 December 1996.
34. NM, speech delivered on his behalf by the minister of justice at the Johannesburg Bar

Council dinner in honour of Chief Justice Mohamed, 25 June 1997.
35. NM, 'The Presidential Years', p. 29.
36. NM, speech at a banquet of the General Council of the Bar of South Africa, 28 July 2000.
37. Albie Sachs, *We, the People: Insights of an Activist Judge* (Johannesburg: Wits University Press, 2016), p. 303.

第七章 议会

1. Ingrid Jonker, 'The Child Who was Shot Dead by Soldiers in Nyanga', *The Heinemann Book of African Women's Poetry*, edited by Stella and Frank Chipasula (London: Heinemann, 1995), p. 151, quoted by NM, during his State of the Nation Address, Houses of Parliament, Cape Town, 24 May 1994.
2. NM, State of the Nation Address, Houses of Parliament, Cape Town, 24 May 1994.
3. Frene Ginwala, interview by Tony Trew, Johannesburg, 12 September 2014.
4. Essop Pahad, interview by Joel Netshitenzhe and Tony Trew, Johannesburg, 11 September 2014.
5. NM, 'The Presidential Years', pp. 20-1.
6. NM, address on the occasion of the opening of the second session of the democratic Parliament, Houses of Parliament, Cape Town, 17 February 1995.
7. Statement by President Nelson Mandela on portraits and works of art in Parliament, 30 January 1996.
8. Grasa Mashel, interview by Mandla Langa, Johannesburg, 22 September 2016.
9. Frene Ginwala, interview by Tony Trew, Johannesburg, 12 September 2014.
10. Max Sisulu, interview by Tony Trew, Johannesburg, 15 April 2015.
11. Frene Ginwala, interview by Tony Trew, Johannesburg, 12 September 2014.
12. Ibid; Max Sisulu, interview by Tony Trew, Johannesburg, 15 April 2015.
13. Max Sisulu, interview by Tony Trew, Johannesburg, 15 April 2015; Ben Turok, interview by Tony Trew, Cape Town, 17 March 2015; Sue van der Merwe, interview by Tony Trew, Cape Town, 8 April 2015.
14. NEC Minutes, 24 April 1995, box 5, folder 23, ANCLH, Johannesburg.
15. Magosuthu Buthelezi, interview by Padraig O'Malley, 27 November 1996, O'Malley Archive.
16. NM, notes for a meeting with the ANC NMPP 2009/8, box 3, notebook 12, pp. 20-1, NMF, Johannesburg.
17. NM, personal note, NMPP 2009/8, box 4, file2, 011-12, NMF, Johannesburg.
18. NM, notes for a meeting with caucus, 18 August 1996, NMPP 2009/8, box 4, file 2, pp 1-2, NMF, Johannesburg.
19. Richard Calland, *Anatomy of South Africa: Who Holds the Power?* (Cape Town Zebra Press, 2006), p. 89.

20. Andries Nel, interview by Tony Trew, Cape Town, 28 March 2015; SAPA, 'Decision on Afrikaans in Army Slated', *Star*, 1 February 1996.
21. Sophocles, *Fragments*, edited and translated by Hugh Lloyd Jones (Cambridge, MA: Harvard University Press, 1996), p. 37.
22. Andre Brink, 'Mandela a Tiger for Our Time,' *The Guardian*, 22 May 1999.
23. 'The Day the Truth Hits Home', *Sunday Times* Heritage Project.
24. George Bizos, interview by Tony Trew, Johannesburg, 30 April 2015.
25. NM, reply to the Senate Debate on the President's Budget, 1 June 1995, Hansard, col. 1341.
26. Sydney Mufamadi, interview by Tony Trew, Johannesburg, 30 April 2015.
27. NM, notes for a meeting with ANC officials after his remarks of Shell House in the Senate, NMPP 2009/8, box 4, folder 1, NMF, Johannesburg.
28. NM, opening the National Assembly snap debate on events surrounding the shooting at Shell House, House of Parliament, Cape Town, 7 June 1995.
29. NM, closing address to the National Assembly in the snap debate on the Shell House incident, Houses of Parliament, Cape Town, 7 June 1995.
30. NM, speech at the final sitting of the first democratically elected parliament, Houses of Parliament, Cape Town, 26 March 1999.
31. Joseph Chiole, Second Reading Debate on the Commission on the Remuneration of Representatives Bill, 14 November 1994, Hansard, cols. 4256 and 4259.
32. NM, speech at the final sitting of the first democratically elected parliament, Houses of Parliament, Cape Town, 26 March 1999.

第八章 传统领袖与民主

1. Pixley ka Isaka Seme, speech at the founding conference of the ANC, Bloemfontein, 8 January 1912.
2. NM, 'Clear the Obstacles and Confront the Enemy', *Reflections in Prison*, p.12.
3. Christopher S, Wren, 'Foes of Apartheid Hold Unity Talks', *New York Times*, 10 December 1989.
4. NM, note to Walter Sisulu, NMPP 2009/8, box 5, file 5, NMF, Johannesburg.
5. NM, Participation of Traditional Leaders at CODESA, statement issued by the ANC, 17 December 1989.
6. NM, address to the youth, KaNyamazane Stadium, Mpumalanga, 13 April 1994.
7. NM, 'The Presidential Years', pp. 34-8.
8. Allister Sparks, *Beyond the Miracle: Inside the New South Africa* (Chicago, IL: University of Chicago Press, 2003), p. 18.
9. Local Elections Task Group, *Local Government Elections in South Africa 1995/1996* (Protoria: ABC Press, 1997).

注释

10. Valli Moosa, interview by Tony Trew, Cape Town, 8 September 2014.
11. NM, 'The Presidential Years', pp. 38-9.
12. NM, address to rally in Durban, 25 February, 1990.
13. South African Institute of Race Relations, *Fast Facts*, March 1997.
14. 见前民族之矛成员达卢克索罗·卢图利提交给真相与和解委员会的证据。他在种族隔离安全部队接受训练后成为夸祖鲁—纳塔尔因卡塔暗杀小队指挥官，见 *TRC Final Report*, vol. 6, chapter 3, p. 351, presented to President Nelson Mandela, 29 October 1998: Thula Bophela and Dalucolo Luthuli, *Umkhonto weSizwe: Fighting for a Divided People* (Johannesburg: Galago, 2005); see also Eugene de Kock's submission to the TRC Final Report, vol. 6, section 4, appendix, p. 583, presented to President Nelaon Mandela, 29 October 1998.
15. Sydney Mufamadi, interview by Tony Trew, Johannesburg, 29 May 2015.
16. NM, 'The Presidential Years', pp. 36-7.
17. NM, address to rally in Durban, 25 February 1990.
18. NM, in conversation with Richard Stengel, Johannesburg, c. 26 April and 3 May 1993, CD 51, NMF, Johannesburg.
19. John Nkadimeng, Radio Freedom broadcast from Addis Ababa, Ethiopia, 18 November 1986.
20. Mzala, *Gatsha Buthelezi: Chief with A Double Agenda* (London: Zed Press, 1988), p.64.
21. NM, in conversation with Richard Stengel, Johannesburg, c. 26 April and 3 May 1993, CD 61, NMF, Johannesburg.
22. NM, address at the launch of the South African Democratic Teachers Union, 6 October 1990, Shareworld, Shaft 17, Johannesburg.
23. NM, notes for an address to the NEC meeting, 21 January 1995, NMPP, 2009-8, box 4 file 2 pp. 174-5, NMF, Johannesburg.
24. NM, *Long Walk to Freedom*, p. 689.
25. Walter Sisulu, interviewed on the sidelines of an Albertina Sisulu Foundation function, NMF Tapes, BBC TV Collection, M18A, NMF, Johannesburg.
26. 'Under Fire in an Inkatha Sronghold', *Mail & Guardian*, 5 May 1995.
27. Ibid.
28. NM, closing address in the National Assembly Debate on the President's Budget, Houses of Parliament, Cape Town, 3 May 1995, Hansard, cols. 818-20.
29. Ibid.
30. Ibid.
31. Ibid.
32. Ibid.
33. NM, Senate debate on the President's Budget, Houses of Parliament, Cape Town, 1 June 1995, Hansard, cols. 1139-42.

34. 7 June 1995, NMPP2009/8, box5, folder 4; 'Can 1000 Troops Stop the Carnage?' *Mail & Guardian*, 25 August 1995.

35. Sydney Mufamadi, interview by Tony Trew, Johannesburg, 29 May 2015.

36. NM, Two and half years of democratic government: prepared by President Nelson Mandela for the NEC, November 1996, box 6, folder 58, ANCLH, Johannesburg.

第九章　国家转型

1. 纳尔逊·曼德拉曾多次说过"享受了一个27年的长假"，其中一次是在1993年11月15日重访他1962年8月5日在豪伊克（Howick）被捕的现场时。

2. Howard Fast, *Spartacus* (self-published, 1951); Leo Tolstoy, *War and Peace* (1869); Dee Brow, *Bury My Heart at Wounded Knee*: An Indian History of the American West (New York: Holt, Rinehart & Winston, 1970); Edgar Snow, *Red Star Over China* (London: Victor Gollancz, 1937).

3. Luis Taruc, *Born of the People* (New York: International Publishers, 1953).

4. Allister Sparks, *Beyond the Miracle*, p. 18.

5. NM interviewed by the BBC, October 1993, NMF Tapes, BBC M8, NMF, Johannesburg.

6. Zola Skweyiya, interviewed by Padraig O'Mally, 30 November 1995, O'Malley Archive.

7. NM, note regarding an interview with Nomavenda Mathiane, NMPP 2009-8, box 7, file 11, p. 38, NMF, Johannesburg.

8. Transitional Executive Council Act, 1993; Barry Gilderm, *Songs and Secrets: South Africa from Liberation to Governance* (New York, NY: Colombia University Press, 2012), pp. 156-7; Sydney Mufamadi, interview by Tony Trew, Johannesburg, 30 April 2015; Barry Gilder, interview by Tony Trew, Johannesburg, 24 November 2015; Siphiwe Nyanda, interview by Tony Trew, Johannesburg, 5 November 2015.

9. Grasa Machel, interview by Mandla Langa, Johannesburg, 22 September 2016.

10. NM, notes edited for a speech prior to a meeting with SAPS generals, NMPP 2009/8, box 3, notebook 12, pp. 25-30, NMF, Johannesburg.

11. Ibid.

12. Ibid.

13. Ibid.

14. Sydney Mufamadi, interview by Tony Trew, Johannesburg, 30 April 2015.

15. NM, notes for a meeting with SAPC officers, 30 November 1996, NMPP/8,box7, file 11, African Bank 1995, pp. 89-93, NMF, Johannesburg.

16. Ibid.

17. NM, 'The Presidential Years', p. 40.

18. Stephane Botha, 'Commissioner of Police to Retire', *Business Day*, 11 January 1999; Sydney Mufamadi, interview by Tony Trew, Johannesburg, 30 April 2015.

19. NM, 'The Presidential Years', pp. 40-2.
20. Research staff, South African Institute of Race Relations, *Race Relations Survey 1993/1994*, South African Institute of Race Relations, Johannesburg, 1994, in NM, 'The Presidential Years', p. 42.
21. NM, 'The Presidential Years', pp. 40-3.
22. NM, 'The Presidential Years', p. 45.
23. Ian van der Waag, *A Military History of Modern South Africa* (Johannesburg and Cape Town: Jonathan Ball Publishers, 2015), p. 287, Princeton Lyman, Partner to History, p. 163.
24. Siphiwe Nyanda, interview by Tony Trew, Johannesburg, 25 November 2015.
25. Greg Mills, 'The South African Defence Force: Between Downsizing and New Capabilities', *Naval War College Review*, vol. 52, no. 1, winter 1999, pp. 79-98.
26. Siphiwe Nyanda, interview by Tony Trew, Johannesburg, 25 November 2015.
27. AP Archive, 11 September 1994; Beeld Archive, 10 September to 4 November 1994.
28. NM, NMPP 2009/8, box 3, notebook 12, NMF, Johannesburg.
29. NM, NMPP 2009/8, box3, notebook 12, NMF, Johannesburg; AP Archive, 11 September 1994; Beeld Archive, 10 September to 4 November 1994.
30. Telex to Parks Mankahlana, Office of the President, from Amrit Manga Office of the *New Nation* containing his transcript of an interview with President Mandela Communication, NASA, Pretoria.
31. NM, note for a meeting of the NEC, 8-9 December 1995, NMPP 2009/8, box 4, file 1, pp. 159ff, NMF, Johannesburg.
32. Siphiwe Nyanda, interview by Tony Trew, Johannesburg, 25 November 2015.
33. Gert van der Westhuizen, 'Mandela kap voorsel teen Afrikaans', [Mandela refuses proposal against Arikaans] Beeld, 1 February 1996.
34. *Defence in a Democracy: White Paper on National Defence for the Republic of South Africa*, May 1996, section 51.
35. Luise Flanagan and Chander Gould, 'What Modise Didn't Know About DCC', *Weekly Mail*, 17 June 1994.
36. NM, opening address in the President's Budget Debate in the National Assembly, Cape Town, 21 April 1998.
37. 'Mandela Speaks to the Nation', *The Sowetan*, 11 November 1996.
38. AP Archive, 'South Africa: President Mandela Praises Outgoing Military Chief', story no.76476, 7 April 1998.
39. Trevor Manuel, interview by Tony Trew, Johannesburg, 10 September 2014.
40. Thabo Mbeki, interview by Joel Neshitenzhe and Tony Trew, Johannesburg, 17 December 2014.
41. NM, State of the Nation Address, Houses of Parliament, Cape Town, 9 February 1996.
42. Defence Review Committee, *South African Defence Review 1998* (Pretoria: Department

of Defence, 1998); Public protector, auditor general and national director of public prosecutions, *Report to Parliament on the Joint Investigation into the Strategic Defence Procurement Packages Undertaken by the Public Protector, Auditor General and National Director of Public Prosecution*, 13 November 2001.
43. South African Department of Defence, *Department of Defence Annual Report 2001/2002* (Pretoria: Department of Defence, 2002), p. 62.
44. Yvonne Muthien, 'Democratic Consolidation to South Africa, 1994-1999', *Democracy South Africa: Evaluating 1999 Election* (Pritoria: HSRC Publishers, 1999).
45. Charles Baudelaire, 'The Generous Gambler', *Figaro*, 1864.
46. NM, the text at the beginning of the note reads: 'The President and two Deputy-Presidents, the Ministers of Defence and of Safety and Security, Generals Georg Meiring and Van der Merwe should be briefed by the National Intelligence Service at the earliest possible convenience on the following issues.' NMPP 2009/8, NMF, Johannesburg.
47. Constitution of the Republic of South Africa, 1996, chapter 11: Security Services, clause 1989 (a).
48. Sandy Africa, 'The Policy Evolution of the South African Civilian Intelligence Services: 1994-2009 and Beyond', *Strategic Review for Southern Africa*, vol. 34, no. 1, May 2012, p.103.
49. Barry Gilder, interview by Tony Trew, Johannesburg, 24 November 2015.
50. A former staff member of Jakes Gerwel's office, in conversation with Tony Trew, Cape Town, 8 August 2015.
51. Barry Gilder, *Songs and Secrets*, p. 177.
52. Ibid.
53. Siphiwe Nyanda, interview by Tony Trew, Johannesburg, 25 November 2015.
54. Lansana Gberie, 'Mandela's Struggles for Peace and Justice in Africa', *Africa Renewal Online*, December 2013.
55. Barry Gilder, interview by Tony Trew, Johannesburg, 24 November 2015.
56. NM, speech at the official opening of Intelligence headquarters, 5 December 1997.
57. Zola Skweyiya, O'Malley, 30 November 1995, O'Malley Archive.
58. Niël Barnard, interview by Tony Trew, Overberg, 17 November 2015.
59. Jessie Duarte, interview by Tony Trew, Johannesburg, 15 July 2014.
60. Allister Sparks, *Beyond the Miracle*, p. 37.
61. Zola Skweyiya, O'Malley interview, 30 November 1995.
62. National Planning Commission, *Institutions and Governance Diagnostic* (Pretoria: National Planning Commission, 2015), p.11; and Geraldine Fraser-Molekei, telephone interview by Tony Trew, 29 July 2016.
63. Public Service Commission, State of Representivity in the Public Service-Findings; Department of Public Service and Administration, *A Strategic Framework for Gender Equality Within the Public Service (2006-2015):* Consultation Document (Pretoria: Department of Public Service and Administration, 24 November 2006).

注释

64. NM to Thabo Mbeki, 6 June 1994, DP Pres Mbeke, box 002, folder 11/1/1 – President, closed, NASA, Pretoria.
65. Zola Skweyiya, O'Malley interview, 30 November 1995.
66. National Planning Commission, Institutions and *Governance Diagnostic*, pp. 22-3.
67. NM, State of the Nation Address, Houses of Parliament, Cape Town, 24 May 1994; NM, debate on the President's Budget ('100 Days Speech'), Houses of Parliament, Cape Town, South Africa, 18 August 1994.
68. NM, State of the Nation Address, Houses of Parliament, Cape Town, 17 February 1995.
69. NM, State of the Nation Address, Houses of Parliament, Cape Town, 9 February 1996.
70. Marion Edmunds, 'Skills Crisis Knocks Public Service', *Mail & Guardian*, 15 August 1997.
71. NM, opening address to the third session of Parliament, Houses of Parliament, Cape Town, 9 February 1996.

第十章　和解

1. NMF tapes, BBC Collection M2, NMF, Johannesburg.
2. James Baldwin, *No Name in the Street*, p. 130.
3. Indres Naidoo, *Island in Chains: Ten Years in Robeen Island* (Harmondsworth: Penguin Group, 1982).
4. Michael Dingake, 'Comrade Madiba', *Nelson Mandela: The Struggle is My Life* (London International Defence and Aid Fund for Southern Africa, 1978), p. 223.
5. Mac Maharaj, 'Profile', *Reflections in Prison*, p. 5.
6. 恩科萨尼·德拉米尼-祖马描述了当时的情况："非国大的合唱团在坦博的指挥下表演，结束后，全体观众激动地起立鼓掌，赞比亚总统肯尼思·卡翁达（Kenneth Kaunda）坚持要求再来一曲。"见 *ANC Today*, vol. 6, no. 43, 3 November 2006.
7. 'Mandela: The Man, the Image, the Brand', *City Press*, 18 July 2012.
8. 'What Mandela Critics Could Learn From Him', by Obadias Ndaba, *Huffington Post*, December 2013.
9. George Bizos, *Odyssey to Freedom*, p. 278.
10. NM, *Long Walk to Freedom*, p.441.
11. NM, meeting with Afrikaner community in Pretoria, 15 April 1999.
12. The Freedom Charter, adopted at the Congress of the People, Kliptown, Johannesburg, 25-6 June 1955.
13. Zanele Mbeki in conversation with Mandla Langa, c. 1996.
14. NM, interview by Oprah Winfrey Show, *The Oprah Winfrey Show*, Harpo Productions, 2000.
15. NM, address on the Senate President's Budget debate, Houses of Parliament, Cape Town, 1 June 1995.

16. NM, closing address in the Senate Debate on the President's Budget, 1 June 1995, Hansard, col. 1279.
17. AP Archive, 'South Africa: President Mandela Issues Stern Warning to Leaders', story no. 23868, 8 March 1996.
18. Alex Marshall, *Republic or Death! Travels in Search of National Anthems* (London: Windmill Books, 2015), pp. 259-60.
19. Minutes of extended NWC, 7 September 1995, ANCLHM, box 14, folder 111, NMF, Johannesburg.
20. NM, address to a rally in Cape Town on his release from prison, Cape Town City Hall, Cape Town, 11 February 1990.
21. Saths Cooper, 'The Mandela I Knew: Prof. Saths Cooper', Tributes for Madiba, Nelson Mandela Foundation, 12 September 2013.
22. NM, Reply in Senate Debate on the President's Budget, 14 September 1994, Houses of Parliament, Cape Town.
23. NM, Toespraak van president by geleentheid van 'n onthaal deur die Burgeneester van Pretoria [Speech by the president at the occasion of a reception by the mayor of Pretoria], 26 August 1994.
24. Gert van der Weshuizen, 'Mandela praat met Afrikaners "Om kommunikasie oop te hou"' [Mandela talks to Afrikaners to 'keep communication open'], *Beeld*, 29 June 1995; Kevin O'Grady, 'Volk Meet Mandela', *Business Day*, 29 June 1995.
25. NM, Tydens 'n besoek aan die Afrikaanse Taal en Kultuur Vereninging (ATKV) [During a visit to the Afrikaans Language and Cultural Union], 17 August 1995; *Beeld*, 18 August 1995.
26. NM, Tydens 'n besoek aan die Ruiterwag-Saamtrek vir jong Afrikaner-Leiers [During a visit to the Ruiterwag rally for young Afrikaner leaders], 13 January 1996; Willem Pretorius, 'Kies SAS of Afrikaner-Nelson', *Beeld*, 15 January 1996.
27. NM, opening remarks at a meeting with Afrikaner organisations, 29 March 1996.
28. Ibid.
29. Constand Viljoen, interview by Tony Trew, Pretoria, 19 September 2015.
30. Constitution of the Republic of South Africa, 1996, chapter 14, schedule 6: Transitional Arrangements, section 20, clause 5.
31. Peet Kruger, 'Geheime gesprek lei tot deurbraak Onderhandelinge oor nuwe grondwet op koers' [Secret talks lead to a breakthrough. Negotiations about new constitution on course], *Beeld*, 20 April 1996; Peet Kruger, 'NP en VF se pogings het saam tot toegewing oor kultuurkommissie gelei' [NP and VF's attempts have led to concessions over culture commission], 24 April 1996.
32. Thabo Mbeki, discussions with Afrikaner community, National Assembly, Houses of Parliament, Cape Town, 24 March 1999.
33. NM, 'Clear the Obstacles and Confront the Enemy', *Reflections in Prison*, p. 17.
34. Ibid.
35. Mandla Langa in conversation with Amtjie Krog during the writers' conference, Cite de

注释 449

Livre, Aix-ed-Province, 1997.
36. *SA Times*, London, 19 July 1995.
37. Constand Viljoen, interview by Tony Trew, Pretoria, 19 September 2015.
38. Ibid.
39. SAPA, 13 December 1996.
40. Niël Barnard, interview by Tony Trew, Overberg, 17 November 2015.
41. NM, televised interview on *Face the Media*, 14 December 1997, SABC, tape 66676MT, SABC Archive, SABC Information Library, Johannesburg.
42. Niël Barnard, interview by Tony Trew, Overberg, 17 November 2015.
43. *TRC Final Report,* volume 2, chapter 1, preface, presented to President Nelson Mandela, 29 October 1998.
44. Ibid.
45. NM, opening address in the Special Debate on the Report of the TRC, Houses of Parliament, Cape Town, 25 February 1999.
46. bid.
47. Human Sciences Research Council, *Public Opinion on National Priority Issues* (Pretoria, May 1999), p.55.
48. NM, opening address in the President's Budget Debate in the National Assembly, Houses of Parliament, Cape Town, 15 April 1997.

第十一章　社会与经济转型

1. Reconstruction and Development Programme (RDP), 'Building the Economy', clause 4.1.1, 1994.
2. Ibid.
3. Layashi Yaker, Preliminary Assesment on the Performance of the African Economy in 1994 and Prospects for 1995- End of Year Statement, presented to the United Nations Economic Commission for Africa, Addis Ababa, 15 December 1994.
4. Cabinet minutes, 11 May 1994.
5. ANC National Conference, *Ready to Govern: ANC Policy Guidelines for a Democratic South Africa Adapted at the National Conference, 28-31 May, 1992* (Johannesburg: Policy Unit of the ANC, 1992).
6. NM, address at the seventy-fifth anniversary of the South African Communist Party, 28 July 1996, SABC Archive, SABC Information Library, Johannesburg.
7. ANC Working Committee discussion document: TEC Sub-council on Finance, 27 April 1993, box 14, 112, ANCLH, Johannesburg.
8. William Smith, interview by Tony Trew, Pretoria, 11 July 2014.
9. NM, address at the National Assembly, Cape Town, 28 March 1996.

10. NM, State of the Nation Address, Houses of Parliament, Cape Town, 24 May 1004.
11. NM, 'The Presidential Years', p. 52.
12. Ibid.
13. *Native Life in South Africa before and since the European War and the Boer Rebellion* (1916) (Johannesburg: Raven's Press, 1982), p. 21.
14. NM, 'The Presidential Years', p. 52.
15. NM, preamble to the *White Paper on Reconstruction and Development, Government Gazette*, notice no. 1954 of 1994, 23 November 1994.
16. Ibid.
17. NM, address to Parliament, Houses of Parliament, Cape Town, May 1994.
18. Trevor Manuel, 'Twenty Years of Economic Policymaking – Putting People First', *The Oxford Companion to the Economics of South Africa*, edited by Haroon Bhorat, Alan Hirsch, Ravi Kanbur and Mthuli Ncube (Oxford: Oxford University Press, 2014), p. 29; *Alan Hirsch Season of Hope*, p. 69.
19. NM, interview by BBC, NMF, Johannesburg.
20. Cabinet minutes, 26 October 1994, Transforming the Public Sector: GNU's Contribution to the RDP, minute 7.4.2, item 1.3.
21. Ibid.
22. NM, preamble to the *White Paper on Reconstruction and Development, Government Gazett*, notice no. 1954 of 1994, 23 November 1994.
23. Patti Waldmeir, *Anatomy of a Miracle: The End of Apartheid and the Birth of the New South Africa* (New York and London: W.W. Norton and Company, 1997), p. 213.
24. NM, election campaign, Lenasia, 19 April 1999, tape 66772MT, SABC, SABC Archive, SABC Information Library, Johannesburg.
25. Cabinet minutes, 26 October 1994, Transforming the Public Sector: The GNU's Contribution to the RDP, minute 7.4.2.
26. Christo Volschenk, 'Nujwe komitee kom vandeesweek byeen oor mndate vir groeiplan' [New committee will meet over the mandate on growth], *Beeld*, 3 August 1995.
27. Cabinet minutes, 6 December 1995, Towards a National Growth and Development Strategy, 7.1.
28. Sagie Narsiah, 'Neoliberalism and Privatisation in South Africa', *GeoJournal*, vol. 57, no 1, May 2002, p.3.
29. ANC, Fiftieth National Conference, Resolutions, Economic Transformation, Mafikeng, December 16-29 1997, clause 3.2.2.
30. NM, *Southern Africa into Next Century*, Sixteenth Singapore Lecture, 6 March 1997, Institute of Southeast Asian Studies, Singapore, 1997.
31. NM, 'The Presidential Years', pp. 47-9.
32. Richard Calland (editor), *The First Five Years: A Review of South Africa's Democratic*

Parliament (Cape Town: IDASA, 1999).

33. NM, 'The Presidential Years', pp. 52-3.
34. NM, 'The Presidential Years', pp. 50-1.
35. *South Africa in Transition, Findings Regarding Households*, figure 6.1: 'Changes in type of housing in which households live between October 1995 and October 1999'(Pretoria: Statictics South Africa, 2001).
36. Jessie Duarte, interview by Tony Trew, Johannesburg, 15 July 2014.
37. Mandla Langa in conversation with Stephen Laufer, Johannesburg, 16 July 2016.
38. John Carlin, 'ANC Boards the Gravy Train: John Carlin in Johannesburg on the Underdogs Who Have Become Fat Cats in a Few Months', *Independent*, 27 August 1994.
39. NM, address on the anniversary of the Soweto Uprising, 16 June 1994.
40. NM, speech at the official opening of The Mandela Rhodes Foundation's offices, Oxford, 13 April 2000, NMF Tapes, Iqbal Meer Collection, Oxford 1 and 2, NMF, Johannesburg.
41. NM, address at AIDS conference, Barcelona 12 July 2002, NMF Tapes, Iqbal Meer Collection #8, NMF, Johannesburg.
42. NM, briefing editors, 9 May 1999, NMF Tapes, BBC collection, NMF, Johannesburg.
43. 姆贝基总统于2000年1月22日在阿尔弗莱德·恩佐的葬礼演讲中如是说。
44. NM, State of the Nation Address, National Assembly, Houses of Parliament, Cape Town, 5 February 1999.
45. Anne Krigler and Mark Shaw, 'Facts Show South Africa Has Not Become More Violent Since Democracy', *The Conversation*, 22 July 2016.
46. Francois Lotter, '"Wit koerante' ignorer misdaadsatistiek-president'["White newspapers" ignoring the crime statistics – president], *Beeld*, 14 September 1998.
47. NM, 'The Presidential Years', p. 62.
48. NM. Opening Morals Summit called by the National Religious Leaders Forum, 23 October 1998.
49. Ibid.
50. Allister Sparks, *Beyond the Miracles*, p. 16.
51. NM, addressing the fifth national congress of COSATU, 7 September 1994, SABC, SABC Archive, SABC Information Library, Johannesburg.
52. NM, State of the Nation Address, National Assembly, Cape Town, 5 February 1999.
53. Ibid.
54. NM, speech at the final sitting of the first democratically elected parliament, Houses of Parliament, Cape Town, 26 March 1999.

第十二章　与媒体交锋

1. Cameron J, *Holomisa v. Argus Newspapers Ltd.* 1996 (2) S.A. 588(w).
2. NM, NMPP 2009/8, box 1, notebook 5, p. 17, NMF, Johannesburg.
3. Thami Mazwai, interview by Tony Trew, Johannesburg, 7 October 2015.
4. Andre Odendaal, *The Founders: The Origins of the African National Congress and the Struggle for Democracy* (Johannesburg: Jacana Media, 2012), p. 147.
5. NM, *Long Walk to Freedom*, p. 208.
6. Ibid, p. 316.
7. Anthony Sampson, *Mandela: The Authorized Biography* (London : HarperCollins, 1999), p. 147.
8. NM, *Long Walk to Freedom*, p. 492 and p. 502.
9. NM, briefing editors and opinion makers, Pretoria, 10 May 1999, NM Tapes, BBC, NMF, Johannesburg.
10. NM, address to the International Press Institute Congress, Cape Town, 14 February 1994.
11. Rehana Rossouw, 'Everyone Wants a Piece of the President', *Mail & Guardian*, 15 March 1996.
12. NM, notes for a meeting with editors of KwaZlu-Natal newspapers, Cape Town, 2 March 1995, South Africa National Archive, Nelson Mandela Communication/Speeches: March, April, May 1995, NASA, Pretoria; Wyndham Hartley, '"Crackdown" is No Idle Threat', *Natal Witness*, 3 March 1995.
13. Pamela Dube, 'It Takes two to Tango and Government is Learning the Communication Steps', *Sunday Independent*, 8 July 2001.
14. Thami Mazwai, interview by Tony Trew, Johannesburg, 7 October 2015.
15. NM, note on an off-the-record conversation with the editor of *Die Burger*, NMPP 2009/8, box 4, folder 1, pp. 1-2, NMF, Johannesburg.
16. Mandla Langa in conversation with Khulu Sibiya, June 2017.
17. Jakes Gerwel, 'The Day Mandela Was in Hustler', *Rapport*, 9 June 2012.
18. NM, speech at the launch of the Canadian Friends of the Nelson Mandela Children's Fund, SkyDome, Toronto, 25 September 1998.
19. NM, address to the International Press Institute Congress, Cape Town, 14 February 1994.
20. Khaba Mkhize, 'Breakfast with Nelson Mandela', Natal Witness, 19 August 1994; Ray Hartley, 'ANC Broadsides Against Press', *Sunday Times*, 4 September 1994; Thami Mazwai, interview by Tony Trew, Johannesburg, 7 October 2015.
21. The television interview is referenced in 'Some Black Newsmen Rapped for Secret Agenda', *Business Day*, 3 November 1996.
22. Guy Berger, Media and Racism in Mandela's Rainbow Nation', Prime Time for Tolerance: Journalism and the Challenge of Racism: International Federation of Journalists World Conference, Bilbao, Spain, 2-4 May 1997.

23. NM television interview, 11 November 1996, SABC, SABC Archive, SABC Information Library, Johannesburg; 'Some Black Newsmen Rapped for Secret Agenda', *Business Day*, 3 November 1996; 'Mandela Slams Some Black Journalists', *Citizen*, 13 November 1996.
24. NM, note, NMPP 2009/8, box 4, p. 4, NMF, Johannesburg.
25. NM, speech to the Fiftieth National Conference of the ANC, Mafikeng, 16 December 1997.
26. NM, note, NMPP 2009/8, box 4, p. 4, NMF, Johannesburg.
27. NM, note on response to the political report to the Fiftieth ANC Congress, December 1997, NMPP 2009/8 box 4, folder 1, pp. 1-2, NMF, Johannesburg.
28. Ibid.
29. Ibid.
30. NM, address to the closing session of the Fiftieth National Congress of the ANC, 20 December 1997, Mafikeng.
31. *The Sowetan*, 20 November 1996; *Financial Mail*, 22 November 1996.
32. NM, 'The Presidential Years', p. 33.

第十三章 在非洲和世界舞台上

1. Harriet Beecher Stowe, *Uncle Tom's Cabin* (Washington, DC, 1852); Booker T. Washington, *Up from Slavery: An Autobiography* (New York: Doubleday and Company, 1901.
2. OAU, Assembly of Heads of State and Government, Declaration on the Political and Socio-economic Situation in Africa and the Fundamental Changes Taking Place in the World, 9-11 July 1990, Addis Ababa.
3. OAU, Assembly of Heads of State and Government, Declaration on the Establishment Within the OAU of a Mechanism for Conflict Prevention, Management and Resolution, 28-30 June 1993.
4. 曼德拉于1994年6月13日在突尼斯举行的非洲统一组织国家元首和政府首脑会议上发表的演说。
5. Nkosazana Dlamini-Zumam, interview by Tony Trew, Durban, 26 February 2016.
6. NM, statement as chairperson of SADC at the official opening of the summit of SADC heads of state and government, Blantyre, 8 September 1997.
7. Ibid.
8. SADC Heads of State and Government, Summit, Gaborone, 28 June 1996.
9. NM, SADC Organ, 7 September 1997, NMPP notes, box 5, file 3, 074-86, NMF, Johannesburg.
10. NM, notes on SADC summit in Maputo, 2 March 19 NMP notes, box 4, file 2, 055-60, NMF, Johannesburg.
11. Quett Ketumile Joni Masire, *Very Brave or Very Foolish?: Memoirs of an African Democrat* (Botswana: Macmillan Botswana, 2006), p. 279.
12. 姆贝基副总统于1997年5月21日在开普敦举行的国民会议中，针对刚果民主共和国的情况所做的演说。

13. Ibid; Aziz Pahad, interview by Tony Trew, Johannesburg, 1 February 2016.
14. NM, notes following a meeting with Comrade Kabila, Genadendal, 15 May 1997, NMPP 2009/8, box 4, file 2, pp. 1-4, NMF, Johannesburg.
15. Acting President Buthelezi, Developments in Lesotho, Statements to the National Assembly, 22 September 1998, Hansard, cols. 6763-6778.
16. Cabinet minutes, 23 September 1998.
17. AP Archive, 'South Africa: President Mandela Calms Concern Over His Health', 27 September 1998, story no. 89970.
18. NM, State of the Nation Address, National Assembly, Houses of Parliament, Cape Town, 5 February 1999.
19. NM at the World Economic Forum Southern Africa Economic Summit, Harare, 21 May 1997, tape 71942MT, SABC, SABC Archive, SABC Information Library, Johannesburg.
20. NM, address to the Mercosur Heads of State Summit, Ushuaia, Argentina, 24 July 1998.
21. NM, address at the Forty-ninth Session of the General Assembly of the UN, New York, 10 October 1994.
22. Ibid.
23. NM, address at the inaugural session of the Twelfth Conference of Heads of State or Government of Non-Aligned Countries, Durban, 2 September 1998.
24. Ibid.
25. NM, address to the Joint Houses of Congress of the USA, Washington, DC, 6 October 1994.
26. NM, address to the Swedish Parliament, Stockholm, 18 March 1999.
27. 'Mandela praises Gaddafi', Sunday Times Foreign Desk, 20 May 1990; Fritz Joubert 'Mense in VSA vies vir Mandela' [People in the USA are angry with Mandela], Beeld, 24 May 1990.
28. Khalil I, Matar and Robert W. Thabit, *Lockerbie and Libya: A study in International Relations* (London: McFarland & Company, Inc), 2004.
29. NM, Statement on Lockerbie drafted and released in Tunis, NMPP 2009/8, box6, file 8a, NMF, Johannesburg.
30. 'SA Calls for Lifting of Sanctions on Libya', *The Star*, 22 October 1997.
31. OAU, Declarations and Decisions adopted by the Thirty-Third OAU Assembly of Heads of State and Government, Harare, 2-4 June 1997.
32. NM visits Libya, October 1997, tape 66786, MT22, SABC, SABC TV Archive, SABC Information Library, Johannesburg.
33. Ibid.
34. Lyn Boyd-Judson, *Strategic Moral Diplomacy: Understanding the Enemy's Moral Universe* (West Hartford, CT: Kumarian Press, 2011); Khalil I, Matar, Robert W. Thabit, *Lockerbie and Libya*.
35. Lyn Boyd-Judson, *Strategic Moral Diplomacy*.

36. NM, address to the Congress of the People, Libya, 19 March 1999.

结语

1. Grasa Machel, interview by Mandla Langa, 22 September 2016.
2. NM to Winnie Mandela in Kroonstad Prison, 1 February 1975.
3. Zelda la Grange, *Good Morning Mr. Mandela: A Memoir* (New York: Plume, 2015), p. 128.
4. 这是曼德拉在一个论坛的访谈中，对费尔·莫勒费（Phil Molefe）提问关于他准备从非国大主席位置上退下来的感想时他的回答。NM, televised interview on Face the Media, 14 December 1997, SABC, tape 66676MT, SABC Archive, SABC Information Library, Johannesburg.
5. NM, closing the ANC's Fiftieth National Conference, Mafikeng, 20 December 1997.
6. NM, election campaign, 31 May 1999, tape 66717MT, SABC, SABC Archive, SABC Information Library, Johannesburg.
7. NM, speech at the final sitting of the first democratically elected parliament, Houses of Parliament, Cape Town, 26 March 1999.

致谢

1971年,纳尔逊·曼德拉从罗本岛写信给他的老朋友法蒂玛·米尔(Fatima Meer),信中表达了他对于写回忆录的疑虑——"英语已经进化到如此程度,居然能把为自己歌功颂德委婉地美其名为自传!"然而仅仅4年之后,他就开始着手撰写他的回忆录,那本后来成为畅销书的《漫漫自由路》。

正如格拉萨·马谢尔妈妈在本书的前言中指出的,是时代和斗争的迫切要求促使他做出决定写作《漫漫自由路》,同样,也是这种要求促使他决定着手写作今天这本书开始的那些章节。正是这同样迫切的要求保证了这两本书漫长的孕育期——每本书在出版前都准备了几乎20年。

鉴于准备期之长和资料来源之复杂,对于《不敢懈怠》这本书的出版,我们需要表达成倍的感谢。马谢尔妈妈对完成本书的决心,以及在整个过程中时常亲自参与关心,激励了我们。曼迪拉·蓝加,作为一个作家,决心与一个有苛刻要求的集体一起工作,而合作之完美令人难以想象。乔尔·内奇滕泽和托尼·特鲁，显示出超常的研究和分析能力，他们使用从曼德拉先生的手书和"档案"内容中搜集到的材料，完成了最初的叙事化文字。托尼不知疲倦地走访了多个档案资料库。其中，他获得了来自Janet Levy和纳尔逊·曼德拉基金会档案团队的Razia Saleh, Zanele Riba, Lucia Raadschelders and Sahm Venter的大力协助。这一团队的高级研究员萨赫姆（Sahm）总是提供出我们的基金设立人生活和年表最可靠的权威资料。我们的首席执行官塞洛·哈汤（Sello Hatang）是将整个过程联结在一起的粘合剂——他既打通关系，也保持关系畅通。给予我们大力支持的曼德拉先生的不动产执行人是不可或缺的。对于迪克刚·莫塞内克法官，我们要给予特别的感谢。

在本书写作的开始阶段，当曼德拉手握钢笔绞尽脑汁时，Zelda la Grange是保持前进势头的驱动器。她得到了Vimla Naidoo、Maretha Slabbert和Thoko Mavuso全身心投入的支持。曼德拉去世后，在纳尔逊·曼德拉基金会的支持下，Zelda也成为使这项工作复活并继续应对各种问题直到最后的关键角色。在早期阶段，研究助理Thembeka Mafumadi也发挥了重要作用。

我们也一直很高兴地与我们的出版商一起工作。特别要感谢Geoff Blackwell, Rachel Clare, Kate Cooper, Jonny Geller, Cameron Gibb, Benjamin Harris, Sloan Harris, Ruth Hobday, Jenny Moore, Georgina Morley, Terry Morris and Andrea Nattrass。其中，特别是Andrea对于曼德拉的手书文字的深刻理解。

工业发展公司（The Industrial Development Corporation）是一个慷慨的、提供资金支持的合作伙伴。

我们要感谢许多个人（有些提到名字，有些没有），他们贡献了时间和知识接受采访。我们也要感谢那些使我们能够方便地获取历史记录的网站的建设者和管理者，这些网站就像那些档案管理者一样，静悄悄地保存记录并毫无怨言地提供它们。也要感谢 Chris Williams 与我们分享他在资源方面的知识。

就为这本书奠定基础的档案工作而言，特别要提到从事这方面工作的如下机构和个人：

* 南非共和国议会的议会图书馆 (Sadeck Casoojee)

* 南非共和国总统府 (Cassius Lubisi, Lusanda Mxenge, William Smith, Busani Ngcaweni, Bongani Ngqulunga, Anande Nothling and Daphne Mhlongo)

* 卢图利宫，非国大档案室 (Zolile Mvunelo and Mandla Khumalo)

* 福特海尔大学，国家遗产和文化研究中心，非国大档案室。(Mosanku Maamoe)

* 南非国家档案馆 (Natalie Skomolo, Zahira Adams and Gerrit Wagener)

* 开普敦的国家图书馆

* 非国大议会党团研究和发展小组 (Mark Sweet)

* 开普敦大学图书馆，非洲研究收藏

* 南非广播公司 (Sias Scott and Moloko Maserumule)

* 金山大学，威廉·库伦图书馆 (Gabriele Mohale)

* 南非统计局 (Pali Lehohla and Faizel Mohammed)

* 益普索图书馆 (Mari Harris)

最后，当然，这本书属于纳尔逊·曼德拉。如果不是遵循他生活和工作的灵感，出版这本书就失去了意义。我毫不怀疑，对于把曼德拉塑造成为一个讲故事的人，他一直是十分高兴的。

——维恩·哈里斯（Verne Harris），纳尔逊·曼德拉基金会

我们十分感谢根据版权许可复制以下诸项：

页43：诗《紧急》的摘选，出自阿戈什蒂纽·内图的诗集《神圣的希望》(Sacred Hope)，copyright © 1974 Tanzania Publishing House. Translation by Marga Holness。

页181：诗《正义》，出自兰斯顿·休斯的《被缚的斯考茨保罗》(Scottsboro Limited: Four Poems and a Play in Verse)，copyright © 1932 Golden Stair Press. Reproduced by permission of David Higham Associates。

页191：选自英格丽德·琼克的诗《孩子》('Die Kind')。

图 1: Nelson Mandela Foundation, photograph by Ardon Bar-Hama

图 2: Chris Ledochowski

图 3: Louise Gubb courtesy Nelson Mandela Foundation

图 4: AFP/Getty Images

图 5: Frans Esterhuyse

图 6: Tom Stoddart Archive/Getty Images

图 7: Denis Farrell/AP

图 8: David Brauchli/AP

图 9: Peter Turnley/Getty Images

图 10: Paul Weinberg/South Photographs/Africa Media Online

图 11: Nanda Soobben/Africa Media Online

图 12: Lewis Horwitz courtesy Nelson Mandela Foundation

致谢

图 13: Alexander Joe/AFP/Getty Images

图 14: Foto24/Gallo Images/ Getty Images

图 15: unknown courtesy Nelson Mandela Foundation

图 16: Nelson Mandela Foundation, photograph by Ardon Bar-Hama

图 17: Paul Weinberg/South Photographs/Africa Media Online

图 18、19: Oryx Media Archive/Gallo Images/Getty Images

图 20: Obed Zilwa/AP

图 21: Mike Hutchings/Reuters

图 22: Nelson Mandela Foundation, photograph by Ardon Bar-Hama

图 23: Walter Dhladhla/Getty Images

图 24: Henner Frankenfeld/ Picturenet Africa

图 25: Adil Bradlow/Africa Media Online

图 26: David Goldblatt/South Photographs/Africa Media Online

图 27: Guy Tillim/AFP/Getty Images

图 28: Clinton Presidential Library

图 29: Yoav Lemmer/Getty Images

图 30: Nelson Mandela Foundation, photograph by Ardon Bar-Hama

图 31: Pool BASSIGNAC/BUU/HIRES/Getty Images

图 32: Eric Miller courtesy Nelson Mandela Foundation

图 33、34: Julian Parker/Getty Images

图 35: Amr Nabil/Getty Images

图 36: Str Old/Reuters

图 37: Media24/Gallo Images/Getty Images

图 38: Nelson Mandela Foundation, photograph by Ardon Bar-Hama

图 39: Juda Ngwenya

图 40: Paul Grendon/Alamy

图 41: Ross Kinnaird/ EMPICS/Getty Images

图 42: Oryx Media Archive/Gallo Images/Getty Images

图 43: Walter Dhladhla/ Getty Images

图 44: Adil Bradlow/Africa Media Online

图 45: Louise Gubb/lugubb@iafrica. Com

图 46: Louise Gubb/lugubb@iafrica.com

图 47: Benny Gool

图 48: Eric Miller courtesy Nelson Mandela Foundation

图 49: Eric Miller courtesy Nelson Mandela Foundation

图 50: Zapiro

索引

A

阿比·威廉姆斯（Abe Williams）84

阿卜杜拉·阿布拉赫曼（Abdullah Abdurahman）46, 47n, 49

阿德莱德·坦博（Adelaide Tambo）77

阿尔贝蒂娜·西苏鲁（Albertina Sisulu）87, 115, 314

阿尔贝特·姆温比·卢图利酋长（Chief Albert Mvumbi Luthuli）
    对南非的希望（hope for South Africa）165
    非国大的角色（ANC role）28, 77, 165
    曼德拉的献词（Mandela's tributes to）46, 49
    诺贝尔和平奖（Nobel peace prize）28, 165
    酋长的观点（view of a chief）165
    写作（writings）175

阿尔菲厄斯·马迪巴（Alpheus Madiba）46, 47n

阿尔菲厄斯·祖鲁主教（Bishop Alpheus Zulu,）291

阿尔弗雷德·巴费图索洛·恩佐（Alfred Baphetuxolo Nzo）54, 80, 199

阿尔诺德·斯托菲莱（Arnold Stofile）xv

《阿非利卡人自决协议》（Accord on Afrikaner Self-Determination）35, 223

阿非利卡人抵抗运动（Afrikaner Resistance Movement, Afrikaner Weerstandsbeweging AWB）30, 179, 180n, 194

阿非利卡人家园／白人家园（volkstaat）28, 33–5, 216–17, 221, 223

阿非利卡人民阵线（Afrikaner Volksfront, AVF, Afrikaner People's Front）27, 31

阿非利卡人兄弟会（Afrikaner Broederbond）221

阿非利卡语言与文化协会（Afrikaanse Taal- en Kultuurvereniging, ATKV, Afrikaans

Language and Cultural Association）221
阿戈什蒂纽·内图（Agostinho Neto）25–6
《阿格斯报》(The Argus) 106, 116
阿兰·布萨克（Allan Boesak）42
阿兰·赫希（Alan Hirsch）114
阿利斯特·斯帕克斯（Allister Sparks）161, 176, 202, 254
阿列克斯·拉·古马（Alex La Guma）291
阿米娜·卡查利亚（Amina Cachalia）111
阿齐兹·古拉姆·帕哈德（Aziz Goolam Pahad）57, 69
阿扎尼亚泛非主义者大会/泛非大（Pan Africanist Congress of Azania, PAC）
　被禁止（banned）110n
　　比例代表制（proportional representation）142
　　参加政府的讨论（government participation discussions）83, 214
　解禁（unbanned）5
　领导层（leadership）48, 110
　曼德拉的讲话（Mandela's speech）112
　梅思默拉的角色（Masemola's role）4
　起源（origins）xiv, 4, 109, 146n
　与非国大的关系（relationship with ANC）109–10, 146n
阿扎尼亚人民解放军（Azanian People's Liberation Army, APLA）187
阿扎尼亚人民组织（Azanian People's Organisation, AZAPO）110, 214
埃及（Egypt）201
埃米·克莱因汉斯（Amy Kleynhans）41
埃斯梅·马奇基扎（John Matshikiza）213
埃索普·帕哈德（Essop Pahad）142
艾伯特·戈尔（Al Gore）105, 107
艾哈迈德·本·贝拉（Ben Bella, Ahmed）6

艾哈迈德·卡特拉达（Ahmed Kathrada）
　出狱（release from prison）4, 5
　监禁（imprisonment）5
　卢萨卡会议（Lusaka conference）13
　谈曼德拉（on Mandela）118, 147
　总统顾问（presidential adviser）68
艾默里·R. 霍顿（Amory R. Houghton, Jr）105
艾滋病（AIDS）147, 249–50, 280
爱德华王子（Prince Edward）116
安德烈·布林克（André Brink）148
安德鲁·莫克特·姆兰格尼（Andrew Mokete Mlangeni）4, 5
安东·伦比德（Anton Lembede）291
安东尼奥·葛兰西（Antonio Gramsci,）5
安哥拉（Angola）
　与南非结盟（solidarity with South Africa）26
　卡欣加屠杀（Kassinga Massacre）31
　民族之矛的叛变（MK mutiny）11
　争取安哥拉彻底独立全国联盟（UNITA）11, 168n
　安哥拉人民解放运动（MPLA）11, 25, 168n
　非国大兵营（ANC camps）213, 230
　结束内战（end of Civil War）97n
安哥拉人民解放武装部队（Force African Peoples Liberation Army, FAPLA）191–2
安杰·克罗格（Antjie Krog）224
奥巴迪亚斯·恩达巴（Obadias Ndaba）213
奥比·萨克斯（Albie Sachs）138
奥利弗·雷金纳德·坦博（Oliver Reginald Tambo, OR）
　非国大主席（ANC presidency）2, 12, 17, 77, 79, 153

索引

领导（leadership）76–7
南非联合阵线（SAUF）109
生病（illness）77, 269
死亡（death）28, 77, 114, 287
宪法委员会（Constitutional Committee）126
协商一致政策（consensus policy）12–13
音乐表演（musical performances）213
影响力（influence）12, 114
与哈尼的关系（relationship with Hani）25, 26
与曼德拉的关系（relationship with Mandela）114, 137, 288
战略（strategies）2
自流放返国（return from exile）17
向坦博致敬（tributes to）46, 50, 76–7, 160, 291
奥马尔·莫塔尼（Omar Motani）111
奥普拉·温弗瑞（Oprah Winfrey）216
奥斯卡·玛法卡法卡·姆佩塔（Oscar Mafakafaka Mpetha）4, 5, 291
奥特舒默（Autshumao，曼德拉拼成Autshumayo）46, 47n, 157

B

巴里·费因伯格（Barry Feinberg）213
巴莱卡·姆贝特—考斯尔（Baleka Mbete-Kgositsile）143
巴姆巴萨起义，1906 年（Bambatha Rebellion, 1906）157n, 241
巴姆巴萨酋长（Chief Bambatha）157, 241n
巴塞尔委员会核心原则联络小组（Basel Committee Core Principles Liaison Group）240
巴锡·斯米特（'Basie' Smit,）54, 181
芭芭拉·莫西马·乔伊丝·马塞凯拉（Barbara Mosima Joyce Masekela）9, 55, 56, 61, 67–8, 143
北风之神行动（Operation Boreas）276
班达尔亲王（Prince Bandar）67, 283 保罗·泰勒（Paul Taylor）45–6
班图·霍罗米萨（Bantu Holomisa）
　伴随曼德拉（accompanying Mandela）157, 158, 159
　被非国大开除（expulsion from ANC）xiv, 264
　履历（career）xiv, 158
　媒体故事（media stories）264, 265
　影响力（influence）100, 157
《班图权力法》，1951 年（Bantu Authorities Act, 1951）168
班图斯坦（Bantustans）
　1983 年的南非宪法下的地位（status under South African Constitution, 1983）126
　布特莱齐的处境（Buthelezi's position）166, 168
　传统领导人的地位（status of traditional leaders）157, 163
　武装部队（defence forces）187, 195
　贪污（corruption）204
　非国大的处境（ANC position）166
　重组（reorganization）176–7, 204, 240, 243
　党派（parties）156
　起源（origins）53n, 154
　情报机构（intelligence agencies）198–9
　曼德拉的观点（Mandela's views）53, 154–5

曼德拉的访问（Mandela's visits）157–61

领导层（leadership）53, 157–61, 166

保守党（Conservative Party, CP）21, 22, 83, 214

贝基·恩图利（Bheki Ntuli）190

贝基·姆兰格尼（Bheki Mlangeni）198

贝壳屋射杀事件（Shell House shootings）149–51, 171

贝丽尔·贝克（Beryl Baker）119

贝齐耶·维沃尔德（Betsie Verwoerd）221, 289

鲍里斯·叶利钦（Boris Yeltsin）237, 323

本·恩古巴内（Ben Ngubane）167

比尔·凯勒（Bill Keller）35

比尔·克林顿（Bill Clinton）35, 39, 237, 283

比利·南南（Billy Nannan）213

比勒陀利亚备忘录（Pretoria Minute）319

比齐马·卡拉哈（Bizima Karaha）275

彼得—德克·厄伊斯（Pieter-Dirk Uys）224

彼得·莫卡巴（Peter Mokaba）xiv, 100, 157–8

波波·莫莱费（Popo Molefe）159

波尔斯穆尔监狱（Pollsmoor Prison）
　曼德拉在狱中（Mandela in）2
　释放囚犯（release of prisoners）4, 5

博茨瓦纳国防军（Botswana Defence Force, BDF）276–7

博塔·西卡乌（Botha J. Sigcau）155n

博伊帕通大屠杀（Boipatong massacre）21

布拉姆·费希尔（Bram Fischer）46, 47n, 49, 291

布莱恩·米切尔（Brian Mitchell）172n

布里吉特·马班德拉（Brigitte Mabandla）101, 102

布隆迪和平进程（Burundi Peace Process）199

C

C. L. R. 詹姆斯（C. L. R. James）2

《城市新闻报》（City Press）104, 107, 261

《重建与发展白皮书》（White Paper on Reconstruction and Development）235

重建与发展计划（Reconstruction and Development Programme, RDP）
　办公室（office）113
　对经济的分析（analysis of economy）231
　非国大的提案（ANC initiative）93, 112
　国民党的态度（National Party's attitude to）94
　解散（dissolution）112, 113, 148
　建立（creation）50, 73
　角色（role）99, 113
　目标（objectives）204, 220, 236, 238, 239, 292
　融资（financing）235, 236, 238
　土地改革（land reform）234–5
　责任（responsibility）81, 112, 238
　执行（implementation）220, 232, 235, 236

促进和保护文化、宗教和语言族群权利委员会（Commission for the Promotion and Protection of the Rights of Cultural, Religious and Linguistic Communities, 简称 CRL Commission）223

《促进国家团结与和解法》（Promotion of National Unity and Reconciliation Act）55

D

达林迪耶博·恩甘格利兹韦（Dalindyebo Ngangelizwe）157

大会联盟（Congress Alliance）79, 253

丹尼斯·戈德堡（Denis Goldberg）135

德雷克·哈内科姆（Derek Hanekom）78, 80

德雷克·基斯（Derek Keys）82–3, 84, 88–9, 236

德斯蒙德·图图大主教（Archbishop Desmond Tutu）

    对肥缺的看法（view of 'gravy train'）246

    曼德拉的释放（Mandela's release）16

    在真相与和解委员会中的角色（TRC role）148, 225

《地方政府过渡法案》（Local Government Transition Act）122, 136, 161

蒂托·泰特斯·姆博韦尼（Tito Titus Mboweni）75–6, 88, 89–90

蒂尼·格伦内瓦尔德（Tienie Groenewald）31

调查委员会（Commission of Inquiry）191–2, 193

独立选举委员会（Independent Electoral Commission, IEC）37, 42–4, 47, 89n, 137n

独立申诉署（Independent Complaints Directorate, ICD）183

杜马·诺奎（Duma Nokwe）291

《对话》（The Conversation）252

多党谈判论坛（Multiparty Negotiating Forum）xiv, 161

夺回失去的运动（Operation Mayibuye）244

E

20国集团（Group of 20）240

恩戈阿科·拉马特霍迪（Ngoako Ramatlhodi）160

恩甘戈姆拉巴·马坦齐马（Ngangomhlaba Matanzima）157, 159

恩科萨扎娜·德拉米尼－祖马（Nkosazana Dlamini-Zuma）

艾滋病预防音乐剧（AIDS prevention musical）147, 264

对曼德拉的回忆（memories of Mandela）71–2, 272

贪污指控（allegations of corruption）147, 264, 265

烟草产业的问题（tobacco issue）71–2, 92

F

F. W. 德克勒克 / 弗雷德里克·威廉·德克勒克（F. W. de Klerk/ Frederik Willem de Klerk）

    阿非利卡人家园（volkstaat issue）34, 216

    安全问题（security issues）92

    白人投票者的公投（referendum of white voters）20–1, 33

    办公室（office）61–2, 66

    被非国大指责（reviled by ANC）12

    贝壳屋射杀事件（Shell House shootings）149

    博塔的邀请（Botha's invitation）29, 30

    对非国大的公开批评（public criticism of ANC）93–4

    对最终宪法的看法（view of final constitution）96, 128, 130

    副总统（deputy president）58–9, 60, 107

    关于拉马福萨（on Ramaphosa）80–1

    国家安全管理系统（National Security Management System）233

    国民党内部的挑战（challenges within National Party）93

    回应暴力（response to violence）21

    回应选举结果（response to election results）

47, 48

回应右翼威胁（response to right-wing threat）30, 31, 34

将军们密谋反对（generals' plot against）28

紧急状态（State of Emergency）18

夸祖鲁—纳塔尔的暴力（KwaZulu-Natal violence）94–5

领导（leadership）253

媒体报道（media coverage）106–7

内阁决议（cabinet decision-making）90–1

内阁中的角色（role in cabinet）93

三党执政的建议（ruling troika suggestion）83–4, 93

赦免警察和内阁部长（indemnity for police and cabinet ministers）93–4

赦免问题的冲突（amnesty clash）96

释放囚犯（release of prisoners）4, 5

提供因卡塔自由党的资金（funding for IFP）171

退出民族团结政府（withdrawal from GNU）84, 96–7, 98–100, 108

选美大赛事件（beauty pageant issue）41

选战（election campaign）40, 42

烟草产业的问题（tobacco issue）71–2, 92

与传统领袖的关系（relationship with traditional leaders）160

与曼德拉的关系（relationship with Mandela）9–10, 42, 48, 93–4, 95–6, 200

与曼德拉会面（meeting with Mandela）3, 10–11

真相与和解委员会（Truth and Reconciliation Commission）148, 225–6, 229

政党解禁（unbanning of political organisations）5

主持内阁委员会（chairing cabinet committees）91

组阁（cabinet formation issues）81–2, 83

法尼·比勒陀利乌斯（Fanie Pretorius）62

法尼·范德梅韦（van der Merwe, Fanie van der Merwe）159

法努埃尔·科宗吉齐（Fanuel Kozonguizi）109

非洲矿业工人罢工，1946 年（African Mine Workers' Strike, 1946）112n

    1990 年峰会（summit, 1990）270

    冲突预防、管理和解决机制（Mechanism on Conflict Prevention, Management and Resolution）270

    刚果—扎伊尔谈话（Congo-Zaire talks）274, 275

    利比亚问题（Libya issues）282–3

    曼德拉于1994年的演讲（Mandela's address, 1994）270–2

    南非的角色（role of South Africa）194, 270, 272, 279

非洲人国民大会／非国大（African National Congress, ANC）

    1912 年的成立会议（founding conference, 1912）153, 258

    1991 年全国代表大会（National Conference, 1991）41

    1992 年全国代表大会（National Conference, 1992）73, 232

    1994 年竞选宣言（election manifesto, 1994）251

    1997 年全国代表大会（National Conference, 1997）xiii–xv, 80, 239, 265, 290

    《阿非利卡人自决协议》（Afrikaner Accord

索引

on Self-Determination）35, 223
安哥拉的兵营（Angola camps）213, 230
八人帮（Group of Eight）146
贝壳屋总部（Shell House headquarters）xviii, 149–50, 171, 257, 261
被解禁（unbanned）5, 41, 158
被禁止（banned）17, 110n
传统领袖的角色（traditional African leadership role）153, 154, 156–60
传统领袖委员会（house of traditional leaders）154, 157, 162
重建与发展计划政策（RDP policy）112–13
创办人（founders）165
党鞭（chief whip）145
党团会议（caucus meetings）116, 145–6, 147
对肥缺的批评（'gravy train' criticisms）246
国歌争议（national anthem question）217–18
国际关系（international relationships）xvi, 278
国外的任务（foreign missions）278
国有化和私有化的讨论（public ownership/privatisation issues）232
过渡政府的准备（preparations for transition to government）177
哈尼提交给领导层的备忘录（Hani's memorandum to leadership）25
经济计划（economic plans）75, 239
经济政策部（Department of Economic Policy）236
警方关系（police relations）179
开除霍罗米萨（expulsion of Holomisa）xiv, 264
科萨问题（Xhosa issues）xv, 79, 81
历史（history）11, 53, 76
领导层（leadership）xv–xvi, xvii, 17, 76–7, 181
流亡（exile）11–12, 17, 18, 53, 66, 89, 143
流亡的领导层（leadership in exile）25, 168
卢萨卡会议（Lusaka conference）13, 18
蔑视运动（Defiance Campaign）xviin, 168
民粹倾向（populist tendencies）xiv
《民主南非制宪准则》（'Constitutional Guidelines for a Democratic South Africa', 1989）126, 154
纳斯雷克会议（Nasrec conference）17–19, 76
南非防卫军会议（SADF meetings）187–8
内阁的争论（cabinet debates）91
内阁核心小组会议（cabinet caucus）70–1, 92, 195
内阁简报（cabinet briefing）79
内阁职位（cabinet positions）83, 84n, 89, 91–2
情报机构的人员（personnel in intelligence agencies）199
全国工作委员会（National Working Committee, NWC）56, 68, 70, 77, 217
全国执行委员会（National Executive Committee, NEC）xiii, 12, 49, 56, 65, 68, 80, 90, 108–9, 167, 172, 190, 217, 218, 238
三方联盟（Tripartite Alliance）113–14
胜选（election victory）47–8, 110, 288

停止谈话（suspension of talks）21–2

托伊—托伊舞（toyi-toyi dance）158n

文化小组（cultural unit）213

宪法委员会（Constitutional Committee）126, 136

协商相关的政策（policy towards negotiations）11, 20

性别平等问题（gender equality issues）143

选战（election campaign）38–43, 52

移转权力给非国大（transfer of power to）22

议会党团（parliamentary caucus）63, 143, 190

议会地点争议（Parliament location issues）115–17

与泛非大的关系（relationship with PAC）109–10, 146n

与国民党的《谅解备忘录》（Record of Understanding with NP）126

与曼德拉的关系（Mandela's relationship with）xviii, 8, 12, 70, 145, 211, 216, 288–9

与媒体的关系（media relations）263–5

与因卡塔的关系（Inkatha relations）16, 20, 95, 97–8, 109, 167, 168, 171

与右翼将军们会谈（talks with right-wing generals）31, 35

与政府会谈（talks with government）1–2, 9, 21–2

与种族隔离政权的谈判（negotiators with apartheid regime）65

政策文件（policy documents）73–5, 222

政府（government）98–100, 103–4

指控种族主义（accused of racism）83

住房数量的目标（housing targets）245

《自由宪章》（Freedom Charter）125, 222

总统任期（presidency）xiv–xv, 2, 12, 17, 46, 61

非洲人国民大会妇女联盟（African National Congress Women's League, ANCWL）100

非洲人国民大会青年团（African National Congress Youth League, ANCYL）

布特莱齐的处境（Buthelezi's position）98, 167

成员（members）68, 100

领导层（leadership）xiv, 109, 157

曼德拉的处境（Mandela's position）25, 98, 167

影响（influence）76

非洲统一组织（Organisation of African Unity, OAU）

非洲语（Afrikaans language）

在学校的使用（use in schools）12n, 36, 190, 246n

复兴（rehabilitation）257

曼德拉的使用（Mandela's use of）31, 32, 62

曼德拉的态度（Mandela's approach to）52, 134, 179, 190–1, 219, 221–3, 230, 261

曼德拉的学习（Mandela's study of）32, 214

媒体（press）106, 257, 261

颂歌（anthem）57

菲德尔·卡斯特罗（Fidel Castro）57, 105, 107

费迪南德·哈岑伯格（Ferdinand Hartzenberg）21, 29, 31–2, 34

弗里恩·诺希尔·金瓦拉（Frene Noshir

索引

Ginwala）
　　对曼德拉的回忆（memories of Mandela）122–3, 141, 145
　　给曼德拉建议（advice to Mandela）56
　　履历（career）140, 143–4
弗拉克普拉斯小组（Vlakplaas Unit）198
弗朗索瓦·密特朗（François Mitterrand）88
弗兰克·达顿（Frank Dutton）55
弗兰克·奇凯尼（Frank Chikane）181n

G

戈万·姆贝基（Govan Mbeki）
　　参议院副议长（senate deputy president）145
　　卢萨卡会议（Lusaka conference）13
　　与哈尼的关系（relationship with Hani）26
　　与曼德拉的关系（relationship with Mandela）xviii, 145
歌曲（songs）
　　传统的（traditional）31
　　革命的（revolutionary）12
　　国歌（national anthems）57, 105, 217–18
　　解放（liberation）xiii, 212, 213, 289
　　纳斯雷克会议（Nasrec conference）17
　　《塞昆贾洛》（'Sekunjalo'）41
　　为曼德拉而作的（for Mandela）xix, 289
格奥尔格·迈林（Georg Meiring）
　　抱怨语言政策（complaint on language policy）147
　　承诺服务于曼德拉政府（commitment to serve Mandela's government）187
　　辞职（resignation）192–3, 194, 196

继任者（successor）191, 194, 200
　　军事情报部门捏造的报告（report fabricated by Military Intelligence Department）191–2, 199–200
　　联合军事协调委员会（Joint Military Coordinating Committee）188
　　融合过程（integration process）189
　　与曼德拉会面（meetings with Mandela）52, 54, 188, 190, 191
　　与维尔容会面（meetings with Viljoen）28
格拉迪丝·恩齐拉内（Gladys Nzilane）251
格拉萨·马谢尔（Graça Machel）
　　对曼德拉的回忆（memories of Mandela）145, 200–1, 288
　　观察选举（observing elections）45
　　与曼德拉的关系（relationship with Mandela）262
　　与曼德拉结婚（marriage to Mandela）262
格赛洛（Gecelo）157
橄榄球世界杯，1995年（Rugby World Cup, 1995）123, 210, 221, 260, 320
公共服务、公务员（civil service）66, 75, 176–7, 202–4, 236, 238
公共服务委员会（Public Service Commission）83, 177, 203
公共行政委员会（Commission for Public Administration, CPA）177, 202–3
《公民报》[阿非利卡语]（*Die Burger*）10, 261
《公民报》[英语]（*The Citizen*）106, 123
古德威尔·兹韦利蒂尼·卡·贝库祖鲁国王（King Goodwill Zwelithini kaBhekuzulu）20, 167, 169, 173, 305
古古莱图七人（The Gugulethu Seven）3

国歌（national anthem）217–18

国际法院（International Court of Justice）282, 283

国际新闻学会代表大会（International Press Institute）260

国际货币基金组织（International Monetary Fund, IMF）114, 236, 238

国际货币与金融委员会（International Monetary and Financial Committee）240

国际辩护和援助基金（International Defence and Aid Fund）210

国际证券委员会组织（International Organisation of Securities Commissions）240

国家安全管理系统（National Security Management System）233

国家安全委员会（State Security Council, SSC）4, 197

国家经济发展和劳工委员会（National Economic Development and Labour Council）239

国家情报局（National Intelligence Agency, NIA）199, 201

国家情报署（National Intelligence Service, NIS）4, 191, 196–7, 199, 226

国家情报协调委员会（National Intelligence Coordinating Committee）192

国家预防犯罪战略（National Crime Prevention Strategy, NCPS）182, 183, 186

国民党（National Party）311

 阿非利卡人的支持（Afrikaner support）215

 《阿非利卡人自决协议》（Afrikaner Accord on Self-Determination）35, 223

 班图斯坦（Bantustans）53, 155

 财政部部长（finance minister）236

 成立（established）37, 188

 成员（members）78

 对德克勒克的挑战（challenges to De Klerk）93, 96

 对重建与发展计划的态度（attitude to RDP）94

 分委员会（sub-councils）177

 官方发言人（official mouthpiece）10

 国歌（national anthem）217

 国民议会成员（National Assembly members）84

 回应选举结果（responses to election results）47

 克里格勒的报告（Kriegler's report）38

 联邦宪法（Federal Congress）96

 曼德拉对其的观点（Mandela's view of）265

 媒体报道（media coverage）104

 媒体代表（media representation）265

 民族团结政府职位的分配（allocation of posts in GNU）56

 内阁决定（cabinet decisions）91, 92, 95–6

 内阁位置（cabinet positions）76, 78, 83, 84n, 91–2, 93, 103, 303

 起草最终宪法（drafting of final constitution）127–8, 130

 缺乏改变的能力（lacking capacity to change）108

 认同危机（identity crisis）93

 三党执政的建议（ruling troika suggestion）83–4, 93

 少数派伙伴（minority partner）220

 同意采用宪法（agreement to adoption of constitution）96

 退出民族团结政府（withdrawal from

索引

GNU）xiv, 84, 96, 98–9, 103
新国民党（New National Party）253
刑罚制度（penal system）210
选举机制（election machinery）40
选举结果（election results）48
选举失利（electoral decline）97
选战（election campaign）42–3, 47
因卡塔自由党的借款（IMF loan）238n
与传统领袖的关系（relationship with traditional leaders）155, 156, 160
与非国大的《谅解备忘录》（Record of Understanding with ANC）126
与因卡塔自由党的关系（relationship with IFP）95, 170–1
战略政策团体（strategic policy group）92
掌权（in power）209, 215n
种族隔离（apartheid）215n
转移权力给非国大（transfer of power to ANC）22
自国民党离开（departures from）265–6

H

哈里·贝拉方特（Harry Belafonte）212
海迪·丹尼斯（Heidi Dennis）42
海伦·约瑟夫（Helen Joseph）49, 291
汉克·科恩（Hank Cohen）282
《好色客》（*Hustler*）261
和解日（Day of Reconciliation）xiii
《和谐日报》（*Rapport*）106–7
荷兰归正教会（Dutch Reformed Church）73, 190, 226
赫蒂·塞唐布尔（Hettie September）46, 47n
赫尔曼·吉利奥米（Hermann Giliomee）28, 40

赫尔纳斯·克里尔（Hernus Kriel）43, 122, 184
黑人编辑论坛（Black Editors Forum）263
黑人觉醒运动（Black Consciousness Movement）110n, 111n
黑绶带运动（Black Sash）112
亨德里克·弗伦施·维沃尔德（Hendrik Frensch Verwoerd）221
胡斯尼·穆巴拉克（Hosni Mubarak）201
环印度洋区域合作联盟（Indian Ocean Rim Association）279

J

J. B. 马克斯（J. B. Marks）291
吉迪恩·祖鲁王子（Prince Gideon Zulu,）167
吉尔·马库斯（Gill Marcus）89, 114, 240, 254
贾布拉尼·扎巴（Jabulani Xaba）100
贾瓦哈拉尔·尼赫鲁（Jawaharlal Nehru）175, 176
杰夫·拉德贝（Jeff Radebe）115, 117
杰基·塞莱比（Jackie Selebi）185
杰克·斯瓦特（Jack Swart）6, 214
杰克斯·格威尔（Jakes Gerwel）
    洛克比协商（Lockerbie negotiations）67, 283
    履历（career）66–7
    任命（appointment）62, 66, 67–8
    谈布特莱齐（on Buthelezi）97
    谈民族团结政府的制定决策（on GNU decision making）90–1
    谈情报简报（on intelligence briefings）199
    谈曼德拉（on Mandela）70, 118–19, 261, 284

谈曼德拉的办公室（on Mandela's office）69–70

起草曼德拉的演讲稿（drafting Mandela's speeches）68

杰拉尔丁·莫莱凯蒂（Geraldine Moleketi）249

杰曼·杰克逊（Jermaine Jackson）41

杰茜·亚斯明·杜阿尔特（Jessie Yasmin Duarte）

抵达总统办公室（arrival at presidential office）61

对曼德拉的回忆（memories of Mandela）21, 52–3, 56–7, 62

履历（career）56, 143, 257

杰伊·奈杜（Jay Naidoo）8, 112, 113, 244n

津巴布韦人民革命军（Zimbabwe People's Revolutionary Army）12n

紧急状态，1960年（State of Emergency, 1960）

解除（lifting）5, 18, 319

近卫骑兵（Ruiterwag）221–2

进步联邦党（Progressive Federal Party）104, 112

K

卡迪尔·阿斯马勒（Kader Asmal）77–8, 83, 91

卡尔·冯·克劳塞维茨（Carl von Clausewitz）33–4, 175

卡莱马·莫特兰蒂（Kgalema Motlanthe）xv

卡梅伦大法官（Justice Cameron）257

卡山伟华（Ken Saro-Wiwa）200, 281

《开普时报》（Cape Times）106

凯措·戈尔丹（Ketso Gordhan）40

凯泽·马坦齐马（Kaiser Matanzima）155n

康斯坦德·维尔容（Constand Viljoen）

阿非利卡人民阵线的计划（Afrikaner Volksfront, AVF plans）27–8, 31–2

博塔的邀请（Botha's invitation）28, 30

对曼德拉的观点（view of Mandela）224–5

对非国大胜选的回应（response to ANC election victory）48

加入谈判（joining negotiations）34–5

曼德拉对其的观点（Mandela's view of）31

曼德拉与其会面（Mandela's meeting with）31–2, 34

曼德拉总统任内的关系（relationship with Mandela's presidency）223, 225–6

赦免问题（amnesty issues）225–6

自由阵线（Freedom Front）35, 221

科比·库切（Kobie Coetzee）2, 288

科布斯·菲瑟（Kobus Visser）31

科菲·安南（Kofi Annan）276, 282

科利利兹韦·西卡乌国王（King Xolilizwe Sigcau）158

科西·齐弗哈兹（Khosi Tshivhase）46, 47n, 157, 160

克拉多克四人（the Cradock Four）3

克拉伦斯·马奎图（Clarence Makwetu）110

克莱夫·德比—刘易斯（Clive Derby-Lewis）22, 27

克里斯·菲斯默（Chris Fismer）96

克里斯·哈尼（Chris Hani）

刺杀（assassination）22–4, 27, 28

对非国大领导层的批评（criticisms of ANC leadership）25, 26

曼德拉对他的看法（Mandela's view of）24–5, 26–7, 46, 49

索引

　　曼德拉关于刺杀的电视讲话（Mandela's TV speech on his assassination）22–4

　　人格（character）24–5, 26, 216

克里斯·利本伯格（Chris Liebenberg）88–9, 114

克里斯·斯特里特（Chris Streeter）62

克里斯托·布兰德（Christo Brand）214

肯尼思·卡翁达（Kenneth Kaunda）79, 105

肯尼斯·卡古蒂·塞库库尼（Kenneth Kgagudi Sekhukhune）159–60

库努（Qunu）xviii, 116, 180, 290

夸祖鲁—纳塔尔（KwaZulu-Natal）

　　巴姆巴萨人头税起义（Bambatha poll tax rebellion, 1905）241n

　　布特莱齐的处境（Buthelezi's position）97–8

　　曼德拉出狱后在德班的演讲（Mandela's speech in Durban after his release）16, 20, 95

　　曼德拉的访问（Mandela's visit）159

　　曼德拉对传统领袖的态度（Mandela's attitude to traditional leaders）166–7, 169

　　曼德拉威胁取消资金补助（Mandela's threat to withdraw funding）169–70

　　曼德拉与布特莱齐的关系（Mandela's relationship with Buthelezi）167–8

　　德克勒克接触曼德拉（De Klerk's approach to Mandela）94–5

　　国王的地位（status of king）129

　　关于宪法起草的紧张状态（tension over Constitution drafting）261

　　省名（name of province）130n

　　选举（elections）47–8, 96, 128

　　政府遏止暴力的策略（government strategy to stem violence）168–9, 171–2

　　持续的政治暴力（continuing political violence）42, 55, 94

　　艾滋病问题（AIDS issues）249

　　因卡塔自由党的处境（IFP's position）109, 128–9, 161, 165–6, 169–71

　　调查任务小组（Investigation Task Unit）172

夸祖鲁自卫队（KwaZulu Self-Protection Force）187

矿工大罢工（Great Miners' Strike）112

奎特·马西雷（Quett Masire）274

昆西·琼斯（Quincy Jones）212

L

拉伯兹贝尼·古瓦米莱（Labotsibeni Gwamile）157

拉斯蒂·埃文斯（Rusty Evans）69

拉亚什·亚克尔（Layashi Yaker）232

莱皮勒·陶亚内（Leepile Taunyane）40

莱高·马塔巴蒂（Legau Mathabathe）111

莱坎尼亚内主教（Bishop Barnabas Lekganyane）38, 190

莱娜·恩兹韦尼（Lenah Ntsweni）251

莱尼·图拉雷（Rhyne Thulare）159–60

莱索托的军事干涉（Lesotho, military intervention）276–7

莱索托国防军（Lesotho Defence Force, LDF）276–7

兰斯顿·休斯（Langston Hughes）133–4

兰萨纳·贝里埃（Lansana Gberie）200

劳动力市场委员会（Labour Market Commission）239

劳伦斯·施莱默（Lawrence Schlemmer）40

雷蒙德·姆拉巴（Raymond Mhlaba）4, 5, 13
雷蒙德·苏特纳（Raymond Suttner）79
雷塔·哈姆斯（Retha Harmse）24
里卡·霍奇森（Rica Hodgson）111
里沃尼亚审判（Rivonia Trial）
　　被告（defendants）4, 8, 135
　　辩护意见（defence argument）125–6
　　辩护团队（defence team）136
　　检察官（prosecutor）214
　　曼德拉在被告席上的演讲（Mandela's speech from dock）121
　　释放囚犯（release of prisoners）4, 8
理查德·斯滕格尔（Richard Stengel）20, 167, 168
理查德·马蓬亚（Richard Maponya）111
利比亚（Libya）xvi, 67, 282–4
莉莲·马塞迪巴·恩戈伊（Lilian Masediba Ngoyi）49, 291
联合大厦/总统府（Union Buildings）
　　曼德拉的就职仪式（Mandela's inauguration）57, 60
　　前往总统府（marches on）161
　　总统办公室（presidential office）61–2, 130, 289–90
联合国（United Nations）
　　1993年的曼德拉讲话（Mandela's address, 1993）82
　　1994年的曼德拉讲话（Mandela's speech, 1994）279
　　非国大的请愿（ANC appeal）21
　　刚果—扎伊尔会谈（Congo-Zaire talks）275
　　决议反对种族隔离（resolutions against apartheid）212
　　科索沃的问题（Kosovo issues）285
　　贸易和发展会议（Conference on Trade and Development, UNCTAD）279
　　南非的债务（South African debt）237–8
　　南非的角色（South African role）194
　　与卡扎菲的关系（Gaddafi's relationship）283
　　与南非的关系（relationship with South Africa）270
　　中止南非会员资格（suspension of South Africa）4
联合民主运动（United Democratic Movement, UDM）xiv
联合民主阵线（United Democratic Front, UDF）
　　成就（achievements）155
　　夸马库塔屠杀（KwaMakhutha massacre）190
　　领导层（leadership）66, 115
　　起源（origins）30
　　与曼德拉的交流（Mandela's communications with）8
　　与因卡塔的关系（Inkatha relations）19–20, 171
联合军事协调委员会（Joint Military Coordinating Committee）188
林达·乔克（Lynda Chalker）282
列昂·韦塞尔斯（Leon Wessels）96, 127
龙尼·卡斯里尔斯（Ronnie Kasrils）213
路易斯·塔鲁克（Luis）175–6
路易斯·卢伊特（Louis Luyt）123–5
罗伯特·马特斯（Robert Mattes）40
罗伯特·曼加利索·索布奎（Robert Mangaliso Sobukwe）4, 47, 109, 291
罗伯特·穆加贝（Robert Mugabe）17–18, 273–4

索引

罗本岛（Robben Island）
　　报纸（newspapers）259
　　对在岛上的曼德拉的回忆（memories of Mandela on）211, 218–19
　　曼德拉在岛上（Mandela on）121, 135, 210, 260
　　囚犯的涌入（influx of prisoners）1
　　释放囚犯（release of prisoners）4, 17
　　戏剧演出（theatre）148
　　学习（studies）121–2, 230, 247
　　狱友（alumni）xv, 148, 287
　　争议（debates）154
罗尔夫·迈耶（Roelf Meyer）22, 82, 90, 159
洛克比炸弹谈判（Lockerbie bombing negotiations）67, 282–4
洛朗·卡比拉（Laurent Kabila）274–5
卢卡斯·曼霍佩（Lucas Mangope）159, 179n–180n
卢萨卡会议（Lusaka conference）13, 18
鲁洛夫·"皮克"·博塔（Roelof 'Pik' Botha）96, 108, 159
鲁斯·马策阿内（Ruth Matseoane）159

M

M. Z. 库马洛（M. Z. Khumalo）190
马蒂纳斯·范沙尔克维克（Marthinus van Schalkwyk）93, 253n
马丁·路德·金（Martin Luther King）28–9
马格努斯·马兰（Magnus Malan）52, 190
马卡多（Makhado）157
马科马（Maqoma）157
马克·马哈拉杰（Mac Maharaj）115, 117, 159, 211
马肯克斯·斯托菲莱（Makhenkesi Stofile）145

马伊布耶（Mayibuye）213
马伊谢二世国王（Mayishe II, King）167
马维维·米亚卡亚卡-曼齐尼（Mavivi Myakayaka-Manzini）xv
玛丽·姆克斯达纳（Mary Mxadana）72
迈克尔·哈梅尔（Michael Harmel）46, 47n
迈克尔·杰克逊（Michael Jackson）42
迈耶·卡恩（Meyer Kahn,）185–7, 239, 305
曼德伦科西·杜马里西莱（Mandlenkosi Dumalisile）158n
曼戈苏图·布特莱齐（Mangosuthu Buthelezi）
　　班图斯坦领袖（Bantustan leader）166, 168
　　参加 1994 年的选举（participation in 1994 elections）166
　　冲到南非广播公司（storming South African Broadcasting Corporation studio）97–8
　　代理总统（acting president）97, 276
　　担任因卡塔自由党主席（IFP presidency）20
　　非国大对他的态度（ANC attitudes to）20
　　关于内阁决议（on cabinet decisions）91
　　号召抵制政府（call to resist government）169–70
　　留在民族团结政府内（remaining in GNU）97
　　南非工人联盟团结工会的成立（UWUSA formation）166
　　内政部部长（minister of home affairs）97
　　温妮·曼德拉的免职（dismissal of Winnie Mandela）102
　　与曼德拉的关系（Mandela's relationship

with）95, 97–8, 129–30, 166–70

曼科波迪·图拉雷王后（Queen Mankopodi Thulare）159–60

曼普鲁（Mampuru）157

曼塔蒂西女王（Queen Manthatisi）46, 47n

《每日新闻》（Daily News）107

《每周邮报》（Weekly Mail）28, 225

门迪·姆西芒（Mendi Msimang）xv, 62, 145

蒙博托·塞塞·塞科（Mobutu Sese Seko）213, 274, 275

蒙蒂·G. 奈克尔（Monty G. Naicker,）46, 47n, 49, 291

米洛凡·吉拉斯（Milovan Djilas）5

米瑞安·马卡贝（Miriam Makeba）212

米歇尔·科比特（Michael Corbett）57, 134, 135–6

蔑视不公正法令运动（Defiance Campaign Against Unjust Laws）

    布特莱齐的缺席（Buthelezi's absence）168

    曼德拉的角色（Mandela's role）xviin, 63, 210, 218

民主党（Democratic Party, DP）

    贝壳屋射杀事件（Shell House shootings）149

    对批评的回应（response to criticism）265

    内阁讨论（cabinet discussions）83, 214

    党员身份（membership）265–6

    老兵（veterans）112

    领导层（leadership）48n, 93

    前身（predecessor）104

民主南非大会（Convention for a Democratic South Africa, CODESA）

    德克勒克的任命（De Klerk's appointment to）97

    第一次会议（first meeting）156

拉马福萨履历（Ramaphosa's career）xiv–xv

实施宪法（constitution adopted）xv

民族国家理事会（Volkstaat Council）215, 216, 223–4

民族团结政府（Government of National Unity, GNU）

    布特莱齐的角色（Buthelezi role）98

    部长与副部长的配对（pairing of ministers and deputy ministers）91–2

    成立（formation）48, 50–1, 56, 62

    重建与发展计划（RDP issues）50, 112, 220, 231

    反对党的加入（opposition participation）84

    非国大的处境（position of ANC）70, 132, 146, 214, 222, 232–3

    内部裂痕（rift in）202

    内阁（cabinet）62, 76, 84, 90, 92, 115

    内阁委员会（cabinet committees）91

    国民党的角色（National Party role）93, 95–6

    国民党退出（National Party withdrawal）xiv, 62, 96–7, 98–100, 103, 253n

    公务员的管理（civil service management）202–4

    回应温妮·曼德拉的批评（response to Winnie Mandela's criticisms）101–2

    赦免的问题（amnesty issues）59

    瓦解（collapse of）109, 110

    为和解做的努力（reconciliation efforts）147

    温妮·曼德拉的免职（dismissal of

索引 479

　　Winnie Mandela）102–3
　温妮·曼德拉的批评（Winnie Mandela's criticisms against）100
　五年政府的架构（framework for a five-year GNU）76
　协商一致（consensus decisions）90–1
　选举的情况（conditions for elections）27
　因卡塔自由党的处境（IFP position）97–8, 109
　与夸祖鲁－纳塔尔的紧张关系（KwaZulu-Natal tensions）170
　真相与和解委员会的成立（TRC set up）55
　政府通讯和信息系统（Communication and Information System, GCIS）69
民族之矛（Umkhonto weSizwe, MK）
　兵变（mutiny）11
　成员的监禁（imprisonment of members）175
　对曼德拉执行的安保细节（security detail for Mandela）61
　对其之指控（allegations about）54
　哈尼的角色（Hani's role）24–5, 26
　领导层（leadership）82
　卢萨卡会议（Lusaka conference）13
　卢图利分遣队（Luthuli Detachment）11–12, 25
　建立（establishment）xiii, 272
　曼德拉的角色（Mandela's role）19, 175, 218
　曼德拉向其致敬（Mandela's tribute to）19
　死伤率（casualty rate）13
　万基战役（Wankie campaign）12, 17, 25
　锡波利洛战役（Sipolilo campaign）12n, 17, 25
　与南非防卫军会面（meetings with SADF）187–8
　整合入南非国防军（incorporated into SANDF）187–9
摩西·考塔尼（Moses Kotane）46, 47n, 49, 291
莫桑比克（Mozambique）11, 25, 143
莫斯·恩杜马洛（Moss Nxumalo）111
莫修奥·"恐怖者"·莱科塔（Mosiuoa 'Terror' Lekota）xv
姆费富国王（King Mphephu）160
姆扎拉（Mzala），见"亚布拉尼·诺贝尔曼·恩杜马洛"
姆兹万迪莱·维纳（Mzwandile Vena）119
穆阿迈尔·卡扎菲（Muammar Gaddafi）67, 282–3

N
纳尔逊·拉莫戴克（Nelson Ramodike）159
纳尔逊·曼德拉（Mandela, Nelson）
　个人（PERSON）
　　出狱时的外貌（appearance on release）16
　　对人性的看法（view of human nature）118–19
　　法律职业（legal career）121, 137
　　回应暴力（response to violence）21
　　记忆力（memory）261
　　监禁期间运动（exercise during imprisonment）6
　　教育（education）32, 214–15, 248
　　军人的行为准则（soldier's code of conduct）6–7

慷慨（generous）63
科萨母语（isiXhosa mother tongue）32, 87
口音（accent）32
领袖魅力（charisma）84
魅力（charm）31
名字（names）71n, 210, 258
年龄（age）3, 63, 84, 145, 250–1
亲切和睦（amiable）32
拳击（boxing）52
身高（height）xiii, 16, 121
时机感（sense of timing）212
试图了解另一面观点（trying to understand the other side）211–12
随和（easy-going）63
温暖（warmth）63
笑容（smile）32
信心（confidence）63, 70
衣着（clothes）102, 119, 121, 145, 210, 260
有礼的（courteous）132
与他人联结的能力（ability to connect with people）37–8
与格拉萨·马谢尔结婚（marriage to Graça Machel）262
与温妮离婚（divorce from Winnie）161
语言（language）269
阅读（reading）33, 175–6
阅读报纸（reading newspapers）258–9, 260, 261–2
忠诚（loyalty）118, 147
自律（discipline）6, 267
自我控制（self-control）211, 267
自尊（dignity）211
监禁（IMPRISONMENT）
波尔斯穆尔监狱（Pollsmoor Prison）2

出狱（release）7, 8, 15, 36, 246
出狱的策略（release strategy）7
活动（activities）211
维克托韦斯特监狱（Victor Verster Prison）1, 5, 10
为出狱后的角色做准备（preparations for role after release）9
罗本岛（Robben Island）xv, 121, 135, 148, 154, 210, 219, 247, 259, 260, 287
起始（start of）175, 209–10
与德克勒克会面（meeting with De Klerk）3, 10
与政府代表会面（meetings with government representatives）2, 3
与非国大和联合民主阵线电话会谈（telephone conversations with ANC and UDF）8
与政府代表会面（meetings with government representatives）2, 3
政治观（POLITICAL VIEWS）
阿非利卡人家园（volkstaat）33–5, 216–17
艾滋病（AIDS）249–50, 280
安全部队，南非防卫军和南非国防军（defence forces, SADF, SANDF）187–94
安全部门（security services）53–5, 83, 89, 92, 176, 177–8, 182, 186–7, 198–9, 204
班图斯坦制度（Bantustan system）53, 154–5
暴力（violence）16–17, 21–2, 42, 54–5, 94–5, 129, 150, 164, 169, 181, 198, 226, 255, 280
被释放的囚犯的未来（futures of released prisoners）6

索引

传统领袖（traditional leaders）155–6, 162, 166–7, 169

出版自由（free press）259, 260, 266

多数派执政（majority rule）90, 127, 131

儿童的权利（children's rights）74, 246–8

公共部门（public services）203–6

国歌（national anthem）217–18

国民党（National Party）265–6

国有化（nationalization）75, 232

和解（reconciliation）43–4, 51, 56, 59, 89, 99, 110, 131, 145, 147, 151, 179, 201, 214–22, 224, 229–30, 253, 264, 274, 277, 289, 292

集体领导（collective leadership）49, 64, 65

教育（education）163–4, 247–8

经济（economy）76, 205–6, 231–3, 235–42, 250, 252, 271–2, 277, 278

领导（leadership）7, 34, 64–5, 291

民族团结（national unity）56, 90–1, 97, 109, 125, 193, 214, 222, 292

女性（women）65, 143–4, 203, 244, 255

省（provinces）130

失业（unemployment）104, 237, 240, 254–5, 280

私有化（privatization）232, 238

贪污（corruption）181, 253–4, 260

土地改革（land reform）234–5, 243

协商谈判（negotiations）9–11, 18, 21–2, 29, 32, 34, 39–40, 65, 83–4, 90–1, 110, 126–8, 130, 131, 132, 162, 171, 205, 217, 225–6, 232–3, 236, 248, 283

言论自由（free discussion）xvi, 222

医疗卫生（health care）220n, 235, 248–9

议会的地点（Parliament location）144–5

与司法的关系（relationship with the judiciary）121–5

语言（languages）147, 190–1

战争（war）23, 34, 226, 228, 256, 280, 292

住房（housing）234, 243–6

政治生涯（POLITICAL CAREER）

被选举委员会选为总统（chosen as president by electoral college）142–3

不愿意成为总统（reluctance to become president）63–4

从不同党派配对部长和副部长（pairing ministers and deputy ministers from different parties）91–2

非国大副主席（ANC deputy presidency）17

非国大主席（ANC presidency）xiv, 61

顾问（advisers）70

关于出卖的谣言（rumours of sell-out）12

国际社会的加持（endorsement by international community）103–5

回应贝壳屋射杀事件（response to Shell House shootings）149–51

回应右翼威胁（response to right-wing threat）28–35

继任问题（succession question）xiv–xv

拒绝再度竞选（refusal to seek re-election）64

领导风格（leadership style）64–6, 70

南非共和国总统（presidency of South Africa）xiv, 55, 61–6

谈判释放囚犯（negotiations for release of prisoners）4–5

选举投票（voting in elections）46

与比勒陀利亚政权（negotiations with Pretoria regime）9–10

与德克勒克的关系（relationship with De Klerk）9–10, 42, 48, 93–4, 95–6, 200

与公众的关系（relationship with the public）72, 262

与媒体的关系（relationship with the media）105–8, 258–67

与司法的关系（relationship with the judiciary）121–5

战略思考（strategic thinking）82

政府与非国大之间的谈话（talks between government and ANC）1–2

总统办公室（presidential office）61–2

总统办公室工作人员（presidential staff）62–3

总统的薪水（salary as president）246–7

总统官邸（presidential home）61

总统就职典礼（presidential inauguration）56–60, 61, 250

组阁（cabinet formation）73, 76, 78–80, 81–2

演讲（SPEECHES）

BBC 采访，1993 年（BBC interview, 1993）176

艾滋病会议，2002 年（AIDS conference, 2002）249

安哥拉国民议会，1998 年（Angolan National Assembly, 1998）26

北京大学，1999 年（Beijing University, 1999）285

被告席上，1964 年（from the dock, 1964）121, 213, 218

比勒陀利亚 1995 年的集会（Pretoria rally, 1995）92–3

编辑简报，1999 年（briefing editors, 1999）249–50, 259–60

不结盟运动组织峰会，1998 年（Non-Aligned Movement summit, 1998）280

参议院预算案辩论，1994 年（Senate budget debate, 1994）219–20

参议院预算案辩论，1995 年（Senate budget debate, 1995）216–17

参议院预算案辩论，1996 年（Senate budget debate, 1996）97

出狱后在开普敦演讲（Cape Town speech after release from prison）15

达沃斯论坛，1992 年（Davos address, 1992）75

道德峰会（Morals Summit, 1998）253–4

德班的集会，1990 年 2 月 25 日（Durban rally, 25 Feb 1990）16, 164–5

第一次议会演说，1994 年 5 月（first address to Parliament, May 1994）235

电视采访，1996 年（TV interview, 1996）264

电视采访，1997 年（TV interview, 1997）290

非国大会议，1997 年（ANC conference, 1997）xiii–xiv, 265, 266

非国大会议上的告别演说，1997 年（farewell speech at ANC Conference, 1997）xv–xviii, 290

非国大全国执行委员会，1996 年（ANC NEC, 1996）108–9

非洲统一组织峰会，1994 年（OAU summit, 1994）270–2

国际新闻学会，1994 年（International

索引

Press Institute, 1994) 260, 263
国民议会上的声明 (statement in National Assembly, 1996) 113
国情咨文，1994 年 (State of the Nation Address, 1994) 139–41, 233–4
国情咨文，1995 年 (State of the Nation Address, 1995) 128, 144, 204–5
国情咨文，1996 年 (State of the Nation Address, 1996) 205–6
国情咨文，1997 年 (State of the Nation Address, 1997) 229–30
国情咨文，1999 年 (State of the Nation Address, 1999) 227–8, 251–2, 255, 277
哈尼遇刺后现身于电视上 (TV appearance after Hani killing) 22–4
回应1995年国情咨文的争议 (reply to debate on State of the Nation Address, 1995) 128–30
回应南非全国省级事务委员会关于总统预算的争论，1997 年 (reply to NCOP debate on President's Budget, 1997) 115
回应南非全国省级事务委员会关于总统预算的争论，1998 年 (reply to NCOP debate on President's Budget, 1998) 117
即席演讲 (speaking extempore) 262
就职典礼前 (before inauguration) 52
科比特的退休宴会 (Corbett's retirement banquet) 135–6
老兵 (veterans) 110–12
里沃尼亚审判，1964 年 (Rivonia Trial, 1964) 121
利比亚的媒体，1997 年 (media in Libya, 1997) 282–3
利比亚媒体，1992 年 (Libya media, 1992) 282–3
利比亚人民代表大会，1999 年 (Libyan Congress of the People, 1999) 283–4
联合国，1993 年 (UN, 1993) 82
联合国大会，1994 年 (UN General Assembly, 1994) 279
曼德拉罗兹基金会办公室的开幕，2000 年 (opening of Mandela Rhodes Foundation's offices, 2000) 247–8
美国众议院 (US House of Congress) 280–1
南部非洲发展共同体峰会，1997 年 (SADC summit, 1997) 272
南方共同市场峰会，1998 年 (Mercosur summit, 1998) 278–9
南非工会大会的集会，1994 年 (COSATU congress, 1994) 254–5
南非广播公司的采访 (interview with the South African Broadcasting Corporation) 226–7
瑞典国会，1999 年 (Swedish Parliament, 1999) 281
胜选 (election victory) 48–52, 246
实施宪法 (adoption of Constitution) 131–3
索韦托起义周年，1994 年 (anniversary of Soweto Uprising, 1994) 246–7
谈贝壳屋射杀事件 (on Shell House shootings) 149–51
谈布特莱齐 (on Buthelezi) 167–8
谈因卡塔自由党 (on IFP) 169–71
挑战因卡塔自由党返回议会 (challenging IFP to return to Parliament) 128–30
委任起草 (delegation of drafting) 262
乌姆拉济集会，1995 年 (Umlazi rally,

1995）169

乌姆拉济演讲后的议会讲话（Parliament after Umlazi speech）169–70

宪法法庭的就职典礼（inauguration of Constitutional Court）134–5

向高级警察指挥官讲话（top police command）178–80

新情报总部的开幕式，1997年（opening new intelligence headquarters, 1997）201–2

选为总统后在开普敦演讲（Cape Town speech after election as president）55–6

选战，1999年（election campaign, 1999）236–8, 290

演讲的序言（prefaces to speeches）262

议会讲话，1996年（Parliament, 1995）125

议会上的告别演说，1999年（farewell speech to Parliament, 1999）255–6, 290–3

议会中谈公共部门（Parliament on Public Service, 1996）205–6

由格威尔起草（drafted by Gerwel）68

由内奇滕泽起草（drafted by Netshitenzhe）68

由托鲁起草（drafted by Trew）68

与阿非利卡人组织的会面（meeting with Afrikaner organisations）222–3

与南非酿酒公司的告别采访，1999年（farewell interview with SABC, 1999）285

预算讨论时向议会简报，1998年（briefing to Parliament at opening of budget debate, 1998）191–3

在索韦托的多宗教信仰集会（multifaith service in Soweto）52

在瓦尔曼斯特尔对民族之矛成员演说（Wallmansthal address to former MK members）189

针对国民党退出民族团结政府的声明（statement on NP withdrawal from GNU）98–100

针对温妮的状况的声明（statements on Winnie's position）100–1, 102–3

针对议会第三势力的公开演说（opening address to third session of Parliament, 1996）206–7

针对与中国关系的声明（statement on Chinese relations, 1996）284

针对真相与和解委员会报告的争论的公开演说（opening address in debate on TRC Report）228–9

总统就职演说（presidential inauguration speech）57–60

最后一次参加议会，1999年（final sitting of Parliament, 1999）151

仪式、荣誉与致敬（CELEBRATIONS, HONOURS AND TRIBUTES）

70岁寿诞（seventieth birthday）15

78岁寿诞（seventy-eighth birthday）110

80岁寿诞（eightieth birthday）41

非洲和平奖（Africa Peace Award）320

温布利球场音乐会（Wembley concerts）15, 212

总统就职典礼（presidential inauguration）60

著作（WRITING）

《重建与发展白皮书》前言（preamble to *White Paper on Reconstruction and Development*）235

索引

关于1997年与卡比拉会面的笔记（notes on Kabila meeting, 1997）275–6

关于会谈的笔记（notes for meetings）146–7

给德克勒克的信（letter to De Klerk）94–5

《漫漫自由路》（Long Walk to Freedom）vii, ix, x, 20, 167

《清除障碍与面对敌人》（'Clear the Obstacles and Confront the Enemy'）154–5

谈安全架构（on security structures）182–7

谈报纸（on newspapers）255, 259

谈成为总统（on becoming president）63–6

谈传统领袖的角色（on role of traditional leaders）162–4, 166–7

谈对安哥拉的感激之情（on debt of gratitude to Angola）26

谈德克勒克（on De Klerk）10–11

谈法治（on rule of law）122, 124–6

谈犯罪率（on crime rate）252–3

谈非国大缺乏经验（on ANC's lack of experience）177

谈非国大选战（on ANC election campaign）38–43

谈非国大政策文件（on ANC policy document）73–5

谈非国大政府记录（on ANC government record）103–5

谈非国大作为执政党的角色（on ANC's role as governing party）xiii

谈格威尔（on Gerwel）66–7

谈公民权（on citizenship rights）136–7

谈国民党（on National Party）xiv

谈国民党退出民族团结政府（on National Party withdrawal from GNU）108–9

谈国民议会的发言人（on Speaker of National Assembly）143–4

谈哈尼的遇刺（on killing of Hani）22–4, 26–7

谈黑人记者（on black journalists）264–5

谈经济（on economy）239–42

谈夸祖鲁-纳塔尔暴力（on KwaZulu-Natal violence）172

谈领导（on leadership）7, 63–6

谈马兰的逮捕（on Malan arrest）190

谈媒体关系（on media relations）108, 266–7

谈媒体所有权（on media ownership）265–6

谈民族之矛的战士（on MK fighters）19

谈内阁遴选（on cabinet selection）79–81, 83, 84

谈内奇滕泽（on Netshitenzhe）69

谈任用女性（on appointment of women）203

谈坦博的逝世和继任者（on Tambo's death and successor）76–8

谈土地与住房（on land and housing）234–5, 243–5

谈前自由战士（on former freedom fighters）6

谈选举（on elections）38–47

谈选举前的安全问题（on security discussions before elections）53–4

谈议会地点（on Parliament location）116

谈右翼对选举的威胁（on right-wing

threat to elections）27, 28–35
谈与传统领袖的关系（on meetings with traditional leaders）156–60
谈真相与和解委员会的报告（on TRC report）228–9
谈政治、国防和安全机构（on Organ）273
谈种族隔离政权（on apartheid regime）3–4, 10, 18, 84
谈在监狱中的角色（on role in prison）110
《总统岁月》（'The Presidential Years'）xi

纳尔逊·曼德拉儿童基金（Nelson Mandela Children's Fund）247

纳纳·马豪莫（Nana Mahomo）109

纳斯雷克会议（Nasrec conference）17–19, 76

南部非洲发展共同体（Southern African Development Community, SADC）
1996年的峰会（summit, 1996）273
1997年的峰会（summit, 1997）272
成立（formation）270
和平与合作区（Zone of Peace and Cooperation）278
莱索托军事干涉（Lesotho intervention）276–7
曼德拉的位置（Mandela's position）272
南非的角色（South Africa's role）194, 279
政策框架（policy framework）194
政治、国防和安全机构（Organ）272–4

南大西洋和平与合作区（Zone of Peace and Cooperation in the South Atlantic）278

南方共同市场（Común del Sur Mercosur, Mercado）278

南非储备银行（South African Reserve Bank）83, 220, 239–40, 241, 254

南非传统领袖大会（Congress of Traditional Leaders of South Africa, CONTRALESA）154, 161

南非防卫军（South African Defence Force, SADF）
阿非利卡人民阵线的将军们（generals form AVF）27
并入南非国防军（merge into SANDF）187
成员的再教育（re-education of members）196
对纳米比亚难民的屠杀（massacre of Namibian refugees）31
领导层（leadership）28, 54
曼德拉的讲话（Mandela's address）179
与博塔的关系（Botha's relationship with）30
与民族之矛会面（meetings with MK）187–8
在真相与和解委员会上的简报（briefing on TRC）226
支持争取安哥拉彻底独立全国联盟（support for UNITA）11n

南非橄榄球联盟（South African Rugby Football Union, SARFU）123–5

南非工会大会（Congress of South African Trade Unions, COSATU）
1994年的会议（conference, 1994）254
对南非工会大会的反对（opposition to）166
领导层（leadership）160n, 163
内阁报告（cabinet briefing）79

索引 487

三方联盟（Tripartite Alliance）113–14
与因卡塔的关系（Inkatha relations）19–20
政策（policies）112, 166
南非工人联盟团结工会（United Workers Union of South Africa, UWUSA）166
南非共产党（Communist Party South Africa, CPSA/ South African Communist Party, SACP）
    活动分子（activists）33
    解禁（unbanned）5
    老兵（veterans）112
    领导层（leadership）27, 163
    内阁简报（cabinet briefing）79
    三方联盟（Tripartite Alliance）113–14
《南非共和国国防白皮书》（White Paper on National Defence for the Republic of South Africa）191, 194, 195
《南非共和国宪法》（Constitution of the Republic of South Africa）
    1996年的实施（adoption, 1996）xv, 96, 99, 131–3, 148
    公开签署仪式（public signing ceremony）133
    临时宪法（interim）99, 126–7, 142, 160, 202, 218, 230
    落日条款（'sunset clauses'）177, 202
    起草（drafting）96, 122, 126–30, 131, 132, 138, 142, 217, 261
南非广播公司（South African Broadcasting Corporation）97, 226
南非国防军（South African National Defence Force, SANDF）
    成立（formation）187, 196
    关于逮捕马兰的简报（briefing on arrest of Malan）190
    军事干涉莱索托（military intervention in Lesotho）276–7
    民族之矛的困难（MK difficulties）188–9
    捏造报告（report fabricated）191–2, 199–200
    替换司令官（replacement of Chief）192–3, 194
    语言（languages）191
    战略国防一揽子采购计划（Strategic Defence Procurement Package）195
    指挥委员会（Command Council）188
    整合与合理化（integration and rationalization）196
南非教会理事会（South African Council of Churches, SACC）52, 190
南非警察部（South African Police, South African Police Service, SAP, SAPS）
    重命名（renamed）179n
    重组（reconstruction）186–7
    独立申诉署（Independent Complaints Directorate, ICD）183
    对曼德拉执行的安保细节（security detail for Mandela）61
    弗拉克普拉斯小组（Vlakplaas Unit）198
    国家犯罪信息管理中心（National Crime Information Management Centre）180–1
    国家警察总监的任命（National Commissioner appointments）182, 185
    国家预防犯罪战略（National Crime Prevention Strategy, NCPS）182, 183, 186

领导层（leadership）54, 182, 185

曼德拉的讲话（Mandela's addresses）178–80, 181

曼德拉的赞美（Mandela's praise for）180, 252

赦免申请（amnesty applications）227

行为准则（Code of Conduct）186

预算（budget）186–7, 239–40

支持因卡塔（support for Inkatha）16

侦察要素（Detective component）183

在真相与和解委员会上的简报（briefing on TRC）226

南非联合阵线（South African United Front, SAUF）109–10

南非全国编辑论坛（South African National Editors' Forum, SANEF）266

《南非时代》（South African Times）224

南非税务局（South African Revenue Service）242

南非跳羚队（Springboks）119–20, 123, 210, 217, 260

南非特勤局（South African Secret Service, SASS）199, 200, 201

南非土著人国民大会（South African Native National Congress, SANNC）47n, 298

南非印度人大会（South African Indian Congress, SAIC）109

尼尔·巴纳德（Niël Barnard）4, 33, 226, 227

尼古拉斯·"芬克"·海索姆（Nicholas 'Fink' Haysom）68, 124

尼日利亚（Nigeria）200–1

农村安全（Rural Safety）239

诺贝尔和平奖（Nobel Peace Prize）
卢图利（Luthuli）28, 165

P

P. W. 博塔 / 彼得·威廉·博塔（P. W. Botha, Pieter Willem）299

安排与曼德拉密谈（arranging secret talks with Mandela）226

逮捕马兰的通报（briefing on Malan arrest）190

非国大会谈（ANC talks）9

健康（health）221

将军们的谋划（generals' plot）34, 169

拒绝出席真相与和解委员会（refusal to appear before TRC）226–7

释放囚犯的谈判（negotiations for release of prisoners）4, 288

与曼德拉会面（meetings with Mandela）3, 29–30, 221, 289

遭非国大唾骂（reviled by ANC）12

总体战略（Total Strategy doctrine）190

帕德里克·奥马利（Padraig O'Malley）21

帕克斯·曼卡赫拉纳（Parks Mankahlana）68, 260–1

帕洛·乔丹（Pallo Jordan）82, 98, 213

帕塞卡·恩科洛（Paseka Ncholo）206

叛国审判（Treason Trial）
被告（defendants）291
曼德拉被控告（Mandela accused）210–11
所有被告宣告无罪（acquittal of all accused）258

佩雷格林·沃索恩（Peregrine Worsthorne）103

佩纽尔·马杜纳（Penuell Maduna）31, 142

皮克斯利·卡·伊萨卡·塞米（Pixley ka Isaka Seme）53, 153, 165

皮埃尔·斯泰恩（Pierre Steyn）197, 198

珀西·优塔尔（Percy Yutar）214
普林斯顿·莱曼（Princeton Lyman）35

Q

恰尔特·范德瓦尔特（Tjaart van der Walt）159
前线国家（Frontline States）11, 13
乔·斯洛沃（Joe Slovo）26, 78, 109, 202, 245–6
乔·恩兰拉（Joe Nhlanhla）31, 54, 199
乔·莫迪塞（Joe Modise）31, 82, 159, 188, 195
乔布·莫戈罗（Job Mokgoro）159
乔尔·内奇滕泽（Joel Netshitenzhe）43, 68–9
乔莫·肯雅塔（Jomo Kenyatta）6
乔纳森·希斯洛普（Jonathan Hyslop）34
乔赛亚·古梅德（Josiah Tshangana）49
乔治·毕佐斯（Bizos, George）133, 134, 214
乔治·菲瓦兹（George Fivaz）82, 184, 185, 187
情报联合常委会（Joint Standing Committee on Intelligence）193, 199
全国编辑论坛（National Editors Forum）266
全国传统领袖委员会（National House of Traditional Leaders）162
全国接待委员会（National Reception Committee）8, 78
全国宗教领袖论坛（National Religious Leaders Forum）253

R

R. W. 约翰逊（R. W. Johnson）40
让我们共同建设的运动（Operation Masakhane）244n
人民代表大会（Congress of the People）
　布特莱齐的缺席（Buthelezi's absence）168
　老兵（veterans）112
《自由宪章》（Freedom Charter）125, 222
《人权法案》（Bill of Rights）74–5, 137
人民论坛（People's Forums）40, 50, 73
若阿金·希萨诺（Joaquim Chissano）273
若纳斯·萨文比（Jonas Savimbi）168

S

萨巴塔·达林迪耶博（Sabata Dalindyebo）157
萨基·马科佐马（Saki Macozoma）75–6
萨利姆·莫泽尔（Saleem Mowzer）16
萨莫拉·马谢尔（Samora Machel）11
萨尼·阿巴查（Sani Abacha）200–1, 281
萨特·库珀（Saths Cooper）219
塞古·杜尔（Sékou Touré）6
塞夸蒂三世国王（King Sekwati III）160
塞夸蒂一世国王（King Sekwati I）159
塞库库尼（Sekhukhune）129, 157
塞洛佩·泰马（Selope Thema）46, 47n
塞奇瓦约（Cetshwayo）157
三方联盟（Tripartite Alliance）113–14, 218
沙佩维尔大屠杀（Sharpeville Massacre）
　纪念（commemoration）133
　历史（history）22, 133
　曼德拉谈（Mandela on）4
　事件发生后写的诗（poem written after）140–1
　影响（effects）109
商业反犯罪（Business Against Crime, BAC）185, 187, 239

省级传统领袖委员会（Provincial Houses of Traditional Leaders）162
圣雄甘地（Mahatma Gandhi）5
史蒂芬·劳弗尔（Stephen Laufer）245
史蒂夫·班图·比科（Biko, Stephen Bantu）47, 227–8, 291
史蒂夫·奇韦特（Steve Vukile Tshwete）xv, 78, 123, 185
世界经济论坛／达沃斯论坛（World Economic Forum, WEF）75–6
世界贸易组织（World Trade Organisation）240
世界银行（World Bank）114
世界宗教理事会（World Council of Churches）291n
《市政机构法案》（Municipal Structures Act, 1998）164
司法咨询委员会（Judicial Service Commission, JSC）133 4
斯特拉·西卡乌（Stella Sigcau）158
斯坦·格林伯格（Stan Greenberg）39–40
苏珊·恩德洛武（Susan Ndhlovu）46
索福克勒斯（Sophocles）147–8
所罗门·谢基索·普拉杰（Solomon Tshekisho Plaatje）234
索韦托起义（Soweto Uprising）1, 12n, 22, 111n, 246
《索韦托人报》（The Sowetan）64, 107, 194, 263

T
塔博·姆贝基（Thabo Mbeki）
　贝壳屋射杀事件（Shell House shootings）149
　重建与发展计划办公室的关闭（RDP Office closure）113

非国大主席（ANC president）xv, xvi
副总统（deputy president）60, 66, 79, 88, 89, 107
副总统的争议（deputy president question）79, 80–1
国际货币基金组织重建事务（IMF restructuring issues）236
继任问题（succession question）xiv–xv
经济事务委员会（committee on economic affairs）91
就职为总统（inauguration as president）290
开普敦的访问（Cape Town visit）55
曼德拉的就职演说（Mandela's inauguration speech）57–8
南非特勤局（SASS）200
谈国民党的退出（on National Party withdrawal）96
谈和解（on reconciliation）43–4
谈曼德拉对安全事务的关心（on Mandela's interest in security matters）92
谈宪法起草（on constitution drafting）127
谈政策（on police issues）180, 185
宪法事务（constitution issues）129
协助撰写讲稿（helping with speech writing）69
与曼德拉的关系（relationship with Mandela）89
与右翼将军们的谈话（talks with right-wing generals）31
战略国防一揽子采购计划（Strategic Defence Procurement Package）195
组阁讨论（cabinet formation discussions）78–9
塔蒂祖鲁·西卡乌国王（King Thandizulu

索引 491

Sigcau）167

塔米·马兹韦（Thami Mazwai）258, 261, 264, 266

特雷弗·哈德尔斯顿大主教（Archbishop Trevor Huddleston）15, 45

特雷弗·曼纽尔（Trevor Manuel）

 财政部部长的任命（appointment as finance minister）114

 格威尔的任命（Gerwel's appointment）62

 经济计划中的角色（Economic Planning role）81–2, 236

 曼德拉的指示（instructions from Mandela）82, 90

 全国接待委员会（National Reception Committee）8

 谈财政部部长的任命（on finance minister appointment）88–9

 谈曼德拉（on Mandela）82–3, 117

 谈内阁会议（on cabinet meetings）70–1, 195

 议会地点争议（Parliament site issue）117

特洛伊木马屠杀（The Trojan Horse Massacre）3

滕巴·哈里·瓜拉（Themba Harry Gwala）20, 84, 216

滕吉韦·姆廷措（Thenjiwe Mtintso）xv

土地法，1913年（Land Act, 1913）234–5

托马斯·泰特斯·恩科比（Thomas Titus Nkobi）xv, 80n, 82

托尼·霍林斯沃思（Tony Hollingsworth）212

托尼·里昂（Tony Leon）93, 104

托尼·特鲁（Tony Trew），43, 68

托因·埃根赫伊曾（Toine Eggenhuizen）119

W

瓦茨拉夫·哈维尔（Václav Havel）5, 9

瓦利·穆萨（Valli Moosa）8, 82, 127, 162

万基战役（Wankie Campaign）12, 17

威尔莫特·詹姆斯（Wilmot James）40

威尔逊·恩科塞（Wilson Ngqose）25

威尔顿·姆夸伊（Wilton Mkwayi）4, 5, 13

威廉·德维利尔斯（William de Villiers）124

维克托韦斯特监狱（Victor Verster Prison）

 曼德拉出狱（Mandela's release）7, 8, 15, 246

 曼德拉在狱中（Mandela at）1, 5, 10

为了一个民主的未来代表大会（Conference for a Democratic Future）155

温妮·曼德拉（Winnie Mandela）

 被视为有民粹主义倾向（identification with populist tendencies）xiv, xv, 100

 撤职（dismissal）101–3

 对民族团结政府的批评（criticisms of GNU）100

 对非国大道歉（apology to GNU）101

 给温妮的信（letters to）32

 监禁（imprisonment）32

 开除的挑战（challenge to dismissal）101–2

 起诉温妮（charges against）100

 袭击和绑架罪的审判（trial for assault and kidnapping）100, 122

 羞辱（humiliation）xv, 122

 与曼德拉分居（separation from Mandela）100, 103

 与曼德拉离婚（divorce from Mandela）262

 在曼德拉获释后的生活（life after Mandela's release）100

 支持者（supporters）100, 103

文森特·马法伊（Vincent Maphai）205n
沃尔菲·科迪什（Wolfie Kodesh）33
沃尔特·西苏鲁（Walter Sisulu）
　　出狱（release from prison）4, 5
　　对班图斯坦的看法（view of Bantustans）53
　　继任问题（succession question）xv
　　监禁（imprisonment）210
　　卢萨卡会议（Lusaka conference）13
　　曼德拉对西苏鲁的看法（Mandela's view of）64
　　年龄（age）267
　　批准内阁名单（approval of cabinet positions）80n
　　谈曼德拉（on Mandela）169
　　为了一个民主的未来代表大会（Conference for a Democratic Future）155
　　影响力（influence）13, 64, 76, 160, 267, 288
　　与曼德拉的关系（relationship with Mandela）xviii, 70, 76, 115, 210, 267, 288
武林德莱拉·图陀·恩达马塞（Vulindlela Tutor Ndamase）158
乌尔巴尼亚·莫托彭（Urbania Mothopeng）110

X

西菲索·祖鲁（Sifiso Zulu）97
西菲西·恩卡宾德（Sifiso Nkabinde）172
西菲韦·尼安达（Siphiwe Nyanda）54, 188, 190, 191, 194, 200
西昆加蒂（Siqungati）157
西伦科·索库帕（Silumko Sokupa）156
西里尔·拉马福萨（Cyril Ramaphosa）

非国大秘书长（ANC secretary general）81
副总统的考量（deputy presidency question）79, 80–1
继任的问题（succession question）xiv–xv
履历（career）xiv–xv, 80–1
全国接待委员会（National Reception Committee）8
现身（appearance）80–1
制宪议会（Constitutional Assembly）127–8
西南非洲民族联盟（South West African National Union, SWANU）109
西南非洲人民组织（South West Africa People's Organisation, SWAPO）25, 31
西普里安·贝库祖鲁·卡·所罗门（Cyprian Bhekuzulu kaSolomon）157
西扎克莱·西赫达谢（Sizakele Sigxashe）199
茜茜·古尔（Cissie Gool）46, 47n
悉尼·穆法马迪（Sydney Mufamadi）
　　安全与安保部部长（minister of safety and security）82, 178, 180, 182, 184, 185, 187
　　背景（background）19
　　对重建与发展计划办公室的回忆（memories of RDP office）113
　　对非国大－因卡塔关系的回忆（memories of ANC-Inkatha relations）19–20
　　对将军们与曼德拉讨论的回忆（memories of discussions between generals and Mandela）54–5
　　对曼德拉的回忆（memories of Mandela）118, 149, 180

索引

内阁咨询（cabinet consultations）78
省级和地区政府部部长（minister of provincial affairs and local government）162
在和平进程中的角色（peace process role）82
锡安教会（Zion Christian Church, ZCC）38
锡波利洛战役（Sipolilo campaign）12, 17, 25
夏莱恩·亨特－高尔特（Charlayne Hunter-Gault）72
宪法法庭（Constitutional Court）122–7, 130, 133–4, 137–8, 142
宪法第九章机构（Chapter Nine Institutions）89
消极抵抗运动（Passive Resistance Campaign）112
辛括瓦纳·马尔加斯（Singqokwana Malgas）148
欣察国王（King Hintsa）157
《星报》（The Star）107
《星期日独立报》（Sunday Independent）108
《星期日泰晤士报》（Sunday Times）108
休·马塞凯拉（Hugh Masekela）212
绪方贞子（Sadako Ogata）275

Y

亚布拉尼·诺贝尔曼·恩杜马洛（Jabulani Nobleman Nxumalo）168
亚弗塔·卡拉比·梅思默拉（Jafta Kgalabi Masemola,）4, 5
亚历克·欧文（Alec Erwin）88, 89, 114
亚瑟·查思卡尔森（Arthur Chaskalson）136
亚西尔·阿拉法特（Yasser Arafat）57, 105
雅各布·盖德莱伊莱基萨·祖马（Jacob Gedleyihlekisa Zuma）

非国大副主席（ANC deputy president）xv
继任问题（succession question）xv
罗本岛的狱友（Robben Island alumnus）xv
曼德拉对其的观点（Mandela's view of）167
批准挑选内阁名单（cabinet selection approval）80n
与右翼将军们会谈（talks with right-wing generals）31
与传统领袖共事（work with traditional leaders）160
雅克·希拉克（Jacques Chirac）237
雅努什·瓦卢斯（Janusz Waluś）22, 23n, 24, 27
伊莱亚斯·莫措阿莱迪（Elias Motsoaledi）4, 5, 13, 160
伊雷妮·布特莱齐（Irene Buthelezi）98
伊斯梅尔·穆罕默德（Ismail Mohamed）136
因德雷斯·奈杜（Indres Naidoo）210
因德洛武卡齐（iNdlovukazi）157
因卡塔自由党（Inkatha Freedom Party, IFP）
安全部队的支持（support from security forces）16, 165–6
暴力（violence）20, 95, 149, 150, 166, 172
贝壳屋射杀事件（Shell House shootings）149, 171
军事训练（military training）179
领导层（leadership）167, 190
曼德拉的威胁（Mandela's threat towards）169–70
曼德拉的演说（Mandela's speech）128–30
内阁位置（cabinet positions）56, 68, 76,

78, 83–4, 84n, 91–2
起源（origins）168
三党执政的建议（ruling troika suggestion）83, 93
宪法问题（constitution issues）128–30, 169
选战（election campaign）37, 38, 47, 94n
与非国大的关系（relationship with ANC）16, 20, 95, 97–8, 109, 167, 168, 171
与国民党的关系（relationship with National Party）95, 170–1
与南非传统领袖大会的关系（CONTRALESA relations）161
在民族团结政府中的角色（role in GNU）97, 99

议会大楼（Parliament building）115–17, 144–5
英格丽·琼蔻（Ingrid Jonker）140–1
影响力（influence）29, 33, 34–5, 194, 28
《映像报》（Beeld）106, 257
优素福·达杜（Yusuf Dadoo）46, 47n, 49, 109
尤金·德科克（Eugene de Kock）181n
尤金·特雷布兰奇（Eugene Terre' Blanche）
  阿非利卡人抵抗运动（AWB）30, 179
  阿非利卡人家园问题（volkstaat issue）34
  暴力（violence）30, 179
  对曼德拉的看法（view of Mandela）30
《邮政卫报》（Mail & Guardian）169
于尔根·克格尔（Jürgen Kögl,）31
约翰·S. 姆比蒂（John S. Mbiti）38
约翰·比勒陀利乌斯（John Pretorius）41
约翰·恩卡迪蒙（John Nkadimeng）160, 168
约翰·范德梅韦（Johan van der Merwe）54–5, 149, 179, 181–2, 226

约翰·海恩斯（Johan Heyns）30
约翰·卡林（John Carlin）21, 246
约翰·克里格勒（Johann Kriegler）37–8, 72
约翰·兰加利巴莱·杜贝（John Langalibalele Dube）46, 49, 165
约翰·斯瓦特（Johan Swart）54
约翰尼斯·兰泰特（Johannes Rantete）40
约翰逊·姆兰博（Johnson Mlambo）48
约瑟夫·基奥莱（Joseph Chiole）151

Z
扎克·德比尔（Zach de Beer）48
扎米拉（Xhamela），见"沃尔特·西苏鲁"
扎内西韦·桑迪莱国王（King Zanesizwe Sandile）156–7
扎内勒·姆贝基（Zanele Mbeki）215
詹姆斯·鲍德温（James Baldwin）36, 210
詹姆斯·菲利普斯（James Phillips）213
詹姆斯·格雷戈里（James Gregory）214
詹姆斯·莫特拉齐（James Motlatsi）52
詹姆斯·塞贝·莫罗卡（James Sebe Moroka）xviin
真相与和解委员会（Truth and Reconciliation Commission, TRC）
  报告（report）148, 227–9
  参与的情况（participation issues）55, 182, 225, 226
  地位（status）89n, 137
  对委员会的回应（responses to）225, 229–30
  广播报道（radio coverage）224
  曼德拉的支持（Mandela's support）225
  目标（objectives）230
  建立（established）55, 148
  赦免申请（amnesty applications）27, 149,

索引

225–6, 228
授权调查条款（terms of reference）148
听证会（hearings）148, 225
图图的角色（Tutu's role）148, 225
政治、国防和安全机构（Organ on Politics, Defence and Security Cooperation, Organ）273–4
《镇压共产主义条例》（Suppression of Communism Act）xvii
制宪议会（Constitutional Assembly）96, 126–8, 130, 131, 148, 161
种族关系研究院（Institute of Race Relations）112, 184
《准备执政：为了一个民主南非非国大执政指南》（Ready to Govern: ANC Policy Guidelines for a Democratic South Africa）73–5, 76, 232
朱莱斯·布劳德（Jules Browde）123
朱利叶斯·尼雷尔（Julius Nyerere）22, 79, 199n
泽法尼亚·莫托彭（Zephania Mothopeng,）47, 110, 291
自由党（Liberal Party）112
增长、就业和再分配（Growth, Employment and Redistribution, GEAR）238–9
自由广播电台（Radio Freedom）168
《自由宪章》（Freedom Charter）
　　阿列克斯·拉·古马的作品（La Guma's work）291n
　　对南非的愿景（vision of South Africa）126
　　非国大的政策文件（policy document of ANC）222
　　复本分发给阿非利卡人（copies distributed to Afrikaners）222
　　实施（adoption）168, 222
　　其中的观点（ideas in）49, 125, 126, 214
自由阵线（Freedom Front）
　　《阿非利卡人自决协议》（Freedom Front Accord on Afrikaner Self-Determination）35, 223
　　参与政府的讨论（discussions on government participation）83, 214
　　成立（formation）35
　　关于逮捕马兰的报告（briefing on Malan arrest）190
　　领导层（leadership）35, 221
　　目标追求（pursuit of objectives）220
　　选举（elections）35, 47
　　议会的批评（criticisms of Parliament）15
《自由周报》（Vrye Weekblad）225
总统审查委员会（Presidential Review Commission, PRC）205–6
总统信托基金（Presidential Trust Fund）247
总统优先项目（Presidential Lead Projects）219–20, 235
佐尔·姆森蒂（Zole Msenti）35–6
佐拉·斯奎伊亚（Zola Skweyiya）177, 202
佐薇·薇康姆（Wicomb, Zoë）16

理想国译丛
imaginist [MIRROR]

001　没有宽恕就没有未来
　　　[南非] 德斯蒙德·图图 著

002　漫漫自由路：曼德拉自传
　　　[南非] 纳尔逊·曼德拉 著

003　断臂上的花朵：人生与法律的奇幻炼金术
　　　[南非] 奥比·萨克斯 著

004　历史的终结与最后的人
　　　[美] 弗朗西斯·福山 著

005　政治秩序的起源：从前人类时代到法国大革命
　　　[美] 弗朗西斯·福山 著

006　事实即颠覆：无以名之的十年的政治写作
　　　[英] 蒂莫西·加顿艾什 著

007　苏联的最后一天：莫斯科，1991年12月25日
　　　[爱尔兰] 康纳·奥克莱利 著

008　耳语者：斯大林时代苏联的私人生活
　　　[英] 奥兰多·费吉斯 著

009　零年：1945，现代世界诞生的时刻
　　　[荷] 伊恩·布鲁玛 著

010　大断裂：人类本性与社会秩序的重建
　　　[美] 弗朗西斯·福山 著

011　政治秩序与政治衰败：从工业革命到民主全球化
　　　[美] 弗朗西斯·福山 著

012　罪孽的报应：德国和日本的战争记忆
　　　[荷] 伊恩·布鲁玛 著

013　档案：一部个人史
　　　[英] 蒂莫西·加顿艾什 著

014　布达佩斯往事：冷战时期一个东欧家庭的秘密档案
　　　[美] 卡蒂·马顿 著

015　古拉格之恋：一个爱情与求生的真实故事
　　　[英] 奥兰多·费吉斯 著

016　信任：社会美德与创造经济繁荣
　　　[美] 弗朗西斯·福山 著

017　奥斯维辛：一部历史
　　　[英] 劳伦斯·里斯 著

018　活着回来的男人：一个普通日本兵的二战及战后生命史
　　　[日] 小熊英二 著

019　我们的后人类未来：生物科技革命的后果
　　　[美] 弗朗西斯·福山 著
020　奥斯曼帝国的衰亡：一战中东，1914-1920
　　　[英] 尤金·罗根 著
021　国家构建：21世纪的国家治理与世界秩序
　　　[美] 弗朗西斯·福山 著
022　战争、枪炮与选票
　　　[英] 保罗·科利尔 著
023　金与铁：俾斯麦、布莱希罗德与德意志帝国的建立
　　　[美] 弗里茨·斯特恩 著
024　创造日本：1853—1964
　　　[荷] 伊恩·布鲁玛 著
025　娜塔莎之舞：俄罗斯文化史
　　　[英] 奥兰多·费吉斯 著
026　日本之镜：日本文化中的英雄与恶人
　　　[荷] 伊恩·布鲁玛 著
027　教宗与墨索里尼：庇护十一世与法西斯崛起秘史
　　　[美] 大卫·I. 科泽 著
028　明治天皇：1852—1912
　　　[美] 唐纳德·基恩 著
029　八月炮火
　　　[美] 巴巴拉·W. 塔奇曼 著
030　资本之都：21世纪德里的美好与野蛮
　　　[英] 拉纳·达斯古普塔 著
031　回访历史：新东欧之旅
　　　[英] 伊娃·霍夫曼 著
032　克里米亚战争：被遗忘的帝国博弈
　　　[英] 奥兰多·费吉斯 著
033　拉丁美洲被切开的血管
　　　[乌拉圭] 爱德华多·加莱亚诺 著
034　不敢懈怠：曼德拉的总统岁月
　　　[南非] 纳尔逊·曼德拉　曼迪拉·蓝加 著